JN449652

우리 문화 속 단군檀君 읽기

이 책의 저작권은
저자와의 독점계약으로 동과서에 있습니다.
저작권법에 의해 한국 내에서 보호를 받는 저작물이므로
무단전재와 무단복제를 금합니다.

우리 문화 속 단군檀君 읽기

초판 1쇄 인쇄 2019년 2월 10일
초판 1쇄 발행 2019년 2월 15일

지은이 / 영남대학교 민족문화연구소 편
인　쇄 / 북토리

펴낸곳 / 도서출판 동과서
서울시 영등포구 국회대로 53길 23, 태성빌딩 4층
등록번호 / 제22-405호

D.K.S. Publishing Co.
23, Gukhoe-daero 53-gil, Yeongdeungpo-gu,
Seoul, 07229 Rep. of KOREA

전화 / (02)333-7533
팩스 / (02)6280-2353

값 39,000원

ISBN 978-89-6525-136-1 (93150)

우리 문화 속 단군檀君 읽기

영남대학교 민족문화연구소 편

동과서

| 발간사 |

민족문화연구소는 2012년부터 2016년까지 매년 10월 첫 번째 일요일에 단군을 주제로 한 학술대회를 연속으로 개최했습니다. 5회에 걸친 학술대회에서 문학, 역사, 철학을 주제로 한 총 24편의 연구주제가 발표되었습니다. 제1회 단군학檀君學의 연구 동태와 발전이란 주제로 단군학의 학문적 시론試論을 제시했으며, 이를 바탕으로 제2회 우리문화와 단군, 제3회 제천의식과 경천사상, 제4회 단군 사유와 한민족, 제5회 단군을 통해 본 한민족의 문화지표라는 주제로 발표가 이루어졌습니다. 이들 주제는 모두 단군학의 양적인 팽창과 질적 도약에 크게 이바지했다고 볼 수 있습니다.

최초 단군을 주제로 한 학술대회를 준비할 당시 단군에 대한 오해와 지나친 견해에 대한 우려의 목소리도 있었지만, 한국인에게 있어 단군이 가지는 상징에 대한 올바른 연구야말로 민족문화연구소의 이름에 가장 적합한 주제라 생각했기에 객관적이고 학문적 가치를 낳는 학술대회를 꾸리고자 더욱더 심혈을 기울였습니다. 44번째 민족문화연구총서는 『우리 문화 속 단군 읽기』입니다. 이 책은 학술적 전문성과 더불어 우리 문화 전반에 깔린 단군의 다양한 모습들을 살펴봄으로써 우리 문화와 단군이 얼마나 긴밀한 관계를 맺고 있는가를 알리고자 하는 것을 목적으로 하였습니다. 사실 단군에 관한 연구는 이미 다양한 형태를 가지고 꾸준히 이루어져 왔습니다. 다만 단군에 대한 논의나 평가가 시대나 사람에 따라 달라졌을 뿐입니다. 이처럼 단군이 지속적으로 거론된 까닭은 단군이 우리 한국인에게 던져주는 의미와 상징성이 절대 얕지 않기 때문입니다. 단군은 우리의 국조國祖일 뿐만 아니라, 우리 민족의 세계관과 의식을 형성해 주는 고향 의식 또는 원초적 경험이라고 할 수 있을 것입니다. 말하자면 단군이라는 상징 속에는 우리 민족의 원형적인 세계관과 인간의 존재 의미, 정치관과 가치체계가 숨어있습니다. 이 책은 이처럼 우리 문화 속에 숨겨진 단군을 학문적 토대 위에서 분석하고 드러내는 작업으로 구성되어 있습니다.

'우리가 물이라면 새암이 있고, 우리가 나무라면 뿌리가 있다'는 개천절 노래의 첫 구절입니다. 단군에 관한 연구는 우리 민족의 원류와 뿌리 즉 근본을 찾아가는 것이기 때문에 한국인이라면 결코 간과해서는 안 되는 주제입니다. 이 책을 통해 단군을 이야기하고 우리 문화 속에서 그 흔적을 찾고자 하는 것은 그 무엇도 아닌 우리의 근본을 찾는 행위입니다. 오랜 풍파와 세월로 인해 그 근본이 희미해질지라도 결코 근본 자체의 소멸을 의미하는 것은 아닙니다. 나무의 뿌리가 보이지 않는다 해서 그것을 부정하고 밑동을 잘라 버린다면 나무는 금세 말라 죽고 말 것입니다. 나무를 건강하게 거목으로 키우기 위해서는 반드시 땅 아래 나무의 뿌리가 있음을 잊지 말아야 합니다. 우리 민족이 나무라면 그 잎사귀와 열매는 문화이며 그 뿌리는 단군입니다. 겨울이 오면 잎사귀는 떨어지지만, 그 뿌리가 얼지 않는 이상 봄이 오면 또 다시 푸른 새싹을 틔울 수 있습니다.

마지막으로 다섯 차례에 걸친 학술대회와 민족문화연구총서 『우리 문화 속 단군 읽기』의 발간에 물심양면으로 힘써준 보람회에 감사의 말씀을 올리며 발간의 말을 마치고자 합니다.

2019. 1. 27 압량押梁에서

엄진성嚴振晟

차 례

| 필진 소개 |

권상우 :

계명대학교 철학과를 졸업하고, 중국사회과학원 철학연구소에서 「주희의 이일분수사상 연구」로 박사학위를 취득하였다. 계명대학교 Tabula Rasa Colllege 조교수로 재직중이며, 저서로 『전통과 현대를 위한 동양의 지혜』(공저), 『유학의 소통과 유학』 등이 있다.

김기주 :

계명대학교 철학과를 졸업하고, 대만동해대학 철학연구소에서 논문 「理想的道德與道德的理想—孟子道德哲學之再構成」으로 박사학위를 취득하였다. 국립순천대학교 지리산권문화연구원 HK교수를 거쳐 현재 계명대학교 Tabula Rasa College 교수로 재직중이다. 저역서로 『서원으로 남명학파를 보다』, 『심체와 성체 1 총론』, 『유교와 칸트』(공역) 등이 있고, 논문으로 「사단칠정론으로 본 기호학파의 3기 발전」, 「사단칠정론으로부터 심즉리로 -사단칠정논쟁에 대한 화서, 노사, 한주의 결론」 등이 있다.

김기호 :

영남대학교 문과대학 국어국문학과 교수로 재직중이다. 논문으로 「창의성의 관점에서 본 주자의 허심독서」, 「퇴계의 숙흥야매잠도의 정좌와 독서, 그리고 경」 등이 있다.

김성환 :

문학박사(한국사)로 고려시대사를 전공하였고, 경기문화재단 정책실장으로 재직중이다. 저서로 『고려시대의 단군전승과 인식』, 『조선시대 단군묘 인식』, 『일제강점기 단군릉 수축운동』, 『경기, 천년의 문화사(1,2,3)』(공저), *GyeongGi, A Thousand- Year History of Culture*(Author&Editor, GyeongGi Culture Foundation, 2018) 등이 있고, 논문으로 「단군전승의 양상을 통해본 규원사화의 자료적 성격」, 「고조선 건국신화의 계승과 고조선 인식」, 「남파 박찬익 집안 소장 단군영정」 등이 있다.

서영대 :

문학박사로 인하대학교 사학과 명예교수이다. 저서로 『중국 요양지역의 벽화고분』(2017, 백산자료원) 등이 있고, 역서로 『조선무속고』(2008, 창비사) 등이 있으며, 논문으로 「삼국유사 고조선조의 석유환인 문제」, 「고려 말 조선 초의 삼성신앙 연구」, 「양산 가야진사의 역사와 제의」 등이 있다.

엄진성 :

영남대를 철학과를 졸업하고 퇴계의 도덕정감 연구로 박사학위를 받았다. 현재 영남대 철학과 영남대 민족문화연구소에 재직중이다. 저서로 『전통과 현대를 위한 동양의 지혜(공저)』가 있고, 논문으로 「유가 지식인의 관점에서 본 『삼일신고』의 이해」, 「소통의 관점에서 본 동신제」 등이 있다.

임재규 :

중국 복단대학 역사학박사로 현재 서울대학교 인문학연구원에 재직중이다. 『한국유교 한국사회와 종교학』(공저), 『화해의 마음으로 세상을 보다』(역서) 등의 저역서가 있다.

정동락 :

영남대학교 박사(한국고대사)로 고령군청 대가야박물관 학예사로 근무하고 있다. 논문으로 「신라 하대 선종 사원과 철불」, 「필사본 『화랑세기』로 본 대가야와 신라의 결혼동맹」 등이 있고, 저서로 『대가야의 고분과 산성』, 『세계유산등재과정과 가야고분군의 탁월한 보편적 가치』 등이 있다.

정병석 :

영남대학교 철학과와 대학원을 졸업하고, 대만중국문화대학 철학연구소에서 박사학위를 취득하였다. 계명대 철학과 교수를 거쳐 현재 영남대학교 철학과에 재직중이다. 한국주역학회 회장과 새한철학회 회장을 역임하였다. 『유학, 연속성의 세계와 철학』, 『점에서 철학으로』, 『주역과 성인, 문화상징으로 읽다』, 『주역』 등의 저서와 역주가 있다. 역서로는 『중국고대사상사론』, 『주역철학의 이해』, 『인륜과 자유』, 『동양철학과 아리스토텔레스』 등이 있다.

정영훈 :

정치학을 전공하였고, 한국학중앙연구원 한국학대학원 사회과학부 교수로 재직중이다. 저서로 『한국의 민족주의와 탈민족주의』, 『비교공공성으로 본 한국과 일본의 고대사』 등이 있고, 논문으로 「안호상과 일민주의의 단군민족주의」, 「홍익인간 사상의 경제학: 홍익경제론 서설」 등이 있다.

황지원 :

계명대학교 철학과를 졸업하고 동 대학원에서 철학박사 학위를 받았다. 현재 계명대와 동국대에 출강하고 있다. 저서로 『중국회화의 기운론』, 『김정희의 철학과 예술』(공저) 등이 있고, 역서로 『역대명화기』, 『성리학의 개념들』(공역) 등이 있다. 논문으로 「송당학파의 도학정신에 내재된 사상적 특성」, 「『맹자』에 대한 한대 훈고학과 송대 주자학의 해석 차이와 그 철학사적 의미」, 「조선후기 회화의 예술적 창의성과 그 한계」 등이 있다.

단군신화檀君神話와 한국적 사유의 동일지평同一地平

: 단군신화의 원형적 사유와 유가철학의 관계를 중심으로

정병석

1. 들어가는 말

단군신화檀君神話가 가진 의미에 대한 논의는 손으로 꼽을 수 없을 정도로 많다. 이렇게 많은 논의가 출현하게 된 이유는 건국신화建國神話로서의 중요성도 있지만, 그것이 주로 상징적 또는 은유적으로 표현되어 있기 때문에 여러 가지의 다양한 해석을 출현하게 만든 것으로 보인다. 즉 민속학, 종교학, 역사, 문학이나 철학적 측면에서 행해지는 분야별의 다양한 해석뿐만 아니라, 같은 분야나 영역 속에서도 얼마든지 다른 해석이 가능하다는 말이다.

상징체계로서의 신화적 세계는 형식 논리가 지배하지 않는 세계이고, 객관적 증명이 불가능한 세계라고 말한다. 그러나 철학 이전의 시대에서는 이러한 신화적 세계가 인간의 근원 나아가서는 모든 생명과 우주의 근원에 대한 인간의 사유를 제공해 주었다. 기본적으로 신화의 세계는 상징의 세계이고 상징의 세계에 대한 해석은 다양할 수밖에 없다. 이렇게 다양한 해석이 출현가능하게 되는 이유는 신화의 상징 형식이 대부분 은유적으로 구성되어 있기 때문이다.[1]

합리적 사고 또는 이성적 사고를 통하여 신화를 살펴보면 그것은 어쩌면 너무나 비현실적인 판타지 혹은 혼돈에 불과한 것으로 간주되기 십상이다. 그러나 신화는 그것들이 가진 상징과 은유 속에 어떤 '의미'를 은밀하게 내함內含하고 있기 때문에 이것을 밝혀내는 일이야 말로 철학의 진정한 임무이고 과제일 수 있다는 점이다. 즉 신화의 상징이나 은유는 다의적多義的이며 오류와 모순을 허용하는 표현일지 모르나, 암시와 상징을 통하여 은밀하게 드러나는 어떤 '의미'를 찾아내는 작업이야 말로 중요한 철학적 과제에 속한다.

신화의 상징적 표현은 철학적 본성 자체를 담고 있는 주제로 부상한다. 특히 철학이 신화의 상징을 규정하고 평가할 수 있다는 생각보다는 신화의 상징이 오히려 철학의 정체를 규정하고 평가하는 출발점이 될 수 있다는 관점이 점점 더 설득력이 있다고 보기 때문이다. 즉 신화의 상징 세계 속에 인간의 근원 나아가서는 모든 생명과 우주의 근원에 대한 인간의 사유가 암시와 상징의 형식을 통하여 간접적으로 드러나기 때문이다.

기본적으로 단군신화 속에는 우리 민족의 철학적 사유의 동일지평同一地平을 구성하는 세계관, 인간관, 도덕관, 정치관 등의 원형적 사유가 구성적構成的 원리로 잠재되어 있는 것으로 보인다. 이 문제를 논의하기 위해서 본문은 우선 신화가 가진 해석학적 의미, 신화적 상징의 의미 등을 분석하고 난 뒤에, 구체적으로 단군신화가 가진 세계관, 인간관, 도덕관 등의 원형적 사유가 가진 함의들을 살펴보려 한다. 아울러 단군신화 속의 원형적 사유에 중국에서 전래된 유학의 주도적 영향이 있었는가의 문제를 분석하려고 한다. 동시에 단군신화와 후대의 유가철학의 수용이라는 문제도 더불어 논의하려고 한다.

2. 신화의 상징과 해석

근대 이후 신화에 대한 논의는 무엇보다도 신화의 사실성 혹은 진리성에 대한 문제의식에서 출발하고 있다. 이는 신화에 대한 논의를 전개할 때 그 중심에는 항상 이성과 합리성이라는 말이 끼어들어 전체를 간섭하고 좌우한다는 말이다. 만약 이런 관점에서 신화를 대할 경우, 신화는 이해하지 못할 말들의 묶음이나 혼돈스런 상상속의 이야기에 지나지 않을 가능성이 크다. 어떤 학자는 "신화에 대한 정의는 없다"라고 하였는데[2] 이 말은 신화에 대한 정의가 따로 필요하지 않았던 시대, 즉 신화가 곧 인간 자신 스스로가 귀속되어 있는 자연세계, 나아가서는 삶의 전체로 이해되었던 고대 그리스 자연철학자들의 시대에나 통할 만한 주장이라고 공박한다.

신화에 대한 논의가 그것의 사실성 혹은 진리성에 대한 문제의식에서 출발하고 있다는 관점은 신화에 대한 이성과 철학의 우위를 의미한다. 신화에 대한 이성과 철학의 우위가 의미하는 것은 신화를 이성과 철학의 울타리 바깥에 놓아두고 보려는 관점이다. 다시 말하면 신화는 결코 이성적 혹은 합리적이지 않고, 철학적이지 않다는 것이다. 보다 완곡하게 그것을 진화進化의 단계로 표현하면 신화는 이성과 철학 이전의 저급한 단계에 놓여 있을 뿐이라는 말이다. 그러나 이런 신화 해석의 진화론적 관점은 최근에 와서 완강한 저항에 직면하게 된다.

과거 신화를 연구하는 학자들은 신화 연구의 목적이 인간 의식意識의 기원을 발견하는 데 있다고 주장했다. 이때 그들은 의식을 진화론적進化論的 현상으로 보는 입장을 가설적假說的인 전제로 삼고 있었다. 예를 들면 콩트(Comte, 1798~1857)의 유명한 의식意識의 3단계—신학적神學的 단계, 형이상학적 단계, 실증적實證的 단계—로 발전한다는 식의 관점들이다. 3단계 발전 이론에 의하면 인류의 지적知的 발전은 3단계를 거쳐 완성된다. 첫 번째의 신학적 단계는 초자연적인 존재인 신에게 모든 현상의 기원을 귀착시키고 있고 또 모든 것을 상상력에 근거하고 있다고 말한다. 두 번째의 단계에서는 현상의 기원을 형이상학적 본질에 귀착시키는 형이상학적 단계이고, 마지막은 관찰, 가설, 실험, 검증 등 과학적 방법에 의해 참된 실증적 지식이 획득된다고 보는 실증적 단계이다. 여기에서 신화는 논리적 의식이 전혀 없는 논리 이전(pre-logic)의 단계에 머물러 있는 것으로 간주된다.

신화를 의식의 진화라는 관점으로 보는 관점에 반론을 제기한 주장이 바로 신화를 구조構造로 보는 관점이다. 이런 관점을 통하여 원시적 상상력에서 이성으로 그리고 다시 과학으로 이어지는 인간의 지적知的 의식의 진화 과정 중에서 첫 번째 단계에 속하는 것으로 여겨졌던 신화는 마침내 인간 표현의 정당한 차원으로 인정받게 되었다.

신화적 사유에 담긴 논리는 현대인의 논리와 마찬가지로 빈틈이 없다는 견해, 또는 양자의 차이는 지적知的 과정의 질質에 있는 것이 아니라 그것이 적용되는 사물의 성격에 있다고 보는 입장이 그것이다. 이는 기술 공학 분야에서 널리 적용된다고 여겨지는 제반 정황과 거의 일치한다. 이를테면 쇠도끼가 돌도끼보다 우수하다고 말할 때 그것은 전자가 후자보다 더 훌륭하게 만들어졌음을 뜻하는 것은 아니다. 그 둘은 똑같이 잘 만들어졌으며, 강철과 돌이라는 소재가 다를 따름이다. 같은 방식으로 우리는 과학에서와 마찬가지로 신화에서도 똑같은 논리적 과정이 전개되었음을, 즉 인간은 언제나 동일하게 사유해왔음을 알 수 있다. 다시 말하면 진보라는 것은 흔히 주장되듯이 인간 정신의 발달 과정에 있는 것이 아니라, 인간 정신이 지닌 변화되지 않고 동시에 스스로 변하지도 않는 힘에 적용시킬 수 있는 새로운 영역의 발견에서 찾아질 수 있는 것이다.[3)]

신화 해석과 관련하여 진화론적 전제를 거절하고 신화에서도 똑같은 논리적 사유가 전개되었음을 말하는 구조의 관점이 낳은 결과는 신화 연구자들로 하여금 신화를 인간 역사의 과정 가운데 나타난 하나의 우연적인 계기로 보려는 생각을 버리고, 그 대신 신화를 인간 사회와 정신 구조의 필수적인 구축물로 보도록 유도했다. 구조적 접근은 그 구축물을 해석하기 위해 신화를 폐기할 필요가 없었다. 구조적 연구는 신화 현상에 대해 그것이 현대인의 인식과는 다른, 원시적인 의식을 드러내는 것으로 여기지 않았다. 즉 구조적 연구는 이전처럼 신화를 논리적 의식과는 구별되는 전前논리적 현상으로 여기지만은 않았다. 그 대신 구조적 연구자들은 현대 사회와 다르기는 하지만 질적으로는 차이가 없는 전근대 사회의 구성원들이 지녔던 지극히 논리적인 심성心性 구조를 밝혀냈다. 또 진화에서 구조로의 전환으로 말미암아 신화가 진정한 언어 형식으로 간주될 수 있게 되었다는 점이다.[4] 이는 신화가 비언어적인 것으로 혹은 언어 이전의 것으로 여겨졌던 때와는 달리 신화가 하나의 언어적 구조로 간주되게 되면서 이것의 의식 기층基層 아래에 존재하고 있는 정신적 영역을 해명할 수 있게 되는 것이다.

위의 구조적 관점 이외에 신화 해석에 큰 반향을 일으킨 학자로는 에른스트 카시러(Ernst Cassirer)가 있다. 그는 자연과학적, 사회과학적, 인문과학적 인식의 모든 기본이 되는 내적內的 원리로서의 원초적 인식 형태는 신화적 세계에서 찾아 볼 수 있다고 주장한다.[5] 그러면 이러한 내적 원리로서의 원초적 인식 형태를 어떻게 발견할 수 있는가? 이 문제를 해결하려는 관점에서 신화를 연구할 경우 처음부터 많은 난관에 봉착하게 될 것이다. 왜냐하면 신화는 진정한 의미와 본질에 있어서 비이론적非理論的이기 때문이다.[6] 비이론적이라는 말은 신화를 과학적 진리나 지적인 관점을 통하여 어떤 하나의 통일되고 유형화된 형식으로 만들려는 시도는 실패한다는 의미이지 정신적이거나 철학적인 의미가 전혀 존재하지 않는다는 말은 결코 아니다.

신화가 비이론적이고 비합리적으로 보이는 이유에 대해 캇시러는 그 하층 구조가 사고로 구성되어 있지 않고 감정感情으로 되어 있고[7], 또 상징 형식으로 구성되어 있기 때문이라고 보았다.[8] 그는 신화가 결코 조리條理가 없거나 어떤 의미도 없는 것은 결코 아니라고 본다. 문제는 그 조리가 논리적 규칙보다는 오히려 감정의 통일에 더 근거하고 있기 때문이다.[9] 그에 의하면 예술은 우리에게 직관의 통일을 주고. 과학은 사고의 통일을 주고, 종교와 신화는 감정의 통일을 준다고 말한다. 즉 신화는 인간의 깊은 정서에서 싹튼다고 캇시러는 말한다.[10] 신화는 단순한 정서가 아니라 정서의 표현이다. 신화는 상징적 표현을 통하여 감정을 객관화한다.[11] 이런 것들이 신화를 연구하는데 어려움을 준다. 그러나 캇시러는 다른 학문과는 달리 철학에서는 이런 난관 앞에서 주저해서는 안 된다고 말한다. 오히려 여기에서 신화를 대하는 철학의 과제가 생긴다고 주장한다. 신화 속에는 여러 가지 상징과 은유들 아래에 어떤 의미를 감추고 있고, 이것을 드러내고 밝히는 것이 바로 철학의 과제라고 캇시러는 누차 강조한다.[12] 과학의 관점에서 볼 때 신화는 공상적인 허구나 납득하기 어려운 이야기의 묶음으로 보일지 모르나 그 속을 들여다보면 여기에는 더욱 풍부한 의미의 세계가 잠재되어 있다.

3. 한국인의 시원적始原的 경험세계와 단군신화檀君神話

신화의 상징 속에 잠재되어 있는 의미의 세계는 결코 단절되어 계속적으로 과거 속에 머물러 있다가 사라져 버리는 과거의 이야기가 아니라, 여전히 살아서 현재에도 영향을 주는 하나의 의식이며 기억記憶이다. 즉 신화가 상징적으로 표현하는 사유는 단순한 원시인(미개인)의 사유로서 문명인文明人의 사고와 대립되는 것이 아니라, 오히려 문명인의 사고의 일부로서 이것은 우리가 의식하지 못한 가운데 우리의 역사와 문명을 이룩해 낸 원천이 된다고 말한다. 여기에서 철학과 신화의 관계는 철학이 신화를 규정하는 것이 아니라, 오히려 신화가 철학적 사유의 정체를 구성하는 원리를 담고 있다는 것으로 급격하게 전환된다. 말하자면 신화의 상징적 표현을 해석학적으로 해명하여 철학의 정체와 본성을 재구성할 수 있다는 말이다. 이 때문에 신화는 인간의 문화와 정신세계를 형성하는 시원적始原的 경험이라고 말한다.

과거에 대한 해석은 현재에 의해서 끊임없이 변화될 수 있다. 그러나 해석에 의해서 과거의 기억과 경험이 완전히 사라지는 것은 아니다. 과거의 기억은 인간의 현재에 대해서 여전히 독특한 역할을 수행한다. 현재의 생각이나 의식적인 행위는 과거의 경험을 전제하고 있으며, 과거의 경험은 오랜 시간 우리의 정신과 사고 속에 지속적으로 퇴적堆積되고 침전沈澱된다. 이렇게 퇴적된 과거의 기억은 우리에게 현재의 경험을 이해할 수 있게 해 주는 해석의 틀을 제공해 준다. 따라서 과거의 기억으로서 신화의 시원적 경험은 지금의 우리들의 사유에 잠재성의 영역으로 쉬지 않고 작용하고 영향을 준다.

후기 현상학과 해석학의 관점을 빌려 시원적 경험으로서의 신화를 '경험적經驗的 위치位置'와 '고향의 체험'이라는 관점에서 다루기도 한다.[13] 여기에서 말하는 경험적 위치는 시원적인 순수 경험의 세계를 말한다. 예를 들면, 산악지대에서 태어난 자와 해안지역에서 태어난 사람들의 경험의 위치가 다르기 때문에 주어지는 경험의 데이터(data)는 다를 수밖에 없다. 경험적 위치의 세계는 자기가 살고 있는 세계와 '함께 태어남(co-naissance)'이다. 말하자면 내가 태어나는 순간, 나를 둘러싼 '생활세계', '고향의 세계'와 '경험적 위치'는 '함께 태어나는' 것이다. 이 순간 이후로 이것들의 연속連續은 한번도 끊어지거나 분절分節되지 않았다. 그러므로 여기에서의 경험은 공동체가 동일하게 가지는 공체험적共體驗的 성질인 동시에 공통적인 근원적 가정假定이다. 이런 점에서 모든 철학 이론의 밑바닥에 하나의 원천적인 하부 구조가 있음을 인정해야 한다. 그러한 하부 구조는 '고향의 체험' 또는 '경험적 위치'가 낳는 무의식적인 사유이고, 이런 사유는 모든 인간 정신의 자유로운 형성을 미리 어떤 주어진 틀의 형식 속에 예치預置하고 있을 뿐이다.[14)]

이런 관점에서 우리는 한국철학의 연구에서 왜 단군신화를 분석하고 연구하여야 하는 가라는 이유를 분명하게 발견할 수 있을 것이다. 왜냐하면 단군신화는 바로 한국인의 고향 의식이요, 시원적 경험세계이기 때문이다. 한국의 철학적 인식과 사유의 논리적 세계는 삶의 원초적 경험인 단군신화에서 출발한 것으로, 그 경험의 확장이자 그것의 의미화意味化이다. 이런 점에서 한국적인 삶의 표현들인 한국철학의 이해는 그 삶이 출발점으로 삼고 있는 단군신화를 무시하고 이루어 질 수는 없다.[15)] 한국인에게 있어서 단군신화는 우리가 철학하는 것에 영향을 준다. 그것은 우리의 무의식이고 잠재의식이기 때문이다. 단군신화는 과거의 망각되어 버린 기억이 아니라, 현재도 우리 민족의 심리구조 속에 침전되어 살아 움직이는 잠재의식이고, 한국인이면 누구나 피할 수 없는 선견先見(Vor-urteil)을 형성하게 만드는 사유의 동일지평同一地平이라고 말할 수 있다.

일반적으로 신화 속에는 세계의 각 민족에 전하여 온 인류 기원의 문제, 천지개벽, 시조신, 건국 시조의 이야기들이 기록되어 있다. 이 때문에 신화 속에는 원시 시대 여러 종족들의 자연이나 인간에 대한 사유가 그 속에 잠재되어 있다. 그러므로 신화 속에는 한 민족이 가지고 있는 동일지평同一地平의 의식과 사유의 형태를 간접적으로 엿볼 수 있게 만든다. 건국신화는 한 민족의 사유의 동일지평이다. 이것은 한 민족의 전통적인 생활양식과 사유 방법의 원형이라고 할 수 있다. 이것이 개인을 강력하게 구조構造하고 제어制御한다.

비록 한 민족의 전통적인 생활양식과 사유 방법이 개인에게 강력한 영향을 미칠 가능성이 크지만, 각 개인이 가지는 특성을 무시할 수는 없을 것이다. 생활양식이나 사유양식에 있어서 각각의 상대적 차이가 있을지 모르나, 신화 속에는 적어도 민족의 특성을 노출하는 주된 경향은 분명히 존재할 것으로 보인다. 그러므로 캇시러는 "신화적 사고와 상상에서는 개인적 고백을 볼 수 없다. 신화는 사회적 경험의 객관화客觀化이지, 그 개인적 경험의 객관화가 아니다."[16]라고 말한다. 이런 관점에서 보자면, 단군신화에는 우리 민족의 세계관, 인간관이 용해溶解되어 있을 것으로 충분히 추정할 수 있을 것이다. 이런 내용들이 바로 한국인의 철학적 사유의 동일지평을 구성하는 것이다.

4. 단군신화에 보이는 원형적 사유

단군신화는 존재의 신화나 창조의 신화가 아니라, 건국신화이고 정치이념을 담은 신화이다. 왜냐하면 환인桓因의 아들 환웅桓雄이 "누차 세상에 뜻을 두고 인간세상을 구하고자(數意天下, 貪求人世)" 할 때에 이미 지상에 인간들이 살고 있었음을 전제로 한다. 그래서 "인간세계를 크게 이롭게 하고, 세상을 다스리고 교화한다(弘益人間, 在世理化)"는 정치 이념이 하늘에서 내려오게 된다. 그렇다고 하여 단군신화에 정치이념만이 표현된 것은 아니다. 여기에는 우주와 자연을 어떻게 이해하고 있는가라는 우주관 또는 세계관이 숨어있다. 동시에 인간의 도덕적 이념과 인간에 대한 관점도 상징적으로 표현되고 있다.

단군신화에 상징적으로 표현된 특징적인 사유 내용들에 대해 살펴보도록 하자. 여기에서 가장 두드러지게 보이는 문제가 바로 '하나의 세계관(one-world view)'이다. 이른바 '하나의 세계관'이라는 말은 창조자의 세계와 피조자被造者의 세계가 둘로 엄격하게 분리되어 있지 않는 연속적連續的 세계라는 의미이다. 단군신화 속에 나타나는 세계는 존재의 연속이라는 측면에서 살펴볼 수 있다. 존재의 연속이라는 기본적인 관점은 천상天上의 세계와 인간 세계 및 만물이 기본적으로는 동질同質인 어떤 것에 의해 연결되어 있다는 것이다. 단군신화에서는 전체 세계를 무생물, 동식물, 인간과 천신天神 등의 여러 존재가 상호 연속되어 서로 영향을 주고받는 같은 생명의 흐름 속에 놓여 있는 것으로 표현하고 있다. 여기에서 인간과 자연은 연속적일 뿐만 아니라 초자연적인 세계 역시 따로 분리되어 있는 것이 아니라 같은 연속체 즉 하나의 세계 속에 포함되어 있다.[17)]

단군신화는 인간이나 우주의 기원에 관해서는 말하지 않고 있다는 점에서 창조신화는 아니다. 천상天上에 신이 존재할 때 지상에는 인간, 곰, 호랑이, 쑥, 마늘 등의 생명체가 이미 존재하고 있었다. 이 세계를 생명으로 가득 차있는 공간으로 상징하고 있기 때문에 지상적 존재의 기원에 대해 굳이 이야기할 필요성을 느끼지 못한 것인지도 모른다. 단군신화에서 인간, 곰, 호랑이의 기원에 관해서 말하지 않는 이유는 생명의 흐름으로 가득 찬 세계 속에서 그 기원인 소종래所從來와 귀착점을 분별할 수 없기 때문으로 보기도 한다.[18)]

단군신화 속에 보이는 세계는 천신天神의 세계와 지상세계로 분리되어 있지 않다. 비, 바람, 구름을 거느리고 곡식과 생명과 질병 그리고 형벌과 선악善惡을 관장管掌하는 천신은 인간 위에 군림하는 것이 아니라 오히려 아래 지상세계로 내려와 인간 단군에게 생명을 주고, 인간 세계를 이롭게 만드는 역할을 하고 있다. 또 하나 중요한 것은 비록 천신이 존재하는 영역과 인간과 금수가 공존共存하고 있는 지상을 모두 포함하는 세계가 하나같이 인간 단군에 집중되고 있다는 점이다. 다른 종교의 경우(특히 기독교), 인간은 자기의 구원救援을 위하여 신神을 향하여 그의 발 앞에 엎드려야 하지만, 천신 환웅은 오히려 인간을 찾아 지상으로 몸소 하강하였다. 또 땅을 상징하는 곰과 호랑이도 인간이 되기를 간절히 소망하였다(願化爲人). 이처럼 단군의 존재는 천상의 신적神的 생명과 지상의 생명이 융합된 결정체로서 천신이 존재하는 영역, 인간, 금수禽獸가 공생共生하는 조화로운 천지인天地人의 통일체의 상징이다. 단군신화는 인간 지향적인 우주관에 의한 인간 중심적 세계관을 상징적으로 보여주고 있다.

단군이 탄생하기 전에 곰이나 호랑이 등이 먼저 존재하고 있었고, 환웅은 신성神性을 갖춘 존재이지만 이들 존재들은 모두 단군의 탄생에 직· 간접적으로 관계를 맺고 있다. 환웅이 단군신화 속에서 가지고 있는 상징은 천상세계의 질서를 지상세계에 실현하는 역할을 자임自任하는 것에 있다. 이것은 크게 두 가지 의미를 상징하고 있는 것으로 보인다. 하나는 도덕적 명령의 부여賦與라는 점이고, 다른 하나는 인간 세상을 바로잡고 교화敎化하는 경세經世의 문제이다. 먼저 인간의 도덕 문제에 대해 살펴보도록 하자.

단군이라는 존재 안에서 신의 성질을 가진 신성神性과, 동물적 욕구로서의 물성物性의 조화정신을 환웅과 웅녀熊女의 결합을 통하여 상징적으로 표현하고 있다. 즉 신神과 물物이 인간 안에서 통일되고, 신물神物의 양성兩性이 인성人性 안에서 통일된다. 여기에서 천상적 존재인 환웅은 인간이 가지지 못한 신통神通한 능력을 가지고 천하天下에 강림할 수도 있고, 필요에 따라 사람으로 잠시 변화(假化)할 수도 있다. 동시에 인간 세상을 이롭게 할 수 있고, 혼란한 세상을 질서 있게 만드는 신통한 능력을 가진 존재로 상징되어 있다.

일반적으로 고대 신화에서 하늘은 초월성의 원형으로 연상되며, 흙, 굴과 여성은 풍요와 생성으로, 하늘은 인간을 포함한 다른 존재에게 주어져 있는 한계와 조건을 극복하게 해주는 초월성과 힘으로 상징되는 경우가 많다. 단군신화 역시 이와 다르지 않다. 환웅의 이런 신통한 능력은 그가 신적 존재이기에 자유롭게 인간으로도 변신(假化)하는 사태가 어쩌면 당연할지도 모른다. 그러면서도 이 신은 인간되기를 간청하는 곰과 호랑이에게 인간으로의 변신을 쉽사리 허락하지 않고 쉽지 않은 조건을 제시하는 존재로 묘사되고 있다. 이 때문에 신은 호랑이와 곰으로부터 동굴이 뜻하는 어두움 속에서의 금기禁忌와 인내를 분명하게 약속받는 조건 하에서 인간화를 인징하고 있는 것으로 보인다.[19] 여기에서 우리는 인간에게 부여된 도덕적 명령과 수행의 어려움이 어떠한 가하는 상징적 의미를 발견할 수 있을 것이다.

인간은 정신과 육체로 구성되어 있다. 신성으로서의 환웅의 존재와 동물성으로서의 웅녀의 결합이 가진 단군의 상징이 바로 정신과 육체를 가진 인간의 모습이다. 단군신화 속에서 웅녀가 사람으로 되는 과정은 욕망의 절제(節慾)를 통한 자기부정(克己)의 고통을 수반할 수밖에 없다.

> 환웅은 이들에게 신령스러운 쑥 한줌과 마늘 20쪽을 주면서 이것을 먹고 100일 동안 햇빛을 보지 않으면 사람이 된다고 일렀다. 곰과 호랑이가 이것을 받아서 먹고 근신하기 3·7일(21일)만에 곰은 여자의 몸이 되고 호랑이는 이것을 못 참아서 사람이 되지 못하였다.

환웅의 지시를 그대로 이행한 곰은 사람이 되는 데에 성공한다. 이것은 표면적으로 보면, 사람으로 되는 것이 얼마나 어려운가 하는 것을 말하지만, 그것이 가지는 또 다른 의미는 올바른 '사람됨'이 얼마나 지난至難한가를 상징적으로 이야기하는 것으로 볼 수 있다. 현실의 인간은 다른 존재자가 가지지 못한 빼어난 정신을 가지고 있는 동시에 언제든 금수로 전락할 위험성을 지닌 이중적二重的 존재이다. 이 때문에 사람다운 사람으로 살아가기 위해서는 철저한 자기 수신修身과 욕망의 조절이라는 고통은 필연적으로 동반되기 마련이다.

다음은 두 번째의 인간 세상을 바로잡고 교화教化하는 문제에 대해 살펴보도록 하자.

> 아버지가 환웅의 뜻을 헤아려 천부인天符印 3개를 주어 세상에 내려가 사람을 다스리게 하였다. 환웅이 무리 3,000을 거느리고 태백산太伯山 꼭대기의 신단수神壇樹 밑에 내려와 그곳을 신시神市라 이르니 그가 곧 환웅천왕이다. 그는 풍백風伯·우사雨師·운사雲師를 거느리고 곡穀·명命·병病·형刑·선善·악惡 등 무릇 인간 세계의 360여 가지 일을 맡아서 세상을 다스렸다.

앞에서 말하였지만 이것은 천상세계의 질서를 통하여 지상세계를 다스리고 교화教化하는 내용을 말한 것으로 볼 수 있다. 여기에는 현세現世 중심적인 단군신화의 관점이 그대로 드러나고 있는데, 핵심은 인간 세계를 널리 이롭게 하고 인간을 교화하는 문제이다. 말하자면 "백성들이 농사를 잘 지어 배불리 먹고, 무병장수無病長壽하게 하는 일이며, 선악을 가려 바른 길로 인도하고, 잘못을 범하면 벌을 주어 사람다운 삶을 이승에서 잘 살고, 또 잘 살아가도록 이치로 다스리고 교화하는 일"[20]이라고 할 수 있다. 여기에서 환웅의 신분은 신이 아니라 인간의 문명을 만들고 삶의 질을 높이는 문화적 영웅으로 급격하게 전환된다.

그런데 여기에서 또 하나 지적할 문제는 서양의 신화와 구별되는 문화적 영웅으로서의 환웅의 역할과 태도이다. 서양의 신화에서 인간에게 불을 건네준 프로메테우스의 경우와는 근본적으로 다르다는 점이다. 프로메테우스는 인간에게 불을 훔쳐다 줌으로써 제우스가 내린 금기禁忌를 어긴 죄로 제우스의 독수리에 의해 평생 간肝을 쪼아 먹히는 비참한 형벌을 받게 된다. 이에 비해 환웅은 환인의 동의를 얻어 천상세계가 비장秘藏한 문화와 질서를 지상세계에 선물하였다. 이처럼 단군신화 속에는 신과 인간의 불화不和나 그로 인한 어떤 유배流配의 이야기가 전혀 보이지 않는다. 다만 하늘과 땅, 인간의 조화로운 결합만이 보일 뿐이다.

5. 단군신화의 원형적 사유와 유가철학의 관계

앞에서 우리는 단군신화에 보이는 원형적 사유들에 대해 분석하여 보았다. 단군신화는 존재의 신화, 창조의 신화와는 다른 건국신화인 것이 분명하지만, 그 속에는 인간의 존재 의미, 세계관과 가치체계 등이 상징적으로 숨어있음을 어렵지 않게 발견할 수 있었다. 단군신화의 이런 원형적 사유들은 우리 민족의 태초적太初的, 원본적原本的 자아의식을 고스란히 담고 있는 것으로, 이른바 한국철학의 '경험적 위치' 또는 '시원적 경험'이라고 할 수 있다. 바로 "지성知性의 연원淵源이 합리적 오성悟性의 사유에서 오는 것이 아니라, 오히려 그러한 오성적 사유 이전에 존재하는 시원적인 경험에서 시작됨을 뜻 한다"[21]는 말이다. 여기에서 우리가 한국철학을 연구하는 데 있어서 단군신화를 철학적으로 접근하여야 하는 존재 이유가 비로소 성립되는 것이다.

모든 민족에 있어서 하나의 민족이 성립함과 동시에 그들의 신화는 존재하기 마련이다. 이런 점에서 신화는 그 민족의 운명이라고 까지 말하는 사람도 있다.[22] 단군신화는 한국인의 사유를 강력하면서도 암묵적暗黙的으로 구조하고 제어하는 사유의 동일지평이다. 그런데 앞에서 논의된 내용들을 살펴볼 때 가지는 가장 큰 의문은 단군신화 속에 들어 있는 유가, 도교, 불교 등의 요소들이다. 특히 사유의 구성 원리라는 측면에서 볼 때, 단군신화와 유가철학의 유사성類似性은 매우 짙다. 과연 이 문제를 어떻게 보아야 하는가? 먼저 간략하게 단군신화에 보이는 유가적 요소와 의미상으로 관련되는 점들에 대해 살펴보도록 하자.

단군신화 속에 보이는 천상天上의 세계와 인간 세계 및 만물이 동질同質인 어떤 것에 의해 연결되어 같은 연속체連續體 속에 포함되어 있다는 '하나의 세계관'은 유가의 기氣 철학적 세계관이나 천인합일天人合一이라는 관점을 쉽게 연상하게 만든다. 특히 천상의 환웅과 지상의 웅녀의 결합에 의한 단군의 탄생이라는 창생은유創生隱喩는 매우 쉽게 『주역』 「설괘전說卦傳」의 건곤부모설乾坤父母說을 생각나게 만든다.[23] '홍익인간'이나 '재세이화' 등의 개념은 유가에서 말하는 양민養民이나 교민敎民 등의 개념과 매우 유사하다.[24] 아울러 신성神性과 동물성을 함께 가진 이중적 존재로서의 인간관 및 철저한 자기 수신과 욕망의 조절이라는 고통을 상징적으로 말하는 점은 유가의 관점과 거의 다르지 않다. 이외에도 현세 중심 또는 인간 중심적인 관점은 유가사상과 큰 차이가 없는 것으로 보인다.

단군신화와 유가사상과의 관련성에 대한 우리 학계의 논의들은 몇 가지 관점으로 나누어진다. 우선 단군신화의 사유가 유학이 중국에서 전래되기 이전부터 우리의 고유한 것으로 자리잡고 있었다는 관점이다. 이에 비해 윤이흠은 현재의 단군신화가 중국의 고전古典 사상으로부터 영향을 받기 이전의, 기마민족 전통을 사상적 지주로 삼고 있다고 말한다.[25] 또 "우리나라 사람의 사고를 지배하고 있는 음양陰陽사상은 『주역』에서 나온 것이 아니라, 이미 그 이전의 원시사회의 설화說話에서 즉 웅녀와 환웅의 근원根源 상징 속에서 훌륭히 암시되고 있다"[26]는 견해도 있다. 이런 관점은 이미 최남선崔南善의 경우에서도 더 분명하게 확인된다. 최남선은 『불함문화론不咸文化論』에서 다음과 같이 말하고 있다.

> 지나支那에 있어서의 역易의 사상이며, 삼재론三才論이나 … 천자天子의 관념과 같은, 그 문자의 형形, 음音, 의義부터가 이미 동이東夷의 고철학古哲學에 의거한 것인 듯하며, 그 종교적 정서와 같은 것은 전연 동이에서 받아들인 것 같기도 하다.[27]

음양 변역과 천인상여天人相與의 사상이 그로서 생기니, 동양철학의 최고 전당인 '역易' 사상도 그 맹아萌芽가 실로 진인震人에게 나왔음을 여러 가지로 증적證迹을 찾을 수 있는 일이다.[28]

최남선은 중국 유가의 천인天人 사상이나 『주역』의 관점들이 모두 우리나라의 고대 철학 즉 단군신화 등에서 나왔음을 강조하고 있다. 이를 이어받아 이남영은 "중국의 고전에서 산견散見되는 천인합일의 사상이나 음양의 이론 내지 천명天命 사상 등의 정신은 모두 단군신화의 그 형식적 구조로서 쾌연快然히 전개되고 있음을 보는 바이다. 앞서 예거例擧하였던 전거典據에서 볼 수 있는 그들 개념들과 이론적 체계는 바로 그 원형이 단군신화를 소재로 삼고 추상화한 영향 관계에 있음을 절감케 한다"[29]라고 하여 중국 유가철학의 중요 개념들이 단군신화에 근거하고 있음을 분명하게 말하고 있다. 여기에서 한 걸음 더 나아가 그는 "단군신화의 영향 아래서 이룩된 것으로 미루어 짐작되는 중국 고전에서의 유사한 이론과 사상은 이미 일찍부터 그 본래 정신의 역사적 계승에 있어서 왜곡 전도되어짐을 보게 된다"[30]는 주장을 하고 있다.

이런 관점과는 다른 임태홍의 견해도 참고할 만하다. 그는 고조선의 성립에 대해서는 분명한 역사 기록이 없기 때문에 단언할 수는 없지만, 『삼국유사三國遺事』에서 인용한 『위서魏書』의 기록(B.C 2333년)에 따라 고조선의 성립을 B.C 2333년으로 잡을 수 있다고 말한다. 이에 비해 유가가 본격적인 영향력을 가지는 시기는 후한後漢의 후반기이므로 거의 2000년 이후이다. 단군신화는 말하자면 유교의 영향을 전혀 받지 않은 상태에서 그 '원형原型'이 형성된 것이다. 여기서 '원형'이란 현재 우리가 알고 있는 단군신화가 아니라 고조선이 성립된 후 전승되고 있었던 원래의 신화를 말한다. 이 '원형'에는 오히려 구석기나 청동기 시대의 사람들이 가지고 있는 애니미즘이나 샤머니즘, 혹은 토테미즘 등 잡다한 신앙이 영웅 신화와 함께 혼란스럽게 얽혀있는 이야기였을 가능성이 크다. 현재의 단군신화와는 전혀 다른 내용일 수도 있고 구조도 달랐을 것이다. 그러한 신화가 현재의 단군신화로 정착되는 과정에 유교가 적지 않은 영향을 미쳤을 것이라고 보는 관점이다.[31]

이 관점은 우선 '원형'으로서의 단군신화와 『삼국유사』에 기록된 단군신화를 구별하고 있다. 전자는 『삼국유사』에 기록되기 이전, 고조선 성립 이후 전승되던 원래의 신화를 말한다. 이에 비해 고려시기 일연이 편찬하여 기록한 『삼국유사』의 단군신화에는 유가의 영향이 분명히 있었을 것이라는 입장이다. 위의 관점 이외에도 현재 우리가 알고 있는 『삼국유사』에 기록된 단군신화와는 구별되는 원래의 단군신화가 있었다는 주장도 있다.[32] 손진태 또한 『삼국유사』에 기록된 단군신화와 다른 원래의 단군신화가 있었음을 말하면서, 원래의 신화 속에 후대의 다양한 사상들이 스며들게 되는 '신화의 성장'이라는 관점을 이야기하고 있다.

> 신화나 전설이라는 것은 한 개인의 창작이 아니요, 일생활군一生活群의 집단적 소산이며 또 역사적 소산이다. 그것은 그 생활 군단群團 속에 살아있는 일개一個의 사상적 생활체이다. 그러므로 그 군단이 역사

를 경험함에 따라서 신화와 전설도 역사를 경험하며 성장하는 것이다. 그래서 단군신화에 볼지라도 거기에는 가장 원시적인 토템적 사상도 있고 민족 종교적인 다신적多神的 사상도 있고 중세적인 불교사상 유교사상· 도교사상도 있으며 그 중에는 농후한 민족사상까지도 약동하고 있다.[33)]

이 말이 시사示唆하는 바는 매우 중요하다. 원래의 단군신화가 존재하였고 이것이 역사를 통하여 새로운 경험을 보태며 성장한다는 것이다. 여기에서 말한 경험은 앞에서 말한 시원적 경험으로서의 경험적 위치를 말하는 것이 아니라 일종의 경험적 소여所與 즉 데이터(data)에 가깝다. 즉 원래의 단군신화가 성장하였다는 말은 역사 속에서 조우遭遇한 여러 외래사상들을 통하여 그 경험을 확장한 것이지 시원적 경험으로서의 경험적 위치가 바뀐 것을 의미하는 것은 아니다. 즉 상황에 따른 적절한 이해를 위한 창의적이고 생산적인 해석 활동이라고 할 수 있다. 그러나 이것은 단군신화의 기저基底의식이나 원천적인 하부下部구조가 변화하였다는 것을 결코 의미하지 않는다. 사유의 정체성이나 지평이 변화하였다는 의미는 더욱 아니다.

위의 관점들을 종합해 보면 단군신화의 핵심사상이 중국의 유가사상과 매우 유사한 내용을 가지고 있지만, 이 둘은 분명히 다르고 구별되어야 한다는 것이다. 물론 양자 사이의 선후관계나 영향관계라는 측면에서 보면 관점에 따라서 정도의 차이는 분명히 존재한다. 그러나 적어도 하나의 공통점으로 발견할 수 있는 점은 '원형'으로서의 단군신화는 물론이고, 『삼국유사』에 기록된 단군신화 역시 유가사상의 주도적 지배 혹은 일방적 영향과는 무관하다는 주장이다. 오히려 여기에서 좀 더 분석을 필요로 하는 것은 유가철학이 우리나라에서 절대적 위치를 점유한 것이 단군신화와 어떤 관련성이 있는 가라는 문제일 것이다. 이 문제를 좀 더 분명하게 이해하기 위해서 인지認知 구조라는 개념을 빌려와 분석하는 것도 하나의 좋은 시도라는 생각이 든다.

달라진 환경에 적응하기 위하여 인지구조가 어떻게 대응하고 재구성되는가 하는 문제를 설명하기 위해 피아제(Jean Piaget)는 '도식(scheme)'이라는 용어를 사용한다. 도식은 기존에 존재하는 인지구조를 말하는 것으로 세계에 대한 '이해의 틀'을 가리킨다. 이 도식은 태어나면서부터 가지고 있는 것이 아니라, 환경과의 접촉에서 반복되는 행동과 경험에서 형성되는 것이다. 환경과의 상호작용을 통해 이루어지는 적응 과정을 인간의 인지발달로 보는데 여기에서는 특히 동화同化와 조절調節이라는 두개의 기제機制가 상호 유기적으로 작용한다.

동화는 인식 대상을 인식 주체 자신이 가지고 있는 기존의 인지구조나 도식에 부합시켜 해석하고 이해하는 것을 말한다. 새로운 자극이나 충격을 받았을 때 자신이 기존에 가지고 있던 인지구조에 비추어 해석하는 경향을 동화라고 말한다.[34] 이에 비해 조절은 기존의 인지구조로 새로운 대상을 받아들일 수 없는 경우에 기존의 구조를 변경시키는 과정을 말한다. 즉 어떤 주어진 인식대상이 새로운 특성과 압력에 의해서 기존에 가지고 있던 인지도식이 변형되는 과정을 말한다. 즉 새로운 환경이나 세계에 직면하여 자신이 가지고 있는 인지 도식과의 차이를 발견했을 때, 그 자극을 수용할 수 있도록 기존의 도식을 수정하거나 새로운 도식을 마련하게 되는 것이다.

만약 인지구조의 동화와 조절이라는 관점에서 보면, 우리나라에 유학이 동점東漸하였을 때 유학을 거부감 없이 수용하고 받아들일 수 있었던 이유는 단군신화에서 연원하여 형성된 원초적 인지구조 즉 인지 도식이 유학의 그것과 차이가 없었기 때문에 기존의 인지 도식을 조절할 필요가 없이 쉽게 수용하고 흡수하였던 것으로 보인다. 단군신화가 가지고 있는 '하나의 세계관'이나 현세와 인간 중심적인 사유 도식은 유가의 사유체계와 결코 이질적이지 않았기 때문이다.

6. 맺음말

신화가 제공하는 원형적 사유는 민족과 개인을 강력하게 구조하고 제어하여 그들로 하여금 사유의 동일한 지평을 벗어나지 못하게 만든다. 이런 신화의 원형적 사유구조는 마치 생물들이 자연환경에 적응하여 살아남는 것처럼, 외부 환경에 적절하게 적응하면서 장기적으로 자신의 존재를 지속하여 간다. 신화는 장구한 역사에 의해 사람들의 심리 속에 퇴적되어 주어진 환경과의 상호작용을 통해 그 영향력을 지속적으로 발휘한다.

단군신화 속에는 우리 민족의 철학적 사유의 동일지평을 구성하는 세계관, 인간관, 도덕관 등의 원형적 사유가 구성적構成的 원리로 잠재되어 있다. 단군신화는 우리 민족의 원형적 의식일 뿐만 아니라, 하나의 필연성을 가지는 한국적 사유의 동일지평을 형성한다. 신화에 대한 해석은 현재에 의해서 끊임없이 변화될 수 있다. 그러나 해석에 의해서 신화의 기억이 완전히 사라지는 것은 아니다. 과거의 기억은 인간의 현재에 대해서 여전히 자신의 역할을 수행한다. 현재의 생각이나 의식적인 행위는 과거의 경험을 전제하고 있으며, 과거의 경험은 오랜 시간 우리의 정신과 사고 속에 지속적으로 퇴적된다. 이렇게 퇴적된 과거의 기억은 우리에게 현재의 경험을 이해할 수 있게 해 주는 해석의 틀을 제공해 준다. 과거의 기억으로서 단군신화의 시원적 경험은 지금도 우리들의 사유의 밑바닥에서 잠재성潛在性의 영역으로 쉬지 않고 작용하여 영향을 주고 있다.

신화적 사고와 상상에서는 개인적 고백을 볼 수 없다. 신화는 사회적 경험의 객관화客觀化이지, 그 개인적 경험의 객관화가 아니다. 단군신화에는 우주와 자연을 어떻게 이해하고 있는가라는 우주관 또는 세계관이 잠재되어 있다. 또 인간의 도덕적 이념과 인간에 대한 관점도 상징적으로 표현되고 있다. 동시에 인간 사회와 국가에 대해 말하는 정치이념의 문제도 보인다. 이런 내용들이 바로 한국인의 철학적 사유의 동일지평을 구성하는 것이다.

단군신화 속에 보이는 세계는 천신의 세계와 지상세계로 분리되어 있지 않다. 천신이 존재하는 영역과 인간과 금수가 공존共存하고 있는 지상을 포괄하는 세계가 모두 인간 단군에 집중되고 있다. 단군의 존재는 천상의 신적神的 생명과 지상의 생명이 융합된 결정체로서 천신이 존재하는 영역, 인간, 금수禽獸가 공생共生하는 조화로운 천지인天地人의 통일체의 상징이다. 단군신화는 인간 지향적인 우주관에 의한 인간 중심적 세계관을 상징적으로 보여주고 있다.

사유의 구성 원리라는 측면에서 볼 때, 단군신화와 유가철학의 유사성은 매우 짙다. 단군신화의 핵심사상이 중국의 유가사상과 매우 유사한 내용을 가지고 있지만, 이 둘은 분명히 다르고 또 유가사상의 주도적 영향과는 무관하다는 것이 일반적인 관점이다. 유가철학이 우리나라에서 크게 유행한 것은 단군신화가 가진 인지도식의 유사성과 관련이 있을 것으로 보인다. 단군신화가 가지고 있는 연속적 세계관이나 현세 중심, 인간 중심적인 사유 도식은 유가의 사유체계와 결코 이질적異質的이지 않았기 때문이다. ▮

우리문화 속에 나타난
단군의 두 초상肖像

엄진성

1. 들어가는 말

본 논문의 목적은 우리 역사 속에 그려진 단군의 초상肖像을 살펴보고 그것이 지닌 의미가 무엇인가를 산출하는데 있다. 대중들에게 단군은 신화 속 인물 내지 고조선의 건국자 정도로만 알려져 있다. 하지만 구체적인 의미를 묻는다면 쉽게 대답하지 못하며 심지어 단군 자체를 알지 못하는 경우도 비일비재하다.[1)]

그런데도 우리 민족에 있어 단군이 가지는 의미는 적지 않다. 특히 민족의 동질성 또는 응집력이 요구될 때면 단군은 항상 주목받아왔다. 우리 역사에서 단군이 회자된 대표적인 시기는 원의 간섭으로 인해 주권이 상실될 위기에 처했던 고려 말기 그리고 새로운 국가의 건국을 위해 민족의 자주성과 정통성이 요청되었던 조선 초기, 끝으로 일제에 의해 주권이 찬탈되었던 일제강점기 등을 대표로 들 수 있다.

하지만 아이러니하게도 이렇게 요청된 단군은 불안한 시기가 극복되고 민족이 안정기에 접어들게 되면 어느 사이엔가 역사의 뒤안

길로 사라지곤 했다. 우리의 역사 속에서 단군은 상황에 따라 국조가 되기도 혹은 신화 속 신비한 존재가 되기도 하였으며 심지어 역사로부터 배제되기도 했다. 이들의 원인은 단군에 있는 것이 아니라 그렇게 해석될 수 없었던 시대적 배경 및 그 시대의 구성원들로부터 기인한다. 이 때문에 시대에 따라 달라지는 단군의 초상의 알기 위해서는 무엇 때문에 그들이 단군을 그렇게 이해하고 그렸는가에 대한 논의가 선행돼야 한다.

이것을 위해 본 연구는 단군의 초상에 대한 이해를 돕기 위해 단군의 언급이 문헌으로 남아있는 고려 시대부터 시작하여 조선 그리고 일제강점기에 이르기까지 단군의 우리 민족에게 어떻게 그려졌는지를 살펴보고자 한다. 논의의 진행 방식을 외래문화가 토착화되는 과정에서 발생할 수 있는 경우의 값을 파악하고 이 과정에서 단군의 의미가 어떻게 작용하였는지를 살펴보고자 한다. 또 외래문화에 의해 새롭게 생성된 패러다임 속에서 기존의 패러다임이었던 단군이 어떻게 완전히 소멸하지 않고 존재할 수 있던 까닭도 살펴보고자 한다. 분석의 효율을 위해 이택후의 문화 심리구조와 신유학의 채용 구조의 개념을 도구로 사용하고자 한다. 사실 이들 개념을 특별한 가공 없이 본 연구의 주제인 단군에 적용하기 때문에 다소 거친 감도 있지만, 최대한 논리적 정합성을 유지한 채 분석을 진행하고자 한다.

2. 문화 심리구조로 본 단군의 초상

민족이란 말은 '일정한 지역에서 장기간에 걸쳐 공동으로 생활하며 언어·풍습·종교·정치·경제 등 각종 문화 내용을 공유하고 집단귀속감정에 따라 결합한 인간집단의 최대단위로서의 문화공동체'를 가리킨다.[2] 이 가운데 문화에 대한 정의만을 추려서 살펴보면 '인간집단이 만들어낸 모든 생활양식과 상징체계 및 개인이나 집단이 자연을 변화시켜 획득한 물질적·정신적 과정의 산물로'[3] 그려진다. 민족과 문화의 개념적 정의를 비교하면 이 둘이 여러 측면에서 유사한 점이 가진다. 하지만 특정한 지역을 최소 조건으로 가지는 민족의 개념과 달리 개인 및 집단을 최소 조건으로 가지는 문화의 개념은 민족의 개념보다 넓은 범주에 해당한다. 따라서 민족과 문화의 개념에 상관성은 민족의 개념이 문화의 개념에 포섭되는 형태로 파악될 수 있다. 이 때문에 문화는 특정 민족의 고유성 및 동질성을 결정짓는 부분문화(subculture)[4]와 민족을 초월한 보편개념의 문화로 구분된다. 보편개념으로써의 종교·정치·학은 반드시 특정한 민족의 특수성에 기초한 종교·정치·철학과는 구분되어야 한다. 하지만 이는 어디까지 논리적 범주의 구분일 뿐이며 실제는 문화라는 동일범주위에서 서로가 서로에게 지속해서 영향을 미친다.

이 과정에서 한 민족의 문화와 타민족의 문화가 충돌을 일으키고 그 결과 어떤 민족의 문화는 본래의 형태를 잃고 변화되어 타민족의 문화에 흡수되곤 한다. 그러나 타민족의 문화에 의해 흡수된다 해서 그것이 완벽하게 기존의 문화를 대처하는 것은 아니다.

강남의 귤이 강북에서 탱자가 된다(橘化爲枳)는 말이 있듯이 그것이 같은 대상이라 할지라도 그것을 받아들이는 바탕이 무엇인가에 따라 결과 또한 바뀌기 마련이다. 예를 들면 21세기 대한민국은 한류韓流라는 문화적 도구를 통해 세계를 상대로 문화 대국의 위상을 유감없이 떨치고 있다. 하지만 한류의 중심이 되는 콘텐츠들을 살펴보면 대부분 한 민족의 고유한 창작물이 아닌 K-Pop, 드라마, 영화 같은 외래문화의 장르를 틀로 삼고 있다. 말하자면 한류는 우리의 것이 아닌 외래의 것을 그릇으로 삼고 그 속을 우리의 것으로 채워 넣은 것이라 할 수 있다. 이 때문에 만약 한류가 외래문화의 콘텐츠와 그 정신을 그대로 투영 한 것이라면 결코 한류는 존재할 수 없다. 한류가 생겨 날 수 있던 까닭은 비록 같은 콘텐츠지만 그 내용과 정신까지 같은 것은 아니기 때문이다. 이는 한류 속에 우리 민족의 고유한 인자가 자리하고 있음을 방증하는 것이다.

이처럼 한류와 같이 외래의 것을 틀로 삼고 그 속을 우리의 것을 녹여 토착화시킨 전례는 역사 속에서 어렵지 않게 찾아볼 수 있다. 여러 사례 가운데 본 논문에서는 불교와 유교를 대표로 살펴보고자 한다. 불교와 유교는 본래 삼국시대 위정자의 정치적 목적을 위한 수단으로 도입된 것이지만 시간이 지남에 따라 점차 토착화의 과정을 거쳐 한반도의 문화로 자리매김하게 된다.[5] 보통 외래문화가 유입되어 토착화되는 과정은 다음과 같다. 1) 기존에 존재했던 문화와의 충돌을 일으킨다. 2) 그리고 그 충돌은 현지의 문화를 꾸려나가는 구성원들에 의해 새롭게 조정된다. 3) 외래문화의 유입은 문화 구성원들의 목적에 의해서나 또는 발전된 외래문화의 영향력이 확장됨에 따라 자연스럽게 현지 문화가 흡수되는 형식을 취한다. 이 때문에 일견에는 마치 외래문화에 의해 현지 문화가 완전히 소멸하는 것처럼 보이기도 한다. 하지만 완벽하게 토착화된 외래문화는 이미 그 화학적 성질이 변화되어 단지 형식의 유사성만을 지니게 된다. 예를 들면 당唐으로부터 도입된 불교가 종래에는 원효의 원융회통圓融會通 사상으로 바뀐 것이 그것이다. 신라불교의 뿌리는 분명 당으로부터 왔지만, 원효의 회통적 사유는 아무리 분석한다 해도 그것으로부터 찾을 수 없다. 왜냐하면, 당의 불교와 신라의 불교 관계는 반드시 원인이 결괏값보다 커야 하는 논리적 인과의 구조가 아니기 때문이다. 이는 불교뿐만 아니라 토착화된 모든 문화에 같이 적용될 수 있다.

그렇다면 외래문화와 현지 문화의 충돌로부터 발생하여 토착화된 문화와 본래의 현지 문화 간의 상관관계는 어떻게 파악되어야 하는가? 논자는 이것에 대해 두 가지 측면의 접근을 제안하고자 한다. 첫 번째는 체용體用 구조를 통한 접근이며, 나머지는 격의格義를[6] 통한 접근이다.

체용은 활동이란 측면에서 세계를 본체와 작용 및 본질과 현상의 통일로 해석한 것이다. 체용은 성리학의 본체를 드러내는 개념이지만 성리학의 출현 이전에도 이미 동양사유의 주요한 개념으로 자리하고 있었다. 체와 용은 인과관계가 아닌 각각이 상대에 의지하면서 동시에 상대의 의지처依支處가 되는 대대성對代性을 형식으로 가진다. 다음은 왕부지王夫之의 체용에 관한 설명이다.

> 무릇 체용을 말함에 있어서, 처음부터 두 가지로 나누어지는 경우는 결코 없었다. 이 체가 있으면 반드시 이 용이 있고, 이 용이 있으면 반드시 이 체가 원래 있는 것이다. 이것은 체를 말함에 용이 원래 있고, 용을 말함에 체가 원래 있다는 것이다.[7]

위의 설명은 체란 용의 체이며 용을 떠나서는 존재할 수 없고, 본질이 곧 현상의 본질이며 현상을 떠나 존재할 수 없다는 것을 나타낸다. 말하자면 어느 측면에서 보든 체와 용은 불가분의 관계라는 것이다.[8] 체용의 형식을 외래문화와 현지문화를 적용시킬 경우 토착화된 문화는 용에 해당된다. 이때 토착화된 문화는 대부분은 외래문화의 형식을 유지함과 동시에 내용적인 부분 또한 거의 답습하게 된다. 예를 들어 불교의 경우 그것이 한반도에 전파되기 이전까지는 우리문화의 어디에서도 불교의 흔적을 찾아볼 수 없었다. 이 때문에 한반도에 들어온 불교는 내용과 형식은 모두 외래문화라 할 수 있으며 그것의 체용 또한 우리의 것이라 볼 수 없다. 문제는 불교가 한반도에 도입되면서 기존에는 존재하지 않던 새로운 형태의 해석과 그에 따른 체용을 가진다는 것이다. 그렇다면 이것은 어떻게 이해되어야 하는가?

앞서 언급한 것과 같이 당나라의 불교와 신라의 불교는 명백히 구분 될 수 있다. 전자는 외래문화이고 후자는 외래문화가 토착화된 문화이다. 외래문화가 토착화될 경우 그것의 형식은 유지되지만[9] 내용적 측면은 많은 변화를 가진다. 이 경우 불교의 형식과 작용을 용用으로 내용은 체體로 파악할 수 있다. 그렇다면 어떻게 형식과 작용은 그대로인데 그 체만이 변화 될 수 있는가? 체용관계에서 체는 본체이며 용의 원리이자 법칙이다. 비록 체는 드러날 수 없지만 용이 있기 위해서는 반드시 체가 용을 앞서야만 한다. 체의 변화는 필연적으로 그것의 작용과 형식에 영향을 미친다. 그럼에도 불구하고 한반도에 토착화된 문화의 용과 형식은 외래문화를 체로 가질 때와 크게 다르지 않다. 분명 용에 해당되는 작용과 형식이 동일하기 위해서는 반드시 그 체가 가지는 내용 또한 동일해야 한다. 하지만 외래문화의 체와 토착화된 문화의 체는 결코 동일하지 않다.

그렇다면 외래문화가 토착화된 것은 외래문화의 체가 토착화된 문화의 체로 환원된 것으로 보아야하는가? 결코 그렇게 보아서는 안 된다. 만약 환원된 것이라면 '삼국의 불교', '조선의 성리학'과 같이 지역적 색채를 띤 개념들의 성립은 불가능하다. 왜냐하면 환원이라는 것은 본래의 속성은 변하지 않고 그 형식만 변화 된 것을 의미하기 때문이다. 반면에 토착화된 문화는 형식을 그대로이지만 그 체는 변화한다.

이 때문에 그것의 용과 형식이 동일함에도 불구하고 그 체가 바뀐 이유를 알기 위해서는 우선 외래문화가 토착화되는 사이에 발생되는 일련의 과정을 파악해어야만 한다. 외래문화와 현지문화가 만날 때 현지문화의 용과 형식은 소멸되고 외래문화의 용으로 대체된다. 하지만 형식과 작용이 소멸된다 해서 그 체까지 소멸되는 것은 아니다. 현지문화의 체는 소멸되지 않고 외래문화의 체와 관계 맺는다. 이 관계맺음을 통해 현지문화의 체는 외래문화의 체에 삼투적으로 침투하여 현지문화에 맞게 변화 된 새로운 체를 형성한다. 이 과정에서 새롭게 형성된 체는 기존 현지문화의 체와 다른 토착화된 문화의 체를 가지게 되고 그에 따른 용과 형식을 갖추게 된다. 이 과정에서 새롭게 형성된 체體와 기존 현지문화의 체의 관계를 파악하면 전자는 후자에 용用이 후자는 전자의 체가 된다. 다시 말해 토착화된 문화의 체는 토착화된 문화의 용과 형식에 관해서는 체이면서 동시에 기존 현지문화의 체의 용에 해당되어진다.

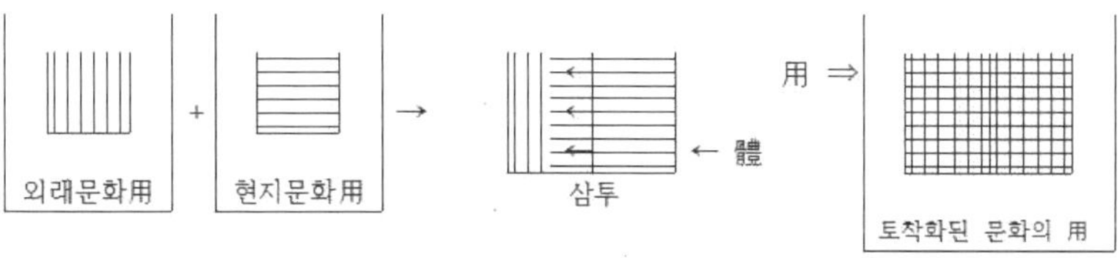

표-1 [10]

위의 표-1은 외래문화가 현지문화와 마주치고 이들이 어떻게 토착화된 되는지를 보여준다. 이때 주목해야 할 점은 토착화되는 과정에서 현지문화의 용用은 사라지지만 체는 사라지지 않고 외래문화에 삼투적으로 침투하여 토착화된 문화의 체와 용을 한다는 점이다. 이 경우 외래문화의 체(| |)는 토착화된 문화의 체(┼┼┼┼┼┼)로 완전히 전변한 것에 비해 현지문화의 경우 비록 그 용은 외래문화에 흡수되어 소멸하지만 그것의 체(⊟)는 삼투적으로 외래문화에 침투될 뿐 그 자체의 소멸을 뜻하진 않는다. 왜냐하면 토착화된 문화는 반드시 현지문화의 에토스(ethos)[11]에 영향을 받을 수밖에 없

기 때문이다.

이렇게 볼 때 현지문화의 체는 토착화된 문화의 체의 형성에 영향을 준다. 또 자신은 변하지 않고 토착화될 문화에 영향을 주기 때문에 특정한 민족의 문화적 특수성 및 정체성을 설명하는 근거라 할 수 있다. 이 근거는 특정한 민족의 발전 속에서 자연스럽게 형성된 무의식적인 집체원형集體原型이다. 이러한 무의식적인 집체원형을 리쩌허우는 문화심리 구조라 지칭한다. 그는 한민족漢民族을 중심으로 한 중국문화의 핵심으로 음양·오행·기·도·신·이·심 등을 언급한 후 이들이 가지고 있는 여러 특징들을 지적하며 그것들 아래에 깔려 있는 그리고 이들 개념이 소멸하지 않고 중국인의 무의식 속에 자리할 수 있었던 원인으로 중국인의 문화심리구조를 언급한다. 그리고 이 문화심리구조는 중국인의 모든 사유의 동질성과 통일성을 가능케 하며 동시에 각각의 문화요소들이 서로 침투하여 하나의 유기체적인 집합체가 될 수 있게끔 한다.[12]

중국인에게 중국인만의 문화심리구조가 있다면 한국인에게도 한국만인의 문화심리구조가 존재 할 것이다. 우선 논자는 한국인의 문화심리구조의 원형으로써 단군을 지적하고자 한다. 리쩌허우의 경우 공자와 공자의 인학仁學을 통해 중국문화를 설명하려 했다. 그가 보기에 공자와 공자학은 마치 거대한 용광로와 같아서 그 속에 들어간 외래문화는 자연스럽게 변화되어 중국인들의 문화심리구조 아래 편승되어졌다.

이제 리쩌허우의 문화심리구조를 틀로 삼아 우리의 경우를 살펴보도록 하겠다. 삼국시대 이래 우리 민족의 사유는 우리의 고유한 것이 아닌 불교를 때로는 유교를 취하며 마치 그것이 우리의 근본인 것처럼 여겨왔다. 하지만 그것은 문화의 토착화에서 온 착각일 뿐 결코 우리민족의 본질이라 할 수 없다. 우리민족의 본질이라 할 수 있는 것은 외래문화의 토착화 이전부터 이 땅에 존재했던 그 무엇이어야 한다. 단군을 우리민족의 문화심리구조로 파악한 까닭 또한 여기에 있다.

외래문화가 토착화되는 과정은 대부분 격의格義의 형태를 통해 이루어진나. 삼국시대와 고려시대는 불교를 통해 격의가 이루어 졌고 조선시대는 유교를 통해 격의가 이루어졌다. 그리고 때때로 시대적 요청에 따라 토착화된 문화의 체體뿐만 아니라 용用으로 나타나기도 했다. 예를 들면 몽고의 침입으로 인해 혼란스런 시기 승려인 일연에 의해 집필 된 『삼국유사』나 조선 초기 조선 건국의 당위성과 독립성을 위해 유학자들 손에 의해 앞 세워진 국조國祖로서 단군의 모습이 그것이다. 하지만 이러한 단군의 모습은 어디까지나 불교나 유교의 필요에 의해 요청된 수단에 불과했다. 그 까닭은 이미 토착화된 불교와 유교가 우리민족의 패러다임으로 자리하고 있었기 때문이다. 이런 열악한 상황임에도 불구하고 단군은 오랜 시간 본래의 색채를 잃어버리지 않고 민족의 문화심리 속에 자리했으며 마침내 수단이 아닌 목적으로 우리의 역사 전면에 드러나게 된다. 그럼 이제 이러한 일련의 과정이 어떻게 일어났으며 그것이 가지는 의미가 무엇인지를 살펴보도록 하겠다.

3. 고려시대에 단군의 초상

이 땅에 불교가 전파되기 전 우리 민족의 삶 속에는 하늘을 숭배하는 천신교天神教가 자리하고 있었다. 천신교는 고조선 이래 이어져온 한반도의 고유한 사상으로 그 핵심에는 단군이 자리한다. 천신교에 대한 사료 중 가운데 것은 이규보의 『동명왕편』과 일연의 『삼국유사』이다.[13] 하지만 『삼국유사』나 『동명왕편』의 서술은 불교적 관점과 유교적 관점을 통해 천신교를 끌어오는 형태를 취하기 때문에 결국 그들에게 있어 천신교는 불교를 드러내기 위한 수단일 뿐이다.

그러나 이것을 역으로 불교와 유교가 모두 외래문화로부터 비롯된 것이기 때문에 우리 민족을 이야기하기 위해서는 싫든 좋던 천신교를 언급할 수밖에 없게 된다. 이 경우 천신교와 불교·유교 사이에는 상호포용의 문제가 발생된다.[14] 우선 불교의 경우에는 한반도에 도입된 불교의 태생적 성격 때문에 쉽게 해결된다. 앞서 언급했듯이 삼국의 불교는 지배층에 의한 의도적으로 수입된 것이기 때문에 자연스럽게 불교가 천신교를 밀어내는 형태를 취한다. 하지만 앞서 언급했듯이 기존의 문화는 지속적으로 새롭게 토착화된 문화에 영향을 주기 때문에 결국 삼국의 불교는 천신교를 내부로 포용하는 격의불교格義佛教의 형식을 취하게 된다.

이와 같은 격의의 형태는 유교의 경우에서도 찾아볼 수 있다.

그 대표적인 사례가 천신교를 유교에 편승시키는 형식을 취한 이규보의 『동명왕편』이다.[15] 천신교에 대한 유교의 격의는 조선시대에 들어 더욱 활발하게 진행된다. 그럼 이제 보다 구체적으로 천신교에 대한 불교와 유교의 격의의 형태를 살펴보도록 하겠다.

불교의 경우 유교에 비해 앞선 시기에 토착화를 되었기 때문에 많은 부분에서 적극적으로 현지문화를 수용하려한 흔적이 보인다. 그 중 하나가 우리나라의 사찰에서 흔히 볼 수 있는 산신각이다. 산신각은 우리민족의 전통적인 산악숭배와 산신신앙을 외래문화인 불교가 토착화되는 과정에서 수용한 결과물이다. 『후한서』 「동이전」에 의하면 '그 풍속은 산천을 존중한다(其俗重山川)'고 하였다.[16] 특히 단군신화는 산악숭배의 가장 오랜 양상을 잘 보여주는 사례이다. 산은 신이 강림하는 자리이자, 인간이 강림하는 신을 받드는 자리이다. 즉 단군신화에서 산은 신의 강림처이며 아울러 신의 주거처로 관념되기도 한다. 한편 군군의 죽음은 입산하여 산신이 되는 것으로 표현되어 있다. 산이 신의 세계인 하늘과 인간의 세계인 땅 사이에 자리 잡아 그 두 세계의 고리 역할을 할 때 그것은 세계산, 우주산이라 부른다. 이 우주산 신앙이 산악신앙의 원형이 된다고 말할 수 있다.[17] 산악숭배를 통한 민족적 접근은 육당 최남선의 『불암문화론』에서도 언급되는데 그는 백伯(白)의 어원을 'ㅂ·ㄺ'으로 규정하고 그 뜻을 신神·천天으로 해석하였다. 그리고 이것에 기초하여 백산白山은 신산神山·영산靈山으로 태백太白은 최대신·지고신으로 파악하였다. 이 맥락에 기초하여 파악할 경우 태백산은 지고의 신산 또는 천산의 의미를 가지게 된다. 그가 천산·신산에 주목한 까닭은 동아시아의 공통적 신화소(Mythmes)인 신강神降·천강天降의 공간적 바탕을 이끌어내기 위해서였다. 그는 산악山岳과 천계天界를 동일시하는 고신앙적 관점에 기초하여 산 전상의 상징적 의미에 주목하였으며, 동시에 환웅이 태백산 꼭 대기로 내려올 수밖에 없었던 이유를 신화적으로 풀이했다. 산은 그 가체로 높이 솟아 있기 때문에 산山·천天·신神이 오래전부터 동일시되어 왔다는 것이다. 뿐만 아니라, 환웅 이외에도 한민족의 국조와 국모, 시조 등이 산청에 하강한 사실을 들어 모두가 하늘의 본월을 둔 동일한 환족桓族임을 환기시켰다. 그가 이와 같은 작업을 통해 단군신화가 동북아시아의 보편적인 천손강림신화天孫降臨神話·천강이세신화天降理世神話의 하나로 정교일치正教一致 및 당시대의 사회상을 반영한 오래 된 전승임을 밝히고 동시에 한민족이 본원지를 떠나 동쪽으로 이주하여 평양에서 구월산에 이르는 대동강유역에 자리를 잡은 역사적 과정임을 보여준 것이라는 결론을 내린다.[18] 최남선의 『불암문화론』은 결국 산악신앙을 우리민족의 고유한 문화심리구조로 파악하고 전개시킨 학설이라 할 수 있다.

산악신앙은 우리 민중들 사이에서 산신 또는 산신령, 산령山靈 등으로 불리고 때로는 노인이나 호랑이로 관념되기도 한다. 「동이전」에 기록된 '범에게 제사를 드려서 그것을 신으로 섬긴다'(祀虎以爲神)[19]는 기록 등이 이를 반증한다. 또 산신은 서낭신과 겹쳐서 동신洞神, 곧 마을신으로 섬겨지면서 동신제洞神祭, 서낭굿, 별신굿, 당상굿 등의 주신主神이 되어 민간신앙에서 가장 중요한 신으로 받들어졌다. 이 때문에 지역에 따라서는 동신제가 산신제로 관념되는 경우도 있다.[20]

민간에서 동제의 형식으로 산악신앙이 명맥을 이어왔다면 관官에서는 국가차원의 행사를 통해 그 명맥을 유지해왔다. 고려 태조는 천령天靈 및 오악五嶽, 명산名山, 대천大川, 용신龍神을 섬기는 팔관회를 잘 지켜나갈 것을 후세 임금에게 당부하였다.[21] 뿐만 아니라 고려왕조는 재변이나 국가적 위기를 맞을 때 불교에 의지함과 아울러 오악명산에도 반드시 빌어 난국을 타개하려 하였다. 산천에 묘사를 짓고 신병神兵이 전쟁에 이기게 도와주기를 빌기도 하였으며, 대궐의 뜰 안에 산천의 신을 모셔다가 왕이 친히 제사를 지내기도 하였다. 또한 국가적인 주요 행사가 있을 때마다 산에 대한 가호加號[22]가 시행되었다. 여기에는 산 자체의 위상을 높임으로써 그 이름을 영예롭게 한다는 뜻이 내포되어 있었다.[23] 이를 통해 볼 때 한반도의 사찰에 나타난 산신의 모습은 불교가 도입되기 이전부터 자리하던 우리민족의 에토스가 불교에 삼투된 결과로 보아야 한다.

하지만 산신각만을 가지고 토착화된 격의불교를 지적하는 것에는 한계가 있다. 왜냐하면 비록 사찰 가운데 현지문화를 대표하는 신신각을 두었다 할지라도 그것은 손님이 주인집을 차지한 체 마당귀퉁이를 주인에게 내어준 형국에 불과하기 때문이다.

반면 다음은 주인이 자신의 위치를 조금이나마 자각하기 시작한 사건이다. 고려후기 원의 침입과 간섭은 우리 역사에 대한 근원에 대한 근본적인 성찰을 요구했으며, 나아가 이를 통한 공동체 의식의 확립을 요구하였다. 원의 침입 이전 고려사회의 상고사에 대한 이해는 태조의 일통삼한의식一統三韓意識에서 볼 수 있듯이 삼한에 머물러 있었고 그 이전에 대해서는 크게 주목하지 못한 상태였다.[24]

하지만 원의 침입은 보다 강한 민족의 응집력을 요구하였고 결국 신라·고구려·백제 삼국의 기존 역사의 인식 범위를 벗어나 우리나라의 시조인 단군에 대한 이해를 갖는 계기를 갖게 된다. 이러한 시대 인식은 일연의 『삼국유사』에도 그대로 반영된다. 하지만 그것은 앞서 말했듯 불교를 공고하게 하기 위한 수단의 일환에 불과했다. 일연의 『삼국유사』에서 단군과 고조선에 관해 '석유환국昔有桓國'라는 구절의 주석으로 '위제석야謂帝釋也'라는 주를 달아서 환국이 국가임을 상당히 희석시키고 있다. 이것은 환국이 역사적 국가라기보다는 불교의 천신인 제석帝釋의 나라이며 실제 역사는 신시神市부터 시작된다는 것을 표명하는 것이다. 이는 불교가 도입되기 이전의 천신관天神觀 및 산악신앙의 세계관을 불교의 세계로 포용하고자 한 안배라 할 수 있다. 뿐만 아니라 태백산정(즉 태백, 금 묘향산)[25]이라는 부분도 또한 불교사관에 따른 주석이라 할 수 있다.[26] 이러한 일연의 태도는 당시의 민중에 의해 자각되고 요청되어지던 단군을 불교의 개념으로 격의格義한 것으로 볼 수 있다.

이러한 태도는 일연과 교류했던 유학자 이승휴의 역사인식에서도 살펴볼 수 있다. 이승휴는 『제왕운기』를 통해 우리 민족의 역사적 공간을 중국 중심의 천하와 구별시키고 단군이 요堯임금과 같은 시기에 나라를 세웠을 지적했다. 그는 원 중심의 새로운 국제질서에 고려가 적응해야 하는 현실적 고민 속에서 문명의 기준을 중화에서 구하여 소중화 의식을 견지하면서도 동시에 우리 역사가 단군으로부터 시작하여 삼한·삼국·발해·신라·고려에 이르는 역사 계승을 천명하고 전통적인 문화제인 국속國俗을 유지해야 한다고 인식하였다.[27] 특히 『제왕운기』에서는 전조선기를 고려 이전의 역사 시대로 정리함으로써 단군을 국가의 시조·역사공동체의 시조로 인식하기 시작함으로써 민족역사의 시원 및 역사를 계통적으로 설명할 수 있는 단초를 마련하였다.[28]

이와 같은 역사인식은 고려후기의 학자들에게서도 분분히 나타난다. 백문보白文寶는 공민왕恭愍王에게 올린 개혁 상소에서 "단군으로부터 지금까지 3,600년이 되었다"고 하였으며[29] 이색李穡은 '우리나라 역사는 당요唐堯의 무진년 한조씨가 나라를 세운 이후로 시작되었는데 비록 대대로 중국과 교류하였지만, 중국이 신하로 대한 적은 없었다. 그 때문에 주 무왕이 은나라 태사太師 기자를 조선에 봉할 때도 신하로 삼지 않았다'[30]고 하였는데 이는 『제왕운기』의 기록에 따라 요 임금시대의 무진년을 원년으로 본 것이다. 하지만 동시에 유교적 합리사관에 기초하여 기자 이전의 역사에 대해서는 상고하기 어렵다는 태도도 함께 취하였다.[31] 단군을 국조로 삼고 동시에 구국의 구심점으로써 요청한다는 점에서는 이색과 일연과 동일한 태도를 취하민 이들이 시닌 패러다임은 각각 불교와 유교(성리학)로 구분되기 때문에 근본적인 내용상 이 둘은 명백한 차이를 지닌다. 성리학적 패러다임은 기존 유학이 가지던 합리성과 실용성에 형이상학적 이理를 적용시킴으로써 현실 세계의 법칙과 인간행위의 윤리적 당위성을 객관적으로 드러냄을 목표로 한다. 이 때문에 단군에 대한 인식 또한 다소 신비적인 내용을 함의한 종교적 관점이 아닌 현세중심의 합리성 및 당위성위에서 진행되어졌다. 또 위정자들의 필요에 의해 도입된 불교와 달리 혼란의 시기에 몇몇 지식인들에 의해 점진적으로 도입된 성리학은 불교보다 많은 부분에서 단군을 반영하였다. 이는 성리학이 도입되던 당시의 시대상이 반영된 결과로 볼 수 있다. 당시 지식인들의 공통 관심사는 민족의 정체성 및 동질성 확보에 있었다. 이를 바탕으로 도입된 성리학은 자연스럽게 우리민족의 문화심리구조의 핵심인 단군의 지속적으로 영향을 받을 수밖에 없었다. 왜냐하면 위정자들에 의해 체계적으로 토착화되어 손쉽게 우리의 현지문화를 억누를 수 있었던 불교와 달리 시대적 혼란과 한계를 극복하기 위한 몸부림 가운데 도입된 성리학은 불교와 같이 우리의 문화심리를 강력하게 억누르지 못하였다. 이것이 고려말기의 성리학자들로 하여금 단군에 대해 매우 긍정적이고 적극적인 태도를 취하게 한 까닭이다.[32] 이는 결과적으로 우리의 역사를 성리학적 합리성과 객관성이 기초하여 돌아보고 그 이해의 폭을 확대하는 계기를 마련하였으며, 동시에 요·순 시대를 이상사회로 파악하고 그것에 비견되는 단군시대를 요청함으로써 성리학적 형식을 토대로 한 우리민족의 독자적인 역사관을 구축할 수 있게끔 하였다.

4. 조선시대 단군의 초상

성리학적 패러다임에서 단군을 저술한 사료로는 앞서 언급한 이승휴의 『제왕운기』가 있다. 그는 『제왕운기』에서 화인제소중화華人

題作小中華라는 문장을 통해 고려를 소중화小中華라 부르는 것은 어디까지나 중국인들이 그렇게 부르는 것일 뿐 결코 우리가 그렇게 부른 것이 아님을 지적한다. 이는 사대주의에 입각해 스스로를 소중화로 지칭한 조선 중기 성리학자들의 역사인식과 상반되는 형태이다. 또 초수개국계풍운初誰開國啓風雲, 석제지손명단군釋帝之孫名檀君이라 하여 초대 개국자로서 단군을 지목했다. 이것은 우리가 하느님의 후손인 천손天孫민족이라는 것을 천명한 것이며 동시에 우리의 역사가 중국과는 아무 관계가 없음을 주장하는 것이다.

이승휴가 단군을 석제의 손자라고 한 것은 『삼국유사』에서 일연이 주한 제석帝釋을 의식하였기 때문일 것이다. 이승휴가 『삼국유사』의 제석을 석제로 바꾼 것은 불교의 제석을 희석시켜 유교화하고자 한 의도로 볼 수 있을 것이다. 왜냐하면 제석은 당연히 불교신이지만, 석제는 불교의 신神이기도 하지만 일반적인 왕의 이름(帝名)도 될 수 있기 때문이다.[33] 비록 제석→석제의 명칭의 변화만을 두고 불교적 패러다임에서 유교적 패러다임으로 변화되었다고 단정할 수는 없지만 이후 제기된 기자箕子조선의 논의는 단군에 대한 화두가 불교에서 유교로 넘어갔음을 시사한다.

고려가 멸망하고 조선이 건국되면서 본격적으로 단군에 대한 인식이 변화하기 시작한다. 조선왕조는 명나라를 섬기는 사대외교를 하면서도 동시에 국가의 독자성을 유지하려 하였다. 이 때문에 유교를 조선에 전래한 기자와 고조선을 건국한 단군을 함께 숭배하고자 하였다. 다음은 조선의 이런 태도가 잘 나타난 조박의 상서이다.

조선단군朝鮮檀君 동방시수명지주東方始受命之主, 기자시여교화지군箕子始與敎化之君, 영평양부令平壤府 이시치제以時致祭[34]

상서의 내용은 다음과 같다. "단군은 동방에서 처음 천명을 받은 주군(主)이고, 기자는 동방에서 처음 교화를 일으킨 군주(君)이므로 평양부에서 때에 맞추어 제사를 지내기를 청한다." 여기서 주목할 점은 단군을 동방에서 최초로 명을 받은(受命) 자로 지칭한다는 것이다. 천명은 주周나라 이후 중국 및 유가의 전통적인 세계관이다. 이때 명을 받는 자는 왕 또는 천자로 국한된다. 나아가 하늘의 제사 또한 오직 천자만 지낼 수 있다. 비록 제사를 지내는 장소가 평양부이지만 그것의 내용은 천제天祭에 해당된다. 이것은 고조선이 독자적으로 천명天命을 부여 받았음을 뜻하는 것이며 동시에 동일하게 천명을 부여받은 중국과 동등한 위치에 놓일 수 있음을 시사한다. 조박의 상서 이외에 단군을 주主로 칭한 사례는 주원장의 요구에 의해 권근權近이 쓴 『응제시應製詩』「시고개벽동이주始古開闢東夷主」에서도 살펴볼 수 있다. 응제시의 제목인 '시고개벽동이주'는 주원장이 직접 지은 것으로 그 이면에는 동이로부터 나라가 열렸으므로 이것을 동이의 개국역사로 본다는 의미가 깔려 있다. 이때 동이는 조선을 의미하는 것이기 때문에 바꾸어 말하면 주원장이 고조선을 역사적 존재와 개국의 역사를 인정함을 의미한다. 권근은 주원장의 뜻을 잘 파악하여 단군과 제요와 기자와 조선을 잘 조합한 시를 바치는데 여기서 또한 자주를 통해 개벽동이주로서의 단군을 분명히 드러내고자 했다.[35] 주원장에게 바친 「시고개벽동이주」의 권근의 자주는 다음과 같다. "석신인강단목하昔神人降檀木下, 국인입이위왕國人立以爲王(신인 단군이 (태백산의) 단목에 내려와 국인이 왕으로 추대하였다)."

위의 사례가 단군을 통해 정신적인 측면에서 민족의 독자성을 확보하고자 한 노력이라면 다음은 현실적인 측면 즉 국가단위의 사업에서 단군을 드러내고자한 사례이다. 세종과 세조는 단군을 역사의 시원으로 정리하는 작업을 시행하는데, 세종 11년에 평양에 단군과 동명왕을 함께 모시는 사당을 세웠고, 위패를 '조선후단군지위朝鮮侯檀君之位'에서 '조선단군朝鮮檀君'으로, '조선후기자위朝鮮候箕子位'에서 '후조선시조기자後朝鮮始祖箕子'로 개정하여[36] 기존 단군과 기자를 병렬적으로 보던 것에서 단군에서 기자로 이어지는 역사계승의식을 천명하였다. 세조는 다시 이를 '조선시조단군위朝鮮始祖檀君位'로 고쳐 후 조선을 아우르는 조선 역사의 시원으로서 단군의 위치를 공고히 하였다.[37] 세조의 정책을 뒷받침하기 위해 양성지는 세조 2년(1456년)편의 24사를 올렸다. 여기에는 전대의 군주와 재상에 대한 제사와 능묘에 대한 조사를 건의하였으며, 매년 봄가을에 전조선왕 단군, 후조선왕 기자, 신라시조, 태종, 문무왕, 고구려시조, 영양왕, 백제시조, 고려태조, 성종, 현종, 충렬왕 이상의 왕을 제사하도록 하고, 전조선, 후조선, 삼국 또는 고려가 도읍했던 개성, 강화, 경주, 평양, 공주, 부여, 김해, 익산 등지의 능묘를 살피자는 것을 내용으로 한다.[38] 이러한 일련의 행동은 역사상에서 단군의 위치를 보다 확실히 드러내고 조선왕조의 정통성을 단군까지 확장하려 한 일련의 계획 위에서 이루어진 것으로 보인다.

하지만 단군을 국조國祖로 만드는 작업은 조선왕조가 자리 잡는 과정에서 점차 희석되어 갔다. 16세기 접어들어 등장한 사림士林세력의 등장하자 존화사대尊華事大 의식이 팽배하게 되면서 조선 도학의 시조로 기자가 부각되었고, 이어서 병자호란과 명의 멸망으로 이제는 조선이 소중화라는 의식이 대두되었다.[39] 조선 중기 이후 성리학이 발달하고 이상적 도학정치를 사림이 정치를 주도함에 따라 절의節義와 인현仁賢의 인물이며 왕도정치를 구현한 성현으로서 기자에 대한 숭앙심은 더욱 고조되었다. 이에 따라 기자조선의 정통성이 강조되었고, 단군은 기자에 비해 부차적인 위상으로 인식되었다.[40] 조선의 대표적인 사림 중 한 사람인 율곡 이이는 다음과 같이 언급한다.

> 우리 동방에도 백성이 있어 살아온 지 중국에 뒤지지 않은 것 같은데, 아직 예지를 지닌 성신이 나오시어 군사君師의 구실을 다하였다는 말을 듣지 못하였다. 물론 단군께서 제일 먼저 나시기는 하였으나 문헌으로 상고할 수 없다. 삼가 생각하건대 기자께서 우리 조선에 들어오시어 그 백성을 비루한 오랑캐로 여기지 않고 후하게 양육하고 힘써 가르쳐주시어 오랑캐의 풍속을 변화시켜 제노齊魯의 나라로 만들어 주셨다. 저 수사洙泗의 유자들이 공부자의 미언微言을 깊이 연역하고 낙민洛閩의 선비들이 정자 주자의 끼친 가르침만 전하는 것도 또한 일리가 있다. 그런데도 우리 동방은 기자의 망극한 은혜를 받았으니 그 실적에 대하여 마땅히 집집마다 읽고 사람마다 익혀야 할 것이다.

율곡의 태도는 당시 성리학자들의 전형을 보여준다. 비록 율곡이 단군을 언급하기는 하지만 위의 문장에서 단군의 위상은 단지 이름만 전해지는 상징적인 존재일 뿐이다. 반면 기자의 경우 우리가 가졌던 오랑캐의 풍속을 벗어 버리고 문명화되는 데 크게 일조했음을 지적하면 그의 치적을 기리는 형태를 보인다. 문헌상의 부재를 근거로 하여 단군의 역사적 의의를 희석시키는 형태는 이미 성종7년에 편찬 된『삼국사절요』에서도 보인다.『삼국사절요』의 편찬자인 서거정은 "우리 동방에 단군이 나라를 세운 사실은 너무 먼 시대라 추적할 수 없고… 한漢나라가 사군과 이부를 두어 국세가 중간에 끊겼다. 삼한三韓이 그 사이에 일어났으나 군신 상하의 분별이 없었으니 어찌 서적에 실어 전할 만한 것이겠는가?"[41] 서거정은 성리학의 합리사관에 따라 실증자료의 부족을 근거로 하여 단군에 대한 서술을 유보하는 형태를 보인다. 하지만 동일한 성리학적 사관을 가진 이승휴나 권근 등과 견주어볼 때 서거정의 태도는 다분히 의도적으로 기자 쪽에 힘을 실어주고 있는 것으로 볼 수 있다. 이후 조선 유가의 기자에 대한 사관은 계속 발전되어 홍여하洪汝河의『동국통감제강』은 은태사(기자)로부터 시작하고 있으며, 안정복安鼎福의『동사강목』또한 기자를 기술하고 단군을 기술하여 기자를 단군보다 사실상 먼저 편수하고 있다. 이 밖에도 간재艮齋 전우田愚를 위시한 간재학파 또한 기자를 존숭하여 단군을 전혀 언급하지 않았으며 영남 강우江右 지역을 이끌었던 한주학파 또한 단군에 대한 언급은 찾아보기 힘들다.

단군에 대한 태도가 조선 중기로 갈수록 부정적으로 변하고 그 비중 또한 줄어든 까닭은 외래로부터 도입된 성리학이 과도기를 거쳐 완전히 토착화된 결과로 볼 수 있다. 이는 성리학적 토대위에서 단군을 이야기할 때부터 예견된 결론이라 할 수 있다. 그것은 마치 불교가 융성했던 시절 불교에 의해 단군이 완전히 지워진 것처럼 성리학의 토착화는 우리 스스로 단군을 부정하고 마침내 기자만을 존숭하게끔 했다. 비록 고려말기 조선 초기의 성리학자들에 의해 단군이 거론되었지만 이들이 성리학자인 이상 단군은 목적이 아닌 수단에 그칠 수밖에 없었다. 이 때문에 성리학의 이상적 세계를 목표를 삼은 그들에게 있어 성리학의 왕국이라 불릴 만한 조선 중기의 사회는 이미 그들의 목적의 달성된 것이라 할 수 있다. 목적이 달성된 이상 수단으로써 사용되었던 단군이 폐기되는 것은 어쩌면 당연한 수순일지도 모른다. 이렇게 또 한 번 단군은 단군을 요청했던 성리학자 손에 의해 사장되어졌다. 그러나 또 다시 역사는 반복되어 우리민족이 위기에 처해지자 구국의 상징으로서 단군이 다시 요청되어진다. 하지만 불교와 유교의 패러다임을 거친 단군은 더 이상 불교의 단군도 유교의 단군도 아닌 제3의 형태로 민족의 위기를 구원하기 위해 역사의 전면에 드러난다.

5. 일제강점기 단군의 초상

일제의 침탈로 인해 나라의 근간이 흔들릴 당시 조선의 지식인들은 이러한 세태를 개탄하고 극복하기를 희망했다. 그 가운데 하나가 유림들을 중심으로 일어난 공교孔敎운동이었다. 당시 대부분의 유림들은 망국의 원인을 유교의 쇠퇴로 보고 나라를 찾기 위한 일환으로 공자를 교주로 존숭하는 종교체제를 갖추면 유교의 정신이 회복 될 것이라고 여겼다.[42] 조선의 공교운동은 강유위康有爲의 사상에 영향을 받은 학자들을 중심으로 진행되었는데 그 중심에는 진암眞巖 이병헌李炳憲, 한계韓溪 이승희李承熙, 백암白巖 박은식朴殷植, 해창海窓 송기식宋基植 그리고 마지막으로 당시 우리나라에서 유교의 이름으로 활동하고 있던 모든 단체를 포섭하여 조선유교회란 하나의 조직으로 개편하려 했던 죽농竹農 안순환安淳煥 등이 있었다.

안순환의 경우 공교운동에 있어 매우 독특한 행보를 보이는데 그것은 바로 그가 설립한 조선유교회의 중심인 녹동서원에 단군전을 설립하여 단군을 봉헌한 것이다. 뿐만 아니라 그가 공교사업을 위해 초빙한 주요인사 중에는 적지 않은 수가 단군교 활동에 직접 참여하면서 동시에 녹동서원의 일을 겸임하였다. 그럼에도 불구하고 양 단체는 외형상으로는 혼합성을 띄면서도 내적으로는 서로의 목표점을 잃어버리지 않고 1930년부터 시흥 단순전이 일제의 압력으로 철폐될 때까지 양 교단은 조화롭게 활동하였다.[43] 그 일례로 단군교 측이 1935년 일월시보 4호를 통해 발표한 내용은 단군교와 유교가 결코 다른 것이 아님을 핵심으로 삼고 있다.

우리사람이 단군을 잊은 지 오래다. 사모의 정이 날 수가 없고 사모하는 정이 없음으로 의귀할 바 없는 것이다. 지금 이러한 정성이 발휘되어 단성전을 건축한 것은 만천사람의 정신이다. 단군교라 하면 별교가 아니다. 우리 고유의 유교이다. 단군이 우리 동방을 창시하고 그

후에 공자의 교가 들어옴에 우리 고유의 민성과 합치어져서 동방유교가 되어 이 세상에 크게 행하여 진 즉 단군 존숭하실 분도 성의 있게 조선유교회로 입교하심이 일치되는 정신인 것은 명료한 일이다.[44]

일월시보에 나타난 단군교의 태도는 단군과 단군교를 적극적으로 수용하려 한 안순환에 대한 보답 차원의 발표일 수도 있지만 그 내용 자체만 놓고 볼 때 단군교와 공교 사이에 적지 않은 교류가 있었음을 알 수 있다. 특히 단군이 잊힌 채 단지 고유의 민성만 남아있던 우리민족이 공자를 만남으로써 동방의 유교가 된다는 것은 단군과 공자의 정신을 동일한 지평 내지 단군의 정통 아래 기자가 포섭된 것으로 파악될 수 있다.[45] 이것을 통해 볼 때 일월시보에 나타난 공자의 유교는 외래문화가 아닌 기존의 우리문화와 동일한 유전자를 지닌 동류로 파악될 수 있다. 또 나아가 공자의 유교를 외래문화가 아닌 우리문화와 동일한 형태로 볼 경우 앞서 언급했던 외래문화의 토착화과정 또한 생략될 수가 있다.

다만 이때 발표된 내용이 녹동서원이 아닌 단군교의 발표기 때문에 모든 내용을 녹동서원의 입장으로 보는 것에는 분명한 한계가 있다. 하지만 녹동서원의 『일월시보』에 위의 내용이 기록되었다는 점은 단군교의 입장을 암묵적으로 받아들였음을 시사한다. 이 점은 녹동서원의 강사들의 강학태도에서도 여실히 드러난다. 다음은 『녹동일기』에 기록된 교육방침에 관한 내용이다.

우리 단군 성조의 부경符經과 문성왕의 홍범과 세종대왕의 정음正音

은 그 정묘한 이치와 광박廣博한 의리가 진실로 족히 천지를 다스리고 우주를 에워쌀 수 있으며, 또한 고구려의 부강과 신라의 읍양揖讓과 고려의 명절과 조선의 예의는 또한 전 세계의 자랑으로서 내세에 밝게 보여야 할 것이거늘 치란治亂의 왕복이 이 극단에 이르게 된 것은 그 허물이 기왕의 머뭇거림에 있고, 장래에 전개시킬 책임은 금일의 제군들의 중대 책임의 하나다.[46)]

녹동서원의 강사들은 우리나라의 철학을 일깨우기 위해서 단군교의 『삼일신고』를 주해註解했으며 단군을 민조民祖로 여겼다. 또 이들의 단군 존모사상은 나라사랑 민족정신에 국한되어 있었음으로 유교의 법도를 넘어서서 섬긴 흔적은 없었다. 그들은 민족정신을 일깨우기 위해 한글사랑의 실천으로 『훈민정음직해』란 책을 만들어 한글의 원리와 뛰어난 생김새와 쓰기의 편리함을 밝히고 한편 풀어쓰기와 초서를 새로 만드는 작업을 하기도 하였다.[47)]

그러나 녹동서원의 초기 취지는 그리 오래 지속되지 못했던 것으로 보인다. 당시 일제와 서로 긴밀한 협력관계에 있던 조선유교회는 1930년대 후반 일본의 대륙침략이 본격화되면서 행해진 창씨개명과 신사참배 등의 내선일체정책에 휘말려 결국 자신들의 신념을 지킬 수 없었고 정체성을 잃어버린 채 모두 소멸되어 버리고 만다.[48)]

하지만 결과를 떠나 녹동서원의 설립 정신만을 놓고 본다면 조선중기 이후 기자만을 존숭하던 태도와 달리 녹동서원의 성리학자들은 그들 스스로 단군을 요청했음을 알 수 있다. 그리고 초기 성리학자들과 달리 성리학적 토대가 아닌 민족의 토대 위에서 성리학과 단군을 동일 선상에 놓거나 합치려 했다는 점에서 차이를 보인다. 말하자면 그들은 단군과 그들의 이상(孔教의 완성)을 동일선상에 놓음으로써 수단이 아닌 목적으로 인식하였다. 이것이 가능했던 까닭은 녹동서원의 성리학자들이 우리민족이라는 근본적인 패러다임위에서 단군과 공자를 접근했기 때문에 별다른 저항 없이 이 둘은 자연스럽게 하나로 융화될 수 있었던 것이다.

녹동서원의 성리학자들이 단군과 공자를 동일선상에 놓고 민족정신을 고취시키려 했다면 그들과는 달리 성리학적 정신을 유지하면서 민족의 뿌리로써 단군을 수용하려 한 움직임도 있었다. 그 대표적인 움직임이 대종교이다. 대종교의 경우 창설 당시 많은 양반유림들이 입교한 것을 특징으로 가진다. 나아가 일제의 탄압으로 교단본부를 만주로 옮긴 이후에도 명문 양반을 포함한 성리학 계통의 독립운동가들이 대종교에 대거 입교했기 때문에 대종교는 양반종교로 불리기도 했다. 실제로 대종교 간부들의 경력을 보면 명문가문 출신의 유학자들이 많았다. 제2대 교주 김교헌은 명문 경주김씨 출신으로 규장각 부제학 등의 요직에 올랐던 엘리트 양반이었고 임시정부의 중요인물이었던 이시영·이동녕이나 만주 서로군정서의 대표였던 이상룡 등이 모두 유학자로서 대종교의 입교했던 인물이었다.[49] 이들 또한 녹동서원의 인물들과 마찬가지로 공자와 단군을 받아들임에 있어 서로간의 충돌이나 모순은 없었던 것으로 보인다. 그 까닭은 그 첫 번째는 민족의 위기라는 현실적 상황 속에서 사상과 신념을 뛰어 넘어 모든 사람에게 공통의 감정을 불러일으킬 수 있는 유일한 상징이 단군이었다는 점이며, 두 번째는 앞서 고려의 불교가 그랬던 것처럼 현실의 문제에 있어 성리학적 패러다임이 더 이상 어떠한 해결책도 내 놓지 못한다는 점이다. 이 때문에 당시 성리학자들은 성리학적 패러다임을 유지한 체 현실의 문제를 해결할 수 있는 방법을 강구하였고 그 결과 또 다른 충돌을 불러일으킬 수 있는 외래문화가 아닌 우리민족의 무의식적인 집체원형인 단군을 그 바탕에 깔게 된 것으로 보인다.

녹동서원과 대종교의 유림들의 의식 속에 나타난 단군은 성리학적 세계와 대립각을 세우는 존재도 아니며 성리학적 패러다임을 무너뜨리는 새로운 사유도 아니다. 왜냐하면 그들에게 있어 단군은 그들이 '조선의 성리학자'로 남을 수 있도록 근본 토대이며 동시에 우리민족인 이상 가질 수밖에 없는 문화심리의 모체이기 때문이다. 단군은 외래로부터 유입된 것이 아니다. 이 때문에 우리 스스로 그것을 사장死藏하지 않는다면 언제든 우리문화의 표면위로 드러날 수 있다. 이런 맥락에서 본다면 고려시대와 조선시대는 불교와 성리학을 통해 우리 스스로 단군을 덮고 희석시켰다 할 수 있다. 반면에 녹동서원과 대종교의 유림들은 성리학을 가지고 있되 그것으로 단군을 덮지 않고 성리학은 성리학으로, 단군은 민족의 국조로서 보았기 때문에 이 둘이 함께 공존할 수 있었던 것이다. 그들이 활동하던 당시 성리학은 완전히 토착화되어 우리문화 속에서 제거 할 수 없는 존재였다. 만약 대종교가 조선 성리학을 우리문화에서 제거하려 했다면 그것은 스스로 자신에게 상처 입히는 행동이며 또 적지 않은 반발을 불러일으켰을 것이다. 또 대종교가 주도하여 유림들을 이끌었다면 그 또한 반발이 있었을 것이다. 대종교가 유림들과 함께 할 수 있었던 까닭은 유림들의 자발적인 참여의식 때문에 가능한 것이었고 그 의식의 바탕에서 지금껏 여러 차례 언급했던 문화심리구조가 작용했기 때문일 것이다. 이상 우리의 역사 속에 나타난 단군의 초상을 살펴보았다. 비록 우리 스스로 우리문화의 무의식적인 집체인 단군을 훼손되거나 외래문화를 통해 희석시켰지만 그것은 외래문화가 토착화된 후 다시 한국적~이란 명사가 수식되는 이면에서 항상 체體로 작용했다. 그리고 민족이 위기에 처했을 때는 언제나 조건 없이 구국의 상징이자 국조로 나타났으며 안정된 후에는 다시 민족의 문화심리구조로 되돌아갔다. 하지만 이 과정은 속에서 점진적이지만 조금씩 민족의 이름 아래 우리문화의 표층부로 단군이 드러났음을 볼 수 있었다. 이상 우리문화 속 단군의 초상에 대한 논의를 마치도록 하겠다.

6. 나가는 말

지금까지 시대에 따라 단군의 초상이 어떻게 변모하는지를 살펴보았다. 이 땅에 외래문화인 불교와 유교가 들어오기 전 단군은 이 땅을 지배하고 있던 하나의 패러다임이었다. 그러나 외래문화의 토착화는 새로운 패러다임을 불어왔고 결국 기존 패러다임은 소멸로 이어졌다. 그러나 외래문화의 요소만을 토대로 하여 토착화된 한반도의 불교와 유교를 설명하는 것은 분명한 한계를 가진다. 외래문화가 토착화되는 과정을 설명하기 위해서는 외래문화를 이외의 또 다른 요소가 무엇인지 밝힐 필요가 있다. 우리가 특정한 문화집단을 민족으로 부르기 위해서는 그 민족만이 가지는 특수한 구심점이 있어야 한다. 예를 들어 수많은 외세의 침입과 왕조의 변화에도 불구하고 중국이 중국일 수 있는 까닭은 중국인의 삶 속에 무의식적으로 형성된 집체원형이 존재하기 때문이다. 비단 중국뿐만 아니라 전통을 가지고 민족성을 가진 모든 민족에게는 이와 유사한 체계의 문화심리구조가 존재한다. 한 민족의 문화심리구조는 모든 표층적 문화아래에 깔려있으며 마치 마르지 않는 샘의 근원처럼 민족이 존재하는 한 쉼 없이 흘러나온다. 다만 말라버린 듯 보인다면 그것은 단지 두꺼운 흙더미에 덮여 보이지 않을 뿐이다. 중국의 문화심리구조를 이택후는 공자로부터 출발된 인학모체구조라고 한다.

만약 우리 민족의 문화심리구조를 찾는다면 가장 적합한 것은 단군일 것이다. 이를 반증하듯 단군은 우리민족의 위기 때마다 구국의 상징이자 국조로서 전면에 드러나곤 했다. 하지만 위기의 소멸과 안정기가 찾아옴에 따라 다시 우리문화의 뒤편으로 사리지곤 했다. 그 이유는 삼국을 지나 고려 조선에 이르기까지 우리민족을 지배하고 있는 사상적 패러다임이 우리의 것이 아닌 외래문화인 불교 내지 유교였기 때문이다. 민족의 위기 때마다 단군을 요청한 것은 그들이 삼국의 고려의 그리고 조선의 불교 또는 유교가 되기 위해서는 무엇보다 우선 우리민족이 존재해야 했기 때문이다.

하지만 민족의 존립을 위해 본래의 패러다임인 단군이 득세할 경우 불교와 유교의 존립이 위태롭기 때문에 그들에게 있어 단군은 단지 수단일 뿐 결코 목적이 될 수 없었다. 그렇기 때문에 만약 단군이 수단이 아닌 목적이 되기 위해서는 외래문화의 패러다임이 아닌 새로운 패러다임이 필요하다. 하지만 단군을 목적으로 삼기위해 기존의 토착화된 불교와 유교를 배제하는 것 또한 불가능하다. 왜냐하면 그들이 토착화되는 과정에서 이미 상당 부분 우리민족의 문화심리구조에 영향을 받았기 때문이다. 그렇다면 무엇이 최선의 방법인가? 그 가능성을 보여준 것이 바로 일제강점기시대 민족의 수호를 위해 분연히 일어선 당시의 유림들의 행보이다. 그들은 유교적 패러다임을 유지하면서 동시에 단군을 드러낼 수 있는 방식을 강구했다. 그들은 단군과 공자를 동일선상에 놓거나 또는 삶의 태도로서의 유교적 패러다임은 유지하되 그것과 독립적으로 민족에 관한 패러다임으로서 단군을 요청하였다. 전자는 공교운동의 중심에 있던 녹동서원의 유림들의 방식이며 후자는 대종교에 속한 유림들의 방식이다. 이 둘의 방식은 토착화된 유교를 유지하면서 동시에 단군을 수용할 수 있는 훌륭한 방편이라 생각된다.

광복 이후 민족이 안정기로 들어서면서 단군에 대한 요청을 다시 줄어드는 경향을 보인다. 하지만 고려나 조선과는 달리 더 이상 우리민족을 지배하는 대표적인 패러다임은 존재하지 않는다. 지금은 불교와 유교 그리고 새롭게 추가된 크리스트교와 같은 다양한 외래문화들이 토착화되어서 각기 우리사회에 자리 잡고 있다. 하지만 사회를 관통하는 하나의 패러다임이 없기 때문에 우리사회는 무차별적인 문화의 범람에 혼란스러워하고 있다. 이러한 혼란스러움 가운데서도 여전히 우리는 우리민족이란 단어 앞에 막연한 동질성과 자부심을 느낀다. 하지만 막연함이 분명함으로 바뀌고 그것을 우리가 명확히 인식할 때 범람하는 문화 속에서 혼란스러워하지 않고 우리가 분명한 우리의 길을 찾을 수 있으리라 여겨진다. 그리고 분명함을 찾는 길은 바로 우리 민족의 무의식적인 집체원형으로서 문화심리의 모체가 되는 단군을 체계화시켜 하나의 패러다임으로 정착시키는 것이라 생각된다. ▮

단기연호의 배경과 법제화, 그리고 폐기

정영훈

1. 머리말

단기는 연도를 적음에 있어 단군이 건국한 이후 몇 년째인지를 헤아려서 적는 연도 기록방식이다. 그것은 1948년 대한민국정부에 의해 공용연호로 제정되어 1961년 말까지 13년간 국가차원의 공용연호라는 자리에 있었다. 단기는 근대 한국의 민족주의가 민족형성(네이션빌딩)과 국민통합을 위해 고안해낸 '만들어진 전통'(Invented tradition)의 하나이며, 특히 개천절 국경일 및 홍익인간 교육이념과 함께 단군사화에서 유래된 3대 민족상징의 하나였다. 그것은 단군의 건국을 집단 역사의 출발점으로 생각하는 민족정체성인식의 산물이다. 그리고 그 같은 집단정체성에 기초하여 민족적 결속과 발전을 추구해온 한말 이래 단군민족주의 운동의 한 성과로서 국가적 공용연호로 법제화되기에 이르렀다.

주지하다시피 그것은 단군의 건국을 서기전 2333년의 일로 보아 서기에 2333년을 더한 숫자로 년도를 표기해왔다. 단기는 단군의 자손으로의 민족적 정체성에 기초하여 유구한 역사를 가진 자주민족으로의 긍지를 내외에 과시하며, 통일과 독립을 향한 민족적 의

지를 고취시키자는 취지와 함께 제안되었다. 그리고 민족운동가들의 선도 하에 대중적으로 확산되어오다가 국가차원의 공용연호로까지 자리잡게 되었다. 그러나 공용연호로의 단기는 오래 지속되지 않았다. 1961년 쿠데타로 집권한 군사정부가 공용연호를 단기로부터 서기로 바꾸는 조치를 일방적으로 단행함으로써 13년만에 공용연호의 자리에서 물러난 것이다.

단기연호가 대중화되었다가 공용 연호로 채택되고 다시 폐기되는 과정은 한국사, 특히 근현대 한국에서 민족주의 사조와 운동이 확장되다가, 탈민족주의적 사조 및 힘들에 밀려서 위축되는 과정 및 추이를 반영한다 할 수 있다. 그것은 근대 한국의 민족주의운동이 그 동력을 형성하는 과정에서 민족사가 축적한 역사적 유산들과 밀접히 결합하였음을 보여준다. 그리고 특히 단군민족주의라 불리는 사조가 전승되어 오다가 대중적으로 활성화하고, 다시 반대세력에 의해 견제되는 추이를 살피게 해주는 주요한 사안이다. 단기연호의 제정-폐기과정은 한국 민족운동사와 정치사 및 사상사의 추이를 이해하고 규명함에 있어 중요한 단서가 될 수 있다고 본다. 오늘날 한국사회에는 단기연호의 부활을 촉구하는 움직임들이 지속되고 있는데, 이 대목은 단기연호가 가지는 의의나 호소력이 아직 살아있음을 보여주고 있다.

그러나 단기연호에 대한 연구는 충분치 않다. 단기연호가 근거하는 사실과 전통은 무엇인지, 그런 인식과 전통은 어떤 과정을 거쳐 근대로 전달되었는지, 어떤 과정을 거쳐 대중화되었고, 어떤 시대적·정치적 배경 속에서 어떤 요구들과 결합되었던지, 공용연호로 제정되는 과정은 어떠했는지, 어떤 취지로 법제화가 추진되었던지, 또 폐기의 명분은 무엇이며, 그것은 적절한 것이었던지, 어떤 절차를 밟았는지, 폐지를 둘러싼 논란은 없었는지, 단기연호가 가지는 의의는 무엇인지, 현재 제기되고 있는 단기연호 부활 주장은 어떻게 처리되어야 하는지, 이런 질문들이 아직 제대로 제기조차 되지 않은 채 남아있다.

이 논문에서는 단기연호와 관련된 여러 수준의 질문들 중 초보적인 몇몇 문제들을 정리하는 데 목적이 있다. 곧 단기연호의 역사적 근거와 배경 및 그가 법제화되고 폐기되기까지의 과정과 그에 관여한 요인들에 대해 살피고, 거기에 약간의 분석을 덧붙이고자 하는 것이다. 논문에서 다루고자 하는 문제는 다음과 같은 3가지로 집약할 수 있을 것이다. (1) 단기연호가 입각하고 있는 단군의 고조선 건국의 사실성(事實性·史實性)에 대한 것이다. 단군이 서기전 2333년에 건국했다는 전승의 사실적事實的·사실적史實的 근거를 살피고, 단군의 건국을 출발점으로 하는 동국사 인식이 형성-전개되어온 과정을 살필 것이다. (2) 단기가 연호로 제정되기까지의 과정과 논리에 관한 것이다. 단군의 건국을 기점으로 삼아 역사를 헤아려온 전통들을 살피고, 근대에 들어 공용연호로 제정되는 과정과 배경논리들을 살피고자 한다. (3) 단기연호가 폐기되는 과정과 배경에 대한 것이다. 어떤 이유로 어떤 과정과 절차를 거쳐 폐기되었으며, 어떤 반대가 있었는지 등을 살필 것이다.

필자는 '단군민족주의'라는 개념을 학계에 본격적으로 제기하면서 그 개념이 한국사의 여러 방면을 설명하는데 적용범위가 크다는 점을 지적해왔다. 단군민족주의는 단군의 건국을 집단역사의 출발점으로 상정하고 단군의 자손으로의 집단정체인식에 기초하여 민족적 통일과 발전을 도모해온 일련의 사상과 의식 및 실천운동들과 같은 현상들을 가리키는 말인데, 단기연호는 개천절 국경일이나 홍익인간 교육이념과 함께 단군민족주의가 만들어서 대중화시킨 대표적인 상징의례들이다. 필자는 이들 3가지가 국가의 제도의례 속에 편입된 것을 '단군민족주의의 제도화'라는 관점에서 파악하고, 그 과정과 배경들을 논의하는 일련의 연구를 수행해온 바 있다.[1)] 단기연호 문제는 앞서의 논문들에서도 물론 일정하게 다루었었다. 그러나 기왕의 논문에서는 분량 관계로 생략한 내용이 많고, 단기연호라는 주제는 그 중요성으로 보아 별도의 논문으로 정리하여 소개할 필요가 있다는 생각 하에 이 논문을 쓰게 되었다. 이 논문은 단기연호와 관련하여 해명되어야 할 모든 것을 다루지는 못한다. 미진한 점들은 추후의 보완기회를 기약하기로 한다.

2. 단기연호의 배경 : 단군의 건국과 '동국사'의 출발

가. '동국사'의 연원으로서의 단군과 고조선

단기연호는, 한반도 일원의 주민과 국가의 역사를 모두 통합하여

'동국사'라는 단일의 개념과 관점 하에 지칭하고, 그 동국사의 출발점을 단군의 건국에서 찾는 인식전통의 연장선상에서 성립하였다. 그리고 동국사의 출발점이자 민족사의 출발점인 단군의 건국이 서기전 2333년에 있었다는 기록과 인식에서 비롯된다. 단기연호의 배경과 관련해서는 세 가지의 질문이 특히 중요한 것 같다. 곧, 단군의 건국을 동국사의 출발로 이해한 전통이 언제부터 존재하였던가 하는 것과, 단군의 건국시기를 서기전 2333년으로 보는 근거가 어디에 있는가 하는 것, 그리고 단군의 서기전 2333년 건국설은 믿을 수 있는지 하는 것들이 그것이다. 여기서는 앞의 질문부터 살피기로 하자.

한반도 일원에 거주한 주민과 국가 및 그 역사를 동인·동국, 또는 동국사라는 이름하에 통합적으로 파악하고 그 역사적 기점을 단군의 건국에서부터 찾는 인식이 언제부터 생겨났는지 하는 것은 불확실하다. 그러나 동국·동인·동국사인식이나 관념이 생겨날 때부터 단군국조론도 같이 생겼을 것이라 보는 것이 상식적이다. 분명한 것은 단군건국에 대한 기사가 수록된 『삼국유사』나 『제왕운기』가 쓰여지던 13세기 무렵에는 단군에 의한 동국사 개창이라는 인식이 존재했음을 문헌으로 확인할 수 있다는 것이다. 그러나 그들 단군 기사는 「위서」나 「고기」·「본기」 같은 그 이전에 존재하던 문헌에서 인용된 것이었다. 따라서 단군국조인식은 13세기 이전부터 유포되어 있었다고 보아야 한다.

물론 단군신화가 만들어지고 전승되어온 것과, 단군을 동국사의 기점으로 보는 사고가 시작되고 전승된 것은 구분해서 살펴야 한다. 단군신화는, 단군이라는 존재로부터 시작한 정치체(국가)의 지배세력이 자신의 권력이나 지배의 정당성을 주장하고 설득하기 위한 의도 하에 창작된 것인 만큼, 아마도 그의 수혜자인 고조선국가가 존재하던 시대에 성립하였을 것이다.[2] 그리고 단군이나 고조선과 연계가 있는 지역이나 정치세력은 그 같은 신화를 보존하고 전승하는 데 더 열심이었을 것이다.[3] 그러나 단군을 동국사의 기점으로까지 보는 사고의 형성과 전승은 단군신화의 형성이나 전승과는 차원을 달리하는 의의를 가진다.[4] 국조단군인식이 성립하기 위해서는 다양한 구성원이나 정치세력들을 통합해야 하는 또 다른 실천적 요구나 계기가 필요한 것이기 때문이다.

단군을 동국사의 기점으로 보는 인식이 언제부터 존재했을지에 대한 질문에 대해, 많은 연구자들은 고려가 몽고침략에 시달리던 13세기를 지목하지만, 그러나 단군국조론이 대몽 항쟁기에 창조되었다고 단정할 근거는 어디에도 없는 것 같다. 필자는 단군국조론이 13세기 대몽항쟁기에 만들어졌다고 단정하는 견해는 한국사나 지성사를 낮추어보는 모종의 편견이 작용한 잘못된 것이라 판단하며, 후삼국을 통일한 고려초나 그보다 앞선 신라통일기에도 단군국조론에 원류되는 관점이나 의식이 존재했을 수 있다고 생각한다. 단군국조론은 한반도 일원의 종족과 국가 및 역사를 '동국'이라는 하나의 범주로 묶어서 생각하는 사고가 생기면서 시작되었다고 보는 것이 합리적일 것이다.[5]

물론 그 같은 의식은 고려시대는 물론이고, 삼국시대에 편찬된 각종 사서들에서도 표명되었을 것이다. 그러나 현재까지 남아있는 문헌만으로 본다면, 단군이 동국사를 시작하였다는 인식을 명시적으로 전개한 가장 오래된 문헌은 『제왕운기』이다. 『삼국유사』에서도 「위서」나 「고기」를 인용하여 삼국이나 기자-위만 이전에 단군의 건국이 있었음을 서술해주고 있지만 『제왕운기』에서처럼 명시적 언급은 아니었다. 『제왕운기』에서는 단군이 조선땅에 근거하여 왕이 되었다고 언급한 후에, 후대의 "시라, 고례, 남북옥저, 동북부여, 예와 맥은 모두 단군의 후예(檀君之壽)"라"[6] 명시하고 있다. 이 같은 귀절은 뒷부분의 본문에서 거듭 천명되는데, 가령 후조선(기자)과 위만조선을 거쳐 70여개의 열국이 나뉘고 삼한으로 통합돼가는 과정을 언급하면서 "묻노니 이들(부여·비류국·신라·고구려·옥저·예맥 등 삼한의 열국들) 제 군장은 누구의 후손인가, 세계는 역시 단군을 이었다네"라 하면서 재차 강조하고 있는 것이다.[7] 같은 내용은 『세종실록』 지리지에도 언급되고 있다. 『세종실록』 지리지에서는 단군의 건국과정을 서술한 뒤에 조선·시라·고례·남북옥저·동북부여·예맥 등을 모두 '단군지리檀君之理'라 칭하였다.[8]

'단군지수'나 '檀君之後' '단군지리' 등의 표현은 단순히 단군이 통치한 지역이라는 의미를 넘어 단군을 공동연원으로 하는 집단 또는 단군을 계승한 집단이라는 의미로의 '단군의 후예' 정도로 해석해도 되리라 본다. 이후 조선조의 관찬·사찬 사서들은, 물론 사대모화사상이 강화되면서 단군보다 기자를 중시하고 단군의 건국기사를 본기보다는 외기나 별기에 수록하는 등 한계는 있었지만, 동국역사의 출발점으로 단군을 설정하는 데서는 차이가 없다 할 수 있다. 이 동국사의 출발점으로의 단군국조론은 한말로 넘어오면서 민족사의 출발점으로 격상되게 된다. 한국사를 통하여 단군의 건국은 실재했던

사실로 믿어져왔고, 동국사나 민족사의 출발점으로 상정되어왔다.[9)]

나. 서기전 2,333년의 근거

두 번째로 살필 것은 단군의 건국시기를 서기전 2,333년으로 보는 근거에 대한 것이다. 단기연호는 단군의 건국을 사실로 기록한 문헌기록에서 기인한다. 그러나 문헌이 전하는 단군의 건국연대는 한가지로 통일되어 있지 않고 몇 가지의 유형을 보인다. 물론 『삼국유사』의 「위서」가[10)] '여고동시與高同時'라 기술한 이래 중국의 요임금시대라 적고 있는 것은 모두 같다. 그러면서 간지를 달리 기술하고 있는데, 그중 대표적인 것이 경인년이라 적은 경우와 무진년이라 적은 경우이다.[11)]

우선 『삼국유사』에 인용된 「고기」에서는 단군의 즉위년을 '당고즉위 50년 경인'이라 전한다. 그러나 이러한 「고기」의 기술은 『삼국유사』 편자인 일연에 의해 교정되고 있다. 요임금이 즉위한 원년은 무진년이므로 그 50년은 정사년이지 경인이 아니라는 것이다. 일연이 의문을 제기한 이후 이 경인년설을 따르는 사서는 찾아지지 않는다.

단군의 건국시기를 언급한 고문헌의 대부분은 무진년설을 취한다. 이 무진년이라는 간지가 기록된 현존하는 가장 오랜 문헌은 『제왕운기』인데, 「동국군왕개국년대」 본문에서 '병여제고흥무진並與帝高興戊辰'이라 기술하고 있는 것이다. 그런데 이 무진년을 요가 즉위한 원년으로 적은 문헌도 있고, 요임금의 25년으로 적은 문헌도 있다. 이 같은 차이는 요의 원년을 무진년으로 보는지 갑진년으로 보는지에 따라 발생한 것이다. 요의 원년을 무진년으로 보고 건국시기를 '당요원년무진唐堯元年戊辰'이라 명확히 기술한 가장 오랜 문건은 권람의 「응제시주」인 것 같다. 「응제시주」에서는 당요원년무진이라는 말 외에 「고기古記」를 인용하여 '여당요동일이립與唐堯同日而立'이라 덧붙이기도 하였다. 『세종실록』「지리지」(세종실록 권제154 평안도 평양부平壤府 영이靈異)에서도 「단군고기」를 인용하여 '단군여당요동일이립檀君與唐堯同日而立'이라 하였다.

조선조의 기록들 중 가장 많이 찾아지는 것은 요임금 25년 무진년에 즉위한 것으로 보는 것인데, 이는 요의 즉위년을 갑진년으로 본 결과이다. 요의 즉위년을 갑진년으로 보게 된 데는 주자 등 중국측 유학자들의 인식이 그러했기 때문인 것 같다.[12] 요임금 25년 무진년에 즉위했다는 기록을 명확히 한 대표적인 사서는 조선 성종 때 편찬된 관찬사서인 『동국통감』이다.[13] 『동국통감』에서는 환인과 환웅에 대한 얘기를 생략하고 단군이 하늘에서 직접 내려와서 백성들의 추대에 의해 동방 최초의 왕이 되어(國人立爲君, 民推作君長) 조선을 건국한 것으로 적고 있는데, 『동국통감』이 정리하여 적고 있는 단군건국에 대한 기술내용은 조선조를 통하여 가장 일반적인 인식유형이 되고 있다."[14]

한말에 와서 서기가 사용되면서 단기를 서기로 환산할 때도 요임금 시대 무진년이라는 조선조 이래 주류의 견해가 채택되어 연도 환산에 적용되었다. 한말에 일반화된 단기 환산법은 서기에 2,333년을 더하는 방법, 곧 단군의 건국 년대를 서기전 2,333년으로 보는 관점이다.

세 번째의 질문은 단군의 서기전 2,333년 건국설을 사실로 믿을 수 있는지 하는 것이다. 이 질문에 대한 한국 주류학계의 견해는 회의론 내지 불가론이 다수인 것 같다. 주류학계도 단군신화가 한민족 고대사속의 사실을 일정하게 반영하고 있다는 데는 동의한다. 그리고 단군이라는 실존인물에 의해 건설된 고조선이라는 왕조국가가 한국 고대사에 실재했다는 데 대해서도 대개 동의한다. 그러나 서기전 24세기라는 이른 시기에 있었던 사실이라는 데는 회의적이다. 이는 한국사의 청동기문화 시작시기를 10세기 전후로 늦춰 잡는 것과 관련있는데, 국가라 부를 수 있는 정치체는 청동기 문화단계에 와야 성립가능하고, 서기전 24세기는 신석기시대의 문화단계이므로 국가건설이 불가능하다는 논리이다.

그러나 단군의 서기전 24세기 건국을 사실로 받아들이는 학자들도 있다. 조선조를 통하여 대부분의 관찬·사찬 사서들이 단군의 건국을 사실로 생각했거니와, 특히 『규원사화』(1675) 같은 선가계통의 사서들에서는 단군 역사에 대한 신뢰가 훨씬 강했었다. 한말-일제기의 민족주의사학자들도 서기전 24세기 건국을 사실로 받아들이고 그것의 학문적 근거를 보강하고자 노력하였다. 이 같은 민족주의사학자들의 관점과 경향은 최근에도 비주류 학자들 사이에 계승되고 있는데, 이들은 단군조선의 실재를 방증하는 문헌자료를 최대한 활용하고 고고학 발굴성과들을 적극 인용하여 단군건국의 사실성을 증언하고 주류학계의 소극적 견해에 대해 반박한다.[15] 이들 적극해석론자들은 단군조선 회의론에 대해 상상력의 부족 또는 선입견의 탓으로 규정하며, 특히 식민사학이 틀지운 왜소한 한국사 상像으로부터 탈피하지 못한 한계에서 기인된 결과라 비판한다. 그리고 한반도 안에서도 서기전 24세기까지 소급되는 청동기 유적이 발견되고 있다는 점과, 특히 고조선의 출발지역으로 상정되어온 요하지역에서 24세기 이전의 청동기 유적들이 대거 발굴되고 있는 사실들에 대해 주목할 것을[16] 제안한다.[17]

단기연호에 대해 사실과학의 입장에서 제기하고 있는 질문은, 단군의 고조선 건국이 실재하였는지의 문제에만 국한되지 않는다. 설사 단군의 건국을 사실로 인정한다 해도 그를 한민족의 역사적 출발점으로 설정하는 것이 타당한지에 대한 원론적인 질문이 제기되며, 수천 년 전의 사건이 간지까지 정확하게 적시되어 전승된다는 것이 가능하겠는가 하는 회의론도 제기된다. 전자의 질문은 단군조선은 고대에 존재하였던 여러 나라들 중 하나이며 거기에 동국사(민족사)의 기점으로의 지위를 부여하는 것은 지나친 상상이라는 비판으로 나아가며, 후자는 단군건국년도에 대한 전승은 동국사를 체계적으로 서술하려는 욕구나 필요성이 지어낸 창작물이라는 비판으로 전개되어 간다.

이렇듯 단기연호는 사실과학의 관점에서 보면 해명되고 보충돼야 하는 많은 질문과 빈 공간들을 안고 있는 것이 사실이다. 그러나 그가 기반하고 있는 전승들 모두를 상상과 기획이 만들어 낸 허구라거나 신화로만 간주해서는 안 된다. 반론이나 비판 및 그가 상정하는 대안들 역시 일정한 전제와 편견에 기초한 가설일 뿐이며, 실증되기 어려운 한계들을 수반하고 있기는 마찬가지이다. 반대로 위와 같은 질문들에 대한 단기연호쪽의 합리적 답변 역시 충분히 가능하다 할 수 있다. 단군건국의 事實性에 대한 문제는, 어느 한쪽으로 단정하지 말고 추후의 연구성과를 기다리되, 단군이 서기전 24세기에 건국했다는 전승을 부정할 수 있는 확증자료가 나오기 전까지는, 기왕의 전승을 존중해주는 것이 현명하면서 안전한 자세가 될 것이라 생각한다.[18)]

3. 단기연호 법제화 과정

가. 단기연호의 전사前史와 대중화과정

단군을 '동국'역사의 기점으로 생각하는 '동국사' 인식이 생겨난 이래, 당시대나 특정사건이 발생한 시기가 단군이 건국한 지 몇 년째인지를 헤아리는 일이 잦았을 것이다. 동국사의 전체 흐름 속에서 당시대가 처하는 위치나 의의에 대한 질문도 자주 제기되었을 것이다.

단군의 건국을 기점삼아 역사를 논의한 사례로서 현재까지 남아있는 가장 오래된 것은 고려 충열왕 때 쓰여진 『제왕운기』(1287) 「동국군왕개국년대」 속의 「신라기」의 기술이 아닌가 한다. 이승휴는 거기에서 신라의 경순왕(김부)이 고려 태조에게 투항한 해(태조18년, 서기 935년)를 설명하면서, 단군원년 무진으로부터 이때까지 무릇 3288년이라 부연하고 있는 것이다.[19)] 고려 공민왕 때 백문보(1303~

1374)가 왕에게 상소한 내용 속에도 당시의 시대를 단군이 건국한 지 3,600년이 되는 대주원의 해라 말하며 국가의 분위기를 일신할 것을 청하는 대목이 보인다.[20)]

조선시대 초기에도 국가적 통합이라는 관심사의 연장선상에서 동국사의 공동시조로의 단군에 대한 인식이 강화된다. 그러나 사대모화사상이 심화되고 유교적 명분의리사상이 성장하면서, 동국사의 시조로의 단군에 대한 관심은 일정하게 약화되었다. 사대모화사상에 침닉된 유자들에게는, 단군시대가 문명이전의 야만시대로 간주되는 경우가 많았으며, 중화문화의 보급자이자 동국사상 최초의 수봉군주로의 기자가 오히려 강조되었다. 사대모화사상에 젖은 유학자들은 조선이 독자적 연호를 사용하는 것에 대해서도 부정적이었다. 한국사 속에는 독자적 연호를 사용한 사례가 적지 않게 찾아진다.[21)] 독자적 연호를 사용한다는 것은 스스로를 중국의 제후국이 아닌 자주국가이자 천하의 중심임을 천명하는 것이었으며, 정치적 자주성에 대한 그 같은 입장은 역사적·문화적 자주성 의식으로 이어진다. 그러나 사대모화사상에 젖은 유학자들은 조선이 독자적 연호를 사용하는 것을 유교적 예와 명분에 어긋난 것으로 보아 비판하였다. 유자들의 그 같은 소극적 사고는 대한제국기까지 이어져 왔다.[22)]

그러나 중국에 대한 독자성이나 자주성에 대한 의식이 떠오를 때면 단군이 다시 그 역사적 근거로서 제시되었다. 단군으로부터 시작된 동국사에 대한 강조는 유교적 사대모화사상에 대한 비판의식으로 연결되며, 국가적·민족적 자주의식과 자긍심으로 나아간다.

국가 차원에서 제천행사를 주관하던 소격서의 존치문제를 두고 논쟁이 전개되다가 임란 후 폐지되기까지의 과정은, 조선조의 지식계가 사대모화사상과 유교적 명분론에 침닉돼가는 과정을 잘 보여주고 있다. 그런데 이때 제후국인 조선으로서는 제천할 자격이 없으니 소격서는 철폐돼야 한다는 주장에 맞서서 그의 존치를 주장한 입장의 논거는, 조선은 중국의 책봉으로부터 시작된 나라가 아니라 하늘에서 단군이 직접 내려와 (천명을 받고) 건국한 나라라는 데서 찾아졌었다.[23]

한국 정신사의 전체 흐름을 두고 보면 단군기원의식을 보다 강하게 갖고 있던 흐름은 선가仙家였다 할 수 있다.[24] 한국사 속에는 유교나 불교와 달리 신선사상류의 선가사상이나 문화를 견지하던 흐름이 있었는데, 이들 선가계의 흐름 속에서는 단군을 자기들 문화의 시조로 설정하는 등 단군의 위상을 특별하게 더 중시하는 인식을 가지고 있었다. 단군관련 기록들이 단군(왕검)을 선인仙人으로 묘사하거나 산신으로 은퇴한 것으로 적은 것은[25] 단군이 선가와 특별한 관련을 갖고 있었음을 보여준다. 이들 선가는 수련적 도교로의 동방선파로 전개되기도 하였고, 『규원사화』(1675) 같은 사서를 남기기도 하였다. 『규원사화』에서는 환웅의 신시시대 이후에 단군이 단국을 건설하고 47대 1208년을 이어온 것으로 적고 있다.[26]

단군에 대한 인식은 사대모화사상이 지배하던 중세기를 통해서도 선가계의 주도하에 지속되었고, 한말로 넘어갈수록 강화되어 갔다. 필자는 이런 현상을 단군민족주의의 대중화라는 관점에서 설명한 바 있는데, 가령 (1) 동국과 조선의 구성원 전체를 하나의 민족이자 단군의 자손이라 생각하는 인식이 확산되고, (2) 국사교과서에서 단군에 대한 서술비중이 커지며, (3) 단군을 신앙대상으로 삼는 종교운동이 생기고, (4) 단군 이래의 민족사에 대한 학술적 연구가 일어나며, (5) 개천절이 민족적 기념일로 기념되고, (6) 단군 관련 유적에 대한 관심이 커지면서 국가적으로 유적보수작업을 전개하고, (7) 단기연호가 보급되는 등의 현상이 그것이다.[27] 여기서는 단기연호의 확산과정을 중심으로 하여 정리해본다.

단군의 건국으로부터 기산하는 [조선건국 ㅇ년], [단군개국 ㅇ년] 또는 [단군기원 ㅇ년] 식의 연기법이 본격적으로 사용되기 시작한 것은 1905년경부터이다. 단군의 건국으로부터 기산하여 연대를 적은 문건중 확인되는 가장 오래된 것은 1904년 11월 발표된 「단군교포명서」다. 「단군교포명서」는 백봉 등이 백두산에서 단군교를 포명하면서 발표하였다는 문건으로, 발표일을 "단군개극입도檀君開極立道사천이백삼십칠년四千二百三十七年 즉대한광무팔년卽大韓光武八年 갑진시월초삼일甲辰十月初三日"로 적고 있다.[28]

언론에서도 단기가 확산된다. 〈황성신문〉은 판형을 개량한 1905년 4월1일자(1905호)부터 '단군개국' 연기를 기자원년·대한개국·광무·서기·음력·일본명치·중국광서와 함께 병기하고 있는데, 이 같은 연기방식은 〈대한매일신보〉(1905.8.11)나 〈만세보〉·〈경남일보〉·〈예수교회보〉·〈공립신보〉·〈신한민보〉 등 국내외에서 발간되던 다른 신문들도 따르고 있다. 시간이 흐르면서 단군기원만으로 년대를 적는 방식이 점차 보급되었다.[29]

단기연호를 써야하는 당위성을 설득하는 사람들도 나타나기 시작하였다. 대표적인 사람이 신채호인데, 그는 1908년 쓴 한 논설에서 조선의 역사가 단군에서 시작되었음을 지적한 뒤, '아건국성조단군我建國聖祖檀君'에서 시작하는 기원을 사용하면 역사를 대함에 있어 '同祖同族'의 관념이 생겨나 애국심을 환기시키는데 유익하리라 주장하면서 단기연호사용을 역설하였다.[30] 신채호의 애국계몽운동과 역사연구는 민족의식을 각성시키고 그를 통해 국권회복을 달성하고자 한 데에 실천적 목적이 있었다 할 수 있는데, 단기사용에 대한 그의 주장은 이같은 문제의식의 당연한 귀결이었다. 신채호는 당시의 시대는 민족을 단위로 하여 생존경쟁하는 시대라 보았으며, 조선민중 역시 민족의식에 기초하여 결속해야 한다고 보았다. 그에 의하면 조선민족은 단군의 건국으로부터 공동의 역사를 시작한 단군의 자손이었다. 단기연호는 단군의 자손으로의 민족정체성을 고취하는 유용한 수단이었다.

단기는 조선왕조가 문을 닫은 이후 왕실차원의 연호인 '융희'를 대체하면서 급속히 확산되게 되는데, 삼일운동 무렵으로 오면 발표된 독립선언서들이 그 발표일을 대개 단기를 사용하여 적게 된다. 삼일운동 때 발표된 「독립선언서」들은 궐기의 주체이자 자주독립의 주체를 조선민족으로 설정하고 있었고, 조선민족의 정체성을 '반만년 역사'를 가진 '단군배달겨레'라 부연하고 있다. 선언서들에서는 이런 집단정체인식(민족의식)의 연장선상에서 단기(조선건국)를 이용하여 선언일자를 표기하고 있다.[31] 단기연호를 사용한다는 것은 자기 집단의 역사가 단군의 건국에서 비롯되었다는 것을 인정하는 것이자, 집단의 정체성을 '단군의 자손'이라 표현하는 것에 동의하는 것이고, 거사의 의미 또한 단군 이래 반만년 민족사의 호흡 속에서 찾는다는 것을 의미하였다.

나. 단기연호의 법제화과정

단기연호는 일제치하에서는 금지되고 억압되었다. 일제는 조선을 식민지로 영유하고자 하는 목적 하에 조선인의 민족의식이 성장하는 것을 차단하려 하였다. 그들은 단군이 조선민족의 민족적 정체성과 자긍심을 고취하는 기제임에 주목하고, 한편에서는 식민학술을 통하여 단군의 역사성을 부정하는 일방, 다른 한편으로는 폭력수단을 동원하여 단군을 기념하고 호명하는 일들을 탄압하였다. 일제의 통치력이 미치는 곳에서는 단기 대신에 일본의 연호가 강요되었다.

그러나 일제가 패망하고 민족의식의 분출을 억압하던 식민권력이 사라지자 단기는 곧바로 전면으로 부활하게 된다. 해방후 복간된 신문과 잡지들은 대거 단기를 이용하여 발간일을 표기하였고,[32] 미군정하 관공서에서는 호적 등 공문서를 단기를 이용하여 작성하였다.[33] 단기연호는 특히 민족주의적 우익세력에 의해 통용되었고, 대한민국 건국 후 더욱 일반화된다.[34] 그리고 국회의 의결을 거쳐 [연호에 관한 법률](법률제4호, 1948.9.25)이 공포됨으로써 정부의 '공용연호'로 지정되게 된다.

제헌국회는 개원 때부터 단기를 사용하여, 제헌헌법 전문에서도 "단기 4281년 7월20일 이 헌법을 제정한다"고 표기하였지만, 정부와 법원이 서로 다른 년호를 사용함으로써 혼선을 빚어지고 있었다. 가령 국회의 선임으로 초대 대통령에 취임한 이승만의 행정부는 1919년의 임정수립에서 기산하는 '대한민국30년'을 사용하였고, 뒤이어 취임한 대법원장은 취임사에서 서기를 사용하였던 것이다. 이 같은 혼선을 수습하기 위해서는 공용연호를 지정하여 법제화할 필요성이 제기되었고, 입법기관인 국회는 무엇을 공용연호로 할 것인지를 두고 토론에 들어갔다. 이때 주로 경합한 것은 단군에서 기원하는 '단기'와 1919년 임정수립에서 기원하는 '대한민국' 두 가지였다. 그리고 결론은 단기연호로 정리되었다. 심의과정에서는 학계와 언론계 지도층에 대한 의견청취도 거쳤으며, 최종적인 찬반표결(1948.9.12)에서는 재석 133인중 찬성 106인, 반대 5인으로 가결되었다.[35] 법률안이 국회에 제출될 때 첨부된 [제안이유]에서는 "민족의 단일성과 국가의 동일성 및 역사의 유구성을 내외에 과시하기 위하여 우리나라 고유의 연호를 제정하려는 것"이라고 법안제정의 취지를 밝히고 있다.[36] 임시정부 연호를 지지한 사람은 대통령 이승만이었는데, 단기연호가 국회에서 통과된 후 이승만도 그를 수용한다는 성명을 발표함으로써 단기연호는 대한민국의 공용연호로 고정되게 되었다.[37]

단기연호가 대중화되어 공용연호로까지 제정된 배경에는 한국사를 통하여 오랫동안 형성되고 계승되어온 역사적·문화적 유산과, 한말·일제기의 사정 및 해방후 정부수립기의 사정 등 여러 수준의 요인들이 존재한다 할 수 있다. 우선 한국사 속에는 단군을 공동역사(동국사)의 출발점으로 상정해온 오랜 전통이 있었고, 그런 전통과 인식의 확산을 뒷받침한 민족적 동질성이 존재하였다. 한말로 오면 민족중심적 세계관이 확산되고 민족주의가 공동의 생존발전을 도모하는 사상적 기초로서 받아들여지면서 앞서의 단군국조론이 단군자손론으로 전환되며 민족적 정체성 형성 과제를 선도하게 된다. 한말의 민족주의가 요구한 민족형성(민족적 각성과 단결) 과제를 위하여 단군의 자손의식이 적극적으로 고취되었고, 단기연호는 민족의식 고취를 위한 적극적 방안으로 제안되게 된다.

단기연호가 고안되고 제안될 때는 네이션빌딩작업을 선결하여 강대국으로 발전한 열강들의 동향에 크게 영향받았을 것이다. 특히 일본과 중국의 사례는 단군민족주의로 무장해가던 운동가들에게 크게 참고가 되었을 것으로 보인다.[38] 일본은 명치유신(1968)을 전후한 시기부터 신무천황의 건국을 기점으로 하는 신무기원 사용이 주장되다가 1872년 황기라는 이름으로 정식기년의 하나가 되었으며, 신무가 즉위한 것을 기념하는 기원절이 국가적 기념일로 제정되었다.[39] 중국의 경우는 고대부터 황제를 중국사의 출발점으로 보는 인식이 존재해오다가, 청조말에 와서 특히 멸청흥한운동과 결합하여 황제의 자손론이 확산되었고, 1903년경부터 황제기년이 사용되기 시작하였다.[40] 이 같은 일본과 중국의 사례는 새로운 공동체와 역사를 모색하는 조선의 지식인들에게 참고할 모델이 되었을 것이다.

그러나 이 같은 외부로부터의 자극 이전에 먼저 살펴주어야 하는 것은 한국사 속에 전통시대부터 존재해온 단군민족주의 사조와 한말이후 실천운동으로 본격화된 단군민족주의운동이다. 단기연호를 창안하고 보급하며 제도화시키기까지 한 주역은 단군민족주의자들이었고 그 운동이었다 할 수 있다. 그러나 여기서 한 가지 언급해야 할 것은 대종교와 단군민족주의의 관련성이다. 분명히 정리해 두어야 할 것은 대종교는 단군민족주의 현상의 일부이지 전체는 아니며, 대중적으로 공유된 단군민족주의 의식과 대종교의 교리사상 사이에는 작지 않은 차이가 있다는 점이다. 해방 후 국가적 제도의 례 속에 영입된 단군민족주의적 상징기제들은 대종교와는 상관없거나 상당히 다른 내용을 갖고 있다. 특히 단기연호가 대종교에서 유래하는 것처럼 서술한 일부 논의들은 교정될 필요가 있다.[41] 대종교가 단군을 중심한 역사인식을 강조하며 보급하였고, 대종교인들이 단기의 보급과 제도화에 크게 기여한 것은 분명한 사실이다. 그러나 대종교에서는 단군의 건국에서 기산하는 단기보다는 단군의 강림에서부터 기산하는 (단기 원년보다 124년 전의 사건이라 상정함) 개천 연호를 더 중시한다.

해방후 단기가 공용연호로 제정되는 과정에서는, 외세로부터 해방된 자주민족과 독립국가로의 존재를 내외에 과시할 필요성과, 국민 차원의 통일적 정체성을 정립해야 할 필요성, 민족정기나 민족정신 같은 도덕적 기초를 정립해야 할 필요성, 그리고 남북통일을 염두에 둔 민족적 상징기제를 마련해야 할 필요성 등에 대한 인식이 크게 작용하였다. 그리고 부수적으로는, 좌익 및 북한의 동향에 대한 경쟁의식이나 민족사적 정통성을 선점할 필요성에 대한 고려 역시 일정하게 작용한 것으로 보인다. 후자의 경우 국회회의록 등 공식 기록에서는 보이지 않지만 대한민국 건설을 주도한 우익의 입장에서는 이 측면도 중요하게 고려했을 것이다.[42]

4. 단기연호 폐기 과정과 배경

가. 단기연호의 폐기과정

1948년에 공용연호가 된 단기연호는 제정된 지 13년만에 폐지되고 서기로 대체되게 된다. 단기연호를 폐기하고 서기를 채택한 [연호에 관한 법률중 개정법률안]은, 1961년 10월에 군사정권의 통제하에 있는 내각사무처장의 명의로 상정되어 법제처의 심의를 거쳐 11월16일 국가재건최고회의에서 의결되었으며, 12월2일 법률 제775호로 공포되고, 1962년 1월1일부터 시행되었다. 단기를 서기로 바꾸는 새 법률안에 대한 제안이유를 밝히고 있는 「참모연구서」에서는 연호교체 법안발의가 국가재건최고회의 의장(박정희)의 지시에 의해 시작되었음을 밝히고 있다.[43] 그리고 연호를 교체해야 하는 이유를 다음과 같이 들고 있다.

(1) 유엔을 비롯한 모든 국제기구와 대부분의 선진제국에서는 서기연호를 공통으로 사용하고 있으며 극소수의 아세아적 국수주의 국가에서만 자국의 개국기원 및 왕의 즉위연대에 의한 연호를 사용하고 있다. (예: 중국, 일본)

(2) ① 연호의 사용상 대내문서와 대외문서에 있어서 통일을 기하지 못하고 있다. (예: 대내문서-단기, 대외문서-서기). ② 서기와 단기 양 연호간의 환산을 위하여 불필요한 노력을 낭비하고 있다. (예: 국

내문서에 기재된 연호를 대외문서에 기재할 때 단기를 서기로 고치어야 한다). ③ 사실상 이중연호를 사용하므로 인하여 연대에 관한 개념에 혼란을 일으키고 있다. (예: 단기에 의한 국사와 서기에 의한 서양사 또는 세계사간에 연대적 관련성을 이해하기 난함). ④ 대외적으로 국수주의적이고 국제협조에 등한한 듯한 인상을 주기 쉽다

(3) 현행의 단기연호를 사용하므로 인하여 생기는 수다한 결점을 시정하기 위하여 현행 단기연호는 이를 폐지하고 선진국이 공통적으로 사용하고 있는 「서기」를 1962년 1월 1일부터 사용하되 종래의 공문서 중 서기연호로 수정하는 것은 필요불가결의 것에 한정하도록 함으로써 노력과 국가예산의 절약을 최대한 기하여야 한다.

군사정부가 말하는 연호 교체필요성의 요지는, 단기연호가 국수주의적이고 국제협조를 등한시하는 듯한 인상을 주는데다, 외교와 행정 및 역사교육에서 2중의 연호를 쓰게 되어 불편하다는 것과, 그에 대하여 서기는 유엔 등 국제기구와 선진제국이 사용하고 있으므로 편리하고 선진적이라는 것이다.[44]

연호교체 문제는 11월 11일경부터 공보처가 방침을 공표함으로써 논란이 되었다. 언론에서도 그를 둘러싸고 찬성과 반대의견이 일정하게 표출되었다. 찬성의견을 표시한 대표적인 언론사는 〈동아일보〉인데, 〈동아일보〉는 사설에서 단기연호가 불편하고 비경제적임을 지적하고, 단기연호를 서기로 바꾸는 조치를, "우리나라 재래의 도량형을 서양의 그것으로 바꿈이 편리하다는 의견, 또는 우리나라의 시각을 세계기준시각에 맞추어 정함이 옳다는 주장과 똑같이 합리적이고 기술적인 의견이기 때문에 그에 반대할 하등의 이유

가 없다고 부연하고 있다.[45]

그에 대해 〈조선일보〉는 사설에서 "연호변경의 이유가 흐릿하고 시기적으로 그렇게 서두를 일이 아니라"는 요지의 비판적 사설을 게재하였다. 사설은 단기연호가 불편하고 혼선을 준다는 주장에 대해 반박하고, 서기로 바꾸는 것이 오히려 사대주의로 비판될 수 있다는 점과, 13년 이상 전통이 된 것을 바꾸려면 노력과 경비가 작지 않게 소용된다는 점도 지적하였다. 사설은 특히, 이 시점에 "허구많은 혁명과업을 제쳐두고" 최고회의가 연호변경 같은 말단의 문제에 성력을 쏟는 것에 의문을 제기하고, 년호변경문제는 2년 후 민간정부가 수립되면 새 국회에서 다루는 것이 타당하다고 주장하였다.[46] 〈조선일보〉는 단기연호교체를 '새로운 것만 찾는 경박한 국민성'의 산물로 규정하기도 하였다.[47]

단기연호 폐기 방침에 대한 반대의견은 일반국민들 사이에서도 제기되었다. 한 예로 독립운동가 이용태 같은 이는, 단기연호는 '국가주권의 한 표상'이자 "국가의 독립을 대표하여 세계에 표시하는 상징"이라 강조하면서, 연호개정을 강행하면 "국민의 사상분열과 시정에 대한 의혹의 폐해를 방지하기 어려워 일대불행이 야기될" 것이라 지적하였다. 이 같은 판단 하에 그는 연호폐지 결정을 철회할 것을 요구하는 건의서를 박정희 최고회의 의장에게 제출하기도 하였다.[48]

그러나 국회와 정당이 해산되고 언론과 집회결사의 자유가 극도로 제약된 가운데 군사정부의 결정에 반대하는 목소리는 제약될 수 밖에 없었다. 시간이 흐름에 따라 상황은 점차 현실을 수용하는 쪽으로 나아갔다. 1962년 1월1일을 기하여 각종의 공문서들은 서기를 공용연호로 표기하기 시작하였으며, 신문들도 제작일을 단기 아닌 서기로 바꾸어 표기하였다. 그리고 경제개발과 안보, 그리고 민주화 같은 중요주제들에 밀려서 연호 문제는 일반의 관심에서도 멀어져 갔다. 단기4300년이 되는 1967년을 전후하여 단기에 대한 관심이 제고되면서 단기연호 부활 주장이 제기되었지만 큰 계기를 만들지 못하였다. 1970년대 중반에 국사찾기운동이 본격화되면서 단기연호를 부활하자는 소리들이 다시 조직적으로 표출되긴 하였지만, 한번 흘러간 역사를 되돌리는 동력을 확보하지는 못하였다.

나. 단기연호 폐기의 배경

단기연호를 폐지화고 서기로 대체한 결정이 어떤 배경 하에 나온 것인지에 대한 체계적인 분석은 아직 나오지 않았다. 단기를 폐지하면서 군사정권이 겉으로 내세운 명분은, 단기연호는 세계 선진국가들의 분위기와 어울리지 않는 국수주의적이라는 것과, 불편하다는 것의 두 가지였다. 그러나 이 같은 두 가지만으로 폐지배경 전반을 설명하기에는 부족하다 하지 않을 수 없다. 여론조사와 전문가 자문을 거쳤다고 하나, 그 과정은 신중한 논의와 의견수렴 절차를 배제한 졸속의 결정이었고, 이미 권력자의 의사에 따라 폐지를 결정해놓고 그를 합리화하기 위한 과정에 불과하였다고 할 수 있을 것이다. 군사정부가 연호를 서기로 바꾸기로 결정한 배후에는 다음과 같은 몇 가지 요인들이 중요하게 작용하였다고 생각된다.

첫째로는 미국과 서방세계에 대한 군사정부의 이미지를 개선할 필요성이다. 이 부분은 참모연구서에서는 "(단기연호는) 대외적으로 국수주의적이고 국제협조에 등한한 듯한 인상을 주기 쉽다"라 표현되고 있다. 군사정부는 미국과 서방세계의 일원이 될 것을 천명하였지만,[49] 미국과 서방국가들은 군부세력이 민족주의적 경향을 가질 것을 우려하였고 심지어 공산주의로 나갈 수 있다고까지 의심했었다. 군부로서는 미국과 서방국가들의 이러한 우려와 의심을 풀어줄 조치를 강구해야 하였는데, 그 한 방안이 단기연호폐기와 서기사용이었다 할 수 있다. 특히 연호교체결정이 박정희 최고회의의장이 방미(1961.11.11.-11.25)하기 직전에 급하게 취해졌었던 데는 이런 고려가 작용하였다고 생각할 수 있다.[50] 물론 단기연호를 폐기하면서까지 미국과 서방진영에 접근하고 관계개선을 하려하였던 의도를 정권의 취약성을 보강하려 했다는 차원에서만 볼 일은 아니다. 미국과 서방의 원조를 끌어내고 안보상 협조를 얻어내야 할 필요성도 있었을 것이고, 경제재건이나 실력배양 같은 혁명정부의 과제와 관련하여 국민적 분위기를 바꿀 수 있는 가시적 계기를 마련해야 할 필요성도 고려됐을 수 있다. 그러나 단기연호 폐기가 군사정부의 개혁프로그램과 관련한 심도있는 논의나 모색 및 오랜 구상의 결과로서 나온 것 같지는 않다는 느낌이다.

두 번째로 들어야 할 것은 고유문화나 역사에 대한 군사정부 지도층의 부정적-비하적 인식이다. 특히 군사정부의 최고실력자인 박정희는 우리 역사를 "퇴영과 조잡과 침체만이 이어진 역사"였고, "단 한번도 나라다운 나라를 세워보지 못한" 역사라 규정하고, "막연한 옛날의 미련이나 허술한 역사의 나이만을 자랑할 수는 없으며," "이 모든 악의 창고 같은 우리의 역사는 차라리 불살라 버려야 옳은 것"이라[51] 단언할 정도로, 민족문화유산이나 역사에 대한 인식이 부정적이었다. 최고권력자의 이 같은 인식은 개혁을 표방한 군사정부의 정당성 또는 현상타파의 당위성을 강조하기 위한 표현이었다고 볼 수도 있지만, 민족사나 문화에 대해 그가 갖고 있던 인식이 본래부터 부정적인 것이었던 데서 나온 표현이라 할 수 있다. 그리고 민족사에 대한 그 같은 부정적 인식은 단기연호를 포기하는 결정을 쉽게 내리고 결행하게 한 또 하나의 배경이 되었다 할 수 있다. 반만 년 역사에 대한 자긍심과 공동체의식을 집단적 결속과 분발의 기제로 삼고자한 단기연호의 기획은 군사정부 지도층에게는 동의되거나 공감되지 않았다. 단군민족주의나 단기연호에는 일제를 상대로 하여 민족적 자주독립을 쟁취하기 위한 치열한 투쟁을 전개해온 비타협적 저항민족주의나 통일민족주의가 결합되어 있었으며, 그러한 흐름과 거리를 두고 있던 쪽에서는 단기에 대한 애착이 상대적으로 미약할 수밖에 없었다.[52]

세 번째로, 단군민족주의나 단기를 배척해온 반대세력과의 관련성도 추정될 수 있다. 한말이후 단군민족주의가 대중적으로 확산되는 동안 그에 반대하고 저항하는 세력도 성장하고 있었다. 단군민족주의는 중세기를 통해서는 사대모화사상이나 소중화사상 같은 탈민족적 세계관의 지지자들로부터 배척되었고, 가산국가론과 결합된 전제권력과 신분차별을 당연시하는 양반귀족들에 의해서도 경원시되었다. 일제침략기를 통해서는 식민당국과 그들의 식민학술에 의해 억압되었다. 삼일운동 후에는 계급중심적 세계관을 갖고 있는 사회주의자들이 단군민족주의를 배척하였다. 해방 후에는 서구문화를 보편이자 근대화의 모델로 간주한 서구주의자들이나 성경적 세계관을 유일한 진리로 간주한 기독교인들이 단군민족주의를 배척하고 나섰다. 민족보다 이데올로기와 진영에의 일치를 중시하며 진영의 이익을 위해서는 동포에게도 방아쇠를 당길 것을 강요한 냉전체제와 냉전적 가치관 역시 단군민족주의나 단기연호와는 대척점에 위치해 있었다. 서양문화에 기초한 합리성과 과학성을 지식건설의 기준으로 내세우는 사조가 학계와 지식계를 지배한 것도 단군민족주의에는 부정적 환경이 되었다. 특히 일제의 식민학술에 세례받아 실증사학이라는 깃발 아래에서 실제로는 식민사학이 틀지운 국사상國史像을 신앙한 세력이 냉전기의 역사학계의 지배한 것은 단군민족주의와 단기연호에는 매우 부정적인 여건이 되었다. 사적 이익이나 욕망들을 추종하는 탈민족적 세속주의자들도 민족과 공동체를 기피하는 연장선상에서 단군민족주의를 불편해하였다. 민족을 불편해하는 갖가지의 동인들은 단기도 함께 불편해했다. 이들 단군민족주의를 배척하는 세력과 힘들의 성장은 군사정부의 단기연호 폐기론의 배후 기반이 되었다. 군사정부가 단기연호를 폐지하는 조치를 강행한 배경에는 이들 단군민족주의를 배척하는 세력들과의 연결도 있었다고 봐야 할 것이다. 「참모연구서」에 보이는 전문가로 소개된 국사학자의 폐지동조 견해는 그 같은 정황을 반영한다고 볼 수 있다.

단기연호가 폐기되는 과정은 충분한 논의와 검토가 배제된 매우 졸속의 성급한 것이었다. 그것이 공용연호로 제정되는 과정이 국민이 뽑은 국회의 결의에 의한 입법부의 결정에 의한 것이었음과 비교하면, 폐지의 과정은 절차적 정당성을 결한 것이었다고 평가할 수 있을 것이다. 단기연호를 국수주의적이라 규정하면서 대신 서기를 선진적인 것으로 규정한 인식과 판단기준 역시 객관적 지성의 동의를 얻기는 어려운 것이었다.[53] 국수주의라는 용어를 침략성-배타성-폐쇄성 같은 속성으로 이해한다면, 그 같은 국수주의는 단기연호와는 인연이 없는 것이었다. 참모연구서가 말하고 있는 단기와 서기에 대한 관점은 서구를 보편으로 간주한 오리엔탈리즘의 한 표현이었고, 중세기의 사대모화사상과 본질적으로 같은 인식이었다 봐야 한다. 불편함이나 혼선 같은 실용적 기준 역시 단기연호 폐기를 정당화하기 어렵다. 단기를 써서는 서방진영의 일원이 되거나 미국과 친해지기 어렵다는 견해 역시 처해 있는 정치적 입장에 따라 달리 평가될 것이다.[54]

단기연호 폐기를 부당한 결정이었다고 반대하고 그 부활을 요구하는 목소리들은 폐기 이후 계속 제기되어 왔다. 초기에는 1961년의 법률을 폐기하고 1948년의 연호(단기연호)로 복귀해야 한다는 주장이 강했었다. 그러나 시간이 흐르면서 서기를 사용한 역사가 반세기 이상 전통이 되어감에 따라, 최근에는 단기를 서기와 병용하자는 주장으로 전환된 감이 있다. 연호 규정을 바꾸자는 쪽에서는 특히 1961년에 개정된 법률이 서기만을 사용하도록 문안이 폐쇄적으로 되어있는 것에 특히 문제를 제기한다. 1961년의 결정은 [대한민국의 공용연호는 단군기원으로 한다]던 1948년의 결정을 [대한민국의 공용연호는 서력기원으로 한다]로 바꾸었는데, 이런 규정은 단기연호는 병용할 수 없다는 규정으로 좁게 이해되어 단기연호사용을 봉쇄하는 결과가 되었다. 관료들은 이 규정을 더욱 경직되게 해석하였으며, 그리하여 독립기념관 같은 민족적 상징물이나 경복궁·숭례문 같은 문화재를 건립하거나 복원할 때 기록한 상량문들에도 단기 아닌 서기만을 사용함으로써 반발을 야기해 왔었다.[55]

최근 여야의원들에 의해 제출된 [연호에 관한 법률 개정안]은 서기를 공용연호로 하되 단기연호를 병용할 수 있도록 하자는 내용을 골자로 하고 있다. 개정안은 그 [제안이유]에서, "제 1·2공화국 때까지도 국가공식 연호였던 단기가 경제발전을 시급히 추진하는 과정에서 서구화 및 세계적 공통이라는 행정편의를 위해 1962년부터 서기로 대체되어 반만년 역사에 대한 국민의 자긍심과 정체성에 부정적 영향을 끼치고 있음"을 지적하고, "기존의 서구편향적인 제도를 개선하여 우리민족의 건국기원인 단기를 서기에 병기하도록 정부에 노력을 촉구하여, 단군기원 병기가 확대되어, 우리의 자랑스러운 반만년 역사와 문화를 알리고 국격에 걸맞은 자긍심 고취와 자랑스러운 반만년 역사를 가진 국민으로서의 정체성 확립에 기여하고자, 대한민국의 공용연호는 서력기원으로 하되, 단군기원을 병기할 수 있도록" 하자고 제안하고 있다.[56] 연호법률 개정안이 제출되면서 단기연호를 아껴온 진영의 지지운동도 본격화되고 있다.[57]

단기연호는 정통성을 가지고 있는 국회가 압도적 찬성으로 제정하였지만, 쿠데타로 집권한 군부세력이 임의로 설치한 기구인 국가재건최고회의의 의결로 폐기되었다. 단기 폐기조치는 강압적 분위기 속에 초법적 절차로 강행되었고, 그래서 1961년에 연호를 개정한 과정은 그 절차적 정당성에서 분명 중대한 하자가 있다. 그러나

1948년의 결정으로 돌아가는 데는 또 다른 문제가 야기된다. 서기로 바꿔 쓰게 된 전통도 이미 반세기 넘는 역사를 축적하게 된 것이다. 단기연호에 애착을 갖는 입장에도 일리가 있지만, 서기를 그냥 쓰자는 주장도 반세기 이상 축적된 관성과 관행에 기초하고 있다. 단기와 서기를 병용하자는 주장은 양자를 공존적으로 절충한 대안이 될 수 있다고 본다.

5. 맺음말

단기연호에 대해서는 더 많은 연구와 토론이 필요하다. 그것이 근거하는 역사속의 진실과 전통에 대해 더 살펴야 하고, 그를 요구하고 국가제도 속으로 영입하기까지 한 문제의식과 과정에 대해서도 더 규명해야 할 것이 많다. 그를 폐기한 과정과 거기에 작용한 가치관이나 사정에 대해서도 더 세밀한 추적이 필요하고, 특히 그 과정과 관점의 정당성이나 적절성에 대해서도 더 토론이 필요하다. 서기를 선호하는 태도들이 중국을 천하의 중심으로 간주하고 중국의 연호를 따라 썼던 중세기 유자들의 태도와 어떤 차별성이 있는지에 대해서도 비판적 성찰이 요구된다.

단기연호의 대중화와 법제화 및 폐기라는 사건이 가지는 의의를 한국정신사의 추이와 관련하여 거시적으로 살피는 논의도 필요하다. 단기연호가 대중화하고 법제화한 것은, 한국 근현대사 속에 존재하던 중국중심 세계관과 민족중심세계관의 대립, 식민주의 투항노선과 민족자주노선의 대립, 계급중심 세계관에 기초한 사회주의혁명론과 민족공동체통합론의 대결, 개인주의나 분열주의 가치관과 민족정기 또는 공동체중심 윤리 사이의 갈등, 그리고 국가주의와 민족이 대립하던 국면에서, 후자가 선택되고 승리한 것을 의미한다. 그리고 단기연호가 폐기된 사건은, 민족과 자주로의 지향이 서구화나 근대화로의 지향과 충돌하고, 민족정기나 공동체 같은 윤리가치가 실용주의나 경제성장 같은 세속주의 가치관과 대립하며, 통일민족주의가 반공이나 냉전적 진영논리와 대립하고, 그리고 민족과 냉전국가가 대립하는 국면에서, 후자가 승리해간 것을 상징하는 사건이기도 하다.

단기연호의 폐기를 아쉬워하는 쪽은 이상의 대립국면에서 대개 전자의 관점을 지지하는 사람들이라 할 수 있다. 그들은 단기연호 폐기론이 단기연호를 국수주의적이라 규정하고 서기를 보편이자 문명으로 간주한 사고방식에 대해 이의를 제기한다.[58)] 서기 사용을 주장하는 견해는 중세기 사대모화 사상에 젖은 보수 유림들이 갖고 있던 사고방식과 본질적으로 동일하다는 비판도 나온다. 단기연호를 폐기한 과정에 민주적 절차가 결여돼있다는 지적과 함께, 정통성 없는 군사정부가 지나치게 미국의 눈치를 본 결과라는 비난도 있다.

단기연호는 홉스봄이 말한 '만들어진 전통'의 전형적인 사례에 해당한다고 말할 수 있다. 그것은 민족형성이나 '국민만들기'(Nation building)라는 실천과제를 염두에 둔 전략적 설정의 결과였다. 그 소재는 한민족사의 오랜 역사유산에서 찾아졌다. 그를 만들어간 주체는 민족주의적 지식인들이었고, 특히 단군민족주의라 불리는 사상문화운동의 일환이었다. (국가권력이 아니라) 민간의 선도 하에 대중화가 진전되었고, 국가의 공인으로까지 나아갔다. 홉스봄이 말한 '만들어진 전통'의 세 가지 유형, 곧 (1) 특정집단의 사회통합이나 소속감형성에 목적이 있는 것, (2) 제도·지위·권위관계를 구축하거나 정당화하는 것, (3) 사회화나 신념·가치체계·행위규범을 주입하고자 한 것 중에서[59] 굳이 선택한다면, 단기연호는 첫 번째와 세 번째의 유형에 포함시킬 수 있을 것이다.

단기연호의 민족주의는, 민족주의를 배제와 억압의 기제로 간주하고 침략과 전체주의독재와 결부시키는 포스트모더니즘의 관점과는 크게 배치되는 것이라 할 수 있다. 그것은 특정제도나 권력 및 권위관계를 구축하고 정당화하는 것과는 거리가 멀었다. 특정의 권력이나 계급에 봉사하지도 않는다. 국가를 초월시하지도 않으며, 대중을 지배하고 억압하려는 음모와도 상관없다. 민족을 향한 순수한 열정과 모색이 단기연호를 만들고 그를 국가제도로까지 영입하였다. 그것은 민족 성원 전체의 이익을 반영하였고 추구하였다고 해도 과언이 아니다. 다른 민족에 대한 침략이나 소수자에 대한 학대를 정당화하지도 않았다. 단기연호에 수반된 다소 강한 톤의 민족정체성과 통일단결론은 일제 침략이나 분단 하에 민족적 생존이 위협되던 상황에서 나온 불가피한 측면이 있으며, 그나마 '홍익인간'이라는 구호가 수반되면서 훨씬 포용적이고 인간중심적이며 유연하게 표출되었다 할 수 있다. 민족의 전통과 고유유산에 애착심을 표명하지만, 민족공동체의 미래를 향한 공동체윤리실천과 국가개조를 강하게 촉구하므로, 맹목적인 수구나 복고주의는 아니었다.

그를 제안하고 계몽한 운동의 중심에는 단군민족주의적 지식인들과 일제침략에 저항한 독립운동 세력들이 있었고, 특히 민족내부의 분열과 상쟁을 막으려던 통일민족주의자들이 있었다. 단기연호가 가지는 반계급주의적·반공적 지향과 대중적 호소력에 주목한 냉전세력과 권위주의 권력이 단기연호운동의 주변에서 보이지만, 그러나 그들은 단기연호의 진정한 주류가 아니었으며, 단지 그를 이용하고 오도한 세력일 뿐이었다. 단기연호는 특정 종교집단의 것이 아니었으며, 종교를 초월한 공감과 참여가 동반되었었다. 단기연호에는 민족을 상기시키고 그 정체성을 확인시키며, 민족을 매개로 하여 정의롭고 행복한 공동체로 결속하고자 하였던 집단적 여망들이 결합되어 있었다. 단군의 서기전 2333년 건국이 실재한 사실인지에 대해서는 실증적 근거가 불충분한 것이 사실이나, 상상의 산물로 보는 견해 역시 위험하며, 단군의 건국이 실재했다는 믿음이 한국정신사 속에 오랫동안 존재해왔고, 그 같은 인식에 기초하여 한민족이 공동의 정체성을 확립하고 민족적 자주독립과 통일을 위한 행동에 나설 수 있었다는 사실 또한 못지않게 중대하다 하겠다.[60]

단기연호 폐지를 안타까워하는 이들은, 단기연호에 수반된 그 같은 역사와 이념과 지향들이, 오늘날 한국사회가 안고 있는 과제를 도모해감에 있어서도 유의미하고 유용하다고 본다. 단기연호 부활론자들의 이 같은 문제의식은 무시되어서는 안 되며 존중되어야 마땅하다는 생각이다. 단기연호 폐기 이후 시민운동 차원에서 단기연호를 서기와 병용할 수 있도록 연호에 관한 법률을 개정하자는 운동이 전개되어 왔고, 개정 법률안도 여러 차례 국회에 제출되었지만,[61] 유의미한 성과는 아직 만들어내지 못하고 있는 실정이다. 단기를 서기로 바꾼 결정은 분명히 졸속의 것이었고 보편적 지성의 동의를 얻기 어려운 편파적 관점에 입각한 것이었다. 그러나 이미 서기를 사용한 전통이 50년 이상 쌓인 조건 속에서, 다시 1948년의 결정으로 복귀하기는 어려울 것이다. 세속화나 서구화의 진전과 함께 단군민족주의를 애호하는 세력이 많이 약화되어 있는 것도 현실이다. 단기와 서기를 병용하자는 주장은, 단기의 폐지와 부활을 지지하는 두 방면의 가치관과 세력을 모두 공존적으로 절충하는 대안이 될 수 있다고 본다. 대한민국은 한민족의 국가이며, 헌법제정 주체로의 [유구한 역사와 전통에 빛나는 우리 대한국민]은 곧 한민족이기도 하다. 단기연호는 한민족의 국가로의 국가정체성을 드러내 주고, 국가의 구성원들을 민족의 일원으로서 민족사에 참여하도록 고취시킬 수 있는 매우 유용한 상징장치이다. 더 늦기 전에 그를 복구시키는 현명한 결단이 필요하다고 본다.

한 가지 더 언급할 것은 최근 불거진 대한민국 건국시점 논쟁과 관련하여 단기연호가 주는 시사점에 대한 것이다. 2010년을 전후하여 뉴라이트 그룹의 건국절 제정 주장과 함께 시작된 대한민국 건국시점 논쟁에서 대립하였던 두 주장은, 삼일운동에서의 독립선언 이후 대한민국임시정부를 수립한 시점(1919.4.13)에서 찾는 입장과, 이승만을 수반으로 하는 제1공화국정부가 수립된 시점(1948.8.15)에서 찾는 입장이었다. 앞의 것은 항일 민족운동사의 전통 속에 대한

민국이 건립되었다는 점을 중시하고 있고, 두 번째 입장은 대한민국의 정체성을 반공·반북·친미·자유시장경제 노선에서 찾는 뉴라이트 그룹의 관점과 관련 있다. 그런데 단군민족주의의 입장에서는 건국의 시점은 단군이 조선을 건국한 단기원년이라 본다. 한국사를 한민족의 역사로 보고, 한민족의 역사가 단군의 조선 건국에서 비롯되었다고 보는 사고의 연장선상에서 그 같은 관점이 성립하는 것이다. 실제로 1919년의 대한민국 임시정부와 1948년의 대한민국 정부도 건국의 기점을 단기원년으로 공인했었다고 말할 수 있을 것이다. 대한민국 임시정부가 '건국기원절'이라는 이름의 국경일을 제정한(1920.3) 사실이라든지, 제1공화국이 1948년 9월에 단기를 공용연호로 제정한 점 등이 그 근거이다. 단기 원년 건국론은 홍익인간이라는 인본주의적 국가이상을 동반하고, 인간의 행복에 봉사하는 국가와 권력 및 공동체건설을 지향한다.[62] 그것은 1919 건국론과 1948 건국론에 동반된 한계와 독선을 뛰어넘고, 거기에 '대한민국국가주의'와 '조선민주주의인민공화국국가주의'의 편협함도 극복하여, 통일되고 번영된 민족공동체로 나아가는 대안적 국가론의 출발점이 될 수 있다고 본다.

단군신화로부터 민족경전民族經典으로:

유교경전의 성립과정을 통해서 본 민족경전의 가능성

김기주

1. 들어가는 말

1991년 한국에는 이미 가을이 깊어졌지만, 비행기에서 내린 타이페이의 태양은 여전히 뜨거웠다. 그 계절이 주는 이국적인 느낌과 함께 펼쳐진 눈앞의 풍경은 낯설면서도 한편으로는 경이로운 것이기도 하였다. 사람과 스쿠터와 자동차가 뒤엉키고, 네거리마다 그렇게 서로 꼬리를 물고 물결처럼 흘러가고 있는 모습도 참 놀라운 것이었지만, 더욱 이방인의 눈길을 끌었던 것은 그 어디에서도 소리 지르고, 경적을 울리고, 욕설을 퍼붓는 모습을 찾아볼 수 없었다는 점이었다. 무덥고 뜨거운 태양 아래에서도, 그냥 길이 열릴 때까지 기다리고, 기다려주고 있었다. 무질서 가운데 질서가 있었고, 혼잡스러움 속에서도 어지럽지가 않았다. 이러한 모습은 중국의 문화, 그 중에서도 철학을 공부하기 위해 멀리서 방문한 이방인을 놀라게 만들기에 충분하였다. 그것은 분명 우리와 다른 모습이었다.

그 때 이후로 하나의 의문을 가슴에 품게 되었다. 이들을 이토록 여유롭게 만드는 것은 무엇일까? 느긋하게 기다려주고, 다른 사람의 작은 실수를 여유롭게 지켜봐 주는 그 배포는 어디에서 오는 것일까? 중국이라는 나라가 다양한 민족으로 구성된 까닭에 역사적 경험으로 이미 다름과 차이를 체험하고 서로 인정해주는 분위기와도 무관하지 않을 것이라고 생각되었다. 여기에 거대한 국토는 각 지역마다 상이한 문화적 전통을 낳았고, 그러한 다른 지역의 문화적 전통을 인정하지 않는다면 하나의 국가를 형성하는 것, 그리고 지역 간의 교류 역시 불가능하다는 사실을 이미 몸으로 체득했을 것이다.

하지만 이것으로 충분할까? 그럴 수 없다고 생각한다. 그러한 것들은 그저 하나의 계기에 불과하다고 생각되기 때문이다. 다양한 민족과 넓은 국토를 통합하는데 있어서는 단순히 다름과 차이에 대한 인정을 넘어서, 이 다름과 차이를 묶어줌으로써 또 다른 하나의 거대한 질서를 만들어 내는 것 또한 필요할 수밖에 없었을 것이다. 넘어져도 다시 일어서는 오뚝이가 무게중심을 통해 늘 중심을 잡아가듯이, 넘어졌을 때 세워주는 힘의 원천이 필요한 것이다. 그런데 타이페이의 혼잡스러운 거리에서 그것을 어렴풋이 느낄 수 있었던 셈이다.

그 뒤 본격적인 공부를 시작하면서, 중국의 문화와 사유를 떠받치고 있는 근원적인 뿌리가 무엇인지 함께 고민하지 않을 수 없었다. 그리고 이러한 고민의 결과, 다양한 민족을 하나로 묶어주는 문화적 힘, 그 가운데서도 '경전'에 주목할 수 있었다. 다른 지역과 마찬가지로 중국에서 경전은 혈연에 기초한 다양한 민족을 묶어 하나의 문화적 공동체로 거듭나도록 하는 역할을 수행하였고, 그것은 우리의 전통이나 문화에서도 그 역할을 확인할 수 있다. 결국 혼잡스러움 속에서도 어지럽지 않은 타이페이의 거리가 가능했던 것은 경전으로 대표되는 두터운 그들의 문화적 토대가 있었기 때문이라는 대략적인 결론을 내릴 수 있었다. 그 뒤, 의문은 다시 다음과 같은 것으로 옮겨졌다. 즉 우리에게는 우리를 하나의 문화적 정체성을 통해 서로 묶어주고, 또 창조적인 힘의 원천으로 작용하는 경전이 있는가? 만약 없다면 우리는 그런 경전을 가질 수 없는 것일까? 만약 우리가 경전을 가질 수 있다면 그것은 어디에서 시작되어야 하는 것일까? 이것은 지난 십여 년 이상을 필자의 머리에 맴돌았던 질문이기도 하다.

비록 직접적인 계기는 아니지만, 이 글 역시 이러한 질문의 연장선상으로부터 나온 것이다. 특히 이 글은 앞의 여러 물음 가운데 세 번째를 중심으로, 유교경전의 성립 과정과 조건을 살펴보고, 그것에 근거해서 단군신화로부터 민족경전의 가능성을 확인해보기 위한 하나의 시론이다. 먼저 유교경전이 어떤 우여곡절을 거치며 성립하게 되었는지, 그 과정에 대한 이해에서 우리의 논의를 시작해 보자.

2. 유교경전의 성립과정

유교의 경전經典 그러면 흔히 오경五經이나 육경六經, 혹은 사서삼경四書三經을 떠올리지만, 최종적으로는 십삼경十三經으로 요약된다.

이 장에서 우리의 논의는 바로 이 유교의 경전인 십삼경의 성립 과정과 관련되어 있다. 무엇보다 유교의 경전인 십삼경이 어떤 과정을 거치며 성립하게 되었는지 이해할 때, 경전의 성립에 어떤 조건이 작용하였는지를 확인할 수 있다고 생각되기 때문이다.

그런데 우리는 유교가 아닌 도가 계열의 서적인 『장자莊子』의 한 구절에서 논의를 시작해야 할 것 같다. 그것은 중국의 고서 가운데 유교의 '경전'에 대한 언급이 가장 먼저 등장한 서적이 다름 아닌 『장자』일 뿐만 아니라, 그 내용 역시 공자와 관련되어 있기 때문이다. 『장자』「천운天運」편에는 공자가 주周나라로 가서 노담老聃을 만나는 장면에서 공자가 "저는 시·서·예·악·역·춘추 육경을 공부한 지 오래 되었습니다"[1]라고 말한 구절을 기록하고 있다. 이것이 중국 고전에 등장한 최초의 유교경전과 관련된 언급이다.[2] 하지만 『장자』의 이 구절로부터 공자 당시 실제로 여섯 가지의 경전이 일정한 형식과 내용으로 갖추어져 있었다는 사실을 확인할 수는 없다. 『장자』에 기록된 내용이 크게 신빙성이 없기 때문이다.[3] 그렇지만 이러한 기록에서 간접적으로 확인되는 것은 공자 당시는 아니더라도 최소한 『장자』가 집필된 전국시대 말기에는 대체로 유교의 경전으로 '육경'이 성립되어 있었다는 점과 함께 그것이 공자와 직간접인 관련을 가진다는 사실이다.[4]

여기에서 주목할 점은 육경이 공자와 밀접하게 관련되어 있다는 점이고, 이것은 경전의 생성 과정을 설명하는 두 가지 시각에서도 드러난다. 앞의 『장자』의 기록에 등장하는 육경과 같은 초기 유교의 경전이 어떻게 생겨나고, 누구에 의해 지어진 것인지에 대해서는 일반적으로 고문경학가古文經學家와 금문경학가今文經學家의 두 가지 시각으로 크게 구분된다.[5] 고문경학가에게 있어서 경전은 국가의 공식적 기록인 '관서官書'에서 비롯되었으며, 그 기원은 주공周公으로, 공자에 의해 계승되었다. 즉 '경'은 오늘날 쓰는 경전의 의미를 가졌던 것이 아니라, 본래 의미는 '국가에서 기록한 문서'를 지칭하는 말이었던 것이다.[6] 고대에는 문자를 통한 기록이 특정 지배계층의 전유물이었다는 점을 상기한다면, 문서가 생겨나던 시기에 사적인 기록이 쉽지 않았을 것이라는 점에서 이것은 어렵지 않게 이해된다. 뿐만 아니라 『춘추좌씨전』이나 『주례』 등에서 문헌이나 서적을 국가에서 기록하고 관리했다는 사실을 여러 곳에서 확인할 수 있다.[7] 반면에 금문경학가에게 있어서 '경'은 성인, 곧 공자가 지은 것으로 받아들여졌다. 이들에게 있어서 '경'은 더 이상 국가에 의해 기록된 문헌이 아니라 성인에 의해 완성된 진리의 기록으로 이해되었던 것이다. 이처럼 고문경학과 금문경학의 두 가지 시각은 문자의 서체에서도 차이를 보이지만, '경'의 성립과정에 있어서 공자의 역할에 대해서도 상이한 시각을 보여준다. 고문경학가에게 있어서 공자는 주공이 전한 관서로서의 '경'을 계승하여 다시 후대로 전해준 인물에 불과할 뿐이지만, 금문경학가에게 공자는 '경'을 직접 편찬한 성인으로 받아들여졌던 것이다.

일반적으로 송나라 이전에는 주공과 공자를 병칭하였지만, 송나라 이후부터는 공자와 맹자를 병칭하였는데, 고문경학가와 금문경학가의 시각은 동일한 구도에서도 구별되는 셈이다. 주공과 공자를 병칭했을 때, 공자는 단지 요堯·순舜·우禹·탕湯·문文·무武·주공周公을 계승한 인물이 될 뿐이고, 단지 경전의 전승에 있어서 일개 매개자가 될 뿐이다. 반면에 공자와 맹자를 병칭함으로써, 이제 공자는 새로운 전통을 세운 종주가 되는 것이고, 공자가 왜 공자인지가 비로소 정식으로 인식되었음을 뜻한다. 이 두 가지 시각은 공자의 위치와 의의에 대한 인식에 있어서 뚜렷한 차이를 보여주고 있는 셈이다.

하지만 우리의 논의에서는 이 두 가지 시각 가운데 어느 것에 기초하든지 공자가 등장한다는 사실에 주목할 필요가 있다. 고문경학가의 입장에서 공자는 그 스스로가 말한 대로 '풀어서 밝혔을 뿐, 새로운 저작을 만들어 내지 않았다述而不作'고 이해되었지만, 공자는 '풀어서 밝히는' 조술祖述의 역할을 수행하였다. 금문경학가의 입장은 이와 같은 고문경학자의 입장에서 더욱 한 걸음 나아가 육경과 공자의 관계를 더욱 밀접한 것으로 이해한다. 하지만 후인들의 연구에 따르면 육경 가운데 『춘추』를 제외한 나머지 오경은 공자가 직접 저술한 것으로 보기 어려운 것으로 드러났다. 그 중에서 특히 『춘추』는 거의 의심의 여지없이 공자가 저술한 것으로 받아들여졌지만, 그것 역시 그 내용에서 보자면 순수한 창작은 아니었다. 이런 시각은 다음과 같은 왕충의 말에서도 확인된다. 『논형』 「초기」에서 왕충은 "공자는 노나라의 역사 기록을 얻어 『춘추』를 지었다. 의를 세우고 뜻을 만들어, 높이고 폄하하며 상주고 벌주어서 이전에 역사를 기록하는 사람을 답습하지 않았으니, 깊은 생각은 가슴속에서 나온 것이다"[8]라고 하였다. 이미 존재하고 있던 노나라의 역사 기록이나 문헌이 『춘추』의 토대가 되었던 것이고, 이것 역시 조술의 한 형태였다고 볼 수 있을 것이다.

이런 측면에서 본다면, 육경이 등장하는 과정에서 갈라지는 두 가지 시각, 곧 고문경학가나 금문경학가 어느 한쪽의 시각을 따라 가더라도 공자를 만나게 되며, 그곳에서 만나는 공자의 모습은 분명 차별적이지만 유사한 모습 역시 보여준다. 그것은 다름 아닌 고문헌에 대한 새로운 해석을 통해 새로운 의미를 부여하는 것일 뿐만 아니라, 그 고문헌을 통해 새로운 가치를 표현하는 것이었다. 이것이 바로 '조술'이다. 이것은 자료의 전승을 토대로 새로운 의미를 부여한 것이기도 하다. 특히 공자가 정리했다고 전해지는 『춘추』를 비롯한 6경은 모두 본래 역사를 기록한 문헌자료에 불과하였지만, 이러한 정리를 통해 변하지 않는 진리를 담고 있는 책 곧 '경전經典'이 되었고, 중국문화 뿐만 아니라 동북아시아 문화의 주요한 토대가 되었던 것이다.

그런데 유교의 십삼경이 모두 이러한 방식 혹은 공자와 그 문인에 의해 성립된 것은 아니다. 후대로 내려오면서 공자시대의 육경은 한나라 시대를 거치며 송나라에 이르기까지 '칠경'[9], '구경'[10], '십경', '십이경', '십삼경'으로 확장되며 자리잡았다. 그렇게 자리 잡는 과정에서 가장 분명한 획을 그은 사건은 다름 아닌 한 무제武帝와 동중서董仲舒의 등장이다. 이것은 '경'이라 부르던 것에서 정식으로 '경전經典'이라는 용어가 등장하는 것과도 관련되어 있고, 또 보통의 서적이나 문헌의 의미를 가지던 것이 절대적이고 불변하는 진리 자체나 그것을 기록하고 있는 전적이라는 의미로 전환되어 가는 것과도 관련되어 있다.

공자시대의 여섯 경전 가운데 『악경樂經』의 경우는 진시황의 분서焚書에 의해 없어졌다는 설과 함께 '악樂'이란 본래 『시경』에 첨부되어 있던 일종의 악보일 뿐, 본래부터 경이 존재하지 않았다는 설이 있다. 이런 이유로 육경에서 실재하지 않는 『악경』을 제외하게 되면, '오경五經'이 되는데, 한 무제는 이 '오경'마다 각각 박사를 두어 '오경박사'라고 불렀다. 그리고 오경박사 모두에게 제자 50인을 두고 이들의 요역徭役을 면제해 주었다. 소제昭帝 때에는 학생 수를 더 늘려 100인이 되었고, 선제宣帝 말에는 또 2배나 늘였다. 원제元帝는 그것을 다시 1000명으로 증원하였고, 군국郡國에도 오경의 '백석졸사百石卒士'(100석의 녹을 받는 관리)를 두도록 하였다. 성제成帝 때에는 오경박사의 제자가 3000명으로 늘었고, 평제平帝 때에는 사실상 정원의 제한이 없어졌다. 그리고 이들 학생들을 대상으로 매년 시험을 치러 갑甲·을乙·병丙科로 나누어 관리로 임용하였는데, 이것은 후대 과거제도로 발전되었다.[11)]

이렇듯 한 무제의 중앙집권적이고 전제적인 정치 이데올로기의 확립이라는 정치적 목적을 달성하기 위해 유교의 학술만을 존숭하게 되면서, 유교의 학술과 그 경전인 육경은 제도를 통해 국교화되었던 것이다. 이러한 과정에서 육경에 담겨져 있는 내용 역시 역사적 사실의 기록이나 실질적인 정보에서 누구도 그 정당성을 부정하거나 권위에 도전할 수 없는 지고무상의 절대적 권위를 가진 도그마(dogma)로 전환되어 갔다. 흔히 『시』·『서』·『역』이라고 부르던 것에서 『시경』·『서경』·『역경』 등으로 부르기 시작한 것도 바로 이때부터였다.

이때부터 유교의 경전은 점차 확장되기 시작하여 '칠경'과 '구경'

이 등장하였고, 남북조시대 남조의 송나라에서는 국자조교國子助教 10인을 두어 '십경十經'을 관장하게 하였는데, 『주역周易』·『상서尙書』·『모시毛詩』·『예기禮記』·『주례周禮』·『의례儀禮』·『춘추좌씨전春秋左氏傳』·『춘추공양전春秋公羊傳』·『춘추곡량전春秋穀梁傳』의 9경에 『논어論語』와 『효경孝經』을 하나의 경전으로 삼았으므로, 실제로는 '십일경十一經'이었다. 그 뒤인 당唐나라 문종 때에는 '십이경十二經'을 돌에 새겨 태학太學에 비치하였는데, 남북조시대의 '십일경'에 『이아爾雅』가 추가된 것이다. 이 '십이경'에 가장 마지막으로 『맹자孟子』가 더해져 '십삼경十三經'이 된 것은 남송南宋 시대에 이르러서였다.

그리고 남송의 주희에 의해서 『예기』로부터 『대학』과 『중용』이 독립되어, 『논어』와 『맹자』와 함께 '사서四書'로 성립되었다. 명나라에 이르렀을 때 이 사서와 함께 '오경'(『시』·『서』·『역』·『예기』·『춘추』)이 중시되어 '사서오경'이 성립하였고, 조선에서는 이 '오경' 가운데 『예기』·『춘추』를 제외한 '삼경三經'과 '사서'를 병칭하여 '사서삼경'을 중시하였다. 오늘날에도 유교의 경전이라고 할 때, 좁게는 '사서삼경'과 '사서오경', 넓게는 '십삼경'을 가리키게 되었다.

앞의 논의를 정리해 보자면, 유교경전은 크게 두 단계의 과정을 거치며 완비되었다고 할 수 있다. 초기 유교의 경전인 육경은 대체로 공자로부터 전국시대에 이르기까지 고대의 문헌들이 정리됨으로써 성립되었다면, 이 육경으로부터 십삼경으로의 확장은 한 무제와 동중서의 역할이 강하게 작용하였고, 그것은 정치제도를 통해 뒷받침되었다고 할 수 있다.

3. 유교경전의 성립조건

앞에서 우리는 유교의 경전이 성립하는 과정을 2단계로 나누어 살펴보았다. 유교경전의 기원이 된 '육경'은 대체로 공자를 기점으로 하여 과거로부터 전승되어 내려오던 정부의 문헌들이 정리됨으로써 일정한 형태를 갖추게 되었다면, '육경'으로부터 '십삼경'으로의 성립 과정은 한 무제와 동중서를 기점으로 정치적인 제도화를 통해 성립하게 되었음을 확인할 수 있었다. 그리고 우리는 이러한 2단계의 성립과정으로부터 유교의 경전이 성립하게 되는 최소한 두 가지 조건을 확인할 수 있다.

먼저 지적할 수 있는 것은 다름 아닌 '내적인 의미화'의 과정이다. 중국 근대의 학자인 하증우夏曾佑는 그의 저서 『중국고대사中國古代史』에서 "공자 한 사람이 바로 중국 정교政教의 근원이며, 중국역사는 공자 한 사람의 역사일 뿐이다"[12]라고 하였다. 또한 유이미柳詒徵는 『중국문화사』에서 "공자는 중국문화의 중심이다. 공자가 없다면 중국문화도 없다. 공자 이전 수 천 년의 문화는 공자에 의해서 방향을 전환하였고, 공자 이후로부터 수천 년의 문화는 공자에 의해 열렸다"[13]라고 말한다. 이러한 공자에 대한 예찬은 무엇에 근거한 것일까? 그것은 다름 아닌 공자의 '조술', 곧 전통에 대한 '창조적 계승'이나 '내적인 의미화'와 관련되어 있다. 그리고 우리의 논의와 관련해서 보자면, 그것은 결국 '육경'의 성립과 관련된 공자의 역할

에서 그 예찬의 근거를 확인하게 된다.[14)]

앞에서 살펴봤듯이, '경'에는 본래 '관서', 곧 '정부에서 기록하고 관리한 문헌'이라는 의미가 담겨져 있었다. 『역』은 국가의 앞날을 점친 점서이고, 『서』는 고대국가의 역사기록이며, 『시』는 고대의 시가집이고, 『예』와 『악』은 고대국가의 전장제도와 예악의전을 다룬 것이며, 『춘추』는 편년체의 노나라 역사서였다는 사실에서 그것은 대체로 확인된다. 이렇듯 '육경'은 일반적으로 고대 국가의 경험과 지식을 집대성한 문헌으로 볼 수 있지만, 그렇다고 주나라 전체에 일반적으로 수용되거나 받아들여진 것은 아니었다. 주나라의 토대를 마련한 주공周公에게 분봉됨으로써 주나라 초기의 전통과 문물을 보다 잘 계승할 수 있었던 공자의 모국 노나라는 특별한 경우였다고 판단되기 때문이다. 특히 고대 국가의 경험과 지식을 기록한 국가의 문헌 자체를 '경'이라 부르기도 하였지만, 그것이 실질적으로 후대에 '경전'이 될 수 있었던 것은 공자와 분리되어 이해될 수 없다고 판단된다. 그것은 다음과 같은 기록에서도 확인된다.

『논어論語』「자한子罕」편에서는 "내가 위나라에서 노나라로 돌아온 이후에야 『악』이 올바르게 되었고, 『시』의 「아雅」와 「송頌」이 각각 그 알맞은 위치를 찾게 되었다"[15)]고 기록되어 있다. 이것은 노년에 노나라로 귀국한 공자에 의해 『시경』이 새롭게 편집되었음을 짐작케 하는 구절이다. 『사기』의 「공자세가」에서도 만년에 노나라로 귀국한 공자가 『시』·『서』·『예』·『악』을 편수하였다고 기록하고 있다.[16)] 물론 이 『사기』의 기록을 곧이곧대로 믿을 수는 없지만, '육경'의 성립에 공자가 깊이 관련되어 있고, 그 과정에서 공자가 나름 중요한 역할을 수행하였다는 사실을 보여주는 기록이라고 이해할 수는 있을 것이다.

특히 노나라의 편년체 사서인 『춘추』는 공자가 전해져 내려오던 노나라의 역사기록을 재구성하는 편집의 과정을 거쳐 만들어진 것으로 알려져 왔다. 그래서 공자에 의해 편집되기 이전의 『춘추』를 '불수춘추不修春秋'라고 부르며 양자를 구분하였다. 『논어』에서 공자가 직접 『춘추』에 대해 언급한 적이 없다는 점을 들어 『춘추』가 공자에 의해 편집되었다는 점에 대해 일부 학자들은 의문을 제기하기도 한다. 하지만 공자와 『춘추』의 관계에 대해 『맹자』가 특별히 강조하였고,[17] 『순자』에서는 공자의 이름을 거론하지는 않지만, 이미 『춘추』를 『시』·『서』·『예』· 『악』 등의 경과 함께 논하고 있으며[18], 『공자가어』[19]와 『사기』의 「공자세가」[20] 등에 모두 『춘추』가 공자에 의해 편집된 것임을 확인할 수 있는 기록이 있다는 점에서 공자와 『춘추』의 관계를 긍정적으로 바라보는 것에 큰 문제가 있다고 생각되지는 않는다.

그렇다면 『춘추』의 성립에 있어서 공자의 역할은 구체적으로 무엇일까? 그것은 바로 앞에서 말한 편집이자 재구성이고, 새로운 의미의 부여였다. 유교의 초기 경전이라고 할 수 있는 '육경'은 정부에서 기록한 역사 문헌들을 재구성하고 재해석했을 뿐만 아니라, 그것에 새로운 의미와 가치를 부여함으로써 형성된 것이라고 말할 수 있는 것이다. 통일된 형식으로 묶여 있지 않던 기록들을 분류하고 편집하는 것 자체가 이미 하나의 재해석이자 의미부여의 과정이다. 그리고 그 재구성과 재해석은 바로 공자에게서 시작되었다고 추정된다. 역사적 경험을 기록한 일반적인 문헌으로부터 경전으로의 전환이 바로 공자의 손에서 시작되었음을 의미한다. 이것은 만약 공자 혹은 공자와 같은 인물에 의해 전래되어 오던 문헌들이 재구성되고 재해석되어 새로운 의미가 부여되지 않았다면 '육경'은 존재할 수 없었다는 것을 의미하기도 한다. 그렇다면 여기에서 우리는 경전이 성립하는 하나의 조건을 확인하게 된다. 그것은 바로 전승되어 오던 역사문헌의 재구성과 재해석을 통해 새로운 의미부여의 과정이며, 이것은 유교의 경전이 성립할 수 있었던 조건 가운데 하나였다고 말할 수 있다.

그렇다면 나머지 하나는 무엇인가? 그것은 일반적인 종교의 경전이 성립하는 조건과의 비교에서 확인된다. 일반적인 종교에서 경전의 성립은 그것이 의심할 수 없는 절대적 진리의 기록이라는 사실을 통해 확정된다. 그리고 그것이 절대적 진리라는 사실은 다른 무엇도 아닌 그것의 절대적 권위를 통해 보장 받는다. 그런 의미에서 절대적 진리와 절대적 권위는 서로의 발을 떠받치며, 서로의 근거가 되어준다. 그런데 이러한 종교적인 절대 권위는 결코 그 절대적 진리의 실증 여부에 의해 주어지는 것은 아니다. 그것은 한 점 의혹도 없는 종교적 믿음에 의해 제공된다. 따라서 경전은 의심이나 분석을 통한 탐구의 대상이 아니라, 오직 믿음과 실천의 대상이 될 뿐이다. 그것의 옳음은 이미 전제되어 있고, 그 전제로부터 각각의 내용이 정당화될 뿐이다. 경전의 절대적 권위는 바로 믿음에 의해 세워지기 때문이다. 경전을 토대로 한 수 많은 종교에서 그리고 중국이나 조선의 수많은 유학자들에게 실천이 강조되었던 까닭을 이러한 측면에서 이해할 수도 있을 것이다.

그런데 절대적 진리라는 사실로부터 절대적 권위를 확보하는 것만으로 종교의 경전이 성립되는 것은 아니다. 대부분의 종교적 경전은 2차적으로 제도화를 통해 자신의 권위를 더욱 강화시킨다. 그리고 그 제도화는 종교 내부에서 그리고 외부의 사회·정치적 측면에서 동시에 진행되었다.[21] 이것은 권위의 제도화 과정이기도 하다. 유교경전의 성립과정에서 정치적 제도화 과정은 특히 주목되는 부분이기도 하다. 왜냐하면 유교의 경전은 다른 종교적 경전처럼 그것이 절대적 진리라는 사실을 통해 확정되었다기보다는, 순전히 정치적 제도화를 통해 그 권위를 확장해 왔다고 보는 것이 더욱 실제와 가깝기 때문이다.[22]

유교경전의 내용은 신의 목소리나 계시의 결과물이 아니다. 그 모두는 인간의 역사적 경험일 뿐이다. 앞에서도 살펴봤듯 고대의 역사적 경험을 서술한 인간의 언어였던 것이다. 이것이 정치적으로 제도화되면서 경전은 신을 대신하고 있는 성인의 언어가 되었고, 오류가 있을 수 없는 절대적 권위를 가지게 되었던 것이다. 경전이 제도화되었다는 것은 한편으로 경전의 성립과 그것에 대한 권위의 제공에 있어서 제도의 뒷받침을 받았음을 의미하고, 또 다른 한편으로는 제도 자체의 요청이나 필요에 의해서 그것이 보통의 역사문헌에서 경전으로 격상되어 갔음을 의미한다.[23]

특히 육경으로부터 점차 경전의 숫자가 늘어나 십삼경으로 확정되어 가는 과정에서 보자면, 유교의 경전은 크게 두 가지 방향에서 제도화가 진행되었음을 확인할 수 있다. 하나는 종교적 권위이고,

다른 하나는 정치제도적 권위였다. 종교적 권위는 공자의 신성화를 통해 강화되고 표현되었다면, 정치제도적 권위는 중앙집권적이고 전제적인 정치 이데올로기의 확립이라는 정치적 목적을 통해 강화되고 표현되었다. 그리고 그것은 바로 정치·사회적인 제도를 통해 이루어졌다. 한나라 무제에 의한 오경박사 설치이후의 변화에 대해 『한서』「유림전 찬贊」에서는 "무제 때 오경박사를 두어 제자원을 설치하고, 과거를 열어 시험을 본 후 관직과 녹봉으로 권장하면서부터 원시연간에 이르기까지 100여 년 동안, 학업을 전수받은 자가 점점 늘어나고 유파도 번성해서 한 경전에 백여 개의 설이 나왔고, 큰 스승의 제자들은 천여 명이나 되었다. 이것은 대체로 녹봉이나 이로움을 취할 수 있는 길이었기 때문이다"[24]라고 말하고 있다. 그리고 『한서』「유림전」에서는 또 "무안후 전분이 승상이 되자 황노와 형명 등 제자백가의 설을 물리치고 문학이 있는 유학자 수백 명을 초빙하였는데, 공손홍은 『춘추』로 서민에서 천자의 삼공이 되어 평진후에 봉해졌다. 그러자 천하의 학사들이 바람에 휩쓸리듯 유학에 경도되었다."[25]고도 기록하고 있다. 이러한 기록에는 정치적 제도 또는 정치적 의도에 따라 정치적 권력이 유교의 후견인이 되면서, 유교의 경전이나 유교의 위상이 급격하게 변화하며 권위를 가지게 되는 모습을 잘 보여준다.

그런데 이렇듯 경전 혹은 유교경전이 쉽게 정치적으로 이용되고 제도화될 수 있었던 것은 무엇보다 유교경전의 규범적 특징에 기인한다. 다시 말해서 모든 경전은 그것이 등장하게 되는 배경에서부터 인간 삶의 방향에 대한 지침과 밀접하게 관련되어 있었다. 그리고 경전이 인간 삶을 규범하는 의심할 수 없는 절대적 지침으로 작용하였다는 점에서, 유교경전을 포함한 모든 경전은 이미 쉽게 제도화되면서 권위를 가질 수 있는 가능성을 함축하고 있었던 것이다. 그리고 이러한 논의로부터 우리는 유교의 경전이 성립하는 과정은 두 가지, 곧 문헌들이 재해석되고 새로운 의미가 부여되는 과정인 동시에, 정치·사회적인 제도화 속에서 권위를 획득하는 과정이었음을 이해할 수 있게 된다.

4. 단군신화와 민족경전의 가능성

앞에서 우리는 유교의 경전이 성립되는 과정과 그 조건을 구분하여 살펴보았다. 유교경전의 성립과정에서 주요한 관절점을 형성하고 있는 인물은 춘추시대의 공자와 한나라의 동중서였다. 공자가 육경의 성립과 밀접한 관련을 맺고 있다면, 동중서는 육경에서 십삼경으로의 전환에서 그 계기를 제공하였다. 그러면서 이들은 경전의 성립과정에 있어서도 상이한 조건을 제시해 보여주었다. 공자가 전승된 문헌을 재구성·재해석하고 새로운 의미를 부여함으로써 역사문헌으로부터 경전을 성립시켰다면, 동중서의 역할은 정치적 제도화를 통해 육경에 경전으로서의 권위를 부여함으로써 십삼경으로 확장할 수 있는 토대를 만들었다. 이렇게 볼 때, 유교의 경전은 공자와 동중서라는 두 인물에 의해 두 방향의 조건, 곧 새로운 의미 부여를 통한 역사문헌의 경전화와 정치적 제도화를 통한 경전의 권위화가 이루어짐으로써 비로소 성립하게 되었다고 볼 수 있다. 이것이 앞장까지 진행된 우리의 논의 내용이다. 이제 이러한 이해를 바탕으로 본격적으로 우리의 이야기를 시작할 때가 되었다. 유교의 경전이 성립하는 과정과 조건에 대한 이해에서 그치는 것이 아니라, 그것에서 한 걸음 더 나아가 우리의 민족경전에 대해 논의하는 것이 우리의 최종 목표이기 때문이다.

무엇보다 우리의 이야기는 유교의 경전과 중국문화의 관계에 대한 이해에서 시작하는 것이 옳을 것 같다. 왜냐하면 마치 유교의 경전이 중국문화의 배경이 되었듯, 우리가 필요로 하는 것도 우리 문화의 배경이 되어줄 경전이기 때문이다. 중국에서 유교의 경전은 결코 유교 안에서만 한정적으로 작용하지 않았다. 그것은 중국문화의 전체적인 흐름과 무관하지 않았기 때문이다. 특히 한나라 이후 유교의 경전은 대부분의 시기 동안 정치 제도적으로 절대적인 권위를 보장 받음으로써, 중국 문화의 방향과 내용을 결정하는 핵심 요소로 작용하였다. 유교의 경전은 중국 민족 내부의 문화적 전통 속에서 탄생하였고, 또 그 민족문화의 방향과 내용을 결정하였던 것이다.

반면, 과거 우리 민족문화의 전개에서 그 내용과 방향을 결정한 것을, 누군가는 일본의 무사도와 대비되는 '선비정신'이라 불렀고, 또 누군가는 민중이 품고 살아간 '신바람'이라 했으며, 또 어떤 이는 질곡의 역사 속에 쌓인 민중의 '한'이라고도 불렀다. 그리고 그와 관련된 논의가 유행처럼 왔다가 어느 순간 또 잊혀졌다. 틀린 말은 아니었지만, 온전히 맞는 말도 아니었던 것이다. 어떤 것은 특정 계층의 의식만을 반영한 것이었고, 또 어떤 것은 지나치게 감성적이었다. 그리고 그것이 오천년 민족의 전개사에 얼마나 깊은 족적을 남겼는지 묻는다면 이 모두가 적절하지 않은 것인 동시에 말 그대로 바람에 불과할 뿐이라는 점이 드러난다. 이렇듯 우리가 걸어온 길과 그 길을 걸어올 수 있었던 힘의 근원에 대해서는 쉽게 무엇으로 규정할 수가 없다. 최소한 그것이 중국과 같은 '유교경전'은 아니었다고 할 수 있다.

그렇다면 물음을 바꿔보자. 과연 무엇이 우리 문화의 배경이자 에너지원이 되어야 하고, 또 될 수 있을까? 앞의 유교경전과 중국문화에 대한 논의에서 이미 확인되듯, 유교경전은 중국문화의 배경으로 작용하였다. 뿐만 아니라 중국을 구성하고 있는 다양한 민족의 나침반이자, 등대와 같은 작용을 하였다. 그것은 유교의 경전이 중국문화의 배경으로 작용하였을 뿐만 아니라, 문화적 정체성의 토대를 제공해 왔음을 의미한다. 특히 정체성은 곧 사회적 구성원으로서의 좌표와 역할에 대한 긍정이자, 공동체의 형성과 유지를 위한 에너지가 분출되어 나오는 근원이기도 하다. 그런 의미에서 보자면 우리의 문화적 특징과 정서를 함축하고 있는 민족경전이 있다면, 그것이야 말로 문화적 정체성의 근원 그리고 우리 문화의 배경이 되기에 충분하다고 생각된다.

그렇다면 '민족경전'은 무엇이고 어떤 조건을 가져야 하는 것일까? 무엇보다 민족경전은 다른 요소들과 달리 그것이 생성된 문화적 배경 속에서 불가피하게 특수한 삶의 정서를 담고 있지만, 그럼에도 그것에 제한받지 않고, 지역과 시대를 뛰어넘는 인간의 보편적 가치를 담지해야 한다고 생각된다. 특히 보편적 가치를 담고 있는 민족경전이 오직 하나로 제한되지 않고, 모든 민족의 경전에 적용된다는 점에서 그 보편은 구체성을 보존한 보편이다. 이점에서 경전에 대한 관심은 '신바람', '한' 등으로 우리 의식의 근원을 규정하려는 시도와 구별된다. 왜냐하면 이러한 것들은 모두 보편성을 담보하지 않기 때문이다.

또한 인간 삶과 그 삶이 모여 형성된 사회에 있어서 상호 통합과 문화적 정체성에 대한 요청이 제기되지 않은 적은 없었다. 사실상 모든 인간 활동은 그 궁극에 있어서 이것을 지향한다고 해도 과언이 아니다. 종교나 학문 역시 이점에서 예외가 되지 않는다. 그런 필요성에 의해서 우리는 때로 자연적인 혈연관계가 맺어지지 않으면, 인위적인 혈연 곧 의형제·의부모·대부·대모 관계를 만들어 내고야 말았던 것이다. 공통의 교집합을 공유함으로써 삶의 버팀목으로 삼았던 것이다. 이런 의미에서 '민족경전'은 다름 아닌 민족 혹은 그것을 토대로 한 공동체의 구성원 모두가 공유할 수 있는 교집합인 셈이다.

여기까지 논의가 진행되었다면 이제 남겨져 있는 마지막 하나의 물음에 답할 때가 된 것 같다. 그것은 우리에게 민족경전의 가능성은 어디에서 찾을 수 있을까 하는 점이다. 앞 절의 유교경전이 성립되는 과정과 그 조건에 대한 이해에서 보자면, 경전이 성립하는 데 있어서 필요한 조건은 재해석의 과정을 통해 새로운 의미가 부여될 수 있는 과거의 문헌이나 전통, 그리고 그렇게 재해석된 문헌을 어떻게 제도화하여 권위를 부여할 것인가에 달려있다고 할 수 있다.

그렇다면 이러한 우리의 물음은 곧 새로운 해석과 의미부여를 통해 인간의 보편적 가치를 보여줄 수 있을 뿐만 아니라, 그것을 제도화할 수 있는 것을 우리의 전통 어디에서 찾을 수 있는가라는 물음이 기도하다.

이러한 물음에 대해 다른 무엇보다 단군신화는 주요한 소재와 근거가 될 수 있다고 생각된다. 다시 말해서 외적인 제도화와 내적인 의미화를 동시에 추구할 수 있는 것을 만약 우리의 전통 속에서 찾는다면, 가장 근원적인 측면에서 '단군신화'에 주목할 수 있다고 생각된다.[26] 그것은 단군신화가 내적인 의미화의 소재를 풍부하게 함축하고 있는 동시에, 외적인 제도화의 토대를 일정부분 이미 가지고 있기 때문이다. 이 두 가지 요소는 다름 아닌 유교경전이 성립하는 과정에서 드러나는 것이기도 하다는 점에서 경전의 가능성을 보여준다고 이해할 수 있게 된다. 이 두 가지 요소 가운데 먼저 단군신화가 가지고 있는 내적인 의미화의 가능성부터 살펴보자.

잘 알려져 있듯 단군신화는 우리나라 최초의 건국신화建國神話이사 국소선설國祖傳說이다. 가장 오래된 기록은 13세기 말 일연一然의 『삼국유사三國遺史』 권1 「고조선」 조에, 그리고 그 뒤를 이어 이승휴의 『제왕운기帝王韻記』 등에도 실려 있다. 주요 내용은 천신天神의 강림을 통한 국가의 성립 과정이다. 환웅桓雄이 강림하여 나라의 기반을 다지고 단군이 탄생하여 나라를 개창하는 과정이 그려지는데, 내용은 단순하지만, 고조선이 어떤 국가였는지를 확인할 수 있는 기록이기도 하다. 그 가운데 고조선의 건국이념이라고 할 수 있는 '홍익인간弘益人間'은 보편적 인간이념을 통해 인간의 보편적 가치를 표현하고 있다. 또한 곰에서 웅녀로의 변화에서 인간의 초월 가능성을 확인할 수도 있으며, 환웅과 웅녀 사이에 태어난 인간 단군이 국조國祖가 되었다는 내용에서는 다시 한 번 인간중심적 사고를 읽을 수도 있다. 단군신화가 가지고 있는 내적인 의미화의 가능성은 다름 아닌 바로 여기에서 확인된다. 그리고 그 중심은 인간이었다.

인류의 고대 문명이 성립되는 과정이나, 혹은 종교의 성립 과정에서 하나의 전환점을 형성했던 것이 있다면 그것은 다름 아닌 '인간'에 대한 관심이다. 계급과 종족의 차별이 엄연히 존재하던 시기에 그러한 현실적 제한을 뛰어넘어 다양한 방식, 곧 모든 인간에게 내재하는 가치를 긍정하는 방식이든 아니면 절대적인 신 앞에서의 모든 인간의 절대적인 나약함을 긍정하는 방식을 통해서든 평등한 인간이념을 제시함으로써 새로운 문명의 전환점을 형성하였고, 보편종교의 토대가 마련되었던 것이다. 그리고 단군신화에는 이러한 가능성의 씨앗이 풍부하게 담겨져 있는 것이다. 새로운 해석과 재구성을 통해 인간의 보편적 가치를 보여줄 수 있다는 측면에서 단군신화는 경전화의 토대와 함께 주요한 소재를 이미 함축하고 있는 셈이다.

다음으로 단군신화로부터 확인되는 외적 제도화의 가능성은 무엇보다 먼저 이미 여러 차례에 걸친 환란 상황에서 민족을 묶어주는 힘으로 작용했다는 사실에서 찾을 수 있다. 역사를 더욱 거슬러 올라갈 수도 있겠지만, 기록에 의존해서 보자면, 단군에 대한 관심은 고려 충렬왕 무렵 원元에 대한 자립 의식으로부터 싹트기 시작하여, 조선 세종 때 평양에 단군 사당을 지어 추앙하였으며, 구한말과 일제 식민지 시기에는 자주 독립의 필요성에 의해 특히 주목되었다고 할 수 있다. 이렇게 보자면 단군신화는 이미 유교의 경전이 중국 민족을 하나로 묶어주었듯, 환란의 시기에 우리 민족을 하나로 묶어주는 역할을 수행해 온 것으로 이해된다. 따라서 비록 특정 형태로 제도화되지는 않았지만, 사회적으로 이미 일정한 권위를 확보하고 있었다고 말할 수 있는 것이다.

뿐만 아니라, 단군신화는 이미 우리 민족에게 있어서 문화적 정체성의 가장 근원에서 내가 무엇인지, 어떤 뿌리를 가지고 있는지에 대해 답해주고 있다는 점에서도 민족경전의 가능성을 발견하게 된다. 단군신화는 단순히 건국신화이자 국조전설을 넘어서 혈연적인 그리고 문화적인 측면에서 민족의 탄생 배경과 연결되어 이해됨으로써 우리의 정체성을 구성하는 주요 배경으로 자리잡고 있는 것이다. 이것은 민족경전이 그 민족의 정체성 확립에 주요한 배경이 되어주고 있듯, 단군신화는 그 신화 자체만으로도 이미 그러한 역할을 수행하였던 것이다.

이렇게 봤을 때, 앞에서 우리가 살펴본 유교경전의 두 가지 성립 조건, 곧 내적 의미화의 가능성과 외적 제도화의 가능성을 우리는 단군신화에서 발견할 수 있었다. 이것은 곧 단군신화로부터 경전의 가능성을 확인할 수 있다는 뜻이기도 하다. 다만 유교경전의 성립과정에서 두 가지 경전의 성립 조건 외에, 공자와 동중서라는 걸출한 인물들의 활약이 필요했다면, 단군신화의 경전화 과정에서도 이미 풍부하게 함축되어 있는 두 가지 조건 외에 그것을 현실화할 인물의 등장이 필요하다고 판단될 뿐이다. 그리고 오늘의 이와 같은 글은 그러한 인물을 준비하는 과정이 될 것이라고 생각된다.

5. 맺는 말

앞에서 우리는 유교경전의 성립과정과 그 조건에 대한 이해를 토대로, 민족경전의 가능성을 어디에서 찾을 수 있는지에 대해 살펴보았다. 그 결과 우리는 단군신화와 그것이 가진 '내적인 의미화'와 '외적인 제도화'의 가능성에 주목할 수 있었다. 이제 끝으로 다음과 같은 두 가지 의문에 대해 답을 하는 것으로 우리의 논의를 마무리해야 할 것 같다. 그것은 이 두 가지 문제에 대해 어떤 형태로든 답을 해야만 앞의 거친 논의를 보충하며 끝낼 수 있다고 생각되기 때문이다. 그 두 가지 의문 가운데 하나는 우리에게 경전이 없었는가 하는 것이고, 다른 하나는 경전의 절대적 권위가 쉽게 부정되는 현대에 이르러 왜 하필 다시 경전에 대해 관심을 가지는가하는 점이다.

첫 번째 물음부터 살펴보면, 이 의문은 대체로 다음과 같은 경전에 대한 세 가지 시각과 관련되어 있다. 즉 이미 민족경전이 성립되어 있다고 생각하는 경우와 과거에는 경전이 있었지만 그것이 전승되지 못해 현재에는 없다고 생각하는 경우, 그리고 마지막으로 역사상 한 번도 민족경전이 성립된 적이 없다고 생각하는 경우가 그것이다. 사실상 앞에서 진행된 우리의 논의는 세 번째 시각에 기초한 것이고, 두 번째 시각 역시 포섭될 여지가 있다. 그런데 만약 첫 번째 시각에서 보자면 앞에서 진행된 우리 논의는 잘못된 전제에서 시작되었다고 말할 수도 있을 것이다. 이미 민족경전이 있음에도 불구하고 다시 그 가능성을 되묻고 있기 때문이다.

그렇다면 이러한 세 가지 시각 가운데 어떤 것이 가장 설득력을 가졌을까? 물론 '민족경전'이라는 개념을 어떻게 이해하느냐에 따라 다른 시각을 보여주는 것은 당연할 것이다. 하지만 민족경전이 단순히 특정 민족 혹은 공동체의 정서를 함축하고 있는 문화나 전통에 기초해야 한다는 조건을 충족해야 할 뿐만 아니라, 그 민족이나 공동체의 문화적 정체성과 방향을 결정할 만큼 깊은 영향력을 행사했거나 행사하고 있는지 등을 조건으로 삼는다면, 우리에게 쉽게 민족경전이 있다고 말하기는 어렵다고 판단된다. 우리에게 깊이 영향을 끼친 경전들은 유교나 불교의 경전 등과 같이 사실상 대부분 외래 경전들이기 때문이다. 물론 민족 내부에서 출현한 경전, 특히 특정 종교의 경전들이 없는 것은 아니지만, 그것이 우리 민족의 문화적 정체성과 나아갈 방향을 결정할 만큼 충분한 영향력을 행사했다고 할 수는 없을 것이다. 이러한 측면에서 보자면, 현재 우리에게 민족경전이 존재하지 않는다고 말할 수 있는 것이고, 그러한 의미에서 그 가능성을 논의해 볼 수 있나고 생각된다.[27)]

그렇다면 이제 자연스럽게 두 번째 문제, 곧 왜 하필 경전인가 하는 문제가 남는다. 그런데 이 문제는 두 가지 측면과 관련되어 있다. 하나는 앞에서 제기했듯 이 시대의 흐름이나 요청이 경전에 내재해 있는 절대적인 진리를 지향하지 않는다는 측면, 그리고 다른 하나는 민족경전을 논하기에는 역사적으로 이미 너무 늦은 것은 아닌가 하는 문제의식이다. 후자부터 먼저 살펴보자. 우리가 알고 있는 대부분의 주요 경전들이 기원전에 그 형식을 갖추기 시작했다는 점에서 볼 때, 2천년이 지난 이제야 경전의 가능성을 논하는 것 자체가 늦은 감이 없지 않다. 하지만 앞의 유교경전이 성립하는 과정에서도 확인했듯, 대부분의 경전들이 특정 시기 특정 인물에 의해 완성된 것이 아니라 긴 역사적 전개 과정을 거치며 수많은 사람들의 참여에 의해 점차 완성되었다. 만약 이점을 상기한다면, 우리의 시대에 그러한 과정이 진행되지 말라는 법은 없는 것이다. 특히 경전이 처음으로 등장하던 시기로부터 현재까지의 2천여 년은 물론 긴 시간이지만, 인류의 길고 긴 역사와 비교해 보자면 그것이 극복하지 못할 만큼의 긴 시간이라고 할 수는 없을 것이다. 그리고 앞으로 우리 민족 혹은 우리의 공동체가 나아가야 할 길고 긴 미래가 남아있는 한, 지금 경전에 대한 논의를 시작하는 것이 결코 늦은 것이라고 볼 수 없는 것이다.

다만 앞에서도 잠시 언급했지만, 경전의 절대적 권위가 쉽게 부정되는 현대에 다시 경전을 논하는 것이 어떤 의미를 가지는가 하는 점이 문제된다. 현대에도 이러한 경전에 대한 지향이 의미와 가치를 가질 수 있는가 하는 점이다.[28] 우리는 고전에서 경전으로 전환되는 것이 아니라, 경전에서 고전으로 전환되는 시대를 살아가고 있다.[29] 절대적인 진리 그리고 그것이 가진 절대적 권위를 용인할 수 없는 것이 현대적 지향이다. 근대이전 유럽은 성경이, 그리고 동아시아는 불교와 유교경전이 사람들의 의식을 지배하였다면, 현대에 이르러 이러한 구도는 상당부분 깨어졌다. 그것은 경전이 가진 절대성을 현대가 쉽게 용인하지 않음을 의미한다.

하지만 민족경전이 보편적 가치를 통해 문화적 정체성의 배경이 될 수 있다는 점에서 보자면, 경전이 반드시 현대성과 상충하는 것은 아니다. 민족이나 국가와 같은 특정 공동체의 지향을 대변해 보여줄 수 있는 경전은 문화적 정체성의 배경이 되기에 충분하기 때문이다. 어느 시대이든 우리를 하나로 묶어주고 우리를 창조적이게끔 만드는 힘의 원천은 필요하기 마련이다. 감성적이고 쉽게 바뀌고 변하는 '신바람'이나 '한'과 같은 것들로 우리의 의식을 규정할 때, 우리는 늘 쉽게 달아오르는 '냄비'로 남는다. 냄비도 쓰임은 있지만 문화적이지는 않다. 두터운 문화적 토대 위에 굳건히 설 수 있을 때, 우리가 나아가야 할 방향 역시 안개 속에서 드러난다. 경전은 다름 아닌 바로 두터운 문화적 토대 외의 다른 것이 아니기 때문이다.

그리고 단군신화와 민족경전의 관계에 대한 우리의 논의가 이 짧은 글로 완결되었다고 생각되지는 않는다. 오히려 어쩌면 우리는 논의를 이제야 겨우 시작했고, 우리의 앞에는 해결해야 할 더 많은 과제가 남겨져 있을지도 모른다. 무엇보다 우리의 논의에서 단군신화로부터 민족경전의 가능성을 겨우 확인한 것에 그치고 있을 뿐, 그것으로부터 구체적인 방향이나 방법에 대해서는 그 무엇도 제시하지 못하였기 때문이다. 앞으로 남겨진 과제를 하나씩 풀어 나갈 때, 민족경전의 모습 역시 보다 구체적으로 드러나게 될 것이라 생각된다. ■

갑골 복사卜辭·주역 점사占辭를 통해 본 단군신화의 천신天神사상

임재규

1. 서론

고조선 연구에 있어서 단군신화는 매우 기본적이고 중요한 문헌자료이며, 이러한 이유로 단군신화에 대한 다각도의 연구가 이루어지고 있다. 이를 통해 고조선 시대의 종교, 문화, 사회 등등에 대한 심층적인 연구 성과가 속속 발표되고 있다.

하지만 단군신화에 대한 여러 방면의 연구 성과에도 불구하고, 매우 제한된 문헌자료로 인해 그 연구에는 일정 정도 한계가 있을 수밖에 없는 것도 사실이다. 이러한 점에 착안해, 본 연구자는 단군신화 연구에 있어서 연구 자료의 확대라는 측면에 주의를 기울여 보고자 한다. 즉 지금까지 단군신화 연구에 거의 활용되지 않은 '갑골문'을 단군신화 연구에 접목시켜보는 것이 필요하다고 본다. 이러한 접근의 기저에는 갑골문의 시대[1)]와 단군신화의 시대[2)]가 서로 오버랩된다는 역사적인 사실에 있다.

『삼국유사』에 의하면, 단군신화의 시대는 대략 중국의 요임금시대 이후로 제시되어 있다. 즉 중국 역사의 요임금 이후 순임금, 우임금, 그리고 하, 상, 주 삼대로 이어지는 시대라 할 수 있다. 이 시기의 문헌 자료는 제한되어 있으며, 특히, 주나라 이전의 자료는 매우 제한적이라 할 수 있다.

그런데, 중국 고대사 연구에 있어서 획기적인 발견이라고 일컬어지는 갑골문과 단군신화의 관련성에 대한 연구는 거의 이루어지지 않고 있다. 주지하듯이, 갑골문은 상나라의 점복 기록이지만, 여기에는 상나라의 역사와 문화, 종교를 알 수 있는 매우 풍부한 자료를 함축하고 있다. 따라서 단군신화 및 고조선의 역사와 문화를 이해하기 위해서는 갑골문에 대한 연구가 선행되어야만 한다.

고조선 연구에 있어서, 이와 관련된 중국 역사서의 기록을 연구하는 것은 매우 기본적이고 중요한 작업으로 생각하고 있는데, 똑같은 이유임에도 불구하고, 고조선 연구에 있어서 『사기』나 『삼국지』보다 훨씬 더 오래된 고고학적 자료인 갑골문에 대해서, 그 연구가 제대로 이루어지지 않고 있다는 것은 안타까운 일이라 하지 않을 수 없다.

이러한 문제의식의 연장선상에서 본 연구자는 갑골문과 단군신화의 관련성을 비교 연구하는 것이 단군신화의 이해에 있어서 매우 중요한 작업 중의 하나라고 생각한다. 이전의 연구 중에 윤내현 선생이 이와 관련하여 구체적인 언급을 한 바 있다. 윤내현 선생은 그의 고조선 연구서인 『고조선 연구』에서 다음과 같이 말했다. "동아시아 농경사회에 있어서 고대 종교의 구조는 중국의 갑골문에 잘 나타나 있는데, 고조선의 종교를 이해하는 데 참고가 될 것이다."[3] 하지만 그는 갑골문 기록 중 '하신河神'과 '악신嶽神'에 관한 기록을 중심으로 고찰하고 있다.[4] 그리고 이은봉 선생은 『단군신화연구檀君

神話研究』에서 갑골학자인 진몽가陳夢家의 학설을 인용하면서 은족殷族과 예맥족濊貊族이 동일한 문화권이었음을 소개하고 있다.[5] 그렇지만, 상나라와 고조선 간의 구체적인 관련성에 대해서 더 진전된 연구를 제시하지는 않고 있다.

2. 단군신화의 천신天神

『삼국유사』의 단군신화를 기본 텍스트로 했을 때, 단군신화의 전체 내용 중에서 종교학적 주제와 가장 관련성 있는 내용은 단군신화의 '천天' 관념이 아닐까 한다. '천' 관념과 직접적인 연관이 되는 부분만 하더라도, '환인桓因 제석帝釋', '천부인天符印', '환웅桓雄 천왕天王' 등을 열거할 수 있다. 우선 논의 전개를 위해 『삼국유사』의 단군신화 중 '천' 관련 부분을 인용해보면 다음과 같다.

> 『고기古記』에 이렇게 말했다. 옛날 환인桓因(제석帝釋을 이른다)의 서자庶子 환웅桓雄이 천하에 뜻을 두고, 인간 세상을 탐내어 구했다. 아버지가 아들의 뜻을 알고, 삼위태백산三危太伯山을 내려다보니 인간 세계를 널리 이롭게 할 만하여. 환웅에게 천부인天符印 세 개를 주어, 내려가서 세상 사람을 다스리게 했다.
>
> 환웅은 그 무리 3천 명을 거느리고 태백산太伯山 꼭대기(지금의 묘향산)의 신단수神壇樹 밑에 내려와서 이곳을 신시神市라 불렀다. 이 분

을 환웅 천왕天王이라 한다. 그는 풍백風伯·우사雨師·운사雲師를 거느리고 곡식·수명·질병·형벌·선악 등 인간의 3백60 가지나 되는 일을 주관하여 인간 세계를 다스려 교화시켰다.[6]

古記云, 昔有桓因(謂帝釋也)庶子桓雄, 數意天下, 貪求人世, 父知子意, 下視三危太伯可以弘益人間, 乃授天符印三箇, 遣往理之. 雄率徒三千, 降於太伯山頂(卽太伯今妙香山)神壇樹下, 謂之神市, 是謂桓雄天王也. 將風伯·雨師·雲師, 而主穀·主命·主病·主刑·主善惡, 凡主人間三百六十餘事, 在世理化.[7]

위 인용은 『삼국유사』에서 단군신화를 기록한 것으로 나와 있는 『고기古記』의 첫 부분으로 고조선의 시조인 단군이 탄생하기 전 단계의 과정을 서술하고 있다. 특히, 이 부분은 단군 탄생의 초월적 근거를 나타내주는 것으로 단군신화의 핵심적 사상을 내포하고 있다고 해도 과언이 아니다.

주지하듯이 『삼국유사』는 고려시대 국사를 역임했던 고승인 일연이 저술한 야사이지만, 『삼국유사』의 단군신화 부분은 비슷한 시기에 기록된 이승휴의 『제왕운기』에도 거의 유사하게 나타난다. 이승휴가 강직한 사림의 길을 걸었던 유교 지식인임을 고려했을 때, 단군신화의 역사적 진실성을 가볍게 보아 넘길 수 없다. 이승휴의 『제왕운기』에 언급된 단군신화의 시작부분은 다음과 같다.

본기에 다음과 같이 적혀 있다. "상제上帝 환인桓因에게 서자庶子가 있었으니 이름이 웅雄이었다. 환인이 환웅에게 말하기를, '지상의 삼위태백三危太白에 내려가 인간을 크게 이롭게 할지어다.'라고 하였다. 이리하여 환웅이 천부인天符印 세 개를 받고 귀신 3천을 거느려 태백산太

白山 마루에 있는 신단수神檀樹 아래에 내려왔으니 이분을 단웅천왕檀雄天王이라 한다."[8]

本紀曰, "上帝桓因有庶子, 曰雄云云. 謂曰下至三危太伯弘益人間歟. 故雄受天符印三箇, 率鬼三千, 而降太伯山頂神壇樹下, 是謂檀雄天王也云云."[9]

『제왕운기』의 단군신화 첫 부분에서도 앞에서 언급한 '천天' 관념과 관련된 '상제上帝 환인桓因', '천부인天符印', '단웅천왕檀雄天王' 등이 똑같이 등장한다. 따라서 본 연구자는 『삼국유사』 단군신화의 내용 중 종교학적 주제와 관련하여 가장 중요한 내용으로 이 '천天' 사상을 단군신화의 핵심적인 종교 사상으로 특징지을 수 있다고 생각한다. 특히, 환인桓因은 『삼국유사』에서 '제석帝釋'으로, 『제왕운기』에서 '상제上帝'로 표현된 것은 고조선 건국의 종교적 근거를 절대적 존재자로 상정하고 있다는 점에서 매우 의미심장하다. 즉, 고조선의 건국이 단순히 고대사회의 평범한 국가의 탄생이 아니라 우주와 세계의 주재자인 절대적 존재자에 의한 탄생이라는 점이다. 따라서 절대적 존재자인 환인, 그리고 환인의 아들인 환웅, 그리고 환웅의 아들인 단군으로 이어지는 계보는 절대적인 권위를 가지게 된다.

환인의 아들인 환웅은 자연스럽게 아버지의 명칭인 '제帝' 대신 '천왕天王'이라는 명칭을 가지게 되고, 천왕인 환웅은 자연스럽게 하위 개념의 신인 풍백風伯 · 우사雨師 · 운사雲師를 거느리게 된다. 이와 같이 『삼국유사』의 단군신화는 고조선의 건국을 설명하는 신의 계보를 매우 분명하게 보여주고 있으며, 이러한 신의 계보는 단군신화 '천天' 사상의 핵심이 된다 하겠다.

한편 풍백風伯 · 우사雨師 · 운사雲師는 '천신天神'과 '지신地神'이라는 분류에서 볼 때, '천신天神'의 분류에 포함될 수 있으며, 따라서 '제帝'와 '천왕天王', 풍백風伯 · 우사雨師 · 운사雲師는 모두 '천신天神'으로 분류할 수 있다.

그렇다면, 단군신화의 시대와 오버랩되는 중국 상나라의 갑골문 복사卜辭에서는 어떠한 천신天神 사상이 나타나는지 살펴볼 필요가 있다.

3. 갑골 복사의 천신天神

『예기禮記』「표기表記」편을 보면 "은殷나라 사람은 신神을 존경하여 백성을 모두 데리고 신을 섬겼다. 신神을 먼저하고, 예禮를 뒤에 하였다"[10]라는 말이 있다. 이를 보면, 은나라 시대에 신숭배 사상이 만연하였음을 알 수 있다. 그러나 은나라 사람들의 신숭배사상이 어떤 모습을 띠었는지에 대해서는 구체적인 문헌기록을 찾기가 쉽지 않았다.

그러다가 지금으로부터 약 1세기 전, 청나라 광서 연간 당시 국자감 좨주이자 금석학자인 왕이롱王懿榮에 의해 갑골문의 존재가 알려지기 시작하면서 상나라의 신숭배사상의 구체적인 실상을 파악할 수 있게 되었다. 현재까지 대략 10여만 편(4000여 자)의 갑골이 발견되었으며, 4,000여 자 중 약 2,500여 자가 해석되었다. 이러한 갑골문을 통해 상나라의 정치, 경제, 사회, 지리, 종교 등에 관해 구체적인 인식이 가능하게 되었으며, 특히 종교 관련 복사卜辭에 대해서도 다수의 연구가 이루어지고 있다.

천멍지아陳夢家는 그의 갑골문 연구의 대표작이라 할 수 있는 『은허복사종술殷墟卜辭綜述』에서 은허 복사에 나타나는 종교 관련 내용을 정리한 바 있다. 그는 『주례周禮』 「춘관종백春官宗伯」편 대종백大宗伯에 기록된 제사의 대상에 따라 은허의 복사卜辭를 천신天神, 지기地示, 인귀人鬼로 나누어 분류하고 있다.[11)]

갑,	천신	상제; 일, 동모, 서모, 운, 풍, 우, 설
을,	지기	사; 사방, 사과, 사무; 산, 천
병,	인귀	선왕, 선공, 선비, 제자, 제모, 구신
甲,	天神	上帝；日, 東母, 西母, 雲, 風, 雨, 雪
乙,	地示	社；四方, 四戈, 四巫；山, 川
丙,	人鬼	先王, 先公, 先妣, 諸子, 諸母, 舊臣

위의 분류에서 알 수 있는 것처럼, 갑골 복사卜辭에서는 천신, 지기, 인귀 등이 다양하게 등장한다. 특히, 단군신화의 천신天神과 관련해 볼 때, 우선 주목해야 할 것은 천신의 분류이다. 은허 복사에서 천신天神으로 분류할 수 있는 신은 상제上帝, 태양(日), 동모東母, 서모西母,[12)] 구름, 바람, 비, 눈 등이다. 물론 이 중에서 상제가 가장 중요하며, 은허 복사에서도 가장 빈번하게 등장하는 상나라의 천신

天神이라 할 수 있다. 복사 중에서 상제는 가장 권위가 있으며, 자연과 인간을 주재하는 존재이다. 복사에 등장하는 상제는 비를 내리게 할 수 있으며, 바람을 불게 할 수 있고, 인간에게 복을 내리거나 재이를 내릴 수 있으며, 또 풍년이나 흉년을 내릴 수도 있다.13)

천신과 관련하여 갑골문의 복사를 살펴보면 대략 다음과 같다.

1) 올 3월에 상제가 많은 비를 내리게 하겠습니까?

今三月帝令多雨 (『前』 3.18.5)14)

2) 올 2월에 상제가 비를 내리지 않겠습니까?

今二月帝不令雨 (『鐵』 123.1)15)

3) 상제가 바람을 불게 하겠습니까?

帝其令風 (『乙』 2452)16)

4) 오늘 바람의 재앙이 있겠습니까?

今日風禍 (『上』 31.14)17)

5) 구름신께 요제를 올리면 비가 오겠습니까?

燎于雲雨 (『屯南』 770)18)

이를 통해 보면, 갑골 복사卜辭에서도 단군신화의 천신天神과 같이 상제, 운, 풍, 우가 중요한 천신으로 등장한다는 점이다. 물론 갑골 복사의 천신에는 이외에도 동모東母, 서모西母, 설雪 등의 천신이 등장하지만, 전자에 비해 그리 중요성을 가지고 있지는 않다. 단순한 비교일 수는 있지만, 이러한 분류를 통해서 본 연구자는 단군신화의 천신 사상과 갑골 복사의 천신天神 사상에 있어서 서로 유사한 점을 찾아볼 수 있다고 생각한다. 그렇다고 해서 이러한 공통점이

상족과 고조선족의 문화적 동일성을 의미한다고 주장하는 것은 아니다. 다만, 이러한 공통점을 통해 당시 상족 문화와 고조선족 문화의 상관성을 생각해 볼 여지는 충분히 있다고 할 수 있다. 시대적으로 서로 겹치고, 지리적으로도 그리 멀지 않은 두 문화가 어떤 연관성을 가지고 있다고 추론하는 것은 이러한 가능성을 배제하는 것보다 훨씬 더 합리적이기 때문이다.

한편, 상나라 이후 주나라의 문헌에서 운雲, 풍風, 우雨 등의 천신이 단군신화에 등장하는 풍백風伯, 우사雨師, 운사雲師 등의 명칭으로 전해지고 있는 것은 흥미롭다. 『주례』 「춘관종백」편 대종백大宗伯에는 '풍사風師'와 '우사雨師'의 명칭이 등장하고,[19] 『사기』 「봉선서封禪書」에는 '풍백'과 '우사'에 제사를 지냈다는 글이 있고,[20] 『사기』 「오제본기五帝本紀」에는 운사雲師라는 말이 있고,[21] 『초사楚辭』 「구가九歌」편에는 '운중군雲中君'이라는 편이 있다.[22] 이를 통해 보면, 단군신화의 천신天神의 명칭이 주나라 시기 및 그 이후의 문헌기록과 대체로 일치하는 것을 알 수 있다. 이러한 점은 단군신화의 형성시기에 관련해서도 시사하는 바가 적지 않다고 할 수 있다. 즉, 『삼국유사』에 전하는 단군신화의 기록은 대체로 주나라 이후에 형성된 것으로 추정할 수 있다. 물론 신화의 특성상 단군신화도 상당기간 구전의 형태로 전승되었으리라 생각된다. 그러다가 문자의 도입으로 기록의 형태로 정리되었으며, 그 시기는 상한선이 주나라 이전으로 소급될 수는 없다는 것이다.

4. 『주역周易』 점사의 천신天神

갑골문의 시대와 비슷한 시기이면서 그보다 약간 후대에 형성된 것으로 알려진 주나라 초기의 문헌인 『주역』에도 갑골문의 천신 사상과 유사한 '제帝'와 '천天' 사상이 등장한다. 이는 주문화가 앞의 상문화를 계승했다는 측면에서 이해할 수 있으며, 문화의 연속성이라는 측면에서 볼 때도 자연스러운 현상이라 할 수 있다. 물론 상문화의 천신 사상과 주문화의 천신 사상의 차이점도 살펴볼 수 있지만, 여기에서는 논의의 효율적인 전개를 위해 상문화와 주문화의 연속성이라는 측면에 한정해서 주문화의 천신 사상을 살펴보고자 한다.

『삼국유사』의 단군신화에는 주나라 초기의 역사와 관련해서 다음과 같이 언급하고 있다.

> 주周나라 무왕武王이 즉위하던 기묘년에 기자箕子를 조선에 봉했다. … 당나라 배구전裵矩傳에는 이렇게 말했다. "고구려는 본래 고죽국孤竹國이었는데, 주周나라에서 기자를 봉하면서 조선이라 했다." 한漢나라가 (이곳을) 세 군으로 나누어 다스렸는데, 이것이 곧 현도玄菟, 낙랑樂浪, 대방帶方이다.

『통전通典』에도 역시 이 말과 같다.[23)]

> 周虎王卽位己卯, 封箕子於朝鮮, … 唐・裵矩傳云, 高麗本孤竹國(今海州),

周以封箕子爲朝鮮. 漢分置三郡, 謂玄菟・樂浪・帶方(北帶方). 通典亦同此說.[24)]

위의 인용을 통해 보면, 고조선의 역사는 주나라와 밀접한 연관을 가지고 있으며, 그 역사는 한漢나라까지 이어진다. 따라서 주나라 초기에 형성되었으며, 주문화의 천신 사상을 잘 보존하고 있는 『주역周易』을 고찰해 보는 것은 고조선의 천신天神사상을 이해하는 데에 있어서도 필요한 작업이라 할 수 있다.

주지하듯이 『주역』은 주나라의 시조인 문왕에 의해 만들어졌다고 사마천의 사기는 전하고 있다.[25)] 즉 주나라 개국 초기에 주문화의 세계관 및 우주관이 담겨있는 문헌이라고 할 수 있다.[26)] 천신天神과 관련한 『주역』의 원문을 살펴보면 다음과 같다.

1) 왕이 상제에게 제사를 지낸다.

王用享于帝.[27)] (益卦 六二)

2) 하늘이 도우니 길하지 않음이 없다.

自天祐之, 吉無不利.[28)] (大有卦 上九)

『십익十翼』이 아닌 『주역』의 원문에 등장하는 '제帝'와 '천天'의 사상과 관련된 글은 위의 인용과 같다. 위의 인용에서 '제'와 '천'은 절대적 존재로 서술되어 있다. 즉 인간에게 길흉화복을 내리는 주재적 성격을 분명하게 내포하고 있다. 이를 통해 보면, 서주 초기 주족周族의 천신天神 관념에서도 상족商族의 천신 관념을 그대로 계승하고 있음을 알 수 있다.[29)]

『주역』에 대한 공자의 해석서로 알려져 있는 『십익十翼』에도 이러한 천신天神 사상은 그대로 나타난다.

1) 선왕이 이것을 본받아 예악을 제정하고 덕을 숭상하여 아주 성대하게 상제에게 제사지냈다.

先王以作樂崇德, 殷薦之上帝[30]. (豫卦 象傳)

2) 성인이 음식을 준비해서 상제에게 제사를 올린다.

聖人亨以享上帝.[31] (鼎卦 彖傳)

3) 선왕이 이를 본받아 상제에게 제사를 올리고 사당을 세운다.

先王以享于帝立廟.[32] (渙卦 象傳)

4) 큰 희생을 쓰는 것이 길하니 갈 바를 두면 이롭다는 것은 천명을 따르는 것이다.

用大牲吉, 利有攸往, 順天命也.[33] (萃卦 彖傳)

5) 하늘이 상을 드리워 길흉을 나타내니 성인이 이를 본떠서 재현한다.

天垂象, 見吉凶, 聖人象之.[34] (繫辭上11)

위에 열거한 예들은 공자가 지은 『십익十翼』에서 '제'와 '천'과 관련된 글을 찾아 인용한 것이다. 이러한 예들은 『주역』의 시대인 서주 초기뿐만 아니라 『십익』이 형성된 동주시대에도 주나라의 천신天神 관념은 크게 변하지 않았음을 보여준다.

5. 엘리아데의 종교유형론을 통해 본 단군신화의 천신天神사상

세계적 종교사가인 미르치아 엘리아데(Mircea Eliade, 1907~1986)는 그의 대표작이라 할 수 있는 『종교사개론』에서 세계 종교의 유형을 대략 9가지로 분류하여 서술하고 있다. 즉, 1) 하늘: 하늘의 신들, 하늘의 제의와 상징, 2) 태양과 태양 숭배, 3) 달과 달의 신비학, 4) 물과 물의 상징, 5) 성석聖石: 신적 현현, 표상, 형태, 6) 대지, 여성, 풍요, 7) 식물, 재생의 상징과 제의, 8) 농경과 풍요제, 9) 신성한 공간: 사원, 궁전, "세계의 중심" 등이다.[35]

엘리아데는 세계 각국의 방대한 신화와 관련 자료를 수집하고 분석하여, 보다 객관적인 세계 종교의 유형화를 만들어냈다. 따라서 엘리아데의 이러한 유형화를 기준으로 단군신화의 종교 패턴을 분석하는 것도 객관적인 종교 분석이 되리라 생각한다.

본 연구자는 앞에서 단군신화의 핵심적인 종교 사상으로 천신사상을 제시한 바 있다. 상제인 환인 - 상제의 아들인 환웅천왕 - 천왕의 아들인 단군으로 이어지는 계보를 통해 단군신화의 사상적 근거가 바로 천신天神 사상이라고 파악하였다.

물론 단군신화에 대한 다양한 연구가 존재하고 있음을 부인할 수는 없다. 예를 들어 단군신화를 곰토템 사상이나 호랑이토템 사상 등으로 해석하는 연구도 있고, 혹은 단군신화를 신선 사상이나

산신 사상으로 해석하는 연구도 있다.[36]

그러나 엘리아데의 종교유형론의 기준에서 봤을 때, 토템 사상이나 신선 사상 등은 보다 보편적인 종교현상으로 보기에는 약간 무리가 있는 것도 사실이다. 그리고 단군신화와 비슷한 시대의 종교적 문헌이라고 할 수 있는 갑골 복사卜辭나 『주역』 점사占辭와 비교해 봤을 때도 토템 사상이나 신선 사상이 갑골 복사卜辭로 대표되는 상족 문화나 『주역』 점사占辭로 대표되는 주족 문화의 주요 사상으로 보기가 어려운 것도 사실이다.

그리고 고조선에 뒤이어 성립된 부여나 고구려의 종교 사상을 살펴봤을 때도 토템 사상이나 산신 사상 등이 고조선의 핵심적인 종교 사상으로 볼 수 없다는 주장의 반증이 되기도 한다. 왜냐하면, 문화의 연속성이라는 측면에서 봤을 때, 부여나 고구려의 종교 문화에서 천신 사상을 찾기는 어렵지 않아도 토템 사상이나 산신 사상을 찾기는 쉽지 않기 때문이다. 『후한서後漢書』 「동이열전東夷列傳」에 나오는 부여의 제천의례인 영고, 고구려의 제천의례인 동맹 등이 이를 잘 말해주고 있다.[37]

그렇다면 엘리아데의 종교유형론에서 주장하는 "하늘 : 하늘의 신들, 하늘의 제의와 상징"이라는 유형화에 잘 들어맞는 천신天神 사상을 단군신화의 핵심 사상으로 이해한다고 해서 크게 모순된 점은 없을 듯하다.

그리고 지리적인 측면에서 봤을 때, 갑골 문화의 중심지인 중국 하남성 안양과 단군신화의 중심지로 비정될 수 있는 중국의 요동 지역이[38] 지리적 거리가 그리 멀지 않기 때문에,[39] 본 연구자가 상족의 천신天神 사상과 고조선족의 천신天神 사상이 대등하게 발전했으리라고 추정하는 것도 크게 무리는 없을 것 같다.[40)]

6. 결론

단군신화에 있어서 천신 사상은 단군신화의 핵심적인 사상 중의 하나인데, 이러한 단군신화의 천신 사상과 갑골 복사 및 『주역』 점사에서 나타나는 천신 사상을 비교하여 살펴보는 것도 단군신화를 이해하기 위해 필요한 연구이다.

갑골문이 발견된 중국 하남성 안양은 단군조선의 중심지로 추정되는 요동 지역과 지리적으로 멀지 않은 위치에 있다. 시기적으로도 서로 중첩되고 있으며, 지리적으로도 서로 가까운 위치에 있는 안양 지역의 문화와 단군조선의 문화를 비교 연구하는 것은 매우 자연스러운 시각이라 할 수 있다.

흥미로운 점은 시대와 지리적인 근접성에 걸맞게 갑골문의 천신 사상과 단군신화의 천신 사상은 서로 유사한 점이 존재한다는 것이다.

단군신화에 등장하는 천신天神은 1) 상제인 환인, 2) 환인의 서자인 환웅, 3) 풍백, 4) 우사, 5) 운사 등이다. 상제는 최고신으로 풍백, 우사, 운사 등을 거느리고, 인간사를 주관하게 된다.

단군신화의 천신天神과 관련하여 갑골문의 천신을 살펴보면, 대략 다음과 같다.

> 천신 상제; 일, 동모, 서모, 운, 풍, 우, 설
> 天神 上帝; 日, 東母, 西母, 雲, 風, 雨, 雪[41)]

이 인용을 통해 보면, 단군신화에 등장하는 천신과 갑골문에 등장하는 천신이 서로 일치하고 있음을 알 수 있다. 물론 갑골문의 천신 중 단군신화와 일치하는 상제上帝, 운雲, 풍風, 우雨 등을 제외하고, 일日, 동모東母, 서모西母, 설雪 등의 천신天神도 나타나고 있다는 차이점은 있지만, 이것은 갑골문의 천신이 보다 다양함을 나타내주는 지표일 뿐, 단군신화와 갑골문의 천신이 일치하고 있다는 사실에 영향을 주지는 않는다. 그리고 상나라를 이은 주나라의 종교적 문헌인 『주역』에서도 단군신화의 천신과 유사한 내용이 등장하고 있음을 확인했다. 그리고 갑골 복사의 천신, 『주역』 점사의 천신, 단군신화의 천신 사상은 엘리아데의 종교유형론을 통해 보다 보편적인 종교현상으로 이해할 수 있으며, 따라서 고조선의 문화는 중국의 문화와 서로 교류하면서 대등하게 발전하였음을 추론할 수 있다.

한국 고대사와 중국 고대사에 있어서 종교사상은 매우 중요한 위치를 점하고 있으며, 이러한 종교사상은 당시 고대인들의 우주관과 세계관을 이해할 수 있는 핵심적인 관건으로 기능하고 있다. 이러한 점에서 고조선 단군신화의 천신 사상과 갑골 복사 및 『주역』 점사의 천신 사상을 비교 연구해 보는 것은 한국 고대사 연구에 있어서 나름의 의의를 지닌다고 할 수 있다.

특히, 갑골문 문화의 주인공이 다름 아닌 상족이고, 상족은 한민족의 기원과 관련있는 홍산 문화와도 일정한 연관성이 존재한다고 했을 때, 이에 대한 연구는 필요한 연구 과제이기도 하다. ■

강화도江華島 참성단塹城壇의 제천의례

서영대

1. 머리말

강화도 마니산 정상부에는 참성단塹城壇(塹星壇)이란 제단이 있다. 이것은 단군왕검이 하늘에 제사하던 곳으로 전하며, 지금도 다양한 의례들이 참성단에서 거행되고 있다(예; 강화군 차원에서 거행하는 10월 3일의 개천대제).

그렇지만 단군 때의 제천의례는 구체적인 자료가 없어 그 실상을 파악하기 어렵고, 보다 구체적인 자료는 고려·조선시대를 통해 확인된다. 그래서 이들 자료를 토대로 한 참성단 연구가 이능화(1869~1943)에 의해 시작된 이래로 지금까지 이어져오고 있다.[1)] 이러한 과정에서 참성단 관련 사실들이 점차 밝혀져 가고 있는 바, 여기서는 기왕의 성과에 힘입어, 참성단 문제, 그중에서도 의례 문제를 집중적으로 살펴보고자 한다.

2. 의례의 명칭

참성단塹城壇에서 의례가 거행된 사실은 1264년(元宗 5)부터 확인된다. 이러한 사실을 전하는 것이 사료 A인데, A-②는 A-①을 보다 자세히 언급한 것이다.

> A-① 원종 5년 6월 경술일, 왕이 묘지사妙智寺로 거처를 옮겼다가 또 친히 마리산磨利山의 참성塹城에서 초제를 지냈다.(『고려사』 권26, 世家 26)[2)]
>
> -② 원종 5년(1264), 몽고가 국왕에게 친히 조회할 것을 요구해 오자 백승현白勝賢이 다시 김준金俊을 통해 건의하기를, "마리산摩利山의 참성塹城에서 친히 초제醮祭를 지내시고 삼랑성과 신니동에 가궁궐을 지어 친히 대불정오성도량大佛頂五星道場을 개설하면 8월이 되기 전에 반드시 감응이 있어 친히 조회하시지 않아도 될 것입니다. 또 삼한三韓이 변하여 진단震旦이 됨으로써 큰 나라가 조공을 바치러 올 것입니다"라 했다. 왕이 그 말을 믿고 백승현과 내시內侍 대장군大將軍 조문주趙文柱 · 국자좨주國子祭酒 김구金坵 · 장군將軍 송송례宋松禮 등에게 지시해 가궁궐을 짓게 했다.(『고려사』 권123, 列傳 36, 嬖行 白勝賢)[3)]

이에 의하면 고려 제24대 원종(1259~1274)은 강화에 도읍하고 있던 1264년(원종 5)에 몽고로부터 입조入朝 요구를 받고 이를 회피하고자 하는데, 이때 술사術士 백승현白勝賢이 마리산 참성에서 친히 초제(親醮) 등을 지내면 몽고에 입조하지 않아도 될 뿐만 아니라 고려가 震旦으로 변하고 대국이 내조를 할 것이라 했다. 진단은 불경에 등장하는 표현으로, Sanskrit어 Cina-Sthana의 음역이며, 중국(세계의 중심)을 가리킨다고 한다.[4] 따라서 백승현의 주장은 참성에서 초제를 지내면 우리가 세계의 중심이 된다는 것이며, 이에 따라 원종은 마리산 참성塹城에서 친초親醮를 했다는 것이다.

그렇다고 해서 참성단 의례가 1264년부터 시작되었다고 할 수는 없다. 기록이 없다고 해서 그런 사실마저 없었다고 할 수는 없을 뿐만 아니라, 권근權近(1352~1409)이 1388년(禑王 14) 무렵에 지은 「참성초청사槧城醮青詞」에서, "가만히 생각하오니 마리산은 단군이 제사하시던 곳으로, 성조聖祖로부터 백성을 위하여 법을 세우시고 옛 예절을 이어 아름다움을 드리우게 하였고, 후왕後王에 미쳐서는 오랑캐를 피하여 도읍을 옮기사 또한 이를 힘입어 나라를 보전하였습니다"[5]라고 했기 때문이다. 즉 참성단 의례는 강화 도읍기는 물론, 그 이전부터 거행되었음을 시사하기 때문이라는 것이다. 따라서 1264년 이전에도 참성단에서 의례가 거행되었을 가능성은 충분하다. 다만 권근이 말하는 성조聖祖가 누구인지 알 수 없는 것이 아쉽다.

여기서 주목되는 것은 참성단 의례를 초醮라고 한 점이다. 또 고려시대의 참성단 의례에 관한 이후의 기록들도 모두 이것을 초醮라 했다.

B-① (경사만慶斯萬은) 벼슬이 우대언右代言에 이르렀는데, 한번은 명을 받고 마리산摩利山 참성塹城에서 초醮를 올리는 도중 공중에서 "경대언은 불행하게도 일찍 죽을 것이다!"라고 두 번 외치는 소리를 들었다.

돌아와서 친구들에게, "나는 오래 살지 못할 것이다"라고 하더니 과연 얼마 뒤에 죽었다.(『고려사』 권111, 列傳 24, 慶復興)[6]

-② 신우辛禑 5년 3월 신미일, 사신을 파견하여 마리산摩利山에서 초醮를 지냈다(『고려사』 권63, 禮志 5, 吉禮小祀, 雜祀).[7]

이 중 B-①은 경복흥慶復興의 아버지 경사만이 우대언右代言이란 관직에 있으면서 참성에서 초를 올린 기록인데, 경사만이 우대언이 된 것은 1324년(충숙왕 11)이므로,[8] 초를 올린 시기도 이 무렵이리라 생각된다. 그리고 B-②는 1379년(우왕 5)에 사신을 파견하여 마리산에서 초를 지낸 기록인데, 여기에는 참성단이란 표현이 없지만, A-①·②와 B-①에서 보는 바와 같이 마리산摩利山에서 초醮를 한 곳은 참성단이므로, 이것 역시 참성단 의례에 관한 기사로 보아도 문제는 없을 것 같다. 이렇듯 고려시대를 통하여 마리산 참성단에서는 초醮라는 명칭의 의례가 계속 되었다.

참성단 의례는 조선시대에도 계속되며, 그것 역시 초醮라 일컬어졌다. 이러한 사실은 다음과 같은 기록들을 통해 확인할 수 있다.

C-① 성종成宗 15년(1484) 11월 을사乙巳(22일) 이보다 앞서 행호군 최호원崔灝元이 참성초행향사塹城醮行香使로 마리산摩利山에 갔다가 돌아와서, 헌관獻官을 더 정할 것·재실齋室을 옮겨 배치할 것·집사執事는 교생校生으로 정하고 제기祭器는 보궤簠簋를 쓰며 제수祭需를 더 마련할 것 등의 일을 아뢰니, 임금이 명하기를 소격서 제조提調와 예조禮曹에 보여 최호원의 의논이 적당한지의 여부를 의논하게 하였다.

제1조. 강화부사江華府使를 헌관獻官으로 삼는 일에 대하여, (昭格署)제

조提調 허종許琮이 논하기를, "본서本署의 삼계초제三界醮祭는 내단과 외단 합하여 351위인데, 행향사行香使는 내단內壇과 외단外壇 서쪽에서 차茶·탕湯·술을 드리고 헌관은 외단 동쪽에서 차·탕·술을 드리는데 그 유래가 이미 오래되었습니다. 참성초례塹城醮禮도 이 예에 따라야 할 것이나 다만 참성塹城의 대臺 위가 높고 가팔라서 오르내리기가 어렵습니다. 또 외단은 위수位數가 많지 아니하니 하단下壇 좌우쪽을 모두 헌관으로 하여금 드리게 하면 경외京外가 같은 예例가 될 것입니다. 그리고 비록 부사府使를 헌관으로 삼는다고 하더라도 일을 폐하는 것은 없을 것입니다" 했다.

예조판서 이파李坡·참의 박숭질朴崇質은 논하기를, "참성초단塹城醮壇은 높아서 오르내릴 때 조금이라도 태만함이 있으면 곧 불경스러운 것이 되는데, 행향사가 만약 상단上壇에서 술잔을 드리기를 마치고 다시 하단下壇에서 드리려면 오르내리는 즈음에 힘을 지탱하지 못할 것이며, 강화치소江華治所가 참성단에서 거리가 멀지 아니하고 부서簿書의 일이 번거롭지 아니하고 삼일치재三日致齋할 뿐인데 (강화부사를) 헌관으로 정하는 것이 무슨 폐단이 있겠습니까" 하니, 허종의 의견에 따랐다.

제2조. … "참성초제의 상제上帝 4위와 외단 91위에 대해 단지 배단排壇 두 사람이 전물奠物을 차리고 겸하여 차·탕·술을 차리니, 간이簡易한 듯합니다. 품관品官으로 의복이 정결한 자를 골라서 경중京中의 재랑齋郎·축사祝史의 예와 같이 행하는 것이 어떻겠습니까?" 하니, 이파 등의 의논에 따랐다.(『成宗實錄』 권172)[9)]

-② 중종 11년(1516) 10월 기사己巳(21일), (掌令 孔)서린瑞麟이 아뢰기를, "… 또한 소격서와 마니산참(성?)摩尼山塹(城?) 초醮는 부득이해서 하는 것인지, 신은 알 수 없으니 이런 제사들은 마땅히 혁파해야 하지 않으리까" 하였다.(『中宗實錄』 권26)[10)]

-③ 명종 9년(1554) 7월 병진丙辰(18일), 전교하기를, "… 가뭄이 이러하니, 전일 소격서 및 마리산 참성塹城의 초醮와 기우제祈雨祭는 형편을 보아서 하라고 전교한 것을 가까운 시일 내 시급히 거행하고, 진암辰巖에서 분신焚薪할 것도 아울러 담당관청에 이르라."(『明宗實錄』 권17)[11]

이 중 C-①은 1484년 최호원이 참성초행향사塹城醮行香使로 다녀와서 제기한 초례醮禮의 문제점에 대해 관련 관리들이 개선방안을 논의한 내용이고, C-②는 공서린이 마니산 참성초를 폐지하자고 건의한 내용이며, C-③은 왕이 마니산 기우초祈雨醮 거행을 명하는 내용이다. 그런데 이들 기록에서는 참성단에서 의례를 초醮라 했으므로, 조선시대에도 참성단에서는 초라는 의례가 계속되고 있었음을 알 수 있다.

이렇듯 참성단에서는 초제가 거행되었기 때문에, 참성단을 일컬어 마리산초단摩利山醮壇[12] 또는 참성초단塹城醮壇[13]이라고도 했던 것이다. 그런데 초醮란 선진시대 이래의 제사 이름으로 원래 관례冠禮나 혼례를 가리키는 것이었으나, 후한시대 도교가 성립된 후 도교 의례의 명칭으로 일반화되었다고 한다.[14] 그런데 고려시대에는 대궐 뜰에서 천지와 경내 산천을 두루 제사하는 것을 초라고 했다.[15] 다시 말해 고려시대의 초는 순수한 도교의례는 아니었다는 것이다. 산천에 대한 의례를 도교에서는 초醮라 하지 않기 때문이다.

그렇다면 참성단 의례를 순수한 도교의례라 할 수 있을지 문제이지만, 대궐 뜰에서의 의례가 아닌 만큼, 도교의례로 간주해도 큰 문제는 없을 것 같다.

3. 의례의 대상

참성단의 제사대상에 대해서는 옥황상제玉皇上帝라는 기록,[16] 옥황상제와 그 배위配位로서 노자老子 · 이십팔수二十八宿 · 염라閻羅라는 기록,[17] 상제上帝 4위와 외단 91위라는 기록,[18] 사상제위四上帝位와 성관星官 구십여위九十餘位라는 기록 등, 기록에 따라 약간의 출입이 있다.[19] 이러한 차이가 발생한 이유로는 여러 가지를 생각해 볼 수 있다. 즉 시대에 따른 제신祭神의 변화 때문인지, 하나를 제외한 나머지의 오류 때문인지 등이다. 그러나 현재로서는 이를 판단할 길이 없다.

그렇지만 이들이 도교의 신인 것은 틀림없다. 먼저 옥황상제는 "호천금궐무상지존자연묘유미라미진옥황상제昊天金闕無上至尊自然妙有彌羅彌眞玉皇上帝"로 태미옥청궁太微玉淸宮에 거주하면서 우주만물을 주관하는 도교의 신이다. 또 상제上帝 4위(四上帝位)란 도교에서 말하는 사어四御를 가리키는 것 같다. 사어四御는 최고신인 삼청三淸을 보좌하며, 삼청三淸과 더불어 천지만물을 지배하는 신이다. 사어에 대해서는 여러 가지 설이 있다. 그렇지만 도교 신임은 분명하다.

『中國大百科全書 宗教卷』	李叔還, 『道敎大辞典』 四極大帝
昊天金阅至尊玉皇大帝	北方北極紫微大帝 總御萬星
中天紫徽北極大帝	南方南極長生大帝 總御萬靈
勾陈上宫天皇上帝	西方太極天皇大帝 總御萬神
承天效法后土皇地抵	東方東極青华大帝 總御萬类

또 성관星官이란 별의 신들을 가리키는데, 90여 위의 성관이 구체적으로 누구인지 비정하기 어렵지만, 이 역시 도교의 중요한 제사대상임에는 틀림없다.[20] 노자老子가 도교의 신임은 말할 것도 없고, 염라閻羅도 불교에서 유래한 신이지만, 중국 도교에서 이미 신앙대상으로 삼은 바 있고,[21] 또 조선시대의 유일한 도교관청인 소격서昭格署에서도 염라대왕을 모셨다.[22] 따라서 염라가 포함된다고 해서, 참성단 의례의 대상을 도교 신으로 보는 데는 지장이 없다.

참성초塹城醮 때, 신들은 지방紙榜에 이름을 써서 모셨으며, 제사를 마치면 지방은 모두 불살라 버렸다.[23] 중앙의 도교 관청인 소격서의 경우, 상像과 위패位牌를 병용했다. 즉 태일전太一殿의 성수신星宿神들과 삼청전三淸殿의 옥황상제玉皇上帝·태상노군太上老君·보화천존普化天尊·재동제군梓潼帝君(文昌帝君) 등 상위 신들은 신상神像을 봉안奉安했으며, 사해용왕四海龍王·신장神將·명부시왕冥府十王 등은 위패를 사용하여 모셨다.[24] 그럼에도 불구하고 참성단에서 지방을 사용한 것은 이곳이 야외라는 특수한 사정 때문이 아닌가 한다.

또 참성초塹城醮 때 제사대상의 신들은 상단과 하단에 나누어 모셨다. 즉 제단 위에 천막을 치고, 상단에는 4상제위를, 하단(外壇)에는 성관星官 90여위를 모셨다고 한다.[25] 그렇다면 상단과 하단이 무엇을 가리키는지가 문제인데, 현재의 참성단 모습에서 상단과 하단을 비정하기가 쉽지 않다. 현재 제단의 아래 부분을 하단이라 할 수 있을지 모르겠지만, 상단과 하단을 오르내리는 일이 힘들다는 기록이 있다.[26] 그렇다면 상단과 하단의 거리는 상당하다고 하겠으며, 하단은 현재의 참성단 구내가 아닌 다른 곳에 있었을 가능성이 있다. 따라서 현재로서는 여기서 말하는 상단과 하단이 무엇인지는 숙제로 남겨둘 수밖에 없다.

4. 의례의 시기와 시간

참성단 의례로는 정기제와 임시제가 있었다. 임시제는 특별한 일이 발생했을 때, 이를 해결하거나 극복하기 위해 거행되었다. 외침의 격퇴나 기우祈雨, 변괴의 기양祈禳(解怪祭) 같은 것이 그것이다. 이에 비해 정기제는 연 2회, 매년 봄과 가을에 한 번씩 거행하는 것이 원칙이었다. 정기제의 목적에 대해서는 기록이 없지만, 정기제는 국가의 안녕과 국왕의 평안을 비는 것이었음은 짐작하기 어렵지 않다. 정기제는 목적이 다소 막연하거나 추상적인 경우가 보통이기 때문이다. 고려말 이색이 「마니산기행摩尼山紀行」에서 참성단 의례는 태평성대를 누리게 하기 위해서라고 한 것[27]은 이러한 사실을 뒷받침한다.

참성단 의례는 밤에 거행되었다. 앞서 언급한 「마니산기행摩尼山紀行」에 의하면 이색李穡은 강화도에 도착하여 일단 재궁齋宮에 머문다. 재궁齋宮은 참성단 의례를 주관하는 재관齋官의 재숙齋宿이나 의례에 필요한 제수祭需의 장만을 위한 건물이다. 그러므로 재궁에서 이색은 참성단 의례에 앞서 재계齋戒를 했다고 추측된다. 재계齋戒 후, 이색은 참성단으로 올라가 의례를 거행했다. 그런데 의례의 시간은 "향 연기 오르매 별은 나직해지고(香升星爲低)"[28] "만 길의 높은 제단에 밤기운 하도 맑아(萬丈玄壇夜氣淸)"[29]이란 표현으로 미루어 야간夜間이다. 또 참성단에서 내려올 때 사람들이 횃불을 들고 마중을 나왔다는 것도 이러한 사실을 뒷받침한다.[30]

참성단 의례는 조선시대에도 고려시대와 마찬가지로 야간에 거행되었음은 전순필全舜弼(1541~1581)의 『선조강화선생일기先祖江華先生日記』를 통해서도 짐작할 수 있다. 『선조강화선생일기』는 전순필이 1574(선조 7)~1577년(선조 10)까지 강화유수로 재직하면서 쓴 일기인데, 이 중에는 1575년(선조 8) 9월과 1576년(선조 9) 2월 참성단 의례에 참가한 기록이 있다.

> D-① 을해년(宣祖 8, 1575) 9월 점심을 먹고 각자 견여肩輿를 타고 산으로 올랐다. 산길이 몹시 험준하여 재실齋室에서 참성塹城에 이르기까지 10리 정도이지만, 마치 높은 하늘을 비틀거리며 오르는 것 같아 마음이 두려웠다. 제단祭壇에 도착하여 제를 올리니 밤은 이미 2경이 되었고, 다시 견여肩輿를 타고 횃불을 비추면서 내려와 재실에 다다랐는데, 곤고困苦하기가 이를 데 없었고 밤은 이미 반이 지나갔다[31]
>
> -② 병자년(宣祖 9, 1576) 2월 26일 4경에 제祭를 거행하였다.[32]

이 중 D-①에 의하면 전순필全舜弼을 비롯한 제관 일행은 재실齋室(天齋庵)에서 점심식사 후 견여肩輿를 타고 참성단에 올라 의례를 거행했는데 이때가 2경(오후 9~11시)였고, 의례를 마친 후 횃불을 들고 하산했다고 한다. 그리고 D-②에서는 4경更(오전 1~3시)에 의례를 거행했다고 한다. 이를 통해 참성단 의례는 야간에 행해졌음을 알 수 있다.

야간에 거행했다고 해서 참성단 의례가 곧 도교의례라고 할 수 없을지 모르겠다. 조선시대의 국가제사도 축시丑時(새벽 1시)부터 시작하는 경우가 많기 때문이다.[33] 그렇지만 도교의례인 초醮는 『수서隋書』 권35 「경적지經籍志 4」에 의하면 "야중어성진지하夜中於星辰之下 진설주포병이폐물陳設酒脯餠餌幣物 역사천황태일歷祀天皇太一 사오성열수祀五星列宿 위서여상상장지의주지爲書如上上章之儀奏之 명지위초名之爲醮"라고 했다. 다시 말해 도교의례로서의 초醮는 밤중에 별 아래에서 지낸다고 했다. 따라서 의례의 시간이 야간이라는 점은 참성단 의례가 도교의례임을 뒷받침하는 충분조건까지는 아니라 하더라도, 필요조건은 된다. 따라서 고려시대부터 조선시대까지 참성단 의례는 한밤중에 거행되었음을 알 수 있다.[34] 또 참성단 의례 때는 운마락雲馬樂이란 음악이 연주되기도 했다.[35]

5. 주재자와 유관 기관

참성단 의례를 고려의 원종처럼 국왕이 직접 거행한 예도 있지만, 보통은 중앙에서 파견된 관리에 의해 거행되었다. 주재자의 파견은 고려시대부터 확인되는데, 고려시대에는 정3품직인 밀직사密直司의 대언代言이 주로 파견되었다. 예컨대 충숙왕 때 경사만慶斯萬,[36]

고려 말의 이방원(후일 조선 태종)도[37] 모두 대언으로 있을 때 참성단에 파견되었다.

조선시대에도 제관은 관리 중에서 차출되었으며, 행향사行香使·헌관獻官·전사관典祀官으로 구성되었다. 행향사는 제관의 단장격으로 1430년(세종 12) 이래 2품 이상의 관리가 파견되는 것이 원칙이었다. 그런데 『선조강화선생일기』를 보면, 전순필이 강화유수 재임 기간 중에 파견된 행향사는 모두 정3품관이다. 따라서 행향사의 품계는 규정대로 지켜지지 않은 경우도 상당히 많았던 것 같다. 헌관은 부단장격으로, 『선조강화선생일기』에 의하면 주로 정4품직이며, 강화나 그 주변 주현의 지방관이 임명되는 경우가 상당수 있었다. 또 전사관은 실무자로 제단 안팎의 청소, 제기와 제물 관련 일들을 담당했는데, 『선조강화선생일기』에 의하면 주로 종6품(軍器寺 主簿)~종9품직(昭格署 參奉)까지가 담당했다.

제관들은 의례에 사용할 향과 축문을 국가로부터 수령하여 참성단으로 향했으며, 도착 날짜는 미리 강화부에 통지했다. 제관들 가운데 지방관이 포함될 경우는 따로따로 출발하여 일단 강화유수부에 집결하여 1박을 한 후, 마니산으로 향한다. 그러나 전사관은 행향사나 헌관보다 미리 강화부에 도착하여 제사 준비를 한다.

참성단에는 의례 준비와 제관의 숙식을 위한 시설로 마니산 아래 재궁齋宮(화도면 문산리 산 64-2, 天齋庵址)이 있었다. 강화부를 출발한 제관들은 일단 재궁에 도착하여 함께 1박을 한다. 재궁에 머물동안 이들은 재계齋戒에 들어가 언행을 삼가고 심신을 깨끗이 한다. 이튿날 점심식사 후 10여 리 산길을 견여肩輿를 타고 참성단에 올라가 의례를 거행했다.

참성단 의례에는 소격서에서 관여를 했다. 즉 참성단 의례를 거행하기 40일 전에 소격서 관원이 내려와 술을 빚었고, 진설陳設에도 관여했다는 것이다.[38] 소격서는 조선왕조 유일의 도교관청이다.[39] 따라서 소격서에서 간여했다는 것은 참성단 의례가 도교의례였음을 말하는 것이다.

6. 의례의 축문祝文

참성단 의례 때 신에게 올리는 축문을 특별히 청사靑詞라 했다. 청사란 당대唐代부터 시작된 도교의 축문으로 청등지淸藤紙라는 종이에 주서朱書를 했기 때문에 청사라 하며, 또 녹장綠章이라고도 한다.[40] 참성단 의례 때 청사를 올렸음은 고려시대부터 확인된다. 이러한 사실은 1362년(공민왕 11) 무렵[41] 이색李穡(1328~1396)이 참성단의 재관으로 가서 지은 시 「마니산기행摩尼山紀行」에서 "녹장 아뢰자마자 희로애락을 다 잊었네(綠章才奏澹忘情)"[42]라 한 시구를 통해 짐작할 수 있다. 그리고 실제 고려시대 참성단 의례에 사용된 청사靑詞가 전하고 있으니, 권근權近(1352~1409)이 1388년(禑王 14) 무렵에 지은 「참성초청사塹城醮靑詞」가 그것이다.[43]

조선시대로 오면 청사가 더욱 많은 편이 남아있다. 변계량卞季良

(1369~1430)의 「마리산참성초례삼헌청사摩利山塹城醮禮三獻靑詞」(『東文選』 권115: 『春亭集』 追補), 이이李珥(1536~1584)의 「마니산참성초삼헌청사摩尼山塹城醮三獻靑詞」(『文苑黼黻』 권20) 및 「참성초삼헌청사塹城醮三獻靑詞」(『續修增補江都誌』 卷上 補遺), 박승임朴承任(1517~1586)의 「마리산기우참성초삼헌청사摩利山祈雨塹城醮三獻靑詞」(『嘯皐集』 續集, 권4), 구봉령具鳳齡(1526~1586)의 「마리산참성초삼헌청사摩利山塹城醮三獻靑詞」(『栢潭集』 권7) 등이 그것이다.

참성단의 축문을 특별히 청사靑詞라 한 것은 참성단 의례가 도교의 초제醮祭이기 때문이다. 이이李珥가 선조(1567~1608)의 명령에도 불구하고 참성단 초제를 위한 청사靑詞 제작을 거부한 일이 있었는데, 이것도 참성단 청사가 도교의례를 위한 것이기 때문이었다.[44]

7. 제수祭需와 제기祭器

참성단 의례에서는 육류肉類를 사용하지 않고, 소찬素饌으로 제사했다.[45] 참성단 의례 때는 차茶 · 탕湯 · 주酒를 바쳤다는 기록이 있다.[46] 그렇지만 소찬素饌으로 제사했다는 점으로 미루어 탕湯에도 육류는 들어가지 않았다고 할 수 있다. 초醮의 특징의 하나로 의례 시時 육류를 사용하지 않는다는 것은 당대唐代 두광정杜光庭(850~933)이 『황록산단초의黃籙散壇醮儀』에서 "이위생전혈식위지제以爲牲拴血食

謂之祭 소과정진위지초蔬菓精珍謂之醮"라 한 이래, 송대에는 정론定論이 되었고, 명청대에도 변함이 없었다고 한다.[47] 이러한 전통은 조선왕조에서도 그대로 지켜졌다. 세종 2년(1420) 종묘대향宗廟大享의 날짜가 삼계대초三界大醮와 겹침에 따라 짐승을 잡아야 할 것인지 말 것인지를 두고 논란이 있었다는 것도 이러한 사실을 반영한다.[48] 종묘 제사 때는 희생을 바쳐야 하지만, 삼계대초 때는 짐승을 잡아서는 안 되기 때문에 문제가 발생한 것이다. 따라서 참성단 의례에서 소찬素饌만을 바친 것은 도교 전통에서 기인하는 것이라 할 수 있겠다.[49]

또 참성단 의례 때는 제기祭器의 기본이라 할 수 있는 보簠와 궤簋를 사용하지 않았는데, 이는 도교의례이기 때문이라고 한다.[50]

8. 의례의 성격

이상에서 언급한 바를 토대로 참성단 의례의 성격을 규정한다면 다음과 같다.

첫째, 고려시대부터 조선시대까지 도교의례였다. 이러한 사실을 다시 한 번 확인하게 해주는 조선시대 사람들의 참성단에 대한 인식이다.

> E-① 우리나라에는 소격서와 마니산磨尼山 참성초塹城醮 같은 것이 있는데, 모두 도가道家의 일이다.(徐巨正, 『筆苑雜記』 권2)[51]

-② 명종 14년(1559) 7월 계유일(4일), 예조에서 아뢰기를 "… 마리산摩利山은 그 제사의식이 다른 명산의 제사와 달라 전적으로 도가道家에게 맡겨 이를 관장하게 합니다"라 했다.(『明宗實錄』 권25)[52]

-③ 명종 14년 7월 갑술(5일) 승정원에서 아뢰기를, "다만 그(=摩利山祈雨祭) 제사의식은 다른 명산의 제사와 달라 전적으로 도가道家에게 이를 관장하게 합니다"라 했다.(『明宗實錄』 권25)[53]

-④ "마니산 푸른 봄 구름 끝에 솟았으니, 삼청전三淸殿 옛 석단石壇이 있는 줄 알겠네. 한가하게 살다보니 세상일 적어, 황정경黃庭經 읽고 성관星官에게 예배하노라."(徐居正, 「西拱江都」)[54]

이 중 E-①에서 ③까지는 참성단 의례가 유교의례와 다른, 도교의례라 했다. 그리고 E-④의 서거정의 시에서도 참성단을 삼청전 옛 석단이라 『황정경』을 읽고 성관星官에 예배한다고 했는데, 삼청은 도교 용어이고, 『황정경』은 도교경전이다. 따라서 이러한 기록들은 조선시대 지식인들이 참성단 의례를 도교의례의 일종으로 보았음을 보여주는 것이라 하겠다.

그러나 중국의 도교의례와 다른 점도 있다.

① 고려시대 초의 개념; 『고려사』에서는 "국가의 고사에 왕왕 천지와 경내 산천을 궐정闕庭에서 두루 제사하는 것을 일컬어 초醮"라 했다.[55] 그러나 이러한 정의가 참성단 초醮에는 적용되지 않는다. 참성단은 궐정闕庭에 있는 것이 아니기 때문이다.

② 고려시대 초의 명칭; 초醮는 고려 475년 동안 222회 확인되며, 종류는 20종에 달한다. 그중 가장 많은 것이 삼계초三界醮 45회, 태일초太一醮 8회이고, 그밖에 삼청초三淸醮 · 북두초北斗醮 등이 있다.[56]

도교의 재초齋醮는 남북조 시기의 육수정陸修靜(406~477)을 거쳐 당말 오대의 두광정杜光庭(850~933)에 의해 대성되며, 이 과정에서 많은 재초과의서齋醮科儀書가 나온다. 그리고 당송 시대에 국제國祭로서의 재초가 기록에 많이 있지만(黃籙齋 · 金籙齋 등이 전한다), 이들의 자료에서 삼계초 · 태일초 등의 명칭을 확인하지 못했다.

③ 제단의 형태; 도교의 재초단齋醮壇은 각각 천 · 지 · 인을 상징하는 3단 구조가 가장 보편적이며,[57] 참성단처럼 2층은 없다.

④ 제관이 도사가 아니라 국가의 관리였다.

둘째, 제천의례였다. 이러한 사실은 앞서 언급한 바와 같이 모셔지는 신들이 도교의 천신들이기 때문이다. 또 신들을 제단에서 모셨다는 점도 이를 뒷받침한다. 의례 시설로는 단壇과 사祠 · 묘廟가 있는데, 단은 옥외 시설이며, 사祠 · 묘廟는 건물이다. 이러한 차이는 모시는 신격이 다르기 때문이다. 즉 단은 자연신으로 천지의 기운과 통할 수 있게 하기 위해 건물 안에서 모시지 않는 것이 원칙이다. 이에 비해 사祠 · 묘廟는 한때 인간이었던 신을 모시기 때문에 비 · 바람을 피할 수 있는 건물이 필요한 것이다. 참성단이 제단이란 것도 모셔지는 신이 바로 자연신의 일종인 천신이기 때문인 것이다.

셋째, 국가의례였다는 점이다. 참성단 의례의 제관들은 고려시대와 조선시대를 막론하고 국가의 관리가 차출되었고, 참성단 문제가 조정에서 의논되었으며,[58] 참성단의 재궁 공사에 국가의 수군이 동원된 것은[59] 이러한 사실을 반영한다.

9. 의례의 변천

참성단 의례가 도교의례인 동시에 제천의례이며 국가제사였음은 앞에서 언급한 바이다. 그럼에도 불구하고 조선왕조에서는 참성단 의례를 폐지해야 한다는 주장이 일찍부터 제기되고 있었다. 기록상으로는 1432년(세종 14) 예조판서 신상申商(1372~1435)이 마니산 초제의 폐지를 주장한 것이 처음인데, 그 이유는 마리산摩利山 초단醮壇이 매우 비루하여 제사할만한 곳이 못 된다는 것이다.[60] 그러나 이러한 주장은 공론화되지 못했던 것 같고, 그래서 참성단 초제는 계속되었을 뿐만 아니라 폐지론도 한동안 다시 등장하지 않았다.

그러다가 중종中宗 때(1506~1544) 조광조趙光祖(1482~1519)를 비롯한 신진사류들이 등장하면서 폐지 논의가 공론화되고 본격화된다.

K ① 중종 6년(1511) 6월 계미(5일), 조강朝講에 납시었다. … 특진관 유숭조柳崇祖가 아뢰기를, "임금의 학문은 마땅히 사邪와 정正을 가려야 합니다. … 신이 명을 받들어 마니산에서 비를 빌 때 제단祭壇을 보니 '옥황상제'라 하였고, 또 운마락雲馬樂을 벌였는데 그 허황됨과 무리함이 심했습니다. 이는 하늘을 속이는 일이니, 성현의 학을 배워 진실로 그 사특함을 알고도 혁파하지 않는다면, 이는 학문의 공이 무익한 것입니다."(『中宗實錄』 권14)[61]

-② 중종 11년(1516) 2월 정축(26일) 조강朝講에 납시었다. … 영사領事 김응기金應箕가 말하기를, "국가에 크게 관계되는 일은 없는 것 같

으나 소격서와 마니산의 제사 같은 것은 다 하늘에 제사지내는 것이니, 이는 심한 참례僭禮입니다"고 했다.(『中宗實錄』 권24)[62]

-③ 중종 11년(1516) 10월 기사(21일) 조강에 납시었다. 장령 (孔)서린瑞麟이 아뢰기를, "또한 소격서와 마니산 참성의 초제는 부득이해서 하는 것인지, 신은 알 수 없으니 이런 제사들은 마땅히 혁파해야 하지 않겠습니까?"라 했고, (領事 申)용개用漑는 "… 비록 조종조祖宗朝에서 하신 일이긴 하지만 마니산 초제 같은 것은 도리에 어긋남이 막심하니 마땅히 통쾌하게 결단하여 끊으소서"라 했다. 임금께서 이르기를, "사전祀典은 조종 때에 이미 참작하여, 더러는 그대로 두고 더러는 없앴으니, 지금 경솔하게 의논할 수 없다"고 했다. (『中宗實錄』 권26)[63]

-④ 중종 11년 12월 경신(14일) 주강晝講에 납시었다. … 영사領事 김응기金應箕가 아뢰기를, "… 신이 세 번 마니산摩尼山 향사香使가 되었었는데 제사할 때 보니, 옥황상제玉皇上帝를 제사하면서 노자老子를 배향하고 28수宿를 위판에 써놓았으며, 또 염라대왕에게도 제사하였으니, 어찌 성신星神이 내려와 흠향할 리가 있겠습니까? 소격서도 이와 같으니 허탄한 일은 모두 시급히 혁파해야 합니다" 했다.(『中宗實錄』 권26)[64]

이상은 경연 석상에서 소격서와 참성단 초제의 폐지를 논의한 기록을 모은 것이다. 이에 의하면, 신하들은 소격서와 참성단 초제의 폐지를 집요하게 주장하였는데, 그 이유는 두 가지이다. 하나는 참성단 초제를 일종의 제천으로 간주했기 때문이다. 유교적 명분론에 의하면 천은 천자만이 제사할 수 있는데, 천자국이 아닌 조선왕조에서 참성단 의례를 거행하는 것은 참월僭越이란 것이다.(K-①②③).[65] 그리고 다른 하나는 허탄하고 비도非道이기 때문이란 것인데

(K-④), 결국 도교의례이기 때문이란 것이다.

참성단과 함께 거론되는 것이 같은 도교 계통인 소격서인데, 도교기관인 소격서는 사림들의 집요한 공격으로 말미암아 1518년(중종 13) 혁파되었다가[66] 1522년(중종 17) 다시 설치된다. 소격서가 폐지된 동안 참성단 의례가 중단되었는지는 알 수 없다. 그렇지만 참성단 의례에 대한 기록이 명종·선조 시기에도 계속 보이는 점으로 미루어, 설사 소격서 폐지 동안 중단되었는지 알 수 없지만, 선조 때까지 계속되었던 것은 확실하다.

이후 임진왜란을 전후하여 참성초는 중단되게 된다. 그러나 1638년(인조 16) 예조禮曹와 강화유수江華留守 김신국金藎國(1572~1657)의 건의에 따라 참성단 제사는 다시 부활한다. 그러나 이후 참성단 의례는 도교식이 아니라 유교식으로 바뀐다. 이러한 사실을 반영하는 것이 참성단 제문이 유교식이란 사실이다. 즉 청사가 아닌 유교식의 제문이란 것이다.[67]

L-① 李頤命(1658~1722)[68], 『疎齋集』 권18, 「祭文, 摩尼山祈雨祭文」; 山川之能潤百里者　天子諸侯皆秩祀之　玆山雖在海中窮處　**國家每以春秋具牲幣以祭**　其册祝曰國王謹遣臣某官　其禮至嚴如此　豈不以玆山雄盤江海之交　作藩衛於京國　而又能興雲洩雨利及一方耶　今玆旱暵　又作於比歲大侵之餘　間以昏霧凄風　麥牟先受其害　稻秧出地而枯農功垂廢　大命近止　山川之神　亦將無所降依矣　某忝重寄無治行　無以媚于神祇　神之降灾宜在其躬　百姓何辜而罹此荼毒乎　殆非神之所以顧答殊禮　膏澤生民之道也　宜賜恩閔　霈以時雨　上紓吾君宵旰之憂　下拯吾民水火之急(『한국문집총간』 172)

-② 洪啓迪(1680~1722),[69] 『守虛齋遺稿』 권6, 「祭文, 摩尼山祈雨祭文」; 屹屹維嶽一城之鎭　素著靈異寔有**祀典**　凡厥雨澤靈資出雲　博哉其利民賴以天　云胡今日久畜

玄功 天中已過旱炎彌烘 隴畝溝澮一望滌滌 將水已黃欲苗旋縮 種不入土十又六七 失今不農更俟何時 今猶可及後其曷追 活此蒼生亦維今日 劉我殘氓亦維今日 今日不雨民又何望 民如靡遺靈亦曷享 不過膚寸可救萬命 熒熒雲石胡閟不澤 哀彼魚喁如澤斯渴 民實何辜罪在不牧 肆將瓣香罄盡衷曲 言若不誠實甘神殛 如其可哀庶幾歆格 亟霈甘澍沃此焦灼
(『한국역대문집총서』 3209)

-③ 金熤(1723~1790),[70] 『竹下集』 권20, 「祭文, 祈雨祭文(壬寅=1782 在沁都時)」; 倬矣摩尼 群望之宗 與天交氣 中海獨崇 靈氣之華 明神所廬 鎭我一境 眷彼衆黎 陰晴豐歉 莫非爾極 唉今之旱 一何其酷 三朔不雨 我稼卒痒 間以霡霂 遽又元陽 乍雱旋曝 爲灾愈棘 民獨何辜 罪在不職 **靈壇**肅肅 神聽若近 仰體宸憂 俯恤民隱 惠以一霈 是神之責 控急之籲 庶其垂格.(『한국문집총간』 240)

④ 朴永元(1791~1854),[71] 『梧墅集』 권13, 「巾衍錄, 江華摩尼山祈雨祭祝文」; 天久不雨 歲將無秋 哀此下民 阽于盡劉 徧祀羣神 嘉應漠悠 于何控因 蚤夜咿嚘 沁人相語 盍往尼嶽 尼嶽最尊 靈符靡忒 旱無不禱 禱無不格 匪我敢緩 惟神戒黷 尊故莫先 靈故有恃 豈無陰隲 宜爾靜俟 農辰澌逌 驕陽如燬 乍雱曷沃 洪爐焦錡 百穀毛燎 萬姓塗炭 其雨何時 天高雲慢 溝壑衽席 毫芒是判 粤瞻靈壇 雙手齊攢 毓秀鍾淑 爲鎭爲宗 襟帶層溟 兒孫羣峰 燁燁斧電 蜿蜿髻龍 翕颷擊盪 霧吐雲從 藏此神機 胡靳靈貺 **檀聖肇跡** 功化莫狀 神宅其宅 曷不宣暢 王家祀冊 以歲秩望 神享其享 曷不酬報 司牧有咎 是宜譴告 斯民無辜 是宜覆冒 民之殄矣 神孰依靠 民之粒矣 神亦孔安 瓣香特牲 罄我心肝 位尊靈昭 禱遲應遄 萬斛河決 四野雷歡.(『한국문집총간』 302)

사료 L은 모두 참성단 의례 때의 제문을 모은 것이다. ①과 ②에서 국가사전國家祀典이 언급되고 있는데, 참성단 의례가 바로 국가사전에 포함된 것이기 때문이다. 그리고 ③에서 '영단靈壇'이라 한 것이나, ④에서 '단성조적檀聖肇跡'이라 한 것은 의례의 장소가 참성단임을 단적으로 보여주기 때문이다.[72]

이들 제문의 공통점은 모두 강화유수가 지었다는 것이다. 다시 말해 강화유수가 헌관獻官으로 참성단 의례를 주관하면서 지은 제문이란 것이다. 그런데 이 중에서는 시기가 가장 올라가는 것은 이이명李頤命의 「마니산기우제문摩尼山祈雨祭文」(L-①)인데, 이이명이 강화유수로 재직한 시기는 1696년(숙종 22) 11월에서 1698년 10월 사이인 점으로 미루어, 이 시기에 지어진 것이라 할 수 있다. 그렇다면 참성단 의례는 17세기 말 이전의 어느 시기부터 도교식에서 유교식으로 바뀌었고, 이러한 전통이 이후에도 이어진 것으로 볼 수 있다.

유교식으로 명맥을 유지하던 참성단 의례는 조선조 말에는 그것마저 소멸되고 만다. 그 정확한 시기는 알 수 없지만, 1908년 무렵을 전후가 아닌가 한다. 이 시기 일제의 침략으로 국가의 존립 자체가 위협을 당하면서, 국가의 권위를 상징하는 국가제사도 대폭 축소되거나 폐지되었기 때문이다.

그렇지만 해방이 되면서 참성단 의례는 다시 한 번 부활하며, 그것이 오늘날까지 이어지고 있다. 현대의 참성단 의례는 단군의 탄생일인 동시에 건국일로 여겨지는 10월 3일에 개천절開天節 기념행사의 일환으로 치러지고 있다. 이것을 현재는 개천대제開天大祭라 하는데, 개천대제를 주관하는 것은 강화군이며, 의례는 유교식이면서 전국체육대회를 밝히는 성화聖火 채화가 주요한 부분을 이루고 있다.[73] 즉 현대의 참성단 의례는 참성단 의례는 전통시대의 그것과 사뭇 다르다.

10. 맺음말

지금까지 전통시대 강화도 참성단에서 거행되었던 의례와 그 변천 과정을 살펴보았다. 이상에서 언급한 바를 요약함으로서 결론에 대신하고자 한다.

참성단은 단군이 하늘에 제사하던 제단이라 전한다. 그리고 그 목적은 보본報本, 즉 출신의 근원인 하늘에 보답하기 위한 것으로 풀이되고 있다. 제사의 목적이 보본이라 함은 유교적 해석이다. 그러나 과연 단군 때 참성단이 있어 유교적 의례가 행해졌는지? 또 그 목적이 보본인지는 자료의 부족으로 단언하기 어렵다. 따라서 이 문제는 앞으로 더 많은 검토를 요한다.

참성단 의례에 대한 구체적 기록이 등장하는 것은 13세기 고려시대부터이며, 이 시기 참성단 의례는 국가의례인 동시에 도교의례였다. 그리고 국가 차원의 도교의례로서의 참성단 의례는 조선시대에도 계속된다. 이러한 사실은 참성단 의례의 대상이 도교 신격인 점, 의례의 명칭이 도교의례를 가리키는 초醮인 점, 제문을 도교식 청사青詞나 녹장綠章이라고 한 점, 의례에 도교관청인 소격서昭格署가 관계한 점 등으로 미루어 확인할 수 있다.

하지만 그것이 순수한 도교의례였는지는 의문의 여지가 있다. 제관이 도교의 성직자인 도사道士가 아니라 유교관료인 점, 고려에서 초醮는 천지의 여러 신을 궁정에 모아서 지내는 의례라는 의미로 사용된 점 등 때문이다. 따라서 참성단 의례는 도교의례이지만, 유교와의 만남을 통해 변질된 것이라 할 수 있다.

조선왕조는 유교국가로서, 음사淫祀들을 배척했다. 따라서 도교의례인 참성단 의례를 국가에서 거행한다는 점에 대해서는 국초부터 논란이 그치지 않았고, 마침내 조선후기에는 참성단 의례가 일시 중지된다. 그러나 참성단 의례는 종교적 필요성에서 다시 부활하는데, 이때는 유교식 의례로 바뀐다. 이러한 사실은 참성단 의례에 사용된 축문을 청사라 하지 않고 제문이라 한 점을 통해 짐작할 수 있다.

참성단 의례는 현재에도 여러 형태로 계속되고 있다. 그 중에서도 대표적인 것이 매년 10월 3일에 거행하는 개천대제이다. 그러나 이 개천대제가 전통의 날조가 아닌 전통의 재현이 되기 위해서는 이상에서 언급한 바와 같은 참성단 의례의 역사적 변천과정이 충분히 고려되어야 할 것으로 생각한다.

단군 인식의 확장과 단군자손의식

김성환

1. 머리말

민족은 타자와 구별하여 '우리'라는 자기정체성을 역사와 문화를 중심으로 설정하는 개념이다. 민족은 국가와 함께 특정 공동체의 성격과 범위를 규정하는 거대 담론임이 분명하다. 19세기 말 이후 근대 민족주의로 우리의 정체성을 설명하기 위해 여러 분야에서 많은 노력이 있었다. 역사학에서는 근대 민족의 개념을 전통사회에 확대·적용하는 것에 대한 부작용을 심각하게 지적하면서 그에 상응하는 개념으로 최근에 '민족체',[1] 또는 '동류의식'·'우리의식'[2] 등을 제안하였다.

탈민족주의와 탈국가주의가 거론되고 있는 21세기의 상황에서도 정체성의 확인은 부단히 이루어지고, 한편에서는 강화되고 있는 경향이다. 타자와 구별되는 자기정체성의 계속된 발견, 이의 공유와 확인을 통해 공동체의 결속력을 다지기 위한 필요에서이다. 우리사회에서 단군은 그 중심에 자리하고 있다. 우리 역사에서 최초 국가의 시조라는 위치 자체에서 태생적이다.

이 글에서는 근대 이전의 단군과 관련한 이해와 인식의 확대라는 결과를 통해 19세기 말 20세기 초 근대민족주의와의 결합으로 이루어진 소위 '단군민족주의'의[3] 연원 문제를 검토하고자 한다. 우리 역사에서 '근대'로 설정되는 19세기 말 20세기 초의 국가와 민족은 그 이전 사회의 지적 수준과 경험들을 반영하고 있기 때문이다.[4] 이것은 시대적인 차이가 있겠지만, 조선시대 이전 역시 마찬가지였을 것이다.

먼저 조선시대의 자기정체성 확인을 위한 작업을 단군에 대한 다양한 명칭과 그 의미를 통해 이해의 확장이라는 측면에서 확인하고자 한다. 특히 단군의 '단檀'과 관련한 용례의 확장을 동류의식 내지 민족체로의 인식 결과로 해석하고자 한다. 이와 함께 단군의 강역에 대한 구체적인 접근과 단군에 대한 '백성의 비조'·'민주民主'·'백성의 선조' 등의 이해, 일부 성씨설화에서 단군의 등장 등 역시 그 인식을 뒷받침하고 있었음을 논증하고자 한다. 단군민족주의의 연원과 관련한 문제이다. 또 이 같은 경험들은 19세기 말 20세기 초 근대민족주의가 수용되면서 만주와 한반도를 아울러 혈연을 중심으로 하는 단군자손의식을 형성하게 하였음을 제반 자료들을 통해 검증하고자 한다. 마지막으로 단군민족주의를 둘러싼 제반 사회적 문제들과 갈등, 이에 대한 대처 방안 등에 대해 단견을 정리하고자 한다.

2. '단군' 명칭에 대한 확장된 이해

단군은 13세기 후반 이미 우리나라 역사의 출발로 인식되었다. 또 단군 원년부터 고려가 후삼국을 통일한 때까지의 역년 의식(3,288년)과[5] 14세기 중엽인 1360년대까지의 그것(3,600년)은[6] 고려 후기 또는 말에 국조 단군으로서의 인식이 보다 구체성을 지니고 진전되고 있었음을 보여준다. 실제 이색(1328~1396)은 단군을 특정하지 않았지만, 동한東韓의 시조 또는 수통垂統의 존재로, 동방에 처음 나라를 세운 존재로 조선씨朝鮮氏를,[7] 평양이라는 지역에 한정된 것이지만 단군의 영상英爽함은 군웅의 으뜸이었다고[8] 이해하고 있었다. 단군은 동국의 개국조開國祖였고,[9] 그 개국부터 고려까지 수천 백년의 역년이 지났음은 고려 후기이후 공통적인 인식이었다. 공민왕 23년(1374) 예문관제학에 임명되었으나 조선 건국 후에는 야인으로 생을 마감한 나계종羅繼從(1339~1415)에게서도 단군 이래 역년인식의 단편을 확인할 수 있다.[10] 신왕조 조선의 건국 역시 단군 때부터 수천년 전해져온 진단지설震檀之說(十八子之說, 建木得子)의 예언에 따른 것이라는[11] 정치신화로의 적극적 이용도 있었다.

단군은 제요帝堯와 견주어 동국이 중국과 다른 별건곤別乾坤이자 우리 역사에서 자존의식의 상징이었다. 양성지(1415~1482)에게서 확인되는 단군에서 출발하는 왕조의 대수와[12] 서거정(1420~1488)에게서 확인되듯이 단군역년을 중국과 비교하여[13] 대등하다는 인식이 강조되었다. 아방我邦은 천작天作의 땅이었고, 단군은 천년의 기틀을 조건肇建한 존재였다.[14] 따라서 단군 때의 순박한 민속[15] 역시 중국과 다른 동국의 독자적 문화를 지칭하는 것이었다. 서거정의 『역대연표』 저술 목적 또한 이와 무관하지 않다.[16]

이 같은 인식은 기자에 대한 '은태사'·'기성箕聖'·'기씨箕氏' 등과 비교하여 단군을 중국의 요임금과 대등하거나 이에 준하는 역사적 존재로 설정하려는 움직임으로 연결된다. 물론 그것은 통일된 개념으로 정리되는 단계까지 나가지 못하고, 우리의 역사인식에서 일정한 흐름과 연결되지 못하는 한계도 가지고 있다. 그럼에도 단군을 신성시하거나 중국의 요임금과 비교되는 존재로 인식을 확장한 것은 분명 주목해야 할 점이다.

조선시대에 단군 자체에 대한 보편적인 인식은 '신인神人'이었다. 그 출발은 태조 5년(1396) 권근(1352~1409)이 명나라 고황제에게 제진한 응제시중 하나인 「시고개벽동이주始古開闢東夷主」이다.[17] 단군 전승의 유형에서는 「응제시」 유형이다.[18] 이 같은 인식의 중심에는 성여신成汝信(1546~1632)이 언급한 하늘에서 보낸 신인神人, 즉 하늘(天神)과[19] 인간을 연결하는 존재로서 개국시조 단군의 이미지가 투영되어 있다.

이후 단군에 대한 인식은 소중화를 이야기하면서 중국 요임금과 병립하여 단군의 역사가 전해졌다고 하는 변안렬(1334~1390)의 시에서 볼 수 있듯이[20] 우리 역사인식체계의 정립과 기자로 대표되는 중화문명과의 관계 속에서 강화되기도 하고, 소강상태를 유지하기도 하였다. 15세기 후반부터 19세기 중반에 걸쳐 확인되는 단군에 대한 다양한 명칭들에서 그 움직임의 일단을 읽을 수 있다. '단왕檀王'·'성인聖人'·'태상단군太上檀君'[이상 15세기 후반], '단제檀帝'·'단주檀主'·'단하진인檀下眞人'[이상 16세기 후반], '선성仙聖'·'황왕皇王'·'태백신인太白神人'·'단씨檀氏'·'선인仙人'·'신군神君'·'단후檀后'[이상 17세기 후반], '진제震帝'·'성신聖神'·'단군씨檀君氏'[이상 18세기 후반], '단성檀聖'·'단황檀皇'[이상 19세기 중반] 등이 그 예이다.

표1. 단군에 대한 여러 명칭

단군의 명칭	시 기	전 거
檀王	15세기 후반	『四佳集』 시집보유2, 시류[皇華集], 「黃州近體詩十律承雅教奉酬」
		『星湖文集』 권7, 악부, 「大洞江」
		『四名子詩集』 시, 「送文叔關西之行」[2수]
		『秋齋集』 권3, 시, 「入香山」; 「送人遊香嶽三首」
聖人		『濡谿集』 권4, 칠언고풍, 「題金仲習所摹本國輿地圖」
		『无悶堂文集』 권2, 시, 「次韻歷代詩」
太上檀君		『三灘集』 권5, 시, 「送平壤李觀察使」
檀帝	16세기 전반	『篠叢遺稿』 권하, 시, 「題金剛山」[金剛山一支蔓延於百許里 雪嶽山略如金剛故曰小金剛 此則題於小金剛]
		『月渚堂大師集』 권상, 칠언율, 「次權瑎西伯瑎遊妙香山」[附原韻]
		『雪巖雜著』 권3, 시문3, 「妙香山」
		『愚谷集』, 시, 「箕子廟」
		『雲石遺稿』 권2, 시,
檀主	16세기 중반	『武陵雜稿』 원집권3, 시, 「送宋汝溫相公出尹平壤」
檀下眞人	16세기 후반	『林塘遺稿』 권상, 응제록, 「西京圖」
仙聖	17세기 초반	『石洲集』 권8, 잡체, 「述懷聯句」
皇王		『清虛集』 권1, 시, 「登檀君臺」[史與堯並立云]

太白神人	17세기 전반	『家州集』 권4, 칠언고시, 「平壤歌送李點馬之關西」
檀氏	17세기 후반	『東州集』 시집권2, 鐵城錄2, 「寧邊二十首」
仙人		『孤山集』 권2, 시, 「聞李晉叔[時善]將遊太白送天燈李居士邀我詩賦之」
神君		『東州集』 시집권7, 鐵城錄7, 「述懷一百韻」
		『愚谷集』, 시, 「箕子廟」
		『四名子詩集』, 시, 「二十五日到箕城」
		『歸鹿集』 권2, 시, 「自峰頭陀庵回輿香爐 峻不可攀也」
檀后		『息庵遺稿』 권19, 致祭文, 「箕子廟遣近臣致祭文」
震帝	18세기 소반	『雪巖雜著』 권1, 시문1, 「春帖」; 권3, 시문3, 「祖院庵上梁文」
聖神	18세기 중반	『圃巖集』 권1, 시, 「檀君臺」
檀君氏	18세기 후반	『修山集』 권11, 동사[열전], 「濊貊沃沮沸流樂浪列傳」
檀聖	19세기 중반	『守窩集』 권3, 記, 「遊太白山」[丙辰]
		『梧墅集』(朴永元, 1791~1854) 책4, 시, 「箕子古蹟」
檀皇		『華棲集』(金學淳, 1767~1845) 권2, 시, 「次香山上月菴韻」

단군의 명칭에 대한 다양한 용례에서 조선시대 고조선 인식론은 점차 확장되고 있음을 읽을 수 있다. 다만 이 명칭의 대부분이 사서에서 확인되는 것이 아니고, 시어로 사용된 것이라는 점과 작자가 시를 지을 때의 개인적인 취향과 감흥을 상당 부분 반영하고 있는 것이어서 일정한 한계를 가지고 있다. 하지만 시의 대상에 대한 함축적 표현을 생명으로 하는 시어 자체가 지니는 의미를 고려해야 한다. 상징으로서 의미를 지닐 수 있다. 또 명칭만으로 볼 때, 다양한 입장들이 섞여 있음을 볼 수 있다. '태상단군'·'진인'·'선성'·'선인' 등에서는 한국 고유의 선가 또는 도가적인 풍취를 엿볼 수 있고,

'성인'·'선성'·'성신'·'단성' 등에서는 유교적인 측면에서 기자와 견주려는 의도를 읽을 수 있다. '태백신인'·'신군' 등은 조선시대 보편적인 인식인 '신인'과[21] 관련된 것으로 보인다.

그 가운데 주목되는 것은 '단檀'자를 관칭하는 용례이다. '단왕檀王'·'단제檀帝'·'단주檀主'·'단씨檀氏'·'신단神檀'·'단후檀后'·'단군씨檀君氏'·'단성檀聖'·'단황檀皇' 등을 그 범주에서 파악할 수 있다. 이들은 중화문명의 동래로 소중화를 열었다는 기자를 의식한 것으로, 단군조선의 군주로서 단군에 대한 구체적인 역사적 개념의 표현이다. 서거정은 성종 7년(1476) 조선에 온 명나라의 사신 기순祁順 등을 맞아 수창한 시에서 기자와 대별되게 단군의 호칭을 '단왕檀王'이라 하였다.[22] 그가 중국에 사대하지 않았던 단군조선의 군왕임을 밝힌 것이다. 이 같은 인식은 17~19세기 이익(1681~1763)과[23] 차좌일車佐一(1753~1809)·[24]조수삼趙秀三(1762~1849)[25] 등에게서도 확인된다. 그들이 인식했던 단왕은 동방수출지군東方首出之君으로서 단군조선의 군왕이었고, 그 도읍과 유적은 '단왕도檀王都', '단왕고택檀王故宅'으로 이해되었다. 15세기 후반 단군은 또 유호인(1445~1494)·이승소(1422~1484) 등에게 아사달(阿達山)의 성인聖人,[26] 천제天帝와 유사한 태상단군太上檀君으로도[27] 이해되고 있었다.

16세기 전반 '단왕檀王'으로의 인식은 '단제檀帝'로 확장된다. 그 의미는 '단군조선의 황제'이기보다 '천제의 후손이자 단군조선의 군왕' 정도로 보인다. 단군조선이 중국과 별개의 하늘과 문명을 가진 국가였음을 강조하기 위한 개념이다. 그 움직임은 15세기 후반 김시습(1435~1493)에게서[28] 확인되며, 선가적인 성향을 보였던 홍유손

(1431~1529)은 '기왕箕王'으로 호칭한 기자와 비교하여 단군은 '단제'로 호칭하여[29] 그 격을 한 단계 높였다. 이것은 역사인식의 측면에서 체계성을 가지지 못하지만, 조정립曺挺立(1583~1660)에게서 확인되듯이 천제의 자손(帝子)이자 단군조선의 군왕 단군을[30] 중국의 황제와 동등한 위치로 격상시키려는 의도와도 관련이 있다. 18세기의 승려인 도안道安(1638~1715)·[31] 추붕秋鵬(1651~1706)과[32] 강백姜栢(1690~1777),[33] 19세기의 조인영趙寅永(1782~1850)[34] 등에게서도 그 용례가 확인된다. 송익필宋翼弼(1534~1599)에게서 단군의 치세는 '제덕帝德',[35] 유정惟政(1544~1610)과 조경趙璥(1727~1787) 등에게서 단군의 도읍이나 전승지는 '제향帝鄕'으로[36] 이해되었다. 주세붕周世鵬(1495~1554)은 단군을 '단주檀主',[37] 정유길鄭惟吉(1515~1588)은 '단하진인檀下眞人'으로[38] 명칭하고 있다. 전자는 단군조선의 군왕, 후자에는 선가적인 취향이 반영된 것으로 보인다.

17세기 시어에서 단군의 호칭은 다양하게 나타난다. 천자나 군주를 지칭하는 휴정休靜(1520~1604)의 '황왕皇王',[39] 이상질李尙質(1597~1635)의 '태백신인太白神人',[40] 이민구李敏求(1589~1670)의 '단씨檀氏',[41] 이유장李惟樟(1625~1701)의 '선인仙人'[42] 등이 확인된다. 또 역사적 개념을 담아내고 있지는 못하지만, 권필權韠(1569~1612)의 '선성仙聖'도[43] 있다. 이 용례들은 이 시기에 한편에서 유행한 선가·도가적인 경향과도 관련된 것으로 보인다.[44] 그럼에도 불구하고 17세기 단군에 대한 인식의 용례는 단연 '신군神君'이 두드러진다. 앞서 살펴본 이민구·강백·차좌일의 시에서 그 용례가 확인되며,[45] 조현명趙顯命(1691~1752)의 사례[46] 역시 마찬가지이다. '신군'은 "천제의 자손이자 단군조선의 군주"라는 의미로, 조선시대의 보편적인 인식이었던 '신인'의[47] 진전된 이해로 파악된다. 또 김석주金錫胄(1634~1684)에게서 역시 "단군조선의 군주"라는 의미의 '단후檀后'도[48] 확인된다.

18세기의 용례로는 '진제震帝'·'성신聖神'·'단군씨檀君氏' 등이 확인된다. 여기에서 윤봉조尹鳳朝(1680~1761)와 윤봉구尹鳳九(1683~1767) 등에게서 보이는 '성신'·'신성神聖'은[49] 특정 용례로 파악하기 어렵지만, 단군에 대한 극존칭으로 사용되고 있다.[50] 또 이종휘(1731~1797)의 '단군씨'[51] 역시 단군에 대한 존칭으로 이민구의 '단씨'와 상통할 수 있다. 한편 환웅桓熊과 백호白虎의 결합으로 단군이 출생하였다는 전승을 소개한 『묘향산지』의 저자로 알려진 추붕(1651~1706)은 단군을 '단제'가 아닌 "동방의 황제"라는 의미의 '진제震帝'를[52] 사용하고 있다. 이것은 '진단震檀'을 염두에 둔 이해로 파악된다.

19세기 중엽에 단군은 '단성檀聖'·'단황檀皇'으로 이해되는 사례가 확인된다. 전자는 백경해白慶楷(1765~1842)와[53] 박영원朴永元(1791~1854)에게서[54] 확인되는데, 기자의 호칭 중 하나인 '기성箕聖'에 대응하는 용례이다. 또 김조순金祖淳(1767~1845)에게서 확인되는 후자는[55] "단군조선의 황제" 또는 '단군황제'의 의미로 사용된 것으로 보인다. 이들은 19세기 말 20세기 초에 대두된 민족주의와 단군이 결합하여 이루어진 이른바 단군민족주의의 출원과 관련해서 주목할 수 있는 용례이다.

3. 단군의 강역과 시조 인식의 확대

단군에서 출발한 아방의 역사는 중국과 비견되는 유원한 것이었다. 중국의 삼대 이래 명나라까지의 역사가 단군 이래 조선까지의 그것과 비교되고 있는 것은, 한편으로 사대와 관련한 것이기도 하지만, 이를 의미한다. 일찍이 서거정은 중국의 당요 41년 갑자부터 명나라 성화 14년 무술(1478)까지, 동국의 단군 무진부터 성종 9년(1478)까지 같은 3,800여 년의 역년을 지니고 있음을 자랑스러워하였다.[56] 또 이식李植(1584~1647) 역시 「심광세沈光世(1577~1624)묘표墓表」를 지으면서 중국과 동국의 역사를 비교하였고,[57] 정원용鄭元容(1783~1873)은 중국의 당요 원년 갑진부터 명나라 홍무 원년 무신까지, 동국의 단군 원년 무진부터 조선 태조 원년 임신까지가 공히 3,725년으로 같음을 강조하고 있다.[58] 이것은 박문일朴文一(1822~1894)의 사례에서 볼 수 있는 것처럼[59] 조선 말기까지 지속되었다.

이와 함께 유교 보편주의를 바탕으로 문명교화의 군주로서 기자에 대한 인식도 강화되는 한편, 단군과 기자는 수출지군首出之君과 교화지주教化之主로서 동국 역사문화의 상징 키워드로 작용하였다. 따라서 동국 상고의 역사는 조흡曺恰(?~1444)[60], 서거정[61], 김세필金世弼(1473~1533)[62] 등의 예에서 확인되듯이, 조선 전기부터 이미 '단기檀箕'로 함축되었다. 이후 이 같은 용례는 이익[63]이나 임상덕林象德(1683~1719)[64], 이도현李道顯(1726~1776)[65], 안정복(1711~1791)[66], 이덕무(1741~

1793)[67], 이종휘[68], 윤행임(1762~1801)[69], 김재찬金載瓚(1746~1827)[70] 등 조선시대 문인들에게서 어렵지 않게 확인할 수 있다.

동국 상고사로서 '단기'의 인식은 18세기 요동이 '단기'의 강역이라는 역사론의 이론적 근거를 제공하였다. 이에 앞서 고려 후기에 이승휴(1224~1300)는 원종 14년(1273)과 15년 두 차례에 걸쳐 원나라에 사신으로 가면서 요동을 거쳐 북경으로 들어갔다. 이때 그는 요빈遼濱의 길가에서 부여의 부마대왕묘駙馬大王墓라고 전하는 유적을 보았다. 그리고 이를 북부여와 관련하여 이해하였다.[71] 북부여가 단군의 후예였음을 인식하고 있던 그가 요동 지역이 고조선(전조선)의 영역이라고 이해하고 있었음을 간접적으로 보여준다.

이후 18세기까지 요동을 포함한 북방지역을 고조선의 영역과 관련하여 이해하고 있는 자료는 별반 확인되지 못한다. 단군에서 출발하는 역사의 유원성과 그 계승성만을 강조하고 있을 뿐이다. 예를 들면, 예맥은 부여와 함께 근원이 같으니 단군씨의 자손이고, 이같은 비슷한 이유로 동국의 모든 국가들은 단군의 후예이거나 단군에게서 비롯하였다는 인식이다. 이종휘의 인식론도 여기서 벗어나지 않는다.[72]

이익은 요동 일대가 단국檀國의 영역이었다는 사실을 적극 전개하였다.[73] 여기에서 앞서 언급했던 동국 상고사의 두 축인 '단'과 '기'에 대한 인식론이 적극 개입하고 있었다. 소론 계열의 학자로 윤증의 제자였던 강재항姜再恒(1689~1756) 역시 영조 24년(1748)에 저술한 『동사평증東史評証』에서 단군조선과 숙신의 관계를 지역적으로 태백산(백두산)의 북쪽, 조선의 이수二水 사이로 설명하였다. 또 단군조선의 도읍인 백악 아사달이 구월산 문화라는 것을 비판하고 그 지계地界가 요동이었음을 서술하였다.[74] 김정호(?~1864)는 이를 더욱 확장하여 숙신의 단로성檀盧城을 단군의 도읍으로, 선비족의 대인大人 단석괴檀石槐를 단군의 후예로 추측하기도 하였다.[75] 그럼에도 불구하고 신좌모申佐模(1799~1877)와 같이 그 연대와 강역에 대해 확신하지 못하거나,[76] 홍경모洪敬謨(1774~1851)처럼 요동을 기자의 영역으로만 이해하기도 하였다.[77]

조경趙絅(1586~1669)의 '단군강토檀君疆土'와 같은 적극적인 단군조선의 강역에 대한 인식과는[78] 좀 다른 것이지만, 그 강역에서의 유적과 전승은 '단허檀墟'로 이해되기도 하였다. 이 용례는 빈번한 것은 아니지만 윤휴(1617~1680)에게서 확인되고,[79] 심상규沈象奎(1766~1838)도 단군의 출생 전승을 가지고 있는 묘향산을 '단허'로 이해하고 있다.[80] 정원용의 경우도 마찬가지이다.[81] 이것은 단군이 동국 역사의 시조로서 확고하게 정립된 후, 그 인식의 심화과정에서 확대된 결과로 파악된다.

한편 민족의 개념이나 혈연적 관계로의 이해로 해석하기에 한계가 있지만 단군이 동국 백성을 낳았다거나, 백성의 비조鼻祖로 이해되기도 한다. 비교적 이른 시기부터 국가와 백성을 공동체라는 측면에서 일정부분 아우르고자 한 인식으로 볼 수 있다. 김시습(1435~1493)은 "단군이 백성의 비조"라고 언급하였고,[82] 남효온(1454~1492)은 "단군이 청구靑丘의 백성들을 낳았다"고 하였다.[83] 이행李荇(1478~1534)은 "동방 시조인 단군이 모든 백성을 보우하였다"고 했고,[84] 김육(1580~1658)은 "단군이 민주民主였다"고 했으며,[85] 이만웅李萬雄(1620~

1661)은 "만고에 동방 백성의 선조"라고 하였다.[86] 단군과 백성의 언급은 이외에도 휴정(1520~1604),[87] 신혼申混(1624~1656),[88] 민유중(1630~1687),[89] 김제겸金濟謙(1680~1722),[90] 김시화金時和(조선 영조)[91] 등에게서도 확인된다. 채제공蔡濟恭(1720~1799)의 '단하유민檀下有民' 역시 마찬가지 의미로 보인다.[92] 이런 인식의 바탕에서 조선과 중국의 관인들에게 단군은 소세양蘇世讓(1486~1562)의 『양곡집陽谷集』에서 확인되듯이 '동방조東方祖'[93], '조선의 비조鼻祖'[94], '조선조朝鮮祖'[95], '종조宗祖'[96], '조선제일조朝鮮第一祖'[97] 등으로 이해되었다.

'단군'의 명칭과 강역, 그리고 백성을 중심으로 하는 동국 공동체의 출발이라는 인식의 확대는 조선 후기에 성씨의 시조 관념으로까지 확대되는 양상을 보인다. 그 단초는 17세기 전반 밀양박씨를 설명하는 것에서 엿볼 수 있다. 김신국金藎國(1572~1657)이 지은 「박정현朴鼎賢(1562~1637)신도비명神道碑銘」에서는 박씨를 동방에서 가장 오래되고 현달한 성씨중 하나로 꼽고, "그 시조가 태백단군太白檀君처럼 신인神人으로 하늘에서 내려와 박씨의 시조가 되었다"고 서술하고 있다.[98] 단군이 성씨의 시조로 등장하고 있지 않지만, 박씨의 시조 혁거세를 이에 비유하고 있음에서 단군조선의 시조 단군에 대한 인식이 성씨설화에까지 확대될 수 있는 개연성을 보여주고 있다.

이것은 배씨의 성씨설화에서 보다 적극적으로 나타난다. 18세기 초 배정휘裵正徽(1645~1709)가 지은 「단군조배씨득성유래檀君朝裵氏得姓由來」를 보면, 배씨의 시조 배천생裵天生은 단군이 해상을 순력하다가 두 신녀에게서 자금단紫金檀에서 비의緋衣를 입고 나온 남자아이에게서 비롯되었다고 한다.[99] 역사적 사실과 관계없이 단군전승이 성씨설화에까지 활용되고 있는 사례이다. 또 홍양호가 지은 「양팽손梁彭孫(1488~1545)신도비명神道碑銘」에는 단군조선 때 세 신인이 영주瀛洲의 한라산으로 내려가 탐라를 개국하였는데, 제주양씨는 여기서 비롯하였음을 밝히고 있다.[100] 단군이 성씨설화에 직접 등장하고 있지는 않지만,[101] 그 배경으로 활용되고 있다.[102] 또 박경가朴慶家(1779~1841)는 순조 33년(1833)에 저술한 『동성고東姓考』의 서문에서 선비의 별종인 대소帶素·갈사曷思의 자손을 단군의 후예로, 중국의 모용씨慕容氏·탁발씨拓跋氏·고씨高氏·우문씨宇文氏·야율씨耶律氏 등을 단군의 묘예로 파악하였다.[103]

4. 단군자손의식의 전개

조선시대에 체계적으로 정비된 성고사 인식과 단군에 대한 확상된 인식의 지평은 19세기 말 20세기 초 서양 열강의 침입으로 국운의 쇠락을 맞아 더욱 강화된다. 단적인 예가 단군개국기년, 즉 단기檀紀의 사용이다. 명나라와, 경우에 따라서 청나라의 연호를 사용하던 조선은 1894년 갑오경장을 기점으로 '개국' 연호를 사용하였다. 이듬해 '건양'과 이후 '광무'·'융희'로 바꿨지만, 개국은 조선개국기년으로 그 정통성과 유원성을 담으려 했다. 이와 달리 1905년부터 각종 신문들은 단군개국을 사용하였다.[104] 이들이 조선의 정체성을 재발견하고 이를 구현하는데 공통적이지만, 후자는 단군에서 시원하는 역사의 유원성과 함께 확장된 역사의 현재성과 그 적용에 대한 이해를 반영한다. 또 조선 후기 간혹 보이던 '후예'·'묘예'의 이해는 '자손', 더 나아가 '신손神孫'의 관념으로까지 확대된다. 이른바 '단군민족주의'가 전개되는 것이다. 국권 수호 및 회복을 위한 중심에 있었다.

여기에는 이 시기 단군 신교神敎가 중광한 대종교의 출현과 이후 이와 연동한 독립운동이 긴밀하게 관계하고 있었다.[105] '단조檀祖'[106], '신조神祖'[107], '신단神檀', '단군성신檀君聖神', '대황조大皇祖', '단군대황조', '단군황조', '대황조성신大皇祖聖神' 등은 대종교에서 신격으로 모시던 단군에 대한 존칭이었다. 이들은 어느 하나가 아니라 함께 사용되었지만, 공식적인 명칭은 '단군대황조성신'이었고 일반적으로 '단군대황조'[108], '대황조성신', '대황조' 등으로 불렸다.[109] 평양 숭령전[檀君祠]에 봉안되어 있었다는 단군영정도 '단군대황조어진檀君大皇祖御眞'으로 불렸고,[110] "우리 건국시조인 단군대황조를 사모하고 첨앙"할 수 있도록 이를 촬영하여 대중에게 보급하기도 하였다.[111]

단군을 중심으로 조선인을 혈연을 통한 의제적 가족관계로 묶어[112] 언론을 중심으로 일제에 대응하려는 캠페인이 이 시기 사회 분위기를 주도하였다. 1908년 1월 1일 〈대한매일신보〉에서 '단군시조자손'이 확인되고,[113] 3월 13일 〈황성신문〉에서는 「범금지인凡今之人은 막여형제莫如兄弟」라는 논설을 통해 "이천만 민족이 동일한 단군자손"임을 강조하며 단군후예들의 각성을 촉구하고 있고,[114] 〈대한매일신보〉 역시 1908년 9월 19일 「교육계敎育界의 대종성大鍾聲」에서 “우리 조선종족은 단군자손”이라는 사실을 밝히고 있다.[115] 대한동포는 단군대황조의 신성한 자손이었다.[116] ‘동조동족同祖同族’의 관념에서[117] 출발하는 단군은 성조聖祖였고,[118] 참성단 역시 ‘단군시조’가 제천하던 곳이었다.[119]

이것은 단군 명칭에 대한 다양한 확대, ‘단기檀箕’를 이은 요동을 포함한 강역 인식, 단군이 ‘백성의 비조’·‘백성의 민주民主’·‘동방 백성의 선조’라는 이해, 이들을 바탕으로 하는 일부 성씨설화에서의 활용 등에 따른 결과였다. 단군자손의식은 전적으로 일본 근대민족주의의 영향이라기보다는[120] 고려 후기 이후 19세기 말까지 확대된 다양한 인식의 지평이 근대민족주의로 재해석된 결과였다. 한말 이후 국가의 각종 기념일에 착안한 개극절 등 단군 관련 기념일의 제정과 운용에 대한 대종교, 그리고 이의 홍보를 선도한 언론을 비롯한 각계의 노력은 그 대중화에 적극 기여하였다.

단군의 강역과 종족 계통 역시 보다 확대된 인식으로 강화된다. 〈황성신문〉은 경술국치가 있던 1910년 1월부터 일련의 논설을 통해 “백두산 남북에 분처分處하고 있던 단군자손이 만주민족과 조선민족으로 나뉘었음”과[121] 삼천단부족三千團部族인 조선족, 즉 단군자손은 태백산 단목영궁檀木靈宮에서 탄강한 신인神人의 자손인 ‘신성민족’으로 후에 북부여족·동부여족·고구려족·발해족·여진족·금족金族·후금족(淸族)의 갈래, 마한·진한·변한·백제·신라·가락·탐라·고려족의 갈래, 숙신·읍루물길·말갈·선비·거란·요서마한·정안족의 갈래 등 세 갈래로 나뉘었음을 논설하고 있다.[122] 『단조사고』에서 서술된 대종교 사관이 그대로 드러나고 있다. 이것은 단군신성민족의 강역이

동으로 흑룡강, 남으로 대마도, 북으로 긍이근亘伊勤, 서로 발해를 잇는 9천리로 연결되고 있다.[123]

그렇다고 4천여 년의 단군자손이 단일민족임을 고집하지 않았다. 4천여 년의 역사 동안 특히 기자 이후 중국에서 이주한 동포들이 '단군혈족檀君血族'과 혼인하여 후세들을 생육하였기 때문에 단군혈통을 순수한 것으로 보기는 어렵다. 하지만 이들을 포함한 전체 민족간에 같은 자손이라는 정의를 밝히고 관철하기 위해서 단군을 중심으로 하는 사상의 통일이 관건임을 논설하기도 하였다.[124] 민족과 자손의 범위를 동일시하지 않고, 순수한 것으로 볼 수 있는 단군혈족과 여러 종족으로 구성된 단군민족으로 구성되었음을 밝힌 것이다. 물론 선언적인 의미를 가진 것이기는 하다. 그럼에도 불구하고 이에 따르면, 민족은 자손의 하위 개념이다. 요동과 만주, 한반도, 대마도까지를 범위로 하는 단군자손의 영역을 뒷받침하기 위한 것이었다. 박은식·신채호 등의 역사관을 반영한 것이었다. 그리고 부여족 등은 단군혈족의 범위에 드는 신성종족으로 분류되었다.[125] 그렇지만 신성종족은 북방계 국가에만 해당하는 것이 아니었다. 단군후예 모든 종족은 신성종족이기도 하였다.[126]

단군자손으로서의 의식은 국권이 강탈된 현실에서 해외동포들에게 국수주의를 기대하기도 하였다. 〈권업신문〉은 1912년 6월 23일자의 「국수주의와 해외동포」에서 "나라있는 민족이라도 국수주의가 없으면 망하나, 나라 없는 민족이라도 국수주의가 있으면 호응한다"고 전제하였다. 그리고 "수백 년 동안 우리는 국수를 보수하지 못했을 뿐 아니라 귀하게 여기지 않고 경멸하여 내가 나를 우습게 알았다"고 하며 국권을 빼앗겨 자유를 속박당하고 발을 세울 땅조차 없는 단군자손의 처지에서[127] 해외동포들이 '단제檀帝'의 자손임을 자각하고 국수주의를 해외에서 국내로 전파할 것을 격려하고 있다. 여기서 국수주의란 "내 것을 사랑하고 보수하자"는[128] 것으로 규정되고 있다. '단군후예'는 '단군자손'과 같은 의미로 사용되었다.[129] 더욱이 국내를 떠나 세계 도처에서 생활하던 해외동포들을 대상으로 조선의 역사와 문화를 중심으로 결속력을 다지기 위한 중요한 상징기제였다.[130] 단군후예의 역사는 "우리 선조들의 피와 눈물이 장엄하게 깃든 신성역사神聖歷史"였다.[131]

'단군혈손'은 앞의 '단군혈족'과 함께 단군을 중심으로 하는 의제적 가족관계가 한층 강화된 개념이다. 따라서 이 개념에서는 단군의 존재가 혈연적으로 부각된다. 이광수李光洙의 예에서 확인되듯이 그 자손들은 신성민족, 그 강역은 신성강토로 설명되었고,[132] 단군은 대종교에서 신격이었던 '단군대황조'로의 의미로 확장되었다.[133] 그런데 1910년대 전반에 신성종족인 부여계를 지칭하던 단군혈손의 개념은 1910년대 후반부터 만주와 조선 전역을 포함하는 범위로 확대되는 양상을 보인다. 우리 민족은 이민족의 피가 섞인 일이 있기는 하였지만 이미 모두 단족화檀族化되었다.[134] 또 1919년 11월 초 파업을 했던 경성 본정경찰서 소속 40여 명의 한인 순사도 단군혈손이었고,[135] 한때 일제의 관리로 있었거나 정탐하던 자들도 독립만세를 부른 후에는 모두 신성한 단군혈손으로 동지가 될 수 있었다.[136] 또 대한민족의 단결을 호소한 대한민국임시정부 국문원의 포고에서 확인되듯이 러시아와 중국에 거주하는 2백만의 동포들 역

시 신성 단조檀祖의 혈손이었다.[137]

배달민족은 일제에 맞서 독립을 쟁취하기 위한 노력을 전개해야 하고,[138] 배달민족을 영도할 애국진인의 출현이 독려되었다.[139] 배달민족은 공동운명체였고,[140] 그렇기 때문에 "어린 양떼가 뛰어놀던 성조의 발상지인 만주 일원에서 배달족의 혈해血海를 반드시 재현"해야 했다.[141] 1925년 5월 하와이 교민들의 모임에서 볼 수 있듯이 조선민족은 단성檀聖 한배님의 혈손인 단족檀族으로 규정되었고, 단산檀山이 있는 단신지檀神地에 우거하고 있던[142] 단족의 특성은 민족적 단결로 설정되었다.[143] 따라서 그들의 강역은 임헌회 문하이자 전우田愚와 교유하였던 한회선韓晦善(1846~1923)에게서 보이는 것처럼 당연히 단방檀邦으로 인식되었다.[144] 1900년 말부터 중국·러시아를 무대로 독립운동을 전개하였던 이승희李承熙(1847~1916)는 '단기'에서 출발하는 우리 역사에서 단군을 '단왕檀王'으로 호칭하였고,[145] '단주신강檀主神疆'의 서쪽 경계를 요하로 인식하여[146] 독립운동의 지역적 정당성을 확보하고 있었다.

김택영(1850~1927)의 저술에서도 이 시기의 단군자손의식을 살펴볼 수 있다. 그는 단군을 '단군천왕檀君天王'으로 호칭하고, 이제까지의 단군전승을 종합하여 새로운 인식론에서 『단씨조선기檀氏朝鮮紀』를 저술하였다. 여기에서는 태백산에서 단군의 신하 신지神智가 단군이 탄생한 곳에 처음 전서로 새겨 놓고 최치원이 다시 해서로 새겨놓았던 것을 계연수가 발견하여 전했다는 천부경의 원문을 상세하게 소개하고 있다.[147] 그에게 조선민족은 신성한 '단씨지민檀氏之民'·'단씨지유민檀氏之遺民'이었고 '단족檀族'이었다.

동아일보는 1920년 4월 단군영정의 현상모집 공고를 내고 수 년 동안 그 캠페인을 펼친다. 여기서 단군은 "우리 민족의 신성한 종조宗祖이고, 우리나라 건국의 제일인第一人이며, 가장 신성한 대위인大偉人"으로[148] 규정되었다. 당시 단군자손의식에 대한 적절한 규정으로 판단된다. 단군이 국가와 민족의 개념으로 용해되어 국민주권주의 정체성의 상징으로 작용하였다. 외세라는 타자와 구별되는 정체성 확인을 위해 필수조건이 되었고, 그들에게 항쟁하려는 민족 단결의 당위성에 기반이 되었다.

5. 맺음말: 민족정체성의 도전과 과제

단군민족주의는 19세기 말 20세기 초부터 왜곡된 근현대사의 경험을 지속하고 있는 우리 사회의 정체성 문제에서 구심점의 역할을 하였다. 특히 일제강점기를 전후하여 국권 수호와 회복을 위한 상징기제로의 의미는 실로 대단하였다. 그럼에도 불구하고 동국의 역사와 문화를 상징하는 단군과 기자, 즉 '단기檀箕'라는 병렬적 인식론에서 동래설을 토대로 한 기자가 탈락하고 단군이 강조됨으로서 역사와 문명으로 함축할 수 있는 양축을 혼자 감당해야만 했다. 동국을 상징하던 두 축이 하나로 합쳐진 것이다.

이것은 우리 역사관과 문화관의 일대 변혁이었다. 기자는 반배달족의 개념과 유사하게 인식되었다. 「단군교오대종지포명서」에서 확인되듯이 은나라 출신인 기자의 동래는 단군을 모화하여 내조한 것으로 그 숭봉은 본토인보다 더욱 간절했다는 이해가 형성되었다.[149] 하지만 기자가 담당했던 축을 단군이 넘겨받아 이것을 아우를 수 있는 환경과 여건은 전혀 조성되지 못했다.[150] 일견 그 역할이 그럴 수밖에 없던 사회적 상황에서 급격하게 넘겨진 것으로밖에 볼 수 없다. 적어도 고려시대 이후 우리 역사문화의 양대 축이던 단군과 기자가 단군을 중심으로 통합됨으로서 기자로 상징되던 다른 축은 급격하게 매몰되는 양상을 보이게 되었고, 극한의 국수주의적인 경향도 나타났다.

19세기 말 20세기 초 제국주의의 침략에 맞서, 특히 이후 일제강점기에 국권 회복을 위해 우리 역사의 시조인 단군은 혈연을 매개로 한 민족의 시조로 재설정되었다. 단군혈손·단군후예 등으로도 표현된 단군자손의식은 신성민족으로 요동과 한반도의 강역과 종족을 포괄하는 역사와 문화를 범위로 하였다. 단군민족주의로 함축할 수 있는 일련의 움직임들은 긍정적인 역할을 수행하였다. '조선혼'과 '조선얼'로 대표되는 조선학운동, 독립운동의 이론적 토대를 이룬 민족주의사학의 역사관 등은 대표적인 예이다. 신채호·박은식 등을 비롯한 민족주의사학자들은 단군민족주의로 아우를 수 있는 역사관을 공유하였고, 일제 관학자들의 단군부정론에 맞선 최남선의 단군연구는 그 대응이었다.

그런 가운데에도 동조동근론 등 일제의 동화정책으로 말미암아 단군을 일본의 건국신화 속에 재편하려는 움직임도 있었다. (원)단군교는 대종교와 단군교로 분리되어 한 갈래는 일제의 어용으로 이용되었고, 조선 침탈에 앞서 순종을 앞세운 일제의 단군릉 숭봉과[151] 1930년대에 평안도 강동의 친일유림들에 의해 단군릉 수축운동이 일어났던 것과[152] 같이 단군민족주의를 매몰시키려는 조선총독부의 분열책동 역시 만만치 않았다. 그럼에도 불구하고 이 시기에 단군을 중심으로 하는 역사문화관은 우리의 독립과 전조선인의 대동단결을 위한 사회문화적인 캠페인을 이끌었고, 탈봉건사회의 견인 역할을 하였다.

아울러 그에 못지않은 부작용을 초래한 것도 사실이다. 특히 광복 이후 정치·사회·문화적 환경과 연동되어 우리사회에 여러 이슈를 가져왔다. 단기 사용의 중지로 대표되는 정체성의 후퇴, 단군의 우상화와 이에 따른 각 종교단체들의 논쟁, 단군릉 발굴과 개건에 따른 남북한 역사인식체계의 괴리, 세계적인 민족주의의 후퇴와 세계화 등이 그것이다. 그런데도 우리는 아직까지 선언적으로 단군자손이 단일민족임을 고집하지 않았던 20세기 초의 수준에 머무르고 있음을 자인하지 않을 수 없다. 단군민족주의가 21세기에 순기능을 하려면 보다 거시적인 틀에서 단순 논리를 벗어난 통합의 이론을 개발해야 하는 이유이다. 역사 연구에서 민족과 국가의 가치가 중요하지만, 그 가치 속에 보편성을 매몰시켜서는 안 되기 때문이다. 자기정체성의 탐구도 타자를 인정하고 배려하는 가운데 이루어진다는 점을 인식해야 한다. ▮

신라의 가량악加良岳 제사와 가야산 우두봉牛頭峰 유적:

단군檀君유적의 이해를 위하여

정동락

1. 머리말

신라인들은 하늘은 물론 명산대천에 신성성을 부여하고 천신天神과 산천신山川神에 대해 제사를 지냈다. 그 중에서도 산악山岳신앙은 각별했고, 숭앙심도 깊었다. 산악신은 산신이자 천신이며, 조상신祖上神이기도 하였다. 명산名山에는 어김없이 명찰名刹이 건립되었고, 전통적인 산악신앙과 불교의 습합은 사상의 변화상을 알려준다. 그간 산천제사 연구가 활발하였고,[1)] 제사유적에 대한 조사도 있었다.[2)] 하지만, 산악제사의 구체적인 제장祭場(祭祀址)에 대한 조사·연구는 미흡하다.

이 글은 신라 산악신앙의 연원과 제장에 대한 궁금증에서 출발하였다. 『삼국사기』와 『삼국유사』에는 신라의 전신인 사로斯盧 육촌六村의 시조 탄강설화가 전해온다. 6촌의 시조는 하나같이 산악이나 산봉우리에 탄생하였는데, 이는 단군신화와 통한다. 6촌의 출자出自가 '조선유민朝鮮遺民'이므로, 신라 산악신앙의 기원은 고조선과 연결될 수 있다. 이를 염두에 두고 『삼국사기』 제사지에 수록된 '소사小祀 가량악加良岳'과 그 제장에 대해 검토한다. 가량악(가야산)은 대가야 건국신화의 무대로, 정견모주正見母主는 가야산신으로 숭앙되었다.[3] 대가야 멸망 이후에는 신라의 사전祀典으로 편입되었으며, 9세기 초 해인사가 창건되면서 불교와 인연이 깊었다.[4] 조선시대 유학자들은 가야산 유산기를 남겼다.[5] 가야산 우두봉 정상에서 확인된 '우두봉 유적'은 가량악 제사유적으로 파악된다.[6] 가량악에 대한 검토를 통해 고조선·단군과 관련한 구월산九月山과 묘향산妙香山, 마니산摩尼山의 산악신앙과 제장의 입지를 이해할 수 있을 것이다.

2. 신라 산악제사의 연원과 단군檀君 제사유적

『삼국사기』 제사지에는 '삼산三山과 오악五岳 이하 명산대천名山大川 등'을 대大·중中·소小의 등급으로 나누고 제장祭場과 소재지(관할지)를 기록해 두었다. 총 50개소 중 산악이 35개소로 70%를 차지한다. 『구당서』에 신라인들이 "호제산신好祭山神"[7]이라고 한 이유가 여기에 있다. 『삼국사기』와 『삼국유사』에는 신라 건국기의 사로斯盧 6촌과 시조신들의 탄강誕降이 신화적인 내용으로 전한다.[8] 『삼국사기』에는 "조선유민朝鮮遺民들이 산골짜기 사이에 나뉘어 살며 6촌村을 이루었다"고 하면서 6촌을 제시하였다.[9] 『삼국유사』에는 "진한辰韓의 땅에 옛날 6촌이 있었다"고 하면서, 좀 더 상세하게 기록하였다.[10] 사로 6촌의 촌명과 시조의 탄강처는 산천山川, 특히 산악이나 산봉우리와 밀접했다. 사로 6촌의 기반을 이룬 '조선유민'은 '고조선 유민'이었다. 조선유민은 연燕의 동방 경략 이후 준왕準王이 남천南遷할 시기 사이에 경주 일대에 정착했는데, 상대적으로 제정일치적 성격이 강한 시기의 고조선 유민이었다. 고고학적으로도 토광묘와 철기문화를 소유한 고조선 유민들이 경주 일대에 정착하며 신라의 전신인 사로국을 건국한 것으로 파악된다.[11] 신라 건국기의 6촌이 조선유민에 연원한다면, 그들의 산악신앙도 고조선과 무관하지 않았을 것이다. 6촌의 시조 탄강처는 표암봉, 형산, 이산(개비산), 화산, 금강산, 명활산 등으로 모두가 산악이었다.[12] 일연一然은 "6부의 시조가 모두 하늘에서 내려온 것 같다"고 했다.

사로 6촌장의 천손강림신화와 산악신앙은 고조선의 단군신화와 유사하다. 예를 들어, 무산茂山 대수촌大樹村의 '대수大樹'는 단군신화의 신단수를 떠올리게 한다.[13] 단군신화[14]에서 환웅이 삼위태백을 내려다보고, 태백산 정상의 신단수 아래로 내려와 신시神市라고 불렀다. 단군왕검은 평양성에 도읍을 정하였고, 백악산 아사달로 옮겼다. 기자箕子를 조선에 봉한 다음 장당경藏唐京으로 옮겼다가, 아사달阿斯達로 돌아와 산신이 되었다고 한다.[15] 환웅의 강림처, 단군이 산신이 된 곳은 태백산과 아사달로 모두 산악이었다. 일연과 이승휴李承休는 그 곳의 위치를 구체적으로 제시함으로써 현장성을 높였다. 일연은 태백산을 묘향산, 평양성은 서경, 백악산 아사달은 궁홀산弓(方)忽山 또는 금미달今彌達이라고 하였다. 이승휴는 아사달에 대해 "지금의 구월산九月山으로 일명 궁홀宮忽 또는 삼위三危라고 한다. 사당祠堂이 지금도 있다"고 하였다. 아사달은 구월산으로 일명 삼위라고 하였다. 최소한 고려시대에는 삼위태백은 '구월산과 묘향산'을 의미했다.

구월산에 단군을 제사하는 '사당'이 있었다는 점은 주목된다.[16) 『고려사』에는 유주儒州의 명소名所가 구월산九月山(아사달산)이며, 단군이 도읍한 당장경唐莊京이 장장평庄庄坪으로 와전되었고, 단인檀因·단웅檀雄·단군사檀君祠의 삼성사三聖祠가 있었다고 한다.[17) 고려 예종 11년(1116) 때에는 구월산에 기우제를 지내기도 했다.[18) 이승휴가 언급한 사당은 『고려사』에 기록된 삼성사였을 것이다.[19) 조선 초에는 단군사檀君祠라고도 했으므로,[20) 삼성사는 단군사로 불리기도 했다. 삼성사(당)는 삼성을 모신 사당(신당)이었다. 주신인 환인은 서향, 환웅이 남향, 단군이 북향이었음이 확인된다.[21)

삼성당은 황해도관찰사가 보고한 『삼성당사적三聖堂事跡』에서 보다 자세히 알 수 있다.[22) 삼성당은 '단군이 아사달산에 들어가 산신이 되었다.'는 전승에 기원하며, 단군을 제사지내던 신당神堂인 단군천왕당檀君天王堂을 확대한 것이었다. 『삼성당사적』에서 1006년(목종 9)까지의 기록을 상고할 수 있다. 단군천왕당은 패엽사貝葉寺 창건 이전부터 존재했으므로, 사찰 창건 이전으로 소급 가능하다.[23) 구월산은 산신으로 화한 단군과 관련한 산악이었고, 단군천왕당은 고조선 산악신앙의 제장으로 이해할 수 있다.

단군천왕당은 천신의 후예이자 신신인 단군을 치제하던 신당으로, 구월산 상봉上峰인 대증산大甑山의 정상 사왕봉四王峰에 위치했다. 대증산 아래에 패엽사貝葉寺가 창건되면서, 천왕당은 소봉小峰으로, 다시 소증산小甑山으로 옮기고 삼성당으로 전환됐다. 대신 사왕봉에는 제천祭天의 전통을 이은 도교적 성격의 성수星宿 초제醮祭를 지내다가, 다시 사왕사四王寺가 건립되었다. 패엽사는 처음에는 단군천왕당을 보조하다가, 전통신앙을 포섭하는 변화를 보인다. 삼성당과 패엽사가 공존한 것은 구월산의 산악신앙이 강고하였고 상징성이 컸기 때문이었다.

한편, 태백산太白山(묘향산)은 천신에 해당하는 환웅의 하강처이자, 단군의 탄생처로서 의미를 지닌다. 환웅은 태백산(묘향산) 정상의 신단수 아래에 강림하여 신시를 열었다. 웅녀熊女는 신단수 아래에서 아이를 잉태하게 해 달라고 빌어, 환웅과 혼인해 단군왕검을 낳았다. 따라서 산 정상부에는 환인과 환웅, 단군 등을 모신 신사가 존재했을 가능성이 있다.

고려시대의 묘향산은 안북도호부 청새진淸塞鎭의 명산으로 국가 제사의 제장이었다.[24] 이규보李奎報(1168~1241)는 1216년(고종 3) 묘향산의 불사佛寺와 신사神祠가 거란의 침입으로 불탔다고 한다.[25] 묘향산 신사는 신령을 모신 사당이므로, 단군과 관련한 단군사檀君祠도 포함될 수 있다.[26] 『세종실록』 지리지에는 묘향산(熙川)이 평안도 6개 명산 중 하나로 수록되었다.[27] 조선 세조 때 양성지梁誠之는 묘향산은 단군이 일어난 곳이며, 구월산에는 단군사가 있다고 하였다.[28] 『신증동국여지승람』에는 태백산(묘향산)의 단군신화가 소개되었으나, 단군사檀君祠는 수록되지 못했다.[29] 묘향산이 국가 제전인 오악의 하나인 서악西岳으로 정착한 것은 한말인 고종 때였다.[30]

묘향산에는 민간에서 전승된 단군신화와 관련한 유적이 다양하다.[31] 『제대조기第代朝記』에 실린 단군신화는 '환웅이 백호白虎와 교통하여 단군을 낳았다.'고 한다.[32] 오늘날 사찰의 산신각이나 천왕당에 널리 전승되는 산신도山神圖와 가깝다.[33] 단군 관련 유적으로는 등천굴登天窟, 단군대檀君臺, 단군굴檀君窟, 단군암檀君庵, 향적암香積庵, 삼성암三聖庵 등이 확인된다.[34] 묘향산은 단군의 탄생처로 고조선의 산악신앙과 연결될 수 있다. 정상부는 단군을 비롯한 삼성을 제사지내는 제장이 있었을 개연성이 높다. 고구려와 통일신라시대에는 국가 사전祀典에 포함되지 못했다. 대신, 민간에서 단군 관련 산악신앙의 성소로 추앙되었고, 고려시대에는 국가제사의 제장으로 편입되었다. 조선시대에는 명산으로 치제致祭되지 못했고, 한말이 되어서야 국가사전에 포함되었다.

강화도 마니산의 참성단도 단군과 관련한 산악신앙의 터전이었다. 이곳은 단군이 제단을 쌓고 천제天祭를 지낸 곳으로 전해온다.[35] 실제로는 단군에게 제사를 지내던 제장으로, 고려·조선시대에는 국가제사가 거행되었다. 참성단은 제천단祭天壇의 성격을 지니지만, 고조선의 산악신앙을 계승한 것이다. 마니산 정상부에 자리 잡은 전에서, 구월산·묘향산과 함께 단군유적의 입지를 짐작케 한다.

3. 신라 소사小祀의 제장祭場, 가량악加良岳

『삼국사기』 제사지에는 삼산·오악 이하 명산대천이 수록돼 있다. 대사大祀인 삼산三山은 구舊신라, 중사中祀인 오악과 사진四鎭 등은 통일신라의 상징적인 존재였다.[36] 소사小祀도 전통적인 산천山川 제사를 계승한 것이었다. 삼산은 신라의 도읍인 경주, 중사는 신라 국토의 사방과 중앙, 소사는 전역에 분포한다. 그 중 지리산地理山(菁州), 추심推心(大加耶郡), 가량악加良岳(菁州) 등은 가야와 밀접한 산악이었다. 지리산(청주)은 중사에 배당된 남악이며, 추심은 중사로 추가되었고, 가량악은 소사의 제장이었다. 지리산은 금관가야, 추심·가량악은 대가야와 밀접했다.[37]

'가량악'은 '가야악'으로, 현재의 '가야산'이었다.[38] 이 산은 우두산牛頭山, 설산雪山, 상왕산象王山, 중향산衆向山, 지달산只怛山, 비봉산飛鳳山, 상골산象骨山 등 여러 별칭이 있었다.[39] '가야산'이라는 명칭은 대가야시대까지 소급될 수 있으며,[40] 국명國名과 연동되어 가야산, 가라산, 가량악 등으로 불렸을 것이다.[41] 원래 이름은 '우두산(소머리산)'이며,[42] 불교와 연관하여 상왕산 등으로 호칭되었다.

가야산은 대가야시대부터 가야의 영산靈山이자 성소로서 숭상되었다.[43] 특히, 가야의 동북쪽 경계로 인식되었다. 『삼국유사』·『고려사』 등에서 가야의 사방경계(四境)로 동쪽은 황산강黃山江, 서남은 창해滄海(大海), 서북은 지리산地理山, 동북은 가야산, 남쪽은 나라의 끝이라고 한다.[44] 가야의 사방 경계는 『삼국사기』 제사지에 제장祭場으로 수록되어 있다. 지리산은 오악 중 남악으로 신라에서 조선시대까지 '중사'를 지냈다. 황산강은 신라 사독四瀆 중에서 남독南瀆인 황산하黃山河(揷良州)였다. 황산강과 가야진은 낙동강의 하류에 위치하며, 각각 신라, 조선시대의 남독으로 중사의 제장이었다.[45] 가야의 서남쪽 경계인 창해(대해)는 중사인 사해 중에서 남해南海에 해당하는 형변兄邊(居柒山郡)일 가능성이 높다.46) 가야의 사방경계는 가야시대부터 제사의 대상이었고, 신라에 병합된 뒤에는 신라 사전祀典체계로 계승되었다.

A) 고령현은 본래 대가야국이다. … 시조 이진아시왕伊珍阿豉王[內珍朱智라고도 한다]로부터 도설지왕道設智王까지 무릇 16세 5백 20년이다. 최치원의 『석리정전釋利貞傳』을 살펴보면, "가야산신伽倻山神 정견모주正見母主가 천신 이비가지夷毗訶之에 감응한바 되어, 대가야의 왕 뇌질주일惱窒朱日과 금관국金官國의 왕 뇌질청예惱窒靑裔 두 사람을 낳았다. 뇌질주일은 이진아시왕의 별칭이고, 청예는 수로왕의 별칭"이라 하였다. 그러나 가락국 고기古記의 '육란六卵의 전설'과 더불어 모두 허황한 것으로써 믿을 수 없다. 또 『석순응전釋順應傳』에는 "대가야국의 월광태자는 정견正見의 10세손이요, 그의 아버지는 이뇌왕異腦王이며, 신라에 혼인을 요청하여 이찬夷粲 비지배比枝輩의 딸을 맞아 태자를 낳았으니, 이뇌왕은 뇌질주일惱窒朱日의 8세손"이라 하였다. 이 또한 참고할 것이 못된다.(『신증동국여지승람』 권29, 고령현, 건치연혁)

대가야 건국신화에는 가야산신 정견모주와 천신 이비가지가 등장한다. 그 중심은 천신이 아니라 가야산신이었다. 『석순응전釋順應傳』에는 월광태자月光太子의 세계世系를 '정견正見의 10세손'이라고 언급했다. 왕실 세계의 최정점에 정견모주가 자리잡은 셈이다. 가야산은 대가야 당대부터 건국의 성소聖所로 인식되었고, 정견모주는 대가야 왕실 세계의 최고 정점에 위치한 존재였다. 신라가 가량악을 소사로 편제한 것은 이러한 상징성 때문이었다. 가야산을 중심으로 한 고령·합천·성주지역은 군사적 요충지였다. 경주에서 낙동강을 건너 경남과 호남으로 통하는 길목에 위치해 전략적 가치가 높았다. 이 역시 신라가 가량악을 소사로 편제한 배경이 되었을 것이다.

4. 가량악 제사와 정견모주사正見母主祠

대가야는 산신과 천신의 결합에서 역사가 시작되었다. 대가야 사람들은 산신과 천신을 조상신으로 관념했던 셈이다. 대가야는 5세기 무렵 가야를 대표하는 맹주국으로 성장하였다. 가야산은 가야 전 지역의 성소였고, 가야산신은 가야를 결속하는 상징적 존재가 되었다. 가야산신은 남성성을 지닌 천신에 대응해 땅에 근거를 둔 산신으로, 여성성을 지닌 지모신地母神의 성격을 가졌다.[47] 고대의 산악신앙에서 산신은 여성성을 띤 경우가 많았다. 신라의 삼산三山(奈歷, 骨火, 穴禮), 남악南岳(지리산 聖母), 선도산仙桃山(聖母), 치술령鵄述嶺(神母) 등이 그 사례이다.

대가야에서 가야산신에 대한 제의는 국가제사의 최정점에 위치했다. 정견모주에 대한 제사와 그 신사神祠의 의미는 고구려의 부여신扶餘神과 태후묘太后廟가 참고된다. 고구려는 시조인 주몽朱蒙의 어머니인 하백녀河伯女(柳花)를 부여신扶餘神으로 모셨다. 하백녀를 모신 태후묘는 동부여에 위치했는데, 역대 왕들이 거둥하여 제사지냈다. 태후묘 내부에는 나무로 새긴 부인상夫人像이 있었고, 해당 관청에서 관리했다.[48] 정견모주는 대가야의 시조인 뇌질주일惱窒朱日(伊珍阿豉王)의 어머니였다. 그에 대한 신앙과 제사는 고구려의 하백녀河伯女·태후묘와 비슷한 의미를 지녔다.[49] 가야산신을 모신 신묘神廟(神祠)는 관청에서 관리하고, 역대 왕들이 제사를 지냈을 것이다. 내부는 건국신화를 재현하여 정견모주와 두 아들의 모습을 형상화한 신상神像이 있었을 가능성도 있다.

B) 정견천왕사正見天王祠 : 해인사海印寺 안에 있다. 세상에 전하기를(俗傳), "대가야국 왕후인 정견正見이 죽어서 산신이 되었다"고 한다.(『신증동국여지승람』 권30, 합천군, 사묘)

『신증동국여지승람』에는 정견천왕사正見天王祠가 해인사海印寺 안에 있으며, 대가야국 정견이 죽어서 산신이 되었다고 전한다. 이에 대가야시대의 '정견모주사正見母主祠'는 가야산에 위치했는데 통일신라시대가 되면서 가야산신에 대한 제사터를 확장하여 해인사를 창건했으며,[50] 이는 시당이 절 안으로 편입된 사祠와 사寺의 습합 사례로 보기도 한다.[51] 하지만, 대가야 최고의 위상을 지닌 정견모주사는 왕도 내에 건립되었을 것으로 보인다.[52] 마침, 대가야읍의 고령향교가 있는 지역은 '대가야궁성지'로 전해오며, 발굴조사에서 전돌을 사용한 기와건물과 소위 '대벽건물지大壁建物址'가 확인되었다. 대벽건물은 이 시기 궁궐 또는 사원에서 확인되는 특수 건물이다.[53] 이곳이 정견모주사와 관련되지 않았을까 싶다.[54]

대가야 멸망 후 정견모주사는 그 기능을 상실하였을 것이다. 대신, 신라는 가량악(가야산)을 소사小祀에 배당하고, 가야산신에 대한 제사도 대가야군이 아니라 상위의 행정단위인 청주菁州에서 거행토록 했다. 이로써 가야산은 가야의 중심 산악, 대가야 건국신화의 무대에서 소사 가량악의 제장으로 위상이 축소되었다.

9세기 초 가야산은 신라 왕실과 불교계로부터 주목을 받게 된다. 해인사는 802년(애장왕 3) 왕실의 후원으로 창건되었다.[55] 창건을 주도한 순응順應과 이정利貞은 월광月光태자의 후예로 보인다. 가야산은 해동 화엄십찰華嚴十刹이 자리 잡은 터전이었다.[56] 최치원은 「법장화상전」에서 해동화엄의 대표적인 10산 11사를 제시했다.[57] 화엄'십산'은 강주의 가야산을 비롯해, 중악(공산), 남악(지리산), 북악(태백산), (서악)계룡산, 가야협(웅주), 금정산, 비슬산, 모산, 부아산 등이다. 십산 중에는 동악인 토함산을 제외하고 오악 중 사악이 포함된다. 그 때문에 오악은 신라중대 전제왕권의 상징이며, 화엄십찰이 오악을 중심으로 성립한 것은 양자가 밀접한 관련을 지닌다고 보지만,[58] 반론도 있다.[59] 가야산에는 해인사와 보광사普光寺 등 2사가 있었다. 통일신라시대에 가야산은 가량악의 제장이자, 화엄불교의 성지로서의 위상을 가졌다.

해인사 창건 이후 가량악 제사와 그 제장은 어떻게 되었고, 둘의 관계는 어떠했을까.

> C) 승경勝景에서 삼보三寶를 일으키고 여기에서 화거和居한 것이 이제 100년이 된다. 그런데 결계結界가 험준한 관계로 창건할 당시에 규모가 협소했으므로 고쳐 짓기로 협의하고는 법으로 확장을 허락받았

다. 그리하여 마침내 건녕乾寧 4년(897, 효공왕 1) 가을에 90일 동안 연좌宴坐한 끝에 땅을 넓히는 것을 도모하고 포금布金할 사람을 기다리게 되었다. 지신 할미(地媼)도 마음으로 재계하고, 천신이 보고서 기뻐하지 않음이 없었다.(『고운집』 권1, 「신라가야산해인사결계량기」)

해인사는 지형이 험준하여 창건 당시 규모가 협소했는데, 897년(효공왕 1)에 국가의 허가를 받아 확장 공역을 일으켰다. 이때, 지온地媼이 마음으로 재계하고 천신이 기뻐하여, 불교적 선신善神으로 등장한다. 불교적인 입장에서 서술한 것으로, 실제 사역 확장을 지신과 천신에게 고하는 과정이 있었을 것이다. '지신 할미'는 '가야산신 정견모주'이고, '천신'은 '이비가지夷毗訶之'였을 것이다. 산신과 천신이 불교와 공존하고 있었던 셈이다. 가량악의 제장은 해인사와는 별도로 존재했고, 그 제사도 해인사에 흡수되지 않았을 가능성이 높다.

고려의 후삼국 통일로 명산대천 제사도 새로운 변화를 맞게 된다. 태조 왕건은 훈요십조訓要十條 중 6조에서 팔관회八關會를 '천령天靈 및 오악五岳, 명산대천, 용신龍神을 섬기는 대회'로 규정하였다. 오악 및 명산대천은 신라의 사전祀典을 참조하여 고려의 것으로 변용되었다.[60] 가야산은 『고려사』 지리지에 경산부京山府의 명산으로 수록되었다.[61] 고려의 산천제사는 잡사雜祀에 편제되었는데,[62] 대체로 지방의 경우 소사의 예로 거행된 국가제사였다.[63] 고려시대의 가야산은 명산으로 '잡사'의 대상이었을 것이다.

한편, 조선시대에도 가야산은 명산으로 소사나 지방 수령이 제사하는 '수령행제소守令行祭所'였을 가능성이 높다. 1416년(태종 15)에는 사신을 파견해 가야산신에게 제사지냈고,[64] 1604년(선조 37)에는 우불산于弗山·주흘산主屹山과 함께 기우제를 지내는 산악으로 지목되었다.[65] 울산의 우불산신사于弗山神祠는 소사小祀로 가뭄에 비를 빌면 효험이 있었고,[66] 문경의 주흘산사主屹山祠 역시 소사의 대상이었다.[67] 두 산은 조선시대 국행제소國行祭所로 소사小祀의 대상이었으므로, 가야산은 그에 버금가는 산악이었다. 1620년(광해군 12) 가야산 제2봉(北角)이 붕괴된 것을 한강寒岡 정구鄭逑의 죽음과 연관해 인식했다.[68] 가야산 제1봉은 우두봉, 제2봉을 칠불봉으로 이해한 것으로 파악된다.

조선시대 편찬된 지리서에 가야산은 경상도의 명산으로 수록되었다. 『경상도지리지』에는 서문에 태백산(봉화), 지리산(진주) 등 11개소의 명산에 가야산(성주)이 포함되었고, 성주목과 야로현의 명산이었다. 『세종실록지리지』 경상도의 서문에는 주흘산·태백산 등 명산 5개소 중 가야산(성주)이 포함되었고, 성주목의 명산이었다. 『신증동국여지승람』 합천군 사묘조에서 '정견천왕사'가 "해인사 내에 있으며, 대가야국 왕후 정견正見이 죽어서 산신이 되었다고 한다"고 수록되었다. 그 뒤에 편찬된 읍지에는 정견천왕사가 '가야산 중中'에 있다고 한다.[69] 현재, 해인사의 일주문을 지나 오른쪽 편에 '국사단局司壇'이란 3칸의 작은 전각이 있는데, 가야산신을 모셨던 정견천왕사로 여겨진다.

5. 가야산 '우두봉 유적'의 현황과 성격

가야산은 백두대간의 지맥에 속한다. 백두대간은 백두산에서 출발하여 중간에 태백산과 소백산, 덕유산을 거쳐 서남쪽의 지리산으로 이어진다. 그 한 줄기가 덕유산에서 동쪽으로 뻗어 대덕산, 수도산, 단지봉을 거쳐 가야산에 이른다. 가야산은 예로부터 '조선팔경', '12대명산'으로 꼽혀왔다. 주봉은 우두봉(상왕봉, 1,430m)이며, 그 줄기가 남쪽의 해인사 방향으로 내려온다. 동쪽에는 칠불봉(1,433m)이 있다. 『택리지』에는 '경상도에서 유일한 석화성石火星이며 삼재三災가 들지 않는 곳'이라 한다.[70)]

가야산 남쪽에는 해인사를 비롯해 원당암 등 부속 암자, 남산제일봉 아래에는 청량사, 홍류동 입구에는 반야사, 야로면에는 월광사가 있다. 해인사 뒤편 해발 1,000m 지점에는 '합천 치인리 마애불입상'(보물 제222호), 해발 1,150m의 칠불암지에는 '해인사 석조여래입상'(보물 제264호)이 있다. 성주군 수륜면 백운리에는 심원사深原寺와 법수사지法水寺址, 해발 900m 지점에는 용기사지龍起寺址, 950m에는 '성주 백운리 마애여래입상'(경상북도 문화재자료 제366호)이 있다.[71)] 백운동 계곡 입구에서 만물상 코스를 따라 서성재-칠불봉-동성봉을 거쳐 백운동으로 내려오는 능선에는 가야산성이 축조되어 있다. 특히, 우두봉과 칠불봉에서 서성재를 지나 뻗어 내린 해발 900~1,000m의 '만물상萬物像' 능선은 기암괴석이 절경을 이룬다. 만물상의 '상아

덤'에는 정견모주와 이비가지가 만나 혼인한 곳으로 전하는 '가마바위'가 있다. 대가야의 건국신화가 서려있는 '전설의 고향'인 셈이다.

가야산 남쪽 홍류동 계곡에 모인 물은 동남쪽으로 흘러 가야면 황산리에서 가야천이 되고, 고령군의 쌍림면을 거치면서 낙동강 지류인 안림천이 된다. 북동쪽은 성주군 수륜면에서 대가천이 되어 고령군의 운수면으로 흐른다. 안림천과 대가천은 대가야읍에서 합류해 회천이 되고, 우곡면에서 낙동강 본류에 흘러든다. 합천군 가야면과 야로면, 성주군 수륜면과 가천면은 수계상으로 낙동강 지류인 '회천권'이라 할 수 있다. 『택리지』에는 가야산 동쪽인 고령, 성주, 합천지역의 수전水田은 영남에서 가장 비옥하며,[72] 종자 한 말을 뿌리면 소출이 120~130말이 나오고 적어도 80말 아래로는 내려가지 않으며, 밭에서는 목화가 잘되어 가히 '의식지향衣食之鄕'이라고 부를 만하다고 평가한다.[73] 가야산과 가야천(안림천), 대가천, 회천이 어우러진 자연환경이 준 혜택이라 하겠다.

칠불봉은 가야산의 주봉으로 일컬어지는 우두봉보다 3m 정도 더 높으며, 행정구역상 경북 성주군 가천면에 속한다. 칠불봉 정상부는 바위로 이뤄진 노두암상露頭巖上이다. 전체적으로 주위가 협소한 편이며, 몇 사람이 머물기도 어렵다. 산악제사와 관련한 시설이 건립될 가능성은 희박하며, 유물도 확인되지 않는다. 우두봉(상왕봉)은 칠불봉에서 서쪽으로 약 230m 정도 떨어져 있다. 우두봉 아래 해발 약 1,400m를 전후한 지점에는 넓은 평탄지가 형성되어 있다. 우두봉은 이 평탄지의 중앙에 높이 30m 정도의 거대한 바위가 급격하게 솟아 있다. 경남 합천군 가야면에 속한다. 정상부는 노두

암상이며, 칠불봉보다 훨씬 넓다. 즉, 정상부는 폭 5~10m 정도로 북서-남동방향으로 평평하게 70~80m 가량 이어져 있고, 사방은 가파른 절벽이다. 남서쪽에는 방형의 우비정牛鼻井이 있는데, 직경이 대략 1.5~2m, 깊이 50~60cm 정도이다. 우두봉 남쪽의 봉천대奉天臺에서는 근래에까지 기우제(산신제)를 지냈다고 한다.

우두봉 정상부는 대략 200평 남짓의 넓고 평평한 공간이 형성되어, 산악제사지로 지형적인 조건을 갖추고 있다. 산정에 입지한 신라시대 산악제사 유적으로는 남악 지리산 천왕봉(중사),[74] 중악 팔공산 동봉(중사),[75] 동악 토함산(중사),[76] 영암 월출산 천황봉(소사)[77] 등이 있다. 현지 조사 결과 정상부를 중심으로 다수의 유물이 확인된다. 즉, 정상부와 해발 1,400m의 평탄지 사이의 바위틈과 경사면에서 다수의 유물이 채집되었다. 모두 정상부에서 하향퇴적된 것으로 보인다.

우두봉 정상부와 그 주변에서 다종다량의 유물이 확인되는 것 자체가 주목된다. 유물은 기와편을 비롯해 토기편과 자기편 등이다. 먼저, 기와는 대략 30여점 이상이 채집되었으며, 현존상태는 양호하지 못하다. 종류는 암키와가 다수이며, 수키와도 몇 점 눈에 띈다. 두께는 대략 1~2.5cm 내외이고, 회청색과 회백색이다. 문양은 무문을 비롯해 선문, 격자문, 수지문, 당초문 등이다. 제작 시기는 통일신라에서 조선시대 사이로 보이며, 고려시대가 중심이다. 특히, 길이 7.0×폭 4.2×두께 2.5cm 정도인 회백색의 당초문 암막새는 우두봉 정상부 건물의 성격을 추정할 수 있게 한다. 제작 시기는 통일신라시대로 보인다. 기와는 우두봉 정상부에 기와건물이 존재했음을 증언하므로 중요한 의미가 있다.

1424년(세종 6) 세종은 성황과 산신제사를 개혁하기 위해 그 연원을 상고할 것을 명하였다. 특히, 성황과 산신의 사묘祠廟가 산 정상에 위치하는 것을 산 아래로 옮길 필요성을 제기하였다. 이에 대해 이직李稷 등은 "산신에 봉작封爵하고 사묘를 산 정상에 세우는 것(立廟於其山之上)은 연원이 오래되었으므로, 옛날처럼 따르는 것이 좋겠다"고 했다.[78] 조선 초기까지 산악 정상부에 단묘가 설치되었던 것이다. 그 구체적인 모습은 김종직金宗直(1431~1492)의 「유두류록遊頭流錄」(1472)에서 언급된 지리산 성모묘聖母廟에서 드러난다. 지리산 천왕봉 정상에는 3칸의 판옥板屋으로 만든 성모묘가 있었다.[79] 명산대천 단묘壇廟의 구조는 '단壇'에는 단과 담을 두었고, 단이 없는 경우에는 묘우廟宇 3칸을 지었다.[80] 우두봉 정상부의 기와는 산악제사와 관련한 사당건물의 증거일 개연성이 높다.

다음으로, 토기는 채집된 유물 중에서 가장 수량이 많다. 주로 회청색과 회백색의 경질토기이지만, 적갈색의 연질토기도 있다. 항아리와 병이 주를 이루고, 굽다리 접시와 사발, 뚜껑 등도 확인된다. 단각고배와 투창고배는 본 유적에서 가장 이른 시기의 유물이다. 굽다리나 뚜껑받이 턱의 형태로 보아, 통일기 전후인 7세기 전·후반으로 보인다. 병과 항아리는 가장 양이 많은 기종이다. 몸체부가 주를 이루며 저부와 구연부 등도 일부 포함된다. 장경호 구연부, 편병, 주름병은 9세기 즉 통일신라기의 전형적인 기종이다. 고배와 뚜껑도 소량이 있다. 뚜껑의 경우 보주형의 꼭지, 화문을 시문하거나, 어깨부분을 눌러 장식한 것도 있다. 마지막으로 적갈색의 연질발은 구연부가 급격하게 외반한다. 토기의 문양은 인화문, 밀집세선문, 선문, 타날문, 파상문, 요철문 등 다양하다. 모두 통일신라시대에 확인되는 문양들이다. 특히, 깊게 그은 침선문이나, 세선문 등은 일반 생활용기라기보다 제기의 용도로 사용된 것이 아닌가 싶다.

이상, 단각고배나 장경호, 인화문편병, 주름병 등은 통일기나 통일신라시대의 대표적인 기종들이다. 그 외의 것도 대부분 통일신라에서 고려시대의 것으로 시기 폭이 넓다. 해인사 창건(802, 애장왕 3)보다 이른 시기부터 그 후대까지 본 유적이 꾸준히 기능했음을 증언한다. 병이나 항아리, 고배 등은 제의에 사용된 제기祭器일 가능성이 있다.

마지막으로 자기류는 고려에서 조선시대에 이르는 청자, 흑유, 녹유, 분청자, 백자 등이 확인된다. 청자는 해무리굽 사발과 병 등이 있다. 시유상태는 양호하며, 색상은 연녹색을 띠고, 표면에는 가는 빙열이 관찰된다. 분청자는 주로 소형 접시와 주병, 아가리가 외반하는 소형 잔도 있다. 굽은 수직굽과 죽절굽 등이다. 내부에 내저원각이 없는 경우가 더 많으며, 내화토받침과 모래받침 등이 관찰된다. 문양은 소문과 함께 귀얄문도 있다. 흑유와 녹유자기도 다수 채집된다. 모두 병이나 항아리류이다. 외부는 유약을 입혔으나, 속은 유약이 없는 경우가 많다. 백자는 접시류가 주를 이룬다. 굽은 수직굽과 평저굽, 죽절굽 등이다. 시유상태는 양호한 편이며, 색상은 유백색으로 표면에는 가는 빙열이 관찰된다. 내면에는 대부분 원각이 없으며, 내화토 비짐받침흔이 확인된다. 이상, 자기류는 우두봉 유적이 고려에서 조선후기까지 이어졌음을 증언한다. 산악제사를 거행하면서 해무리굽 등 고급 청자가 제기로 사용됐을 개연성이 높다.

특별히 주목되는 유물은 토제품과 철제품 각 1점인 모조품 말이다. 우선, 토제품은 회청색을 띠며, 길이 5×두께 3cm 정도 된다. 전체의 1/3 정도만 잔존해 정확한 모습은 파악이 어렵다. 잔존 형태로 보아 토제마土製馬로 여겨진다. 말의 뒷부분으로 보이며, 꼬리와 뒷다리가 탈락된 흔적이 완연하다. 다음으로 철제품은 길이 7.5×폭 3.5×두께 1.5cm 정도이다. 머리·꼬리·다리부분은 손상되어 없어졌지만, 탈락된 흔적이 완연하다. 일부 다리 혹은 꼬리부분의 파편도 채집되었다. 잔존 형태로 보아 철제마鐵製馬로 보인다. 언제 만들어졌는지 정확한 시기는 알 수 없지만, 제례 및 제사와 관련된 점은 분명하다. 『삼국사기』 제사지의 '소사小祀 월내악月奈岳'인 영암 월출산 천황봉 유적에서 철제鐵製와 토제마土製馬,[81] '대사大祀 남악'인 지리산 천왕봉에서도 철제마鐵製馬가 출토되었다.[82] 말의 형태를 본뜬 모조품은 제사유적에서 출토되는 의례품이며, 산악신의 신승물神乘物로서 제당에 봉헌奉獻된 것으로 추정된다.[83] 단 2점 밖에 채집되지 않았지만, 우두봉 유적이 산악제사의 제장임을 알려주는 결정적인 증거인 셈이다.

더불어 반파된 청동방울과 곡옥형 은제품도 각 1점씩 채집되었다. 청동방울은 직경 1.8cm 정도이고, 상부에 줄로 메달 수 있도록 돌출된 고리구멍이 있다. 방울 중앙부에 2줄의 침선을 돌려놓았다. 통일신라시대의 것으로 여겨진다. 곡옥형 은제품은 길이 1.6×폭 1.0×두께 0.2cm 정도의 초소형이다. 곡옥과 같은 원추형이 아니라 납작한 형태이다. 정확한 시기는 알기 어렵지만, 곡옥은 신라나 가야 지역에서 일찍부터 확인되는 유물이다. 최소한 통일신라시대나 그 이전으로 제의와 관련된 것이 아닐까 생각된다. 그 외에, 용도 미상의 철제품도 2점이 채집되었다. 각각 길이 3.5×너비 3.5×두께 0.7cm, 길이 5.7×너비 2.5×두께 0.7cm 정도이다. 입술 부분에는 0.7cm 간격으로 각목문刻目文을 장식해 놓았는데, 2점이 같은 형태이다. 혹시 소형 철제 솥이 아닐까 싶다.

우두봉 유적에서 채집되는 기와, 토기, 자기편 등은 통일신라에서 조선후기까지 꾸준히 이어진다. 기와는 신사神祠와 같은 제사건물의 존재를 짐작케 하며, 항아리와 병, 굽다리접시 등의 토기는 제기祭器로 추정된다. 모조품 말과 청동방울, 곡옥형 은제품, 철제 솥(?) 등은 이 유적이 산악제사의 제장이었음을 증언한다. 아직까지 우두봉 유적에서는 대가야시대의 유물은 확인하지 못했다. 따라서 이 유적은 신라의 소사인 가량악 제사와 밀접했을 것이다.

'가야산 우두봉 유적'은 산정의 암상巖上에 입지한다. 이곳에서 채집되는 토기나 자기편은 유산遊山과정에서 발생했을 가능성도 있다. 하지만, 기와와 모조품 말 등은 이 유적이 특별한 성격을 지녔음을 의미한다. 좀 더 추론해 본다면, 우두봉 정상부는 산정에 위치한 산악제사 유적이었을 것이다. 정상의 기와건물은 제의를 위한 신사神祠(母主祠)로 가량악의 산악제사처(小祀)였을 것이다.

'우두봉 유적'은 『삼국사기』 제사지에 수록된 '소사 가량악'의 제장으로 판단된다. 해인사는 가량악 제사보다 늦은 9세기 초(802)에 창건되었으므로, 둘은 병존했을 것이다. 고려시대에도 가야산에 대한 산악제사는 이어졌고, 그 제장은 '우두봉 정상'이었다. 우두봉 정상의 신사神祠는 조선시대에 들어와 해인사 경내의 정견천왕사로 옮겨졌다. 그 시점은 조선초기에서 『동국여지승람』이 찬술되는 1481년(성종 12) 사이였을 것이다. 현재 해인사에 있는 국사단局司壇이 정견천왕사였다. 하지만 그 후에도 기우제와 같은 민간제사는 여전히 우두봉에서 거행되었다. 우두봉에서 채집된 백자는 이를 시사한다.

이상 지표조사에서 확인한 '우두봉 유적'을 『삼국사기』 제사지에 소사로 수록된 가량악加良岳의 제사지로 추정했다. 지표조사라는 한계가 있지만, 산악제사의 제장을 유물을 토대로 확인했다는 점에서 의미가 있다. 향후 조사가 집적된다면 산악제사 제장의 입지를 보다 분명히 할 수 있을 것이다.

6. 맺음말

『삼국사기』와 『삼국유사』에는 신라의 전신인 사로斯盧 6촌村의 시조 탄강설화誕降說話가 전해온다. 6촌의 시조는 모두 산악이나 산봉우리에 탄강했는데, 이는 단군신화檀君神話와 통한다. 6촌의 출자出自가 '조선유민朝鮮遺民'이었으므로, 신라의 산악신앙은 고조선과도 연결될 수 있다.

구월산九月山(阿斯達山)은 단군이 산신이 된 산악으로, 고조선의 전통을 계승한 단군천왕당檀君天王堂이 사왕봉四王峰 정상부에 위치했다. 묘향산妙香山(太白山)은 단군신화에서 천신인 환웅의 하강처下降處이자, 단군의 탄생처였다. 단군을 제사하기 위한 단군사檀君祠는 산 정상부에 위치했을 개연성이 농후하다. 강화도 마니산도 단군에게 제사를 지내던 제장으로, 고조선의 산악신앙을 계승했다. 구월산의 단군천왕단, 묘향산의 단군사, 마니산의 참성단塹星壇 등은 모두 산 정상부에 자리했다. 단군유적이 고조선의 산악신앙을 계승하였고, 그 제장은 산정山頂에 입지했다.

가량악(가야산)은 대가야시대 이래 통일신라에서 조선시대까지 명산으로 숭앙되었다. 가야를 대표하는 산악이었고, 대가야 건국신화의 무대였다. 대가야는 건국신화의 주인공이자, 왕실의 시조신에 해당하는 가야산신 정견모주에 대한 제의를 국가제전으로 거행했다. 그 신사神祠는 정견모주사正見母主祠라고 불렀을 것이다. 대가야 멸망 이후 가량악은 신라의 국가 사전祀典 중 소사小祀에 편제되었다. 이때 가량악의 제장은 가야산 정상인 우두봉이었다. 9세기 초 해인사海印寺가 창건되었지만, 가량악 제사는 여전히 가야산 정상에서 거행되었다. 가량악 제장과 해인사는 공존하고 있었다. 가야산 제사는 고려시대에는 잡사雜祀로, 조선시대에는 명산으로 소사小祀 혹은 그에 준하는 산악제사로 편제된 것으로 보인다. 조선전기에는 정견천왕사가 가야산 정상에서 해인사 경내에 이동했다. 하지만, 우두봉 정상에서는 기우제 등 민간의 제의는 지속되었다.

'가야산 우두봉 유적'은 산정의 노두암상露頭岩上에 입지하고 있다. 이곳에서 채집되는 토기나 자기편은 유산遊山과정에서 발생했을 가능성도 있다. 하지만, 기와편과 토제마土製馬, 청동방울 등은 이 유적이 특별한 성격을 지닌 곳임을 증언한다. 우두봉은 산악제사의 제장으로 보인다. 우두봉 정상에는 신사神祠(정견모주사)가 있었고, 가량악 제사(소사)가 거행되었다.

이상 신라 산악신앙이 고조선에서 연원했을 가능성과 구월산·묘향산·마니산 등 단군유적의 입지에 대해 정리하였다. 그리고 가량악 제사와 그 제장을 검토하고 구체적인 입지를 추정해 보았다. 고조선의 산악신앙과 제장을 이해하는 단초가 마련된 셈이다. 앞으로, 구월산 등의 정상부를 조사해, 단군유적을 확인할 필요가 있다.

□ 참고자료 1 : 가야산의 지리적 환경

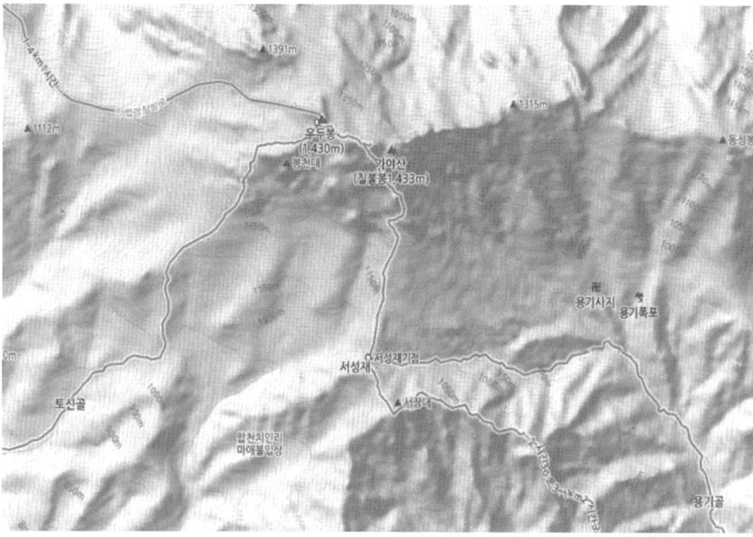

그림1. 가야산과 우두봉(상왕봉)의 지형

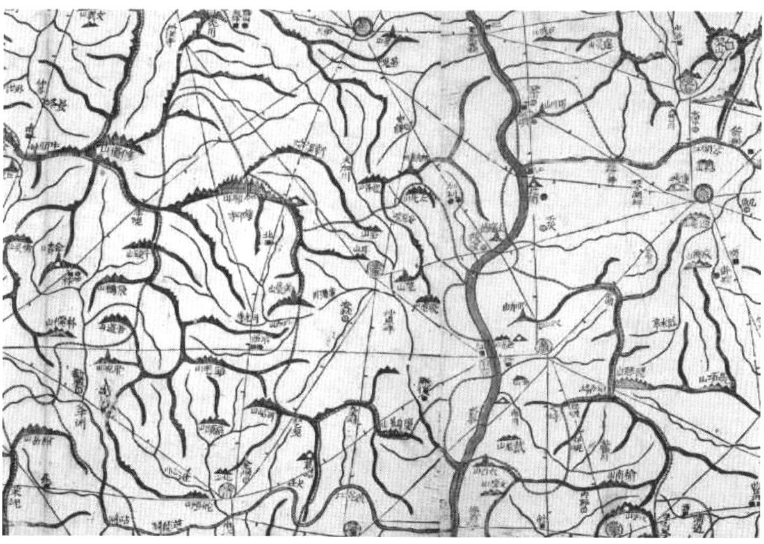

그림2. 『대동여지도』의 가야산과 주변 환경

□ 참고자료 2 : 가야산 우두봉 유적 전경

1. 남산제일봉에서 본 가야산(우두봉)

2. 칠불봉 전경

3. 우두봉 전경

4. 우두봉 정상부 원경

5. 우두봉 정상부 전경1

6. 우두봉 정상부 전경2

7. 가마바위 전경

8. 해인사 내 국사단 전경

□ 참고자료 3 : 가야산 우두봉 유적 유물 출토 모습

1. 유물 출토 상황1(기와편)

2. 유물 출토 상황2(기와편, 토기편)

3. 유물 출토 상황3(기와편, 토기편)

4. 유물 출토 상황4(토기편)

5. 유물 출토 상황5(토기편)

6. 유물 출토 상황6(토기편)

□ 참고자료 4 : 가야산 우두봉 유적 출토 유물

1. 각종 기와(외면)

2. 기와 세부(당초문 암막새)

3. 각종 토기

4. 토기(항아리류)

5. 토기 저부(병·항아리류-외면)

6. 토기 구연부 및 경부(항아리류-외면)

7. 토기(고배류)

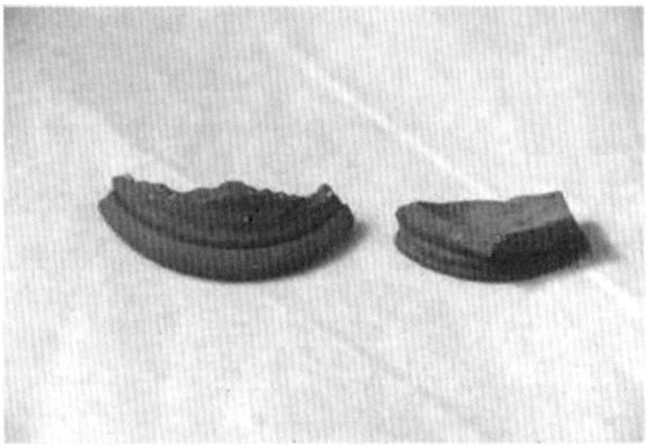

8. 토기(투창고배·단각고배) 세부

9. 토기(장경호·고배·개)

10. 토기(편병 및 주름병)

11. 토기(편병 및 주름병) 세부

12. 토기(뚜껑손잡이·병구연부·개 등)

13. 토기 문양(침선문)

14. 토기 문양(세선문)

15. 토기 문양(타날문)

16. 연질 토기(구연부 등)

17. 청자(외면)

18. 청자(해무리굽) 세부

19. 분청자(외면)

20. 녹유자기(외면)

21. 흑유자기(외면)

22. 백자(외면)

23. 토제 말1

24. 토제 말2

25. 철제 말1(앞면)

26. 철제 말2(뒷면)

35. 청동방울(외면)

36. 청동방울(내면)

37. 용도미상 철제품(철제 솥?)

38. 용도미상 철제품(철제 솥?) 입술부분

39. 곡옥형 은제품

'단군신화'에 나타난 미의식美意識

황지원

1. 들어가는 말

신화는 인간의 원초적 감성을 다루며, 인간의 본질에 직접 다가가기 때문에 공감을 얻기 쉽다. 신화는 민족 고유의 삶과 정서가 고스란히 녹아 있기에 그 민족을 가장 바르게 읽을 수 있는 자료가 된다. 또한 신화는 민족 공동체의 삶 속에서 민족 집단의 경험을 통하여 그 집단의 사고체계, 즉 정신문화와 사회현실이 고스란히 녹아 있다. 그러므로 우리는 신화의 서사체계를 통하여 한 민족의 역사적 풍토와 민족 문화의 성격 내지 이념의 방향을 추출해낼 수 있으며 민족의 정신문화의 원형을 파악할 수 있다.[1] 요컨대 신화란 오랜 시간에 걸쳐 혈연적·문화적 공동체로 결속되어 온 특정 민족의 정신세계에 있어 집단 무의식의 실체로서 작용하는 것이며, 이런 점에서 단순한 과거사 내지는 뿌리찾기의 의미만으로 이해되어서는 안 된다.

우리의 경우 단군신화는 한민족韓民族이 지니고 있는 집단 무의식의 원형을 읽어내는 소중한 자료이며, 동시에 현대 다문화사회에 적용할 수 있는 보편적 가치 기준을 확보함으로써 다른 민족, 다른 문화와의 효과적인 소통과 융합을 이끌어내는 지표로 작용할 수 있다. 신화란 민족과 지역에 따라 다양한 양태를 지니기도 하지만 인종과 지역을 초월하여 모든 인류에게 적용될 수 있는 공통된 함의와 가치를 지니기도 하기 때문이다.[2] 이것은 곧 신화 속에 특수성과 보편성이 함께 내재해 있음을 의미한다. 결국 단군신화에서 우리만의 고유한 특성을 찾아내고 이로써 우리 민족의 정체성을 확립하는 것과 인류의 보편적 가치를 찾아 민족과 지역적 차이를 초월하여 모두가 공감하고 공유할 수 있도록 하는 것은 어느 한 쪽에 치우쳐서는 안 되고, 균형과 조화를 이루어야 하는 문제인 것이다.

단군은 우리 민족의 국조國祖로서 역사적 흥망성쇠가 거듭되는 동안 우리 민족의 정신적 지주가 되었고, 위난극복의 구심점으로 작용하였다. 단군에 관한 인식이 역사서에 등장한 것은 몽고의 침략을 겪은 13세기 후반, 15세기 조선 건국기, 양란을 겪은 후 사회질서가 혼란해졌던 17-8세기, 그리고 구한말에서 일제강점기의 시기 등으로 대별할 수 있다. 이러한 시기는 나름대로 공통점을 지니고 있는데, 그것은 민족 내부의 결속을 다지고 민족정체성을 확보하기 위한 역사 인식이 절실히 요청된 시기였다는 점이다. 국조로서의 단군은 이러한 민족 결속을 이끌어내는 데 가장 적합한 역사성을 지닌 존재로 인식되었다.

특히 학문적으로는 조선 중후반기부터 일부 학자들에 의해 고대 역사에 대한 관심이 고조되면서 단군에 대해 재인식하기 시작했고, 조선이 멸망하는 위기에 처한 구한말부터 일제강점기까지 단군은 민족의식과 독립운동의 상징으로 커다란 역할을 하게 되었다. 실제로 일제강점기 개창된 대종교는 항일 독립운동의 구심점이 되었고, 대한민국의 건국 초기에는 단기연호를 제정함으로써 단군 숭모의 정신을 계승하는 토대를 마련하였다. 이것은 그 당시 우리 사회 전체가 종교를 초월해서 민족의 정체성을 확인하는 상징으로서 단군을 받아들였던 것이라고 할 수 있다.[3)]

이처럼 일제강점기 민족의식의 정체성 회복에 대한 요구와 맞물려 고조선의 건국신화로서 본격적으로 연구되기 시작한 단군신화는 처음에는 일제에 의해 왜곡되고 축소되었던 고조선과 단군의 모습을 회복하는데 초점이 맞추어졌다가 점차 외연이 확장되어 이후 현재에 이르기까지 민속, 문화, 역사, 문학, 종교, 철학사상 등 다양한 영역에 걸쳐 연구가 진행되었으며, 양적으로는 물론이고 질적으로도 현저한 연구 결과가 양산되었다.[4)] 그런데 놀랍게도 이처럼 많은 연구에도 불구하고 단군신화에 내재된 미의식을 검토하는 연구는 아직 찾아볼 수가 없다. 이는 단군신화에 대한 애초의 접근이 외부적 자극에 의한 것으로 촉발됨으로써 일정 부분 왜곡되어 있었기 때문이다.[5)]

단군신화에 대해 미학적으로 접근한다는 것은 상당히 부담스러운 것이다. 왜냐하면 압축적으로 전개된 신화의 내용 어디를 보더라도 '아름다움(美)'이나 '미적 체험'에 대해 의식하는 부분이 없기 때문이다. 이것은 아름다움 자체를 학문적 대상으로 삼지도 않았고, 궁극적 가치로 인식하지도 않았던 동양 전통의 사유방식에도 그 원인이 있다고 생각된다. 하지만 아름다움을 소극적으로 이해해서 감각적인 것에 국한시키지 않고 보다 광의의 의미로 받아들인다면 전혀 다른 시각을 가질 수도 있을 것이다. 비록 전통적 사유체계에 있어 미에 대해 본격적인 탐구는 없었다 하더라도 우리 선조들 역시 적극적으로 미적 가치를 향유하였으며, 고도의 심미적 인생 태도를 드러내 보이고 있기 때문이다.

사실 아름답다(美)는 것은 상당히 포괄적이고 애매모호한 개념이다. 넓은 의미로는 우리가 즐겁게 동의하면서 보거나, 듣거나, 상상하는 모든 것이 아름다움에 포함될 수 있다.[6] 이런 관점에서 단군신화를 살펴보면 그 속에는 풍부한 미적 요소가 잠재되어 있음을 확인할 수 있다. 이 논문의 목적은 단군신화를 분석하여 그 속에 잠재된 미의식을 찾아내고, 그러한 미의식이 우리 민족 고유의 정서에 어떻게 녹아 있는지를 검토하는 데 있으며, 나아가 현대 다문화 사회에 보편적으로 수용될 수 있는 심미적 가치를 추출해내는 데 있다.

이러한 연구 자체가 새로운 시도이다 보니 실증적인 관점에서 객관적 근거에 따른 접근이 아니라 감성적이고 직관적인 태도로 논의를 전개함으로써 이론적 엄밀성을 충분히 확보하지 못한 부분도 있을 것이다. 하지만 심미적 태도라는 것이 본질적으로 직관적 요소를 지닐 뿐만 아니라 경우에 따라서는 더 분명한 이해를 가능하게 해 주기도 할 것이다. 본격적인 논의를 진행하기에 앞서서 단군신화가 지니고 있는 서사구조를 먼저 살펴보기로 하자.

2. 단군신화의 서사구조

인간은 오랫동안 신화를 통하여 우주와 인류, 문화에 대해 자신들의 기본적인 생각을 표현해 왔다. 신화는 인간 최초의 이야기이며, 인류의 가장 원초적인 언어이며, 몸짓이며, 의식이다. 신화의 의의는 바로 이 원형성原型性에 있다. 이 원형이란 결코 쓸데없는 고대의 잔존물이거나 유물이 아니다. 정신분석학의 연구결과에 따르면 원형은 한 개인의 무의식뿐만 아니라 집단적 무의식을 구성하는 존재 근거이며, 무의식의 원초적 이미지의 모형이다. 그러므로 한국인의 신화는 한민족의 고유한 생활양식이 투사된 문화의 원형이다. 즉 신화 속에는 한국이라고 하는 개별문화 속에 존재하는 세계관과 인간관이 투영되어 있는 것이다.[7] 그러므로 이 세계관과 인간관을 분석해 보면 우리 민족과 문화가 표방하는 미의식의 원형 또한 살펴볼 수 있다.

단군신화를 살펴볼 때, 신화의 내용에 대한 역사적 실재성 여부를 떠나 우리가 간과하지 말아야 할 부분은 단군신화의 바탕에는 한민족의 고유한 에토스(ethos)가 깔려 있다는 점이다. 즉 단군(신화이든 설화이든)이 끊이지 않고 회자되고, 또 거부감 없이 수용되어 왔다는 것은 그것이 바로 한민족의 정서적 코드와 부합했음을 의미하며,[8] 우리가 의식하지 못하는 사이에 우리의 심성 깊은 곳에 모두가 공유할 수 있는 공통적 동질감을 지니고 있음을 뜻한다. 이러한 동질감은 혈연에 의한 것으로 국한되기보다는 문화공동체, 혹은 생활공동체로서 오랜 기간에 걸쳐 축적된 것이다.[9)]

단군과 관련한 최고의 자료는 『삼국유사三國遺事』(1281)와 『제왕운기帝王韻紀』(1287)이다. 물론 그 외에도 『삼국사기三國史記』(1145)나 고려 후기 제작된 「조연수묘지명趙延壽墓誌銘」 등 고려시대의 자료들이 남아 있기는 하지만 고조선 건국 시조로서의 위상이나 역사적 존재로서의 인식을 고려해 보았을 때, 『삼국유사』의 가치가 가장 높은 것으로 판단할 수 있다.[10)] 또한 단군신화와 관련하여 현재 학계에서 수용되고 있는 이본異本으로 『세종실록世宗實錄·지리지地理志』, 『동국여지승람東國輿地勝覽』 등의 자료들이 있다. 단군신화의 내용이 기록된 이본들은 크게 '홍익인간'의 이념이 포함되어 있느냐와 웅녀를 이해하는 방식에 따라 차이를 보이는데,[11)] 전체적인 서술의 완성도 면에서 『삼국유사』 본이 텍스트로서 가장 유용하게 받아들여진다.[12)] 『삼국유사』에 기록된 단군신화는 현존하는 기록 중에서 가장 오래된 것이면서 동시에 신화로서의 짜임새를 잘 갖추고 있으며, 우리 민족의 역사적 기원과 문화, 세계관 등을 폭넓게 담고 있기 때문이다. 우리 민족 미의식의 원형을 탐색해보고자 하는 측면에서도 『삼국유사』 본이 유용하게 활용될 수 있으므로 여기서는 『삼국유사』 본에 국한하여 그 서사구조와 그에 내재된 미의식을 분석해 보고자 한다.

사회·역사학적 관점에서, 단군신화에 포함되어 있는 신화적 요소를 접어 두고 사실적 요소만을 분리하여 재구성해 보면, 단군신화는 '고조선의 건국신화'임을 바로 알 수 있다. 뒤르켐(E. Durkeim)

에 따르면 전 세계 거의 모든 원시 부족들은 토템을 갖고 있으며, 이 토템들로는 동물이 가장 많고 추상물 토템도 있다. 또 부족의 이름들은 대체로 토템 이름과 관련되어 있다. 단군신화에는 세 개의 토템이 나오는데, ①태양 숭배 부족 ②곰 토템 부족 ③범 토템 부족이 바로 그것이다. 토템을 기준으로 보았을 때, 단군신화는 하느님의 자손·아들이라고 생각하는 태양(해) 토템부족인 한(桓·韓) 부족의 수장 '환웅'이 삼천(다수)의 무리를 이끌고 주도하여 곰 토템 부족인 '맥貊' 부족 및 범 토템 부족인 '예濊' 부족과 결합하여 '조선(고조선)'이라는 최초의 고대국가를 건설했다는 사실을 전해주는 구전 역사인 것이다.[13)]

외형적으로 보았을 때는 비교적 명확하고 단순해 보이는 내용이지만 그 속에 포함되어 있는 사상 및 문화적 요소들은 매우 복합적인 가치체계를 포함하고 있다. 우선 단군신화의 전체 내용을 통해 그 구조를 살펴보기로 하자.

> 『위서魏書』에 이렇게 말했다. "지금부터 2000년 전에 단군왕검壇(檀)君王儉이 있어서 아사달阿斯達에 도읍을 정하고 나라를 열어 조선이라고 불렀으니, 바로 요임금과 같은 시기이다." 『고기古記』에는 이렇게 말했다. "①옛날 환인桓因의 서자 환웅桓雄이 자주 천하에 뜻을 두고 인간 세상을 탐내어 구했다. 아버지가 아들의 뜻을 알고는 삼위태백을 내려다보니 인간을 널리 이롭게 할 만하여 환웅에게 천부인天符印 세 개를 주어 즉시 내려 보내 인간세상을 다스리게 했다. 환웅이 무리 3000명을 거느리고 태백산 꼭대기 신단수 아래로 내려왔다. 이곳을 신시神市라 하고 이분을 환웅천왕이라고 한다. 환웅천왕은 풍백風伯과 우

사雨師, 그리고 운사雲師를 거느리고 곡식, 생명, 질병, 형벌, 선악 등 인간 세상의 360여 가지 일을 주관하여 세상을 다스리고 교화했다. ② 그 당시 곰 한 마리와 호랑이 한 마리가 같은 굴에 살고 있었는데, 항상 환웅에게 사람이 되게 해 달라고 기원했다. 이에 환웅이 신령스러운 쑥 한 다발과 마늘 스무 통을 주면서 '너희가 이것을 먹되, 백 일 동안 햇빛을 보지 않으면 사람의 형상을 얻을 것이다'라고 말했다. 곰과 호랑이는 쑥과 마늘을 받아먹으면서 삼칠일 동안 금기했는데, 곰은 여자의 몸이 되었지만 금기를 지키지 못한 호랑이는 사람의 몸이 되지 못했다. 웅녀는 혼인할 상대가 없어 매일 신단수 아래에서 아이를 갖게 해 달라고 빌었다. 이에 환웅이 잠시 사람으로 변해 웅녀와 혼인하여 아들을 낳았으니 단군왕검이라고 불렀다. ③단군왕검은 요임금이 즉위한 지 50년이 되는 경인년에 평양성에 도읍을 정하고 비로소 조선朝鮮이라고 불렀다. 다시 도읍을 백악산白岳山 아사달로 옮겼는데, 그곳을 궁홀산弓忽山 또는 금미달今彌達이라고 부르기도 한다. 그는 1500년 동안 백악산에서 나라를 다스렸다. 주周나라 무왕武王이 즉위하던 기묘년에 기자箕子를 조선에 봉했다. 그래서 단군은 장당경藏唐京으로 옮겼다가 그 후 아사달로 돌아와 숨어살면서 산신이 되었는데, 이때 나이가 1908세였다."[14]

위의 인용문은 『삼국유사』에 기록된 단군기사의 거의 전체 내용을 차지한다. 일연은 단군조선의 성립과정을 서술하면서 『위서魏書』, 『고기古記』, 『배구전裴矩傳』, 『통전通典』 등과 같은 역사서의 기록을 그대로 인용하는 형태를 취하였는데, 이것은 개인의 의견이나 떠도는 이야기를 기록하는 것이 아님을 명확히 함으로써 신뢰성을 높이기 위한 것으로 생각된다. 그 중에서 가장 많은 분량을 차지하고 있는 『고기』에 나오는 단군 관련 내용은 크게 세 부분으로 나누어진다.

①은 환인의 아들 환웅을 중심으로 한 서사이고, ②는 곰에서 인간으로 환생한 웅녀를 중심으로 한 서사이며, ③은 둘 사이에서 태어난 단군을 중심으로 한 서사이다. 이 세 부분은 서로 연결되어 있으면서 동시에 각각 독립적인 의미소를 지니고 있다. 즉 환웅과 웅녀 그리고 단군은 천·지·인을 상징하는 것이며, 인격화된 천신天神과 지신地神의 자발적이고 능동적인 결합에 의해 인간이 태어나는 과정을 서술하고 있는 것이다. 이러한 서술에 담겨진 함의와 역사적·문화사적 의미에 대해서는 다양한 방면에서 여러 가지 이론이 제기되었으며, 지금까지도 논란이 되고 있는 부분이다. 그렇다면 이러한 단군신화의 서사 구조가 표현하고 있는 구체적인 미의식은 어떤 것일까?

단군신화에 나타난 미의식을 분석하기 위해서는 두 가지 방향으로 나누어 접근할 필요가 있다. 첫째, 단군신화의 내용 자체가 드러내는 미의식을 찾을 수 있어야 하고, 둘째, 신화의 근저에 깔려 있는 세계관과 인간에 대한 이해를 통해 우리 선조들이 지향하고 있는 미의식이 무엇인지를 검토할 수 있어야 한다. 그래야만 우리의 정서에 잠재되어 있는 미감의 참모습을 발견할 수 있을 것이다. 결론부터 말하자면 단군신화 자체가 보여주는 대표적인 미감은 '숭고미'로 정리할 수 있고, 단군신화가 토대로 하고 있는 우리 민족 전통의 세계관과 인간관에서는 '조화미'와 '일체미'를 발견할 수 있다. 이러한 미의식이 어떻게 단군신화 속에 내재되어 있으며, 그것이 어떤 특징을 지니고 있는지 살펴보기로 하자.

3. 신성성과 자기 초월 - 숭고미

신화, 특히 건국신화의 특성상 세계 모든 민족의 건국신화는 정도와 방식의 차이는 있어도 어느 정도의 숭고미를 표현하고 있다. 신화의 주인공은 신이거나, 초월적인 능력을 발휘하는 존재이다. 건국신화의 주인공은 인간이지만 신적인 능력을 지닌 존재로서 등장한다. 이러한 신화의 세계는 신령스러운 능력을 지닌 존재가 세계의 질서와 문화를 창조하므로 숭고미를 지니게 된다.[15] 동서양을 막론하고 건국신화는 그 신화를 전승하는 구성원들의 행동반경을 확정하는 구심력으로서 신앙적인 성향을 띠게 되고 이로써 집단의 대동단결을 이끌어내게 된다.

미학에서 자주 사용되는 숭고(sublimity) 개념은 원래는 서양 고대의 수사학修辭學에서 만들어진 개념이다. 즉 숭고란 웅변의 세 가지 양식 중에서 가장 상위의 것으로 간주되었으며, 웅대하고 근엄함을 표현하는 것으로 이해되었다.[16] 이후 숭고는 사고의 웅대함 및 정서의 심오함과 결합되어 정신을 고취시키고 고양시킬 수 있는 능력으로 정의되었고, 18세기 서양 예술의 가장 중요한 개념으로 활용되었다.

숭고의 미감은 인간의 초월심리를 전제로 한다. 서양미학에서 일반적으로 숭고미는 세 단계의 과정을 거쳐 형성된다. 1)자아라는 존재는 일반적 상황 하에 있다. 2) 자극물이 등장하면서 자아는 자신이 왜소함을 느끼게 된다. 3) 자아는 위대한 무엇인가의 도움을 구하게 되고, 그로 인해 자아는 왜소함을 넘어 숭고의 경지에 이른다. 그러므로 숭고론의 변천은 바로 '자극물과 위대한 그 무엇' 사이의 변화로 이루어진다.[17] 비극미가 스스로의 힘으로 어찌할 수 없는 극단적 상황에서 파멸로 치닫는 존재에 대한 공포와 연민을 통해 영혼의 정화를 강조한다면, 숭고미는 대립적 상황의 고통을 극복함으로써 얻는 쾌감을 통해 영혼의 초월을 강조한다.

초기 인류의 생존 역량은 매우 미약했기 때문에 인간에게 대자연은 항상 적대적 존재였다. 원시 시대의 인류는 자연과의 투쟁을 통해 생존해야만 했다. 하지만 감각적 세계의 불가해함, 수렵과 농업 활동의 불안정성, 생활의 어려움 등으로 인해 그들은 스스로에 대해 신뢰할 수 없었다. 이 때문에 토템과 무속이 생겨났다. 토템 숭배는 인간적 주체성의 표현으로, 자연과 인간에 대한 인간의 이해방식, 즉 자연과 인간의 동일시를 특징으로 한다. 고립되었던 인간은 토템적 관념을 통해 동물과 식물, 심지어 바람, 구름, 해, 달 등과 혈연관계를 맺게 된다. 인간의 힘은 보잘 것 없지만 토템의식을 통해 동식물과 교감할 수 있게 되고 신비한 힘을 얻게 된 것이다. 토템은 불가해한 자연을 이해할 수 있게 해 주고, 혼돈의 자연에 질서를 부여하며, 공포의 대상이었던 자연이 이성적으로 드러나게 하였다. 토템은 인간적 힘의 왜곡된 표현이며, 인간이 이성적, 비이성적으로 자연을 개괄한 것이다.[18]

이런 점에서 숭고의 미감은 '위대함'이나 '힘'과 밀접하게 관련되어 있다. 그런데 여기에서의 힘은 물리적 힘뿐만 아니라 생명력이나 신성함, 도덕적·정신적 힘까지도 포함한다. 천신을 숭배하는 우리 민족에게 천(하늘)은 그 위대하고 거역할 수 없는 힘으로 인해 숭고미를 느끼게 한다. 그에 비해 자신의 둥지에 침입해 어린 새끼를 위협하는 뱀에게 달려드는 어미 참새는 물리적인 힘 때문이 아니라 헌신적인 사랑과 용기의 위대함 때문에 숭고미를 가지게 된다.

동양의 전통적인 사유에 따르면 '아름다움(美)'은 궁극적인 추구의 대상이 아니었으며, 독립적인 의미를 가진 이상적 가치도 아니었다. 그것은 오히려 진眞이나 선善의 하위개념으로 이해되었다. 외형의 아름다움이란 진정한 것이 아니며, 진정한 아름다움은 드러난 외형 이면에 숨어 있는 본질적 가치에 있는 것이라고 생각했기 때문이다. 그래서 아름답다는 말보다 '크다', '위대하다'는 말을 더 상위의 개념으로 인식했다. 가령 장자의 "아름답기는 하지만 아직 크다고 할 수는 없다."[19]는 말이나 맹자의 "충실한 것을 일러 아름답다고 하고, 충실하면서 광채가 나는 것을 일러 크다고 한다."[20]는 말은 모두 이런 의식에서 비롯된 것이라고 할 수 있다. 신화의 주인공들이 대부분 거인으로 묘사되는 것도 결코 우연이 아니다.[21]

단군신화의 숭고미는 두 가지 요인에 의해서 획득된다. 첫째는 신성성神聖性이고, 둘째는 자기 극복과 자기 초월의 과정이다.

우선 신성성은 신화의 기본적인 전제 조건이며, 거역할 수 없는 힘의 상징이다. 만약 신성성이 없다면 신화는 인간의 이야기가 되어 버릴 것이고, 간결한 서사 구조 속에서 숭고미를 드러낼 수 없을 것이다. 신성성을 얻기 위해서는 특정한 시간적 요소와 공간적 요소를 필요로 한다. 그래서 모든 신화는 일상적인 경험으로는 측정할 수 없는 어느 아득한 태초의 옛날과 신성한 장소를 무대로 해서 사건이 전개된다. 신성한 장소란 그리스 신화의 올림푸스나 중국의 곤륜산, 유대 민족의 에덴동산 등과 같이 실재성과 무관하게 신과 직접 연결된 곳이다. 신화의 신성성은 그러한 장소와 시간이 지니고 있는 신성함의 발로이다.[22)]

단군신화의 경우 신성성을 나타내고 있는 시간적 요소는 '옛날'(昔)로 표현되어 있다. 인격적 존재인 단군은 나라를 건국한 시기나 세수가 밝혀져 있지만, 단군이 계승한 신성의 주체인 환인이나 환웅의 경우 분명한 시간이 밝혀져 있지 않은데, 이것은 시간적 신성성을 확보하기 위한 것이다. 그리고 공간적 요소는 '하늘나라'(환인) →'태백산'(환웅, 정확하게는 태백산정 신단수 아래)으로 표현되어 있다. 고구려 고분 벽화에는 이 신단수(우주수)로 보이는 나무 그림이 자주 나오는데, 당시에도 단군에 대한 인식이 일반적이었으며 신단수가 신성을 상징하는 중요한 소재였음을 확인할 수 있게 해준다.

단군신화에 드러난 숭고미의 두 번째 요인은 웅녀에게서 찾을 수 있다. 곰을 토템으로 보든, 아니면 지신地神(자연)의 상징으로 보든, 혹은 신성과 대비되는 물성物性으로 이해하든 상관없이 단군신화에서 곰이 인간의 모습을 얻어 웅녀로 환생하는 과정은 숭고미의 전형으로 파악할 수 있다. '쑥과 마늘만 먹고 백 일 동안 햇빛을 보지 말라'는 금기와 이를 지켜내는 과정에서 맞부딪치는 갈등과 고통은 특정한 존재가 왜소함을 넘어 숭고함으로 나아가는 초월의 과정이다. 이와 더불어 '백 일'이라는 시간과 '동굴'이라는 공간, 그리고

'쑥과 마늘'이라는 고통은 성시聖時와 성소聖所, 그리고 희생犧牲이라는 세 가지 요소를 모두 포함함으로써 숭고미를 표현하는 완성된 구조를 지니고 있다.

단군신화의 서사구조에서 동굴은 바로 장애를 극복하여 꿈을 실현시키는 공간적 배경이고, 통과의례적 공간에 해당한다. 동굴은 밝음이 아니라 어둠의 공간이며, 삶이 아니라 죽음의 공간이다. 곰이 사람이라는 완전히 새로운 존재로 재탄생하기 위해서는 반드시 죽음의 과정이 필요하다. 한 번 죽은 후에 새로 태어나야만 질적 전환이 이루어질 수 있기 때문이다. 그러므로 동굴은 어둠과 죽음을 상징하면서도 동시에 새로운 삶을 대비하는 모태의 공간이기도 하다. 이 동굴 모티프는 이후 우리 민족의 설화와 민담, 문학 작품 등에서 빠지지 않고 등장하는 형식이 되었으며,[23] 문화적 정서의 중요한 원형으로 작용하고 있다.

이처럼 웅녀가 동굴에서 삼칠일을 지내는 것은 자기 극복 내지는 자기 초월의 상징이다. 한 줄기 빛조차도 없는 캄캄한 동굴 속에 있다가 다시 빛을 보게 되었다는 것은 일단 죽어서 창조 이전의 모태로 들어갔다가 다시 창조되어 재생한다는 종교적 함의를 지니고 있으며, 동물에서 인간으로의 질적 변화를 일으킨 재생의 상징이다.[24] 또한 처음 약속된 시간은 100일이었지만 삼칠일, 즉 21일 만에 사람으로 변했다는 것은 신성神性과 인성人性, 신격神格과 인격人格을 등치시키는 것을 의미한다. 100은 모든, 전체, 완전함을 상징하는 하늘의 수이고, 3과 21은 사람의 수이기 때문이다.[25] 곰이 웅녀로 환생함으로써, 그리고 웅녀가 환웅과의 사이에서 단군을 낳음으로써 인간은 신성과 직접 연결되는 고리를 확보하게 되었으며, 이것은 왜소한 존재에 불과했던 인간이 천지와 함께 나란히 설 수 있는 숭고한 존재로 승격할 수 있게 되었음을 의미한다.

우리가 단군신화를 읽고 전승하면서 주의해야 할 점은 단군신화의 주체가 환웅도 아니고 웅녀도 아니며 바로 단군이라는 인격체라는 사실이다. 역사적 사실이 어떠하든 그것과는 별개로 환웅과 웅녀(환인까지 포함해서)는 우리 민족의 건국시조인 단군의 신성성을 확보하기 위해 필요한 존재이다. 환웅과 웅녀가 있음으로써 단군은 인간이면서도 동시에 신성한 존재라는 숭고함을 지니게 되며, 이러한 의식은 이후 우리 민족의 자긍심을 높이는 데 중요한 요소로 작용하였다. 숭고함의 주체가 된 인간은 존재론적 차원에서 천지와 대등한 관계로 이해되었으며, 현실적·육체적 한계를 넘어 우주의 조화를 실현하는 중심적 위치에 설 수 있게 되었다. 이것은 다른 민족의 건국신화와 달리 단군신화가 지닌 미의식의 특성이며, 후대에 등장한 동학의 '사람이 곧 하늘'이라는 인내천人乃天 사상의 내재적 기초를 형성하였다.

4. 세계와 인간의 관계 – 조화미와 일체미

위에서 우리는 단군신화의 서사 내용 자체에 담겨 있는 숭고미의 형태에 대해 살펴보았다. 앞서 언급했던 것처럼 단군신화는 겉으로 드러난 내용뿐만 아니라 그 이면에 특정한 세계관과 인간에 대한 이해를 담고 있다. 이 장에서는 단군신화에 내재되어 있는 세계관과 인간관이 어떤 미의식을 표현하고 있는지를 검토해 보겠다.

주지하다시피 한 나라의 문화와 그 저변에 깔린 세계관을 이해하기 위해서는 그 나라의 신화를 살펴보는 것이 상당히 유용하다. 특히 신화 중에서도 건국신화는 전승의 주체가 민족이라는 문화권으로 제한되기 때문에 민족 구성원의 인간관과 세계관을 담고 있는, 그 민족을 대표하는 가장 전형적인 문학 작품이라 할 수 있다.[26] 건국신화는 민족의 이상적인 국가관을 제시하고 있기 때문에 특별한 문화적 단절을 겪지 않는 이상 시간이 지나도 변하지 않으며, 후대에 이르기까지도 자국민의 의식 저변에서 지속적으로 영향력을 미치는 원형原型이 된다.

일반적으로 자연과 사회현상을 인식하는 능력이 아직 발달하지 못한 원시인들은 그들의 능력을 넘어서는 모든 현상에 대해 두려움과 공포를 느꼈고, 초인적 힘에 대해 경외하고 복종할 수밖에 없었다. 그러한 숭배는 도덕적 가치판단에 의한 것이라기보다는 단순한 생존의 동기에서 요청되었을 것이다. 이러한 원시적인 신앙은 신화와 밀접하게 관련되어 있는데, 신화의 가장 중요한 기능은 전체의 입장에서 집단을 유지하고 존속하는 것이었다. 이런 점에서 신화는 그 시대에 발생한 두려움의 표현이었고, 앞으로 공동체 구성원들의 모든 행동을 위한 지침으로서 원형적 모델을 형성했다.[27]

단군신화에 따르면 환웅이 하강하여 홍익인간의 이념으로 세상을 다스리고자 했을 때, 환인이 천부인天符印 세 개를 주었다. 이 천부인이 구체적으로 무엇을 가리키는지에 대해서는 많은 논란이 있었으나 지금은 거울과 방울, 그리고 칼이라는 설이 유력하게 받아들여지고 있다. 이 천부인 세 개 중에서 거울은 햇빛을 비추는 것으로 광명의 상징이다. 방울은 대지의 리듬을 상징하는 것으로 나라를 다스릴 때 천지의 조화로 다스리라는 뜻이 함축되어 있다. 그리고 칼은 사리를 명확히 분별하여 세상을 다스리라는 뜻이다.[28] 즉 천부인 세 개는 천·지·인의 관계를 상징하는 신물인 것이다.

여기에서 알 수 있는 것처럼 단군신화가 표방하는 세계관의 기본구조는 천·지·인 삼재三才의 관계로 보고, 이 관계를 대립과 갈등으로 이해하는 것이 아니라 인간을 중심으로 한 조화로운 관계로 인식하는 것이다. 이것은 다른 문화권의 세계관과 본질적인 차이를 보인다. 예를 들어 기독교적 세계관은 절대적 신에 의해 만물이 창조되는 것이고, 중국의 창세 신화인 반고盤古는 하늘과 땅이 분열된 신화인데 반하여 단군신화는 하늘과 땅이 결합되면서 인간의 탄생을 설명하고 있는 신화이며, 이는 조화와 균형을 달성하는 것이 큰 지혜임을 말하고 있다.[29]

또한 단군신화의 내재적 의미는 혼돈에서 조화로의 변화에 있다. 이것은 신화적 세계에서 인문주의적 세계, 즉 신의 권력이 인간에게로 이행되는 것을 의미한다. 권력이양을 테마로 한 신화는 다른 문화권에서도 찾아볼 수 있지만 권력의 이행과정에 있어서는 차이를 보인다. 서양의 경우 그리스 신화에서 권력이양의 구조는 친부의 살해를 바탕으로 하는데,[30] 이것은 이후 서양 문화 저변에 깊이 뿌리내리게 된다. 즉 새로운 창조는 언제나 기존의 질서를 부정하고 파괴함으로써 가능해진다는 헤라클레이토스(Herakleitos)적 사유 방식에 따라 대립-투쟁-통일(새로운 창조)의 세계관이 서양문화를 주도하였다.

서양에서와 달리 단군신화에서 세계는 화합과 조화로써 융합된 세계이다. 여기에는 고난과 극복의 과정은 있을지언정 본질적인 대립이나 다툼은 존재하지 않는다. 세계는 조화로운 질서에 따라 움직이는 것이며, 그 중심에 인간이 위치하고 있다. 조화로운 세계 속에서 인간은 신(天)과 자연(地)의 능동적인 의사에 의해 탄생되는데, 그 과정이 매우 흥미롭게 전개된다. 단군신화에 나타난 천신天神은 환인이지만 인간세계와 관계를 맺는 것은 그의 아들인 환웅이며, 환웅은 이미 신이면서 동시에 정신적으로는 인격적 존재로의 변화가 일어난 것으로 묘사된다.[31] 그리고 지신地神은 곰(동물)으로 형상화 되지만 금기禁忌에의 고난을 거쳐 웅녀로 재탄생하게 된다. 그리고 이 환웅과 웅녀의 결합에 의해 단군이 태어나는 것이다.

신격神格에서 인격人格으로, 그리고 물격物格에서 인격人格으로의 변화를 거친 두 존재의 결합이 곧 전인적 인격으로서의 단군이다. 이처럼 우리 민족이 추구한 전인적 개체는 바로 신성과 물성이 조화를 이룬 인간이다.[32] 여기에서 천·지·인의 관계는 어느 한 쪽이 일방적으로 주도하거나 혹은 수동적으로 뒤따르는 것이 아니라 능동적인 주체들 간의 조화로운 관계로 설정된다. 이 세계는 곧 조화로운 세계이며, 인간 속에 이미 신성이 깃들어 있고 신은 인간을 돕는 구조로 이루어진 것이다. 이와 같은 세계관과 인간관 속에서 우리는 '조화미'의 궁극적인 형태에서 나타나는 합일감, 곧 '일체미'

의 전형을 찾아볼 수 있다. 이러한 일체미란 개별자의 대립을 전제로 한 통일적 형식미나 하나의 중심으로 모든 것을 흡수해 버리는 중화미中和美와는 다른 것으로 양자의 특성이 완전히 융화되어 온전한 하나의 전체를 만들어내는 미감을 뜻한다. 그런데 이러한 인식은 같은 동양문화권에 속해 있는 중국의 세계에 대한 인식 구조와도 차이가 있다.

근본적으로 중국에서의 역사는 땅의 역사라는 특징을 갖고 있다. 곧 중원中原이라는 지역을 중심으로 그 영역에 포함되는 모든 민족이 그들의 역사에 포함되는 것이다. 그에 비해 한국의 역사는 한민족사韓民族史라는 인간의 역사로서의 특징을 갖는다. 이처럼 한국사상의 근저에는 인간 중심의 세계관이 내재되어 있으며, 또한 그것은 홍익인간弘益人間, 재세이화在世理化의 이념으로 구체화된다. 배척하고 억압함으로써 강제로 하나의 통일성을 만드는 것이 아니라 능동적이고 자발적인 조화와 화합으로써 일체一體를 지향하는 것이다.[33]

홍익인간, 재세이화의 이념은 단군신화의 궁극적인 지향점이다. 이러한 이상이 실현되기 위해서는 천·지·인이 조화롭게 어우러진 가운데 완전한 융합을 이루어 일체가 되어야만 한다. 이런 점에서 단군신화는 단순히 한 민족의 건국신화라는 제한된 의미를 넘어서 인류 보편의 가치를 담고 있는 심미적 텍스트로서의 의미까지도 지닐 수 있다.

5. 나오는 말

지금까지 학계에서 보여주었던 단군에 대한 관심은 주로 단군이 실제로 존재하였다는 역사성을 입증하려는 역사적 접근, 단군이 가지는 상징을 신화적 맥락에서 파악하려는 신화적·민속학적 접근, 한민족의 근원성과 사상 원류를 단군에서 찾으려는 사상적 접근, 그리고 민족의 국조로 숭앙되는 단군의 신성성을 검증하려는 종교적 접근 등으로 구분되어 이루어졌다.

현재 역사학의 주 과제는 단군의 존재여부를 규명하고 실증적으로 검토하는 것이다. 그러나 이것은 결국 단군에 대한 존재론적 접근이라는 한 부분을 형성하고 있을 뿐이다. 다른 의미로 종교적 관점에서 단군학은 그대로 신학神學으로 작용하며, 강력한 현실적 추동력을 갖게 된다. 하지만 이 역시 학문이 아니라 종교이며, 논리가 아니라 신앙이기 때문에 학문적 보편성을 확보하기에는 어려움이 있다. 문학과 문화의 영역에서 단군에 대한 접근은 교감될 수 있는 여지가 있는가 하는 것이 가장 중요한 전제가 된다. 물론 한민족 공동체 내에서 교감의 층위를 확보하는 것은 어렵지 않겠지만 이것이 인류 보편의 감성으로 연결되는 데에는 여러 가지 난점이 있다.[34]

이 논문은 지금까지 단군신화에 대해 접근해 왔던 방식과는 달리 단군신화에 나타난 심미의식을 분석함으로써 단군에 대한 폐쇄적이고 부분적인 이해를 극복하고 다원화된 현대사회에 적용될 수 있는 새로운 기준을 찾아보고자 하는 시도이다. 어느 나라든 자기 나라의 신화를 가지고 있고, 이러한 신화는 신화로서의 보편성과 함께 자국민의 특수성을 가지고 있을 수밖에 없다. 그러므로 우리의 경우, 단군신화가 지니고 있는 심미적 보편성을 토대로 하여 한국적 특수성에 접근할 때 상호 문화에 대한 공감이 형성되고, 나아가 문화적 포용력을 키울 수 있을 것이다.

지금 이미 시작되었고, 앞으로 우리가 전격적으로 맞이하게 될 다문화 사회는 자민족 중심주의를 벗어나 여러 민족, 여러 국가 구성원들이 서로의 문화를 이해하고 공유하는 상호문화적 이해의 틀을 기반으로 하여 소통, 이해, 협력해야 하는 사회이다.[35] 전혀 다른 혈통과 문화적 가치를 지니고 있는 외국인들에게 단군신화를 설명할 때, 단순히 혈연공동체로서 민족이라는 틀 안에 갇혀서는 보편성을 획득할 수 없으며, 어떠한 공감도 얻어낼 수 없다. 단군신화에 대해 국수적으로 편협하게 이해하는 태도는 결국 우물 안 개구리처럼 자기만족과 자기위안에만 그치고 말 것이다.

현대사회는 근대 민족국가에서 뚜렷하게 구별되었던 국가와 국가, 민족과 민족, 종교와 종교 사이의 경계가 무너져 가고 있으며, 특히 세계의 기성종교는 각자의 독선적인 입장을 지양하고 타종교와의 대화와 이해를 도모하면서 상호 공존하는 종교다원화시대가 되었다. 종교다원화시대에는 좀더 개방적인 시각이 요청된다. 개별적인 종교로서 단군을 신앙하는 것은 개인에게 보장된 종교의 자유이지만, 국조를 추념하고 존숭하는 국가적·사회적인 의미에서의 단군은 신앙의 시각으로 접근해서는 안 될 것이다.[36]

홍익인간, 재세이화의 이념은 우리 민족에게만 국한된 것이 아니라 전 인류에 공통적으로 적용할 수 있는 보편적 가치가 되어야 한다. 이를 위해서는 민족이라는 개념을 혈연에만 국한시키지 말고 문화 전반에 대한 것으로 확장할 필요가 있다. 비록 혈연적 관계로 맺어진 것이 아니라 하더라도 우리의 정서와 문화, 그리고 생활 전반에 걸쳐 동일한 공통분모를 가지고 있다면 '우리'의 범주에 포함시킬 수 있는 넓은 포용력이 필요하다. 그것이야말로 대립과 투쟁을 통한 한 방향의 통일성이 아니라 조화에 바탕한 일체미를 실현하는 것이며, 단군신화에 내재된 본질적 의미를 살리는 길이 될 것이라 믿는다. ▮

단군신화에 관한 문학적 연구 현황과 전망

김기호

1. 머리말

인문학의 노력이 진리를 발견하는 것이라고 할 때 이 진리를 기준으로 하여 학문의 영역을 나누면 크게 세 영역으로 구분 가능하다. 역사학, 문학, 철학이 그것이다. 학문의 역역에 따라 진리의 성격은 서로 차이를 보이는데 '사실의 진리'는 인간 역사의 거대 담론에서 다루는 진리이다. 이는 역사학의 영역이다. '이념의 진리'는 가치의 진리이다. 이는 철학의 영역이다. 문학은 역사학의 영역과 철학의 영역 중간에 위치하며, 문학이 역사학에 가까이 갈 경우, 역사와는 구별되게 '디테일한 삶의 진실'을 구한다. 한편 문학이 철학의 영역에 가까이 갈 경우 철학과는 구별되게 '허구적 영역의 진실'을 구한다.

단군신화는 철학의 영역과 역사학의 영역을 두 극단으로 하고 문학의 영역을 중간 매개로 하는 복합적 진리의 영역이다. 이러한 복합성으로 인하여 단군신화는 수많은 세부 학문 영역의 연구 대상이 되어 왔다. 지금까지 이루어진 전체 단군신화 연구 성과를 살펴보면(김성환, 2008) 연구서 530여 종, 관련 논문 1250여 편을 상회한다. 이러한 결과는 2007년 말을 기준으로 작성한 『고조선 · 단군 · 부여 연구논저목록』을 참고한 것이다. 연구 보고에 따르면 첫째 연구서의 경우, 신화 36편, 개관 246편, 역사학 135편, 고고학 18편, 민속학 7편, 국문학 12편, 종교학 9편, 자료 49편, 연구사 정리 1편, 기타 21편이다. 둘째 연구논문의 경우, 신화 184편, 개관 202편, 역사학 302편, 고고학 35편, 민속학 17편, 국문학 60편, 종교학 96편, 자료 89편, 연구사 정리 35편, 기타 236편이다.

연구 논문의 양적 성과를 기준으로 할 때 60편인 국문학은 적어도 302편인 역사학에는 훨씬 못 미치며 96편인 종교학에도 미치지 못한다. 역사학 302편, 개관 202편, 신화학 184편, 종교학 96편, 자료 89편, 국문학 60편, 연구사 정리 35편, 고고학 35편, 민속학 17편, 기타 236편의 순을 참조할 때 문학 연구는 많은 편에 해당하지 못한다. 그러나 이러한 학문간 구분이 가능한가 하는 문제가 제기된다. 단군신화 자체가 복합적 진리 구현체인 만큼 연구자의 학문 소속을 제외하고 오직 연구 결과물만을 두고 그 결과물을 역사학, 종교학, 국문학 등 어느 하나에 뚜렷이 귀속하기란 어려운 일이다. 그러나 이러한 난점에도 불구하고 역사적 연구, 사상적 연구, 문학적 연구를 구분하라고 한다면, 진리에 접근하는 방식을 기준으로 나누어 보는 것은 가능하다. 따라서 본 연구에서는 진리에 접근하는 방식을 기준으로 사실의 진실, 허구의 진실, 관념의 진실로 나누고, 허구의 진실에 접근하고자 연구된 논문을 단군신화에 대한 문학 연구로 본다.

허구의 진실에 접근하고자 연구된 논문을 역사 및 사상과 구별되는 문학 연구로 보지만, 이에 더하여 두 가지 기준을 더 포함한다. 하나는 연구자가 국어국문학자인지, 또 하나는 논문이 게재된 학술지가 국어국문학 범주의 학술지인지이다. 이러한 세 가지의 분류 기준을 한 문장으로 나타내면, "국어국문학 연구자가 허구의 진실에 접근하고자 단군신화를 연구한 논문을 국어국문학 범주의 학술지에 게재한 것이냐"가 기준이 된다. 이 경우 국문학 연구자가 사상적 연구를 한다든지, 국문학 연구자가 역사적 연구를 한다든지, 민속학적 연구를 한다든지 하는 경우에 연구 대상에서 제외하였다. 한편 비국문학 연구자가 허구적 진실에 접근한 경우는 없다. 그리고 국문학 연구자가 허구적 진실을 탐구한 결과물을 국어국문학 범주의 학회지가 아닌 곳에 실은 경우도 거의 보이지 않는다.

연구물로는 일반 학술지에 게재된 논문과 학위논문을 포함하였다. 여기서 저술을 포함하지 않는 것은 두 가지 이유에서이다. 첫째는 저술에 제시된 연구물들이 대체로 소논문의 성과물을 토대로 한 것이기 때문이다. 둘째는 저술의 경우 순수 연구물인 경우가 흔치 않다는 점이다. 이러한 이유로 일반 학술지 게재 논문과 석·박사 학위 논문만을 연구의 대상으로 삼았다. 이 두 종류의 연구 성과물을 수집하기 위해서 일차적으로 학술정보 제공 인터넷 사이트를 통해 '단군신화와 문학'이라는 검색어를 제공하여 자료를 찾았다. 다음으로 이렇게 찾은 소논문과 석·박사학위 논문들의 참고문헌들을 교차 검색하여 빠진 자료를 확보하였다. 그러나 상당수의 자료가 연구 대상에서 누락되었을 것이라 본다. 누락된 논문들은 추후 더욱 정밀한 교차 조사를 통하여 확인하고 연구사에 포함하고자 한다.

이렇게 하여 연구 대상이 된 논문은 60여 편[1])이 된다. 그러나 지금까지 문학적 관점에서 단군신화 연구사 검토가 이루어진 바는 없다. 연구사 정리가 저서1편 소논문이 35편이라 보고되었지만, 여기에 문학적 연구사 검토가 이루어진 바가 없기에 포함되지 않는다. 가령 이재걸의 경우 역사학적 연구의 현황과 문제점, 종교·사상적 연구의 현황과 문제점 검토의 연구를 수행하였다. 하지만 문학적 연구의 현황과 문제점에 대한 검토 작업만은 수행한 적이 없나. 대체로 역사학 분야에서 연구사 검토가 집중적으로 이루어졌다. 연구 결과물이 많은 만큼 연구사 검토가 충분히 이루어질 수 있었다. 그러나 문학적 연구는 연구사 검토를 단독으로 수행할 만큼 충분히 양적 성과를 이루었다고 하기는 어렵다.

그러나 2012년 9월 현재 문학적 연구의 성과물이 60여 편에 이르는 만큼 문학적 연구에 대한 연구사 검토가 수행 되어야 할 시점에 이르렀다고 본다. 문학 연구에서 무엇이 연구되었고, 무엇이 연구되지 않았는지, 무엇이 많이 연구되었고 무엇이 소략하게 연구되었는지, 그러므로 앞으로 어떤 분야를 집중적으로 연구를 해야 하는지에 대한 현황 파악과 전망이 필요한 시점이다. 따라서 본 연구에서는 문학적 관점에서 어떠한 연구들이 이루어져 왔으며, 이러한 연구 동향들이 연대별로 어떠한 변화의 추이를 보이는지, 그리고 연구에서 쟁점이 무엇인지를 알아보고자 한다. 이를 통해 장차 단군신화 연구에서 필요한 영역은 어떠한 것인지를 제시해 보고자 한다.

2. 단군신화의 관점별 · 연도별 연구 현황

문학 연구자가 단군신화를 허구적 진실을 지향하는 텍스트로 보고 이를 연구하여 국어국문학 범주의 학술지에 게재한 논문들과 학위논문들은 60여 편에 해당한다. 본 장에서는 이들 60여 편에 해당하는 논문들의 현황을 파악하기 위해 먼저 논문의 내용을 관점별로 나누고, 이를 연도별로 파악해 보고자 한다. 이렇게 하면 관점별 연구 현황과 관점에 따른 연도별 현황이 드러날 것이라 본다. 이것은 결국 단국신화의 문학적 연구의 관점별 쟁점이 무엇이며, 쟁점에 따른 후속 연구들은 어떠한 것들이 이어져야 하는지를 보여줄 것이다. 관점별 제시는 문학사에 서술된 단군신화를 연구한 논문들, 단군신화 문학교육을 연구한 논문들, 문학 발생학적 원형의 관점에서 연구한 논문들, 단군신화의 문학적 수용에 관한 논문들, 문화콘텐츠의 관점에서 연구한 논문들, 다문화 교육의 관점에서 연구한 논문들, 단군신화의 구조와 상징성을 연구한 논문들, 단군신화와 다른 문화의 신화를 비교한 논문들, 문학치료의 관점에서 연구한 논문들, 번역의 관점에서 단군신화를 연구한 논문들 등으로 이루어진다.

1) 문학사에 서술된 단군신화 연구

문학사에 서술된 단군신화를 연구한 논문들은 단군신화를 문학사적 좌표 상에 위치지운 국문학사 관련 저술들을 대상으로 한 연구이다. 연구 대상이 된 저술들은 먼저 남한의 국문학사 저술, 둘째 북한의 국문학사 저술, 셋째 연변의 국문학사 저술이 해당한다. 연구자로는 이재원 일인이며, 연구 수는 4편으로 1994년에 1편, 2001년에 2편, 2003년에 1편이다. 연도별 흐름을 보면 1980년대까지는 국문학사에 단군신화가 어떻게 기술되고 있는지에 대한 관심이 없었다는 것을 알 수 있다. 그러다가 1990년대에 국문학사에서 단군신화를 어떻게 국문학사 좌표에 위치지우는지 관심을 보이다가 2000년도에 들어서면서 본격적으로 연구를 하기 시작했다고 할 수 있다.

이재원은 1994년 논문에서 광복 이전 안확의 『조선문학사』(1922)에 서술된 단군신화 관련 내용을 소개하였으며, 이러한 서술의 관점이 정인보와 문일평으로 이어졌음을 밝혔다. 주된 내용은 건국신화로부터 신가神歌 즉 가요가 발생했다고 본 것이다. 이러한 관점은 권상로의 『조선문학사』에까지 이어지다가 1950년대 이후 새로운 연구 방법론에 밀려 약화되었다고 보았다. 광복 후 1970년까지의 국문학사에서 단군을 서술한 것들로 『국문학사』(정형용, 김형규, 손낙범, 정학모, 고정옥, 구자균 공저, 수로사, 1948)와 김사엽의 『조선문학사』(정음사, 1948), 그리고 조윤제의 『한국문학사』, 이병기와 백철의 『국문학전사』가 있었음을 들었다. 1970년 후 현재까지의 국문학사에서 단군을 서술한 것들로는 장덕순의 『한국문학사』(1975), 전규태의 『한국고전문학사』(1977), 김열규의 『한국문학사』(1983), 조동일의 『한국문학통사』(1982) 등을 들었다.

한편 이재원은 북한 문학사에 서술된 단군신화도 분석하였다. 분석결과 북학에서는 대표적으로 리응수의 『조선문학사(1)』(교육도서출판사, 1956), 언어문학연구소 문학연구실의 『조선문학통사(상)』(1959), 학우서방 편의 『조선문학사(고대, 중세편)』(교육도서출판사, 1964), 김춘택의 『조선문학사(1)』(김일성종합대학출판사, 1982), 정홍교의 『조선문학개관(1)』(사회과학출판사, 1986), 정홍교의 『조선문학사(1)』(사회과학출판사, 1991) 등을 제시하였다. 연구자에 따르면, 북한 문학사 서술에서 공통적으로 제시되는 것으로는 첫째 최초의 서사문학이라는 점, 둘째 단군신화 발생을 우리나라의 원시 및 고대 사회, 특히 고조선의 역사적 성립과 관련지어 설명한 점, 셋째 단군신화의 내용을 사회주의 이념 및 계급투쟁의 관점에서 해석한 점 등이다. 한편 차이점이라 하면 출판 당시의 상황에 따라 보인 서술의 차이, 둘째 단군신화에 대한 용어 및 고조선조 기록을 예시함에 있어서 다소의 차이 등이다.

이재원은 남한과 북한으로 나누어 국문학사에서 단군을 어떻게 기술하고 있는지를 면밀히 밝혔다. 이 두 연구를 바탕으로 이재원은 2001년에 "북한 · 연변 문학사에 서술된 단군신화 분석"을 그리고 2003년에 "남한과 북한 문학사에 서술된 단군신화 고찰"의 성과물을 내놓았다. 이재원의 연구는 남한, 북한, 연변 등의 국문학사에 기술된 단군신화를 분석하여 제시하였다는 점에서, 그리고 남한과 북한, 북한과 연변 등의 내용을 비교 제시하였다는 점에서 그 내용의 이해는 물론이고 앞으로 남북 통합 국문학사 서술을 위한 초석을 다졌다고 하겠다.

2) 문학교육의 관점에서 본 연구

단군신화 문학교육에 대한 연구는 교육의 현장에서 학생들에게 단군신화를 문학교육의 텍스트로 어떻게 교육할 것인가를 연구한 것이다. 연구자로는 안상문, 문홍구, 류위자, 민숙이, 안상문, 김진석, 손정무, 이병찬 등이 대표적이다. 연구 수는 총 8편으로 1998년에 1편, 2000년에 1편, 2001년에 3편, 2004년에 1편, 2005년에 1편, 2011년에 1편이다. 이 연구들도 연도별로 보면 2000년대 이후에 집중되어 있는 것을 볼 수 있다. 교육의 현장에서 단군신화는 역사교육, 종교와 사상 교육 등의 주요 텍스트가 될 것인데, 문학교육의 텍스트로 주목 받은 것은 비교적 최근의 일임을 알 수 있다.

민숙이(2001)는 "단군신화 전승에 관한 문학교육적 연구"에서 단군신화의 다양한 전승의 유형과 이의 구조 및 화소를 분석하였으며, 문학교육의 현장에서 문학작품의 제재로서의 단군신화의 지도방법론과 교수-학습 모델을 제시했다. 김진석(2002)은 "문학교육과 신화"에서 『삼국유사』는 단군신화를 제일 앞에 내세움으로써 고조선이 우리 민족사의 출발점이자 문학사의 시작임을 분명히 하고 있다고 보았다. 그리고 이러한 신화는 모든 사회가 발전의 초기 과정에서 가지게 되는 이야기의 총체의 한 부분으로, 그 구조나 기능을 이해하는 것은 인간 사상사의 한 단계를 밝힐 뿐만 아니라 현대인의 어떤 카테고리를 보다 잘 이해하는 데 도움이 된다고 했다. 더하여 그는 중등학교 문학 교육에서 필요한 신화의 이론 체계를 고찰하고 이 이론을 바탕으로 단군신화 텍스트를 분석하였다.

안상문(2004)은 "단군신화에 나타난 보편적 세계정신"에서 문학교육은 민족의 분열과 대립의 문제를 해결하고 평화와 화합의 정신을 찾기 위한 방법을 단군신화(홍익인간, 평화의 정신, 화합의 정신)에서 찾아야 한다고 하였다. 손정무(2005)는 "단군신화에 관한 문학교육적 교수-학습 방법의 연구"를 발표하였다. 이 연구에서 중등과정의 고등학생들을 대상으로, 선택과목인 문학 교과를 통해 지도할 수 있는 신화의 문학적인 측면을 살핀 후에, 역사적인 사실을 기반으로 하는 단군신화의 민속학적, 문화적인 측면 등을 고려하여 학습자가 신화의 특성에 접근할 수 있는 교수-학습 방법(단군신화 지도 방향, 단군신화 교수-학습 모형, 내면화를 위한 교수-학습의 방안)을 모색하였다. 이병찬(2011)은 단군신화 교육의 전제와 방법적 제안을 통해 단군신화를 활용한 문학교육 방법으로 스토리텔링을 제안하였다. 이 제안에는 〈내용 바꾸기〉, 〈갈래 바꾸기〉, 〈매체 바꾸기〉, 〈재구성〉, 〈재창작 활동〉 등이 포함되어 있다.

단군신화의 교육과 단군신화의 문학교육은 구별되어야 한다. 단군신화는 일찍이 교육의 대상이 되었다. 역사학과 종교사상 분야에서는 일찍부터 단군신화를 텍스트로 한 교육이 이루어져 왔다. 이렇게 보면 문학 분야는 상대적으로 늦었다. 특히 연구 분야에서 단군신화의 문학교육의 교수-학습 방법을 연구한 기간은 그렇게 오래지 않았다. 그러나 초기 단계이기는 하지만 문학교육의 이론적 체계와 교수-학습 방법에 대한 구체적 안들이 제안되고 있다는 것은 고무적인 현상이다.

3) 발생학적 관점에서 본 연구

문학 발생학적 관점에서 본 연구들은 신화를 문학의 원형이라 본다. 신화가 의례적 구술상관물이라 할 때 신화는 말하자면 원시 종합예술의 속성을 띤다는 것을 의미한다. 그렇기 때문에 문학으로서도 그 원형을 신화에서 찾는 것은 당연하다. 그러나 이러한 관점으로 신화를 문학 연구에 끌어 온 것은 문학 연구에서 획기적인 전환점이 된다고 볼 수 있다. 왜냐하면 이전까지 신화의 속성에 끌려 문학 연구는 자신의 영역을 확보하지 못하고 다른 학문 영역에 끌려가는 현상을 보였기 때문이다. 가령 국문학자이면서도 연구는 역사학적 연구나 종교적, 혹은 사상적, 혹은 교육적 연구, 혹은 범문화적 연구의 범주에서 연구를 수행해 왔기 때문이다. 문학 발생학적 관점의 연구가 이루어짐으로써 드디어 신화 이후 전개된 문학과의 관계가 논의되기 시작했다.

초기의 관점으로 이러한 연구 성과를 낸 연구자는 대표적으로 두 연구자를 들 수 있다. 김무조와 전규태이다. 김무조(1961)는 "단군 신화의 문학적 시고 -가요배태를 중심으로"에서 가요의 원류와 소설의 원류를 단군신화에서 찾았다. 그에 따르면 웅·호의 애정의 결합은 가요의 발생적 의미를 가지고 나타나서 결국은 소설적 비극을 가지고 단군신화는 성립되었다고 보았다. 그리고 단군신화에 담겨 있는 종교적 요소에서 보이는 언어와 행동은 그대로 고대인의 원시 예술의 삼위일체를 보여주는 것이라 했다. 한편 전규태(1965)는 "한국신화의 문학적 연구서설-단군신화를 중심으로"를 발표하였다. 그는 이 연구에서 우리는 신화가 한낱 옛이야기거리가 아닌 "생활된 현실로서의 신화"요, "원시적 현실의 재인식으로서의 신화"요, 그리고 "도덕을 지키고 강화하며 제의의 효성을 보증하고 인간성의 지침이 되기도 하는 신화"로서의 성격을 밝혀내야만 할 것이며 또한 문학의 원류를 천착하는 한 작업으로도 필요하다고 했다. 단군 신화의 방법은 원시적인 것이다. 그만큼 우리에겐 또한 영원한 것이기도 하다. 신화의 문학적 고찰이 제기되는 연유도 바로 여기에 있다고 했다. 그는 신화 혹은 단군 신화의 원형성과 복합성을 주요하게 이해한 것이다.

일제강점기 단군신화의 국문학 연구자들은 시대적 과제가 더 시급하였기에 역사적·종교적·사상적 측면에서 문학연구를 하였다. 그러나 해방 이후 연구자들은 서서히 문학적 본령에 관심을 두기 시작했다. 김무조와 전규태는 이러한 흐름의 아주 초기에 해당하는 연구자들이다. 이들의 연구 의의는 무엇보다 복합적 연구 경향에서 문학적 연구 경향으로 방향 전환을 이루었다는 점이다. 이들의 연구를 이어서 본격적으로 단군 신화 텍스트 구조와 상징에 대한 연구, 단군 신화가 후대 문학에 수용된 양상 등에 관한 연구가 이루어진다. 이러한 면에서 두 연구자의 연구 의의는 적지 않다.

4) 단군신화의 문학적 수용에 관한 연구

문학의 원형으로서 단군신화를 보기 시작하면서 새로운 연구 흐름이 형성되기 시작했다. 문학의 원형이 신화라고 보기 때문에 선대의 원형이 후대에 어떻게 수용되었는가에 관심을 두기 시작하였다는 사실을 의미한다. 이러한 관심은 국문학 전공자들의 자기 학문 전공에 따라 나타나기 시작했다. 무엇보다 고소설 연구자들을 중심으로 단군신화와 고소설의 수용 양상을 밝히기 위한 연구가 6편에 걸쳐서 이루어졌다. 이어서 현대소설과 단군신화 연구가 8편, 영사악부와 단군신화가 1편, 희곡과 단군신화가 2편, 동화와 단군신화 2편, 현대시와 단군신화 1편, 기행문과 단군신화 1편, 일반적 글쓰기와 단군신화가 1편으로 하여 총 22편의 연구가 이루어졌다. 이들 연구들을 갈래에 따라 나누어 살펴보면 다음과 같다.

(1) 고소설에 나타난 단군신화 연구

단군신화의 원형이 고소설에 수용되었다는 관점이다. 이러한 관점을 견지한 연구자는 오출세, 장덕순, 윤경수이다. 1984년에 1편, 1993년에 1편, 1994년에 1편, 1996편에 1편, 1997년에 1편, 2000년에 1편이다. 시기별로 보면 이러한 관점의 연구는 1990년대에 주로 이루어진 것으로 90년대 이전 연구자들로부터는 크게 관심을 끌지 못했던 것 같다. 특히 이러한 연구 경향을 주도한 사람이 윤경수였고 나머지 대다수의 연구자들은 이러한 관점에 대해 크게 관심을 보이지 않았다. 이것은 단군신화의 내용이 고소설에 직접 보인다든지 하는 것처럼 뚜렷한 수용의 양상을 보이지 않는다는 점에서 나타난 현상이다.

오출세(1984)는 “영웅소설과 민간신앙의 구조”에서 단군신화의 구조가 후대 영웅소설의 구조에 변이되어 나타난다고 보았다. 그는 특히 『유충렬전』과 『이린전』을 중심으로 살펴 이를 보여주었다. 그는 이러한 작업을 이룬 후에 "멀리는 국조신화가 변이되어 설화화되고 민간에 침윤되어 속신 내지는 신앙의 대상이 된 점도 간과해서는 안 된다"고 하여 설화화와 민속 속신화의 과정도 있었음을 나타냈다. 한편 설화 연구자였던 장덕순은 "단군신화와 한국문학"을 통해 단군신화가 우리의 고소설에 어떤 영향을 주었는가를 살펴보았다. 그는 단군신화가 우리 서사문학의 원초적 존재라고 가정할 때 이 속에는 여러 가지의 서사문학의 속성도 내포되어 있다고 단정할 수 있고, 또 사실에 있어서 그러하다고 했다. 왜냐하면 우리 고소설에서는 신과 인간이 공존하여 서로 협력하는 장면이 많고 따라서 신계와 하계, 천상과 지상, 혹은 지하에까지 그 무대를 확대하고 있기 때문이라고 했다. 『구운몽』 같은 것은 그 좋은 예가 된다고 하였다. 한편 곰의 화신을 원형으로 하여 이것이 『박씨전』, 『옹고집전』, 『만복사저포기』 등으로 수용되었다고 했다.

윤경수는 "단군신화와 문학적 수용 양상 -광명의식을 중심으로"에서 단군 신화의 동굴 모티프를 광명사상과 연결을 지어 이것이 고전소설 『배비장전』, 『금원전』, 『금방울전』 등에 수용되었다고 본다. 특히 단군 신화의 변신·재생의 모티프로써는 『심청전』을 들 수 있다고 했다. 윤경수의 이러한 연구는 "단군신화의 광명상징과 고전문학에의 수용양상에 관한 연구 -동굴모티프와 고소설을 중심으로"로 이어진다. 그리하여 동굴모티프 혹은 광명사상을 수용한 고소설로 『춘향전』 『심청전』 『홍길동전』 『흥부전』 『박씨전』 『유충렬전』 『배비장전』 등을 들었다. 윤경수는 이러한 수용의 내용을 더욱 정밀하게 가다듬어 작품 별로 단군 신화의 어떠한 점을 수용하였는지를 보여준다. 이러한 논의가 포함된 것이 "단군신화와 한국문학과의 관계양상-고소설과 현대문학의 수용을 중심으로"이다. 이 논문에 따르면 춘향은 웅녀상의 수용, 이도령은 환웅상의 수용이다. 『심청전』은 단군신화의 구조와 밀접히 관계가 있는 것으로 보았다. 이와 같은 논리로 『흥부전』의 원형이, 『배비장전』의 재생 모티프가, 그리고 길동의 율도국 건설 등이 단군신화의 수용이라 본 것이다.

(2) 영사악부에 나타난 단군신화 연구

영사악부와 단군신화와의 관계를 밝힌 연구자는 김영숙이다. 김영숙은 1997년에 "영사악부의 단군신화 수용양상과 의의"를 통해 이를 밝혔다. 연구자에 따르면 임창택, 오광운, 이광사, 조종현, 김수민, 이령익, 이학규는 단군신화를 수용한 영사악부를 지었다. 작품에 나타난 단군신화 수용양상은 신화의 다양성과 작가들의 단군신화 이해 태도에 따라 여러 가지 면으로 나타난다.

영사악부의 단군신화 수용은 역사성, 문학성, 가악성을 통한 전승과 교화의 기능을 한다는 점, 구비-산문-운문의 문학적 변모과정의 한 예가 된다는 점, 작가들의 역사의식, 주체의식이 강하게 투영된 점, 단군신화의 재해석이란 점 등을 살펴볼 때 그 의의는 자못 크다. 이러한 점에서 연구자는 단군신화뿐만 아니라 주몽, 해모수, 수로왕, 김알지 등 다른 건국 신화와 함께 다루어져 우리나라 역사,

신화, 문학의 종합적인 면이 해석되어야 할 것이라고 제안하였다.

(3) 희곡에 나타난 단군신화의 연구

희곡에 나타난 단군신화의 경우 백철이 1978년에 가장 먼저 언급하였다. 백철은 단군신화의 희곡적 속성에 주목하였다. 백철은 1978년에 발표한 논문 "한국문학사와 원류적인 것"에서 단군신화와 희곡의 관계를 짧은 통찰적 의미로 언급하였다. 언급한 내용을 보면 "내가 이 단군신화의 스토리에 흥미를 느끼는 것은 그런 무대나 소도구보다는 그 웅녀가 호남과 경쟁을 해서 백일간 태양의 빛을 못보게 하고 굴 속에서 마늘과 쑥을 먹으며 지난 결과로 웅녀가 인간으로 화성할 수 있었다는 이야기의 극성劇性이다. 우리는 만일 교묘하게 상상력을 가하면 이 대목을 갖고 거뜬히 백일서사시 하나를 써낼 수 있는 풍부한 작품적인 극적 내용과 의미가 담겨 있다고 생각한다"고 밝혔다. 극성과 콘텐츠 이 둘에 대한 언급이다.

한편 김일영은 2002년에 발표한 논문인 "이광래 희곡 연구"에서 작가 이광래는 단군신화가 지닌 연극성을 환웅과 웅녀의 성격에서 찾아봄으로써 한국 연극의 기원을 상고시대로 끌어올리고자 하였다고 했다. 신화시대에 연극이 있었다는 논지는 우리나라 연극사가 서양의 연극사에 비견될 수 있다는 긍지에서 출발한 것이라고 연구자는 논평을 했다. 계속해서 그가 단군신화를 연극으로 보고자 하는 근거는 'participtionʼ 개념이라고 했다. 파티시페이션이란 사물이라든가 현상이 그 자신이면서 동시에 그 자신 이외의 것도 될 수 있다는 뜻으로 풀이되는 말이다. 무대 위의 배우는 자신의 진짜 모습이 아닌 '가면(persona)'으로 존재하며, 배우 자신의 본래 모습은 '가짜 가면'으로 존재한다는 것이다. 그러니 웅녀는 연극의 배우로 해석 가능하다는 논지이다. 그럼으로써 이광래는 환웅의 성격을 '우리 민족 및 우리 문화에 여명의 박광을 던져준 최초의 위대한 시인이요, 따라서 문학 및 연극을 몸소 실천한 예술가이자 동시에 대정치가이며 대종교가이며, 대사상가'라고 규정하였다.

(4) 동화에 나타난 단군신화의 연구

역사 동화로서 단군신화를 연구한 논문이다. 신헌재는 이홍구와 홍성찬의 그림책 『단군신화』(보림, 1995)를 분석하였고, 오세란은 역사동화로 수용된 단군신화인 송업의 『단군의 조선』(2007), 강숙인의 『하늘의 아들 단군』(2007)을 분석 텍스트로 삼았다. 문학의 갈래에서 동화는 아동의 발달을 위한 지침서 역할을 한다. 역사 동화로서 단군신화가 아동들에게 제공된다는 것은 그들의 인지적, 정서적, 도덕적 성장에 지대한 영향을 미친다는 것을 의미한다. 이 두 논문은 단군신화를 동화로 수용한 창작활동의 그간 성과를 보여주었다는 점에서 의의가 있다.

신헌재는 "그림책 창조와 민족문학-민족설화를 배경으로 한 그림책"이라는 주제를 제7차 아시아 아동문학대회 발표논문에 수록하였다. 발표 내용에 따르면 연구자는 아동의 그림책에서 보이는 한 민족의 정체성을 『단군신화』에서 찾았는데 그것은 신관, 인간상,

이상향이었다. 그리고 이들 세 가지 요소들이 직간접적으로 그림책에 투영된 면모들을 확인하였다. 오세란은 "근대 이전을 배경으로 한 역사 동화의 현황과 과제"를 통해 단군 신화를 모티프로 삼은 역사동화가 창작된다는 사실을 밝혔다. 그러면서도 상고사를 배경으로 한 건국신화를 모티프로 삼아 역사의 영역에 편입시키는 점은 특이한 일이라고 연구자는 보았다.

(5) 현대소설에 나타난 단군신화의 연구

현대소설의 단군신화 수용양상을 연구한 연구자들은 윤경수(1996, 2000) 유순영(1998), 홍성암(1998), 임금복(2006), 홍순애(2006), 이민희(2012) 등이다. 단군신화의 일부 내용이 현대소설에 그대로 수용된 경우는 없다는 점에서 연구자들은 수용의 양상을 구조와 모티프, 혹은 의식에서 찾았다. 의식의 수용양상이라고 할 때는 단군신화의 동굴모티프가 광명의식을 상징한다고 보고, 이러한 광명의식을 구현한 현대소설이 있다면 이를 단군신화의 광명의식 수용으로 본다. 혹은 단군신화의 호랑이 모티프가 현대소설에서 재창조된 호랑이로 등장할 경우 이 또한 수용으로 본다. 현대소설의 서사적 원형을 단군신화에서 찾는 노력은 한국 소설문학의 발생학적 원형을 내재적으로 구하고자 하는 노력이다. 현대소설 발생의 내재적 구심력을 확보하려는 노력의 일환으로 볼 때 이러한 연구의 의의는 적지 않다.

윤경수는 "단군신화와 문학적 수용 양상 -광명의식을 중심으로"에서 단군신화의 동굴 모티프를 현대 소설에서 찾아볼 수 있다고 했다. 가령 시련을 극복하고 광명을 찾는 원형적 동굴 모티프가 이상의 「날개」, 염상섭의 「만세전」, 최인훈의 「광장」, 선우휘의 「불꽃」, 장용학의 「원형의 전설」 등에서 찾아볼 수 있다고 했다. 유순영은 "단군역사의 소설화에 대하여"를 통해 단군 역사를 소설화할 경우 제기되는 문제점과 그 가능성을 알아보았다. 연구자는 "단군역사의 소설화는 가능한가?"라고 스스로 문제를 제기하고 여기에 대해 "가능하다"라고 답을 내렸다. 그리고 이 답을 위해 그는 "역사소설의 의의는 역사의식에 있으며 결코 과거사의 재현에 있지 않다"는 전제를 세웠다. 역사의식을 강조함과 동시에 연구자는 가능한 모든 문헌을 동원하고 고고학적 연구 결과를 바탕으로 하여 당시 생활을 재구성하는 것도 당연한 일이라 했다.

홍성암은 "단군신화와 한민족의 문학정신"을 통해, 무엇보다 단군신화의 신앙적 체계가 우리 문학의 정신적 체계의 핵심이 되고 원형이 된다는 것을 주장하였다. 그리고 우리 민족의 현재에서 과거를 재구하는 가능성을 열어 놓는다는 점에서 단군신화의 문학적 수용은 매우 중요한 작업이 된다고 보았다. 그는 김범부의 『물계자전』과 이광수의 『원효대사』를 통해 단군신화의 문학적 수용 양상을 밝혔다. 임금복은 "단군신화 속의 '호랑이' 의미 부활 창조-박진규의 「수상한 식모들」론-"을 통해 단군신화의 주요 인물인 호랑이 성격이 현대 소설에서 어떻게 변모되는지를 밝혀 수용 양상을 점검한다. 연구자는 신예작가 박진규의 장편소설 『수상한 식모들』(2005)을 중심으로 '호랑이 여인'의 캐릭터, 호랑아낙과 수상한 식모들을 중심으로 분석하였다. 연구자는 박진규의 소설 『수상한 식모들』은 비주류 항거론과 부르주아 해체주동자로서 여성성이나, 이 시대 귀를 기울일 또 다른 「단군신화」, 가상 신화 '호녀신화'의 창출이라고 했다.

홍순애는 "근대계몽기 단군신화 담론의 서사적 재현- 박은식을 중심으로"를 통해 박은식이 어떻게 단군신화를 이야기로 재현하였는지를 밝혔다. 연구자에 따르면 『명림답부전』과 『몽배금태조』에서 단군은 신격화된 존재로 형상화되고 대종교의 연장으로써 재신화화 하는 양상으로 서술된다. 박은식의 저작에서 단군담론이 중요하게 논의되는 것은 민족공동체의 중추를 담당한 상징화된 인물의 필요성과 암울한 민족의 미래를 투영할 대상으로서 단군이 요청되었기 때문이라고 했다. 국조로서의 탈신화가 된 단군과 대종교의 신격화된 인물로서 단군은 박은식 문학에서 동시에 재현됨으로써 민족의 정체성을 구성하는 한편 민족의 잠재적인 능력을 실현할 대상으로 표상되었던 것이다. 한편 이민희는 "야담잡지를 통한 역사소설가로서의 김동인 재조명: 일제강점기 단군 소설화 양상과 관련하여"에서 김동인의 단군 재현 노력과 의도를 밝혔다. 연구자는 김동인이 주축이 되어 창간한 『야담』에 단군을 국조로 하여 한민족을 하나의 역사공동체 속에 틀 지우는 『삼국유사』가 기존의 순한문에서 국문-한글-으로 번역되어 실렸다는 사실에 주목할 필요가 있고 했다. 이는 일제강점기 단군의 탄압 수위를 고려할 때, 단군의 전거인 『삼국유사』를 일반인에게 유포하거나 단군을 환기시키는 등 야담잡지를 통해서 본 김동인의 행적이 그 자체로 식민지 지배논리 속으로 흡수되지 않으려는 대항논리를 제시하는 것이라고 했다.

(6) 현대시에 나타난 단군신화의 연구

윤경수(2000)는 단군신화가 현대시에 수용된 양상을 제시하였다. 초기 연구에서 단군신화가 고시가를 배태하였고 고시가의 원형이 단군신화가 된다고 주장한 연구자들이 있었다. 그러나 그 이후 뚜렷이 현대시가 단군신화를 원형으로 하거나 수용하였다는 논의는 전개되지 않았다. 다만 윤경수만이 "단군신화와 한국문학과의 관계양상 -고소설과 현대문학의 수용을 중심으로-"에서 홍사용의 시 '나는 왕이로소이다'가 단군신화의 동굴모티프를 수용했다고 보았다. 연구자의 주장을 따라가기 위해 홍사용의 『나는 왕이로소이다』를 제시한다.

> 나는 왕이로소이다. 나는 왕이로소이다. 어머님의 가장 어여쁜 아들
> 나는 왕이로소이다. 가장 가난한 농군의 아들로서 …
> 그러나 십왕전十王殿에서도 쫓기어 난 눈물의 왕이로소이다.
> "맨 처음으로 내가 너에게 준 것이 무엇이냐?" 이렇게 어머니께서
> 물으시며는
> "맨 처음으로 어머니께서 받은 것은 사랑이었지요마는 그것은 눈물
> 이다
> 하겠나이다. 다른 것도 많지요마는 …"
> 할머니 산소 옆에 꽃 심으로 가던 한식날 아침에
> 어머니께서는 왕에게 하얀 옷을 입히시더이다.
> 그리고 귀밑머리 단단히 땋아 주시며
> "오늘부터 아무쪼록 울지 말아라."

아아, 그 때부터 눈물의 왕은 어머니 몰래 남모르게 속 깊이
소리 없이 혼자 우는 그것이 버릇이 되었소이다.

연구자는 홍사용의 이 작품에서 '눈물'이란 성인사회로 나아가는 통과제의인 것처럼 곰이 쑥과 마늘을 먹으며 동굴에서 사람이 되기를 기다리는 것도 같은 맥락에서 이해할 수 있다고 했다. 시련의 의미를 가지는 곰의 동굴생활은 홍사용의 작품에서 어린 왕자의 눈물과 같은 대상이라 할 수 있기 때문이다. 곰이 웅녀로 변신을 이루고 어린 왕자가 성인으로 성장하는 과정은 입사식에서 통과의례적인 고통을 겪은 후에 얻어진 것이었다고 할 수 있다. 곰과 어린 왕자가 그 고통을 극복하는 것만이 자기가 하고자 하는 일을 성취할 수 있다고 한다면 국조신화의 동굴모티프는 한국의 문학상에도 막대한 영향을 미쳤을 것이라 연구자는 추단했다.

(7) 기타 글쓰기의 관점에서 본 연구

기타 글쓰기는 문학의 중심 갈래인 시, 소설, 희곡 이외에 해당하는 글들을 이른다. 여기에는 기행문과 학생들이 작성한 시나리오가 해당한다. 기행문의 경우는 최남선의 『백두산근참기』이다. 윤영실(2008)은 "문학적 글쓰기와 민족의 공간-조국祖國, 신화세계, 변경邊境"을 통해 단군신화와 『백두산근참기』와의 관계를 분석하였다. 연구자에 따르면 최남선의 문학적 상상력이 가장 최고조로 되었을 때 기행의 서사가 신화적 서사들로 변용되었다고 했다. 특히 『백두

산근참기』는 단군 신화를 근간으로 삼아, 신화적 비유를 통해 풍경을 묘사하고 문학적 상상력을 동원해 새로운 신화를 창조하며, 타락과 재생이라는 신화적 구조에 따라 서사의 플롯을 짜는 등 다양한 방식으로 신화를 도입하고 있음을 밝혔다.

황혜진(2012)은 "단군신화에 대한 독자의 수용 양상과 특성"을 통해 현대 독자들과 단군신화와의 관계를 밝히는 특이한 글을 썼다. 이 논문을 통해 연구자는 현대 독자들이 단군신화를 수용하는 양상과 단군신화와 관계 짓는 양상을 밝히고자 했나. 이를 위해 '단군신화와 나'라는 주제로 독자들이 쓴 64편의 자료를 분석하여 수용 양상을 펼쳐 보았다. 연구 결과에 따르면 첫째 단군신화는 국가적인 상징의례에도 활용되는 대표적 상징이자 사회화를 도모하는 교육 이념이 되고 있지만 민족적 이념에 대한 관심으로 단군신화를 수용하는 경우는 적다는 사실을 밝혔다. 둘째 독자들은 곰과 호랑이가 등장하는 내용에 관심의 초점을 둔다는 점, 셋째 비판적인 그리고 합리적인 단군신화의 수용 태도가 많다는 점을 들었다. 일부 수용자들이 어린 시절 단군신화를 들으면서 느꼈던 경이로움과 신비로움이 사라졌음을 고백한 내용도 밝혔다.

5) 콘텐츠의 관점에서 본 연구

오늘날 문화 상품의 원천으로서 고전이 주목받고 있다. 고전이 부를 창출하는 문화상품의 원형이 된다는 인식을 토대로 한다. 고전이라고 할 때는 고전문학을 주로 염두에 둔 말이기는 하지만 좀 더 좁히면 구비전승되는 설화를 의미한다. 구비전승되는 설화는 오늘날 문화상품의 관점에서 볼 때 상품성이 없을뿐더러 전혀 매력을 발산할 것 같지 않은 것으로 인식된다. 그러나 설화의 위대성은 누백 년, 누천년의 검증을 통과하여 살아남은 문화이자 문학이라는 것이다. 그렇기 때문에 설화에는 말로 다할 수 없는 대중적 매력을 갖추고 있다고 보는 것이 타당하다. 설화 중에도 특히 신화는 다른 어떤 유형의 이야기보다도 인간 문화 혹은 문학의 원형이 된다는 점에서 주목을 받아왔다.

이러한 주목의 연장선에서 연구자들은 단군신화의 문화 상품화 가능성에 눈을 돌렸다. 신광철(2005)은 지금까지 있어온 단군신화를 활용한 다양한 문화컨텐츠 영역을 상세히 살펴보고 앞으로 단군신화의 콘텐츠화 가능성에 대해 진단을 내렸다. 신광철은 "단군 콘텐츠의 현황과 전망"에서 지금까지 있어온 단군신화 콘테츠 사업을 소개하였는데, 원형 및 캐릭터 분야, 에듀테인먼트 콘텐츠 및 게임 분야, 만화 및 에니메이션 분야, 드라마 및 영상 콘텐츠 분야, 공연예술분야를 소개하였다. 이명현(2011)은 "다문화시대 이물교혼담의 해석과 스토리텔링의 방향"을 연구하였다. 연구자는 이물교혼담을 소재로 하여 새로운 콘텐츠를 스토리텔링할 때 이물 교혼담의 서사적 지향과 그 안에 담긴 부부관계의 의미를 비판적으로 수용하여야 한다고 했다. 그리고 무엇보다도 중요한 것은 주체의 시선으로 외국인 여성을 바라보는 것이 아니라, 외국인 여성 자신을 주체로 인정하고 그 자신의 시선으로 바라보는 이야기를 스토리텔링해야 한다고 하였다.

6) 다문화 교육의 관점에서 본 연구

한국 사회가 다문화 사회로 진입하면서, 단군신화는 언어 교육 및 문학 교육, 그리고 문화 교육의 텍스트로서 주목을 받아왔다. 양민정(2006), 김민희(2007), 박진태(2008), 양지선(2009), 이성희(2010), 이명현(2011)의 논문들이 다문화 사회와 관련한 다문화 교육의 관점에서 단군신화의 의의를 논의하였다. 신화는 그것을 믿는 집단의 모델이 된다는 점에서 강력한 구속력을 행사한다. 이런 면에서 다문화 사회의 다문화 교육에 단군신화를 도입하는 데는 많은 매력을 느끼지만 주의할 점도 있다. 연구자들 또한 이러한 점을 염두에 두고 논의를 펼쳤다.

양민정은 "외국인을 위한 한국문화 교육 방안 연구-한국 고전문학을 중심으로"에서 단군신화를 통하여서는 한국어 학습자들에게 한국의 천신숭배 사상, 인간 긍정 사상, 숫자 3의 길수 인식, 조화와 생성 밝음 사상 등의 한국 문화의 원형을 교수해야 한다고 주장한다. 김민희는 "설화를 활용한 한국 언어·문화 교육 방안 연구"에서 단군신화를 통한 한국 문화 교육 방안을 다루면서 천신 숭배사상, 천부지모 사상 등을 단군신화에 드러난 종교와 사상으로 지목했고, 단군신화를 통한 실제적인 수업 모형을 제시하였다. 박진태는 "한민족과 세계, 그리고 구비문학 -21세기적 상황을 중심으로"에서 구비문학이 한국 다문화 사회에 기여할 것을 모색해야 한다고 당위성을 주장했다. 그러면서 단군신화에 선주민 고아시아족과 이주민 알타이족이 다문화 사회를 형성한 사실이 투영되어 있음을 확인하였다.

한편 양지선은 “단군신화를 활용한 한국어와 문화 교육”에서 각 한국어 교재의 신화 수록 현황과 어휘를 점검한 뒤, 중·고급 학습자들을 대상으로 하여 한국인들의 우리를 강조하는 집단문화와 민족적 금기 및 상징체계 등을 교수 내용으로 제시하였다. 이성희는 “단군신화의 한국어 교재 수용 양상 고찰 및 수록 기준 모색 -원전 수록 방식을 중심으로”에서 단군신화 수록 시 수록의 기준을 제시하였다. 또한 한국인의 문화를 이해할 때 매우 유용하며, 학습자가 자문화와 목표문화인 한국 문화를 비교하며 학습할 수 있어, 상호문화 능력 신장을 위한 유용한 교수·학습 자료라고 밝혔다. 양지선과 이성희가 말하는 문화 교육은 문학 교육을 포함하는 용어로 이해된다.

한편 이명현은 “다문화시대 이물교혼담의 해석과 스토리텔링의 방향”에서 단군신화의 ‘환웅-웅녀’의 관계는 외국인 신부에 대한 가부장적 태도를 상징적으로 보여주는 것이라 했다. 한편 동화에 대한 요구와 금기의 정도가 높아질수록 동굴 밖을 뛰쳐나가는 범이 늘어날 것이라고도 했다. 주체와의 일방적 관계를 거부하는 타자를 방치한 채 묵묵히 동굴 안에서 쑥과 마늘을 먹고 버티는 누군가를 막연히 기다리는 것은 시대착오적인 생각이며, 주체와 타자 모두에게 불행한 일이라 했다. 이처럼 이명현은 단군신화를 원형으로 하여 우리시대 다문화 구성 주체들의 위상을 재정립할 필요가 있다고 했다. 연구자가 단군신화를 다문화와 관련하여 주체의 모순들을 상징적으로 보여주는 예로 보기 때문이다.

7) 구조와 상징의 관점에서 본 연구

단군신화를 문학 텍스트로 두고 이 텍스트의 의미 구조와 각 모티프의 상징을 연구한 논문들이 있다. 황패강(1966), 이재원(1991), 김동훈(1993), 이재원(1995), 김진석(2002), 강명혜(2007) 등의 연구가 단군신화의 구조와 상징성을 연구한 논문들이다. 문학 연구의 기준을 허구적 진실성에 둔다고 하였지만 엄격한 의미에서 문학은 '언어의 형상적 예술'이라는 점에서 언어의 구조와 형식을 기준으로 삼는 것이 더 온당하다. 이러한 면에서 단군신화 텍스트의 구조와 상징성에 대한 연구는 어느 관점보다 더 문학적인 연구라고 할 수 있다.

이재원의 "단군신화의 언어상징 고찰-환인과 단군을 중심으로"는 환인과 단군을 중심으로 한 언어 상징을 고찰한 연구이다. 연구자에 따르면 환인은 '하늘님'에 해당하는 음차이고 '한 · 밝사상'과 관련된다. 단군왕검의 단에서 壇이 있는 곳에 檀樹가 함께 존재한다고 본다면, 두 가지 입장이 개별성을 띠면서 통합적인 성격을 유지할 수 있으리라는 것이다. 김동훈은 "공동보체와 원형구조로부터 본 고조선의 곰토템 신앙"에서 곰어머니의 원형은 삼위일체의 여신, 수신, 농경신의 상징이며, 백의민족의 찬란한 농경문화를 키워낸 젖줄기로 보았다. 한편 이재원은 "단군신화의 문학적 고찰(2)-구조와 모티프를 중심으로"에서 본격적으로 구조주의적 방법을 동원하여 단군신화의 텍스트 구조를 밝혔다. 구조주의 전제가 전체성, 운동성, 자기조절성인데, 요는 텍스트 그 자체 구조적 자기 운동성을 통해 의미를 내포한다는 것이다. 이재원에 따르면 단군신화는 2항대립의 구조와 3각 구조 등의 종속적 구조를 포함한 구조로 보았다. 이재원의 연구는 신화를 구조주의적 관점에서 분석하였다는 점에서 그 의의가 인정된다.

한편 김진석은 "단군신화의 서사구조와 상징체계"에서 단군신화의 서사 구조를 분석하였다. 그에 따르면 작중인물 층위의 구조가 환인, 환웅, 단군, 산신 등 5단으로 구성되어 있음을 알 수 있다. 여기에서 환인의 도움으로 환웅의 하강에서부터 단군이 산신이 되기까지의 각 사건은 시간적 순서에 따라 계기적으로 일어나는데, 각 단계마다 자신의 목적을 성취하고 있다는 점에서 각각 독립된 장이 된다고 했다. 그럼에도 불구하고 각 단계별로 주동인물이 맡고 있는 역할이나 기능은 한정적이기 때문에 각 단계는 앞 단계의 후일담 형식을 취하게 된다고 했다. 따라서 다섯은 독립된 성격을 띤 개별적인 이야기인 동시에 상호 밀접하게 연관되어 있는 종속적 구조가 된다고 보았다. 강명혜는 "『단군신화』 새롭게 읽기"에서 단군신화의 구조가 환인-환웅-단군의 구조가 아닌 아버지인 환웅-어머니인 웅녀-아들인 단군의 구조라 했다. 그렇기 때문에 단군신화는 단군의 탄생스토리, 가족사 혹은 민족사에 관한 이야기가 된다고 했다.

8) 비교신화학의 관점에서 본 연구

단군신화의 이해를 위해 민족지학적 방법을 사용한 연구들이 있다. 이는 상호 해명법이라 할 수 있는데 그 자체로는 이해하기 어려울 때 다른 무엇을 동원하여 그 공통점과 차이점을 통하여 이해하는 방법이다. 단군신화는 그 자체가 고대적이고 종합적이고 복합적이기 때문에 명료히 이해하기가 힘들다. 이러한 점에서 비교신화학적 연구 방법은 상당히 유용한 것이다. 이러한 연구 방법을 통하여 단군신화를 연구한 연구로는 유려아(1996), 장기웅(2002), 양민종(2008)의 것이 있다.

유려아는 "단군신화와 황제신화의 비교 연구"에서 단군신화를 황제신화와 비교하였다. 이를 통해 단군이 조선의 시조로, 황제가 중국의 시조로 현재까지도 받들어지고 있는 것은 두 나라 모두 연원이 있고 근원이 있는 단일 민족임을 표방한 것이며, 모두 강렬한 민족의식을 지니고 있음을 드러낸 것이라고 했다. 장기웅은 "단군전승의 비교신화학적 연구"에서 고대 한일간의 인문이동과 신화 전파를 고찰하고 한일건국신화를 비교 분석하였다. 이를 통하여 단군전승으로 본 한일간의 친연성을 밝혔다. 한편 양민종은 "단군신화와 게세르 신화"를 통해 단군신화가 현존하는 게세르 이야기 군에 속하는 다양한 자료들 가운데 가장 오래된 고본임을 밝혔다. 이것을 근거로 단군신화가 일연선사에 의해 시도된 단순한 위작일 가능성을 일축하는 요소가 될 수 있을 것으로 판단했다.

9) 문학치료의 관점에서 본 연구

문학은 교육과 정화의 기능을 담당한다. 치유의 관점에서 두 기능을 해석하면 교육은 인지적 치유 영역에 해당하며, 정화는 정서적 치유 영역에 해당한다고 볼 수 있겠다. 일찍이 융은 신화가 특별한 상징 곧 무의식이 의식에 보내는 언어로서의 상징이라 했다. 최근 꿈 치료에서는 융의 이러한 생각을 더욱 발전시켜 한 개인의 전체성 회복을 위해 신화적 상징을 활용한다. 융이나 꿈 치유자의 관점에서 보면 신화는 건강과 전체성 회복을 위한 치유의 언어이자, 무의식이 의식에 보내는 언어이다. 그리고 이러한 치유는 인지의 영역과 정서의 영역에서 동시에 진행된다. 그러므로 치유의 관점에서 신화를 바라보는 것은 지극히 당연하면서도 생산적이다.

조현설은 "웅녀·유화 신화의 행방과 사회적 차별의 세계"를 통해 여성학적 시각을 보였다. 웅녀와 유화의 신화 상실은 바로 신체화된 인식을 통해 차별을 집단적 믿음, 혹은 집단적 오인의 차원에서 받아들이게 하는 사회적 차별체계의 영토 위에서 벌어진 고대적 사건이라고 보았다. 곰녀들의 전설은 이 사건의 지속적 파장, 파장의 한 극점으로 해석했다. 따라서 신화의 여성주의적 독해는 남성지배의 틈이라고 생각되는 이 틈을 다시 사유하는 것, 그것이 앞으로 있을 여성주의적 신화 읽기의 또 다른 경로로 제시했다. 신화에 대한 여성주의적 독해는 차별의 세계를 무화하고 평등의 세계를 회복하는 길이라 했다.

정운채는 "질투에 대한 고전문학의 특별한 시각"이라는 논문에서 질투의 건강한 처리를 위해 단군신화의 갈등 구조를 활용하면 도움이 된다고 한다. 문학치료란 동일한 상황의 내용을 읽거나 들어서 치유적 효과를 기대할 수도 있고, 아니면 치유의 상황을 글로 나타냄으로써 자신을 치유할 수 있다. 연구자는 단군신화에서 곰과 범과 환웅의 삼각관계를 주목하였다. 그리고 범의 질투를 인정하지 않고 있는 것과 새롭게 형성된 곰과 환웅의 관계를 당연하게 여길 뿐만 아니라, 관계 자체를 배타적이지 않은 것으로 보고 있음을 또한 주목하였다. 단군신화에는 질투의 건강한 승화가 제시되었다는 것이다. 이러한 승화의 질투를 문학 텍스트로서 경험하게 되면 경험자 스스로도 질투를 승화할 수 있게 된다는 것이다. 단군신화의 치유적 힘을 말하였다.

정운채는 "질투에 대한 영화창작치료의 실제"를 통해서는 영화창작치료에 단군신화를 활용한 예를 보여주었다. 이 논문은 질투가 누구나 느끼는 당연한 것이거나, 도덕이나 윤리의 문제이거나, 인내심과 자제력으로 해결될 수 있는 것이 아니며, 자기서사의 취약점과 관련된 문학치료의 대상이라는 문제의식으로부터 출발하였다. 그리하여 질투에 대한 영화창작치료를 실시한 결과를 바탕으로 그 성과를 보여주었다. 그 실시의 과정에서 단군신화를 활용하였다. 활용은 학생이 만든 시나리오를 해석하는 데 있어서 단군신화를 적용하여 의미를 부여하는 과정이다. 이렇게 함으로써 질투의 막힘이 풀리고 해소된다고 보는 것이다.

10) 번역의 관점에서 단군신화를 연구한 논문

단군신화는 여러 문헌을 통해 전승되고 있다. 그런데 전승의 매체가 문자이며, 그 문자는 한자이다. 이 때 한자의 번역이 한글로 이루어지기도 하고 외국인들을 위해서 외국어로 이루어져오기도 했다. 그런데 지금까지 외국인을 위한 단군신화 번역의 현황과 그 실태를 점검한 논문이 보이지 않았다. 이에 오윤선(2010)의 "단군신화 영역자(英譯者)의 시각 일고찰"은 의미 있는 논문이다. 연구자에 따르면 단군신화의 영역본은 1911년부터 최근까지 100여 년 동안 여러 종이 출판되어 왔다. 초기의 번역은 한국의 문화를 알리는 목적으로 동화처럼 각색이 되어 영역되었고, 1970년대 이후에는 한국의 신화를 알린다는 목적으로 삼국유사의 원전을 옮기려는 시도가 많았다.

연구자는 삼국유사가 한문으로 기록되어 있고, 신화는 상징을 포함하고 있어 한국 화자 사이에도 해석의 이견이 많은 탓에, 영역본에도 이러한 양상이 반영되고 있다고 보았다. 한편 초기의 번역본들 중에는 이러한 원전해독의 문제가 아니라 역자의 왜곡된 시각으로 인한 잘못된 내용들이 보인다고 했다. 그리피스의 영역본에서는 미개한 한국인을 문명하고 현명한 기자가 와서 개화시켰다는 내용이 허무맹랑한 에피소드로 구성되어 담겨 있고, 카펜터의 영역본에서도 기자가 와서 한국인을 가르쳤을 뿐 아니라, 일본에 점령되었던 한국을 고마운 미국인이 와서 해방시켰다고 서술되어 있기 때문이다. 이후 이인섭, 하태홍 등의 번역자들은 원전을 많이 반영한 영역본을 내놓았고, 후대의 피터 리, 맥캔, 그레이슨과 같은 한국문학 전공자들은 학자의 입장에서 원전을 그대로 영역하고 있어, 내용의 전달에는 큰 문제가 없었다고 했다. 하지만 현재 후대의 영역본들보다 카팬터의 영역본이 미국의 시장에서 압도적으로 더 많이 팔리고 있고, 웹사이트에서 좋은 평가를 받고 있어, 시정이 요구된다고 했다.

3. 연구 경향별 쟁점과 전망

단군신화에 대한 문학 연구 성과를 관점별로 10개의 영역으로 나누어서 개별 연구자들의 연구 경향과 성과를 중심으로 검토해 보았다. 10개의 영역은 문학사의 관점, 문학교육의 관점, 발생학적 관점, 수용의 관점, 콘텐츠의 관점, 다문화의 관점, 텍스트 구조의 관점, 비교신화의 관점, 문학치료의 관점, 번역의 관점 등이다. 이중 특히 수용의 관점은 세부적으로 7개 영역으로 나뉜다. 고소설의 단군신화 수용, 영사악부의 단군신화 수용, 희곡의 단군신화 수용, 역사동화의 단군신화 수용, 현대소설의 단군신화 수용, 현대시의 단군신화 수용, 기타 글쓰기에 나타난 단군신화 수용 등이다. 논의의 편의를 위해 10개의 관점을 일련의 고유 숫자로 나타내면 다음과 같다.

① 문학사의 관점
② 문학교육의 관점
③ 발생학적 관점
④ 수용의 관점
⑤ 콘텐츠의 관점
⑥ 다문화의 관점
⑦ 텍스트 구조의 관점
⑧ 비교신화의 관점

⑨ 문학치료의 관점

⑩ 번역의 관점

이상 10개의 관점을 관통하는 공통적 시각은 단군신화 텍스트의 문학적 특징을 밝히고자 하는 것이다. 그런데 이 특징과 관련한 연구자의 관점이 단군신화 텍스트 그 자체에 머무는 경우와 텍스트를 넘어 확장되는 경우도 있다. 그리고 이 텍스트를 넘어서는 관점의 경우 또한 전승의 관점과 현재의 관점으로 구분되기도 한다. 연구자의 시각에 따라 단군신화 텍스트 그 자체에 머무는 경우의 연구들을 '연구자의 내재적 관점' 유형으로 명명하고, 텍스트를 넘어서는 경우의 연구들을 '연구자의 외재적 관점' 유형으로 명명하고 이를 다시 하위 유형으로 나누어 '연구자의 전승의 관점'과 '연구자의 현재 활용의 관점'으로 명명한다. 이들 세 유형과 이 유형에 속하는 관점별 연구 논문들의 관계를 나타내면 다음과 같다.

연구자의 내재적 관점형: ① ③ ⑦

연구자의 전승의 관점형: ④

연구자의 활용의 관점형: ② ⑤ ⑥ ⑧ ⑨ ⑩

'연구자의 내재적 관점형'은 연구자의 관점이 텍스트 내의 문학성을 밝히는 데 있는 만큼 단군신화의 문학적 본질을 밝히는 연구 유형이다. 이를 〈본질형〉이라 명명한다. '연구자의 전승의 관점형'과 '연구자의 활용형의 관점형'은 연구자의 시각이 텍스트 밖에 놓인 만큼 단군신화의 텍스트 외적인 현상이나 활용을 밝히는 연구 유형이다. 텍스트의 통시적 현상을 밝히는 연구들로서 '연구자의 전승의 관점형'에 속하는 논문들을 〈전승형〉이라 명명하고, 텍스트의 현재적 활용을 밝히는 연구들로서 '연구자의 활용의 관점형'에 속하는 논문들을 〈활용형〉이라 명명한다. 본 장에서는 이들 〈본질형〉 〈전승형〉 〈활용형〉에 속하는 연구들의 양적 성과와 시기별 쟁점의 흐름을 분석한다. 이를 통하여 단군신화 연구에 대한 새로운 기대와 전망을 도출하기로 한다.

〈본질형〉에 속하는 논문들을 관점별로, 그리고 연대별로 구분하여 연구 경향별 쟁점을 살펴보기로 한다. 먼저 문학 본질형의 연구 경향을 나타내면 표1과 같다.

표1. 본질형의 연구 경향

	문학사	문학 발생학	텍스트의 구조
1990년 이전		2편	2편
1991~1999년	1편		5편
2000년 이후	3편		2편
계	4편	2편	9편

표1에서 볼 수 있는 것은 첫째 세 유형 중 단군신화의 문학 본질에 관한 연구가 15편으로 전체 60여 편의 25% 정도가 된다는 점이다. 논문 수로 보았을 때 이는 세 유형 중 가장 적은 수이다. 이것은 단군신화 연구 중 문학 본질에 관한 연구가 연구의 중심 자리

를 차지하지 못하고 있다는 것을 의미한다. 단군신화의 문학 본질에 대한 연구가 중심 자리를 차지하지 못하게 된 데는 연구자의 한계로부터 기인한다. 단군신화의 문학적 연구가 무엇인지, 단군신화의 문학적 연구가 타 분과의 연구 즉, 역사학의 연구나 종교학적 연구와 어떻게 구별되는지 등에 대해 명확한 답을 제공하지 못하기 때문이다. 이는 문학 연구자들의 자기 영역의 고유성 혹은 학문 영역의 내포와 외연을 분명히 하지 못한 데에 근본적인 이유가 있다. 이는 단군신화 연구뿐만 아니라 한국 신화 연구 전 영역에서 나타나는 문학 연구자의 한계이기도 하다.

둘째 전체 15편 중 단군신화의 구조에 관한 연구가 9편이고 문학사에 관한 것이 4편, 문학 발생과 관련한 것이 2편이다. 이 중 구조에 관한 연구는 가장 많은 수를 차지할 뿐만 아니라 1990년대 이후 꾸준히 진행된 관점이라는 것을 표2는 보여준다. 이는 단군신화의 문학 본질에 대한 연구가 텍스트의 구조에 관한 연구를 중심으로 이루어졌다는 것을 나타낸다. 단군신화의 구조에 관한 연구가 텍스트 외부의 도움 없이 곧, 역사나 사상 혹은 심리의 도움 없이 작품의 원리와 체계를 밝히고자 한 연구라는 점에서 이는 언어 문예학의 본질에 가장 가깝다. 그러나 구조에 관한 연구는 연구사적으로 쟁점을 형성하지는 못한 채 향후 지속적 연구라는 당위성만을 남겨두었다.

셋째 단군신화의 문학사적 위상을 국문학자들이 어떻게 부여하고 있는지를 연구한 논문이 4편이다. 남한의 국문학사에서 단군신화 기술, 북한의 국문학사에서 단군신화 기술, 연변의 국문학사에서 단군신화 기술 등이 연구자별로 그리고 통시적으로 기술 되었다. 그 결과 단군신화의 국문학사적 위상이 연구자별로 다양하게 부여되고 있다는 점을 확인할 수 있다. 그러나 네 편의 연구들은 단군신화의 통일된 문학사적 위상을 획득하기 위한 논쟁점을 만들어내지는 못했다. 이는 연구자가 선행 국문학자들의 연구 결과물들을 통시적으로 설명하는 데 머물렀을 뿐 통일된 문학사를 향한 논쟁적 기술을 하지 않았기 때문이다. 이는 국문학사 연구자가 해야 될 몫이기도 하지만 국문학사를 하나의 연구 대상으로 삼는 연구에서도 시도해야 할 몫이기도 하다.

넷째 문학의 관점에서 시도된 초기의 단군신화 연구는 문학 발생과 관련하여 접근 되었다. 이와 관련하여 1990년대에 두 편의 논문이 나왔다. 이들 두 편의 논문은 특별한 쟁점을 형성하지는 않았으며 서로 무관하게 발표되었다. 또한 1990년대 이후 이러한 접근은 더 이상 보이지 않게 된다. 이처럼 지속적으로 연구의 대상이 되지 못한 데는 이러한 관점이 문학 연구에서는 당위적 전제가 되기 때문이다. 아울러 이 관점은 서사 문학 발생에 머물지 않고 후대 서사 문학 즉, 고전소설이나 현대소설과의 상관성에 관한 연구로 대체 되어 갔기 때문이다. 그러므로 향후 문학 발생과 관련한 단군신화 연구는 더 이상 이루어지지 않을 것으로 보인다.

〈전승형〉은 단군신화를 원형으로 한 후대 기록문학과의 상관성을 살피는 연구이다. 여기에 속하는 논문들을 관점별로, 그리고 연대별로 구분하여 연구 경향별 쟁점을 살펴보기로 한다. 〈전승형〉의 연구 경향을 나타내면 표2와 같다.

표2. 전승형의 연구 경향

	고소설	영사 악부	희곡	역사 동화	현대 소설	현대 시	글쓰기
1990년 이전	1편		1편				
1991~1999년	4편	1편			4편		
2000년 이후	1편		1편	2편	4편	1편	2편
계	6편	1편	2편	2편	8편	1편	2편

표2에서 볼 수 있는 것은 첫째 세 유형 중 단군신화의 후대 영향 혹은 전승과 관련한 연구가 22편으로 전체 60여 편의 37% 정도가 된다는 점이다. 논문 수로 보았을 때 이는 세 유형 중 〈활용형〉과 같은 수이다. 이것은 단군신화 연구 중 '원형으로서 단군신화에 대한 후대 기록문학의 수용'을 관점으로 한 연구가 경향 면에서 중심 위치를 점하고 있다는 점을 보여준다. 기록문학의 원형성 탐색은 국문학사의 지속과 발전의 측면에서도 의의 있는 연구이다. 그러나 원형성 탐색을 통해 제시된 결과가 과연 단군신화 수용의 현상을 설명할 만한 것인지는 확답하기 어렵다. 왜냐하면 대체로 의식과 모티프 차원에서 수용의 문제를 다루고 있어서 보기에 따라서는 설득력이 떨어지기 때문이다. 물론 후대 작가가 명시적으로 단군신화를 수용한다고 말한 것도 없고, 또 단군신화의 구체적인 내용이 후대 작품에 보이는 것도 아니기 때문에 이러한 연구 경향을 보이는 것은 어찌할 수 없는 것이기는 하다. 하지만 고립적 단위의 의식이나 모티프 중심으로 수용관계를 논의하는 수준은 극복되어야 한다. 적어도 구조적 상동성을 밝히는 작업으로까지는 나아가야 한다.

둘째 표2는 단군신화와 현대소설의 관계가 가장 많이 연구되었으며, 다음으로 고소설 순이며, 나머지는 한두 편으로 그다지 순위상으로는 의미가 없음을 보여준다. 고소설과 현대소설은 다른 갈래와 달리 서사라는 점에서 단군신화와 친연성이 높다. 이것이 고소설과 현대소설에서 단군신화의 수용 사실을 밝히는 연구가 많은 이유이다. 영사악부와 현대시는 시 갈래인데, 이러한 갈래에도 서사인 단군신화가 수용되었음을 밝힌 것은 단군신화의 복합적 갈래로서 위상을 말해준다. 레비-스트로스는 신화가 파편화되면 소설이 되고 시가 된다고 한 바 있다. 단군신화의 시적 수용 양상은 레비-스트로스의 주장을 따르더라도 신뢰할 만한 사실이다. 단군신화에 나타나는 페르소나적 속성은 후대 희곡의 원류로 보게 할 만한 타당한 현상이 되며, 역사동화로 단군신화를 각색한 것은 아동문학 교육이라는 관점에서 중요하다. 전체적으로 단군신화의 후대 기록문학으로의 수용 양상에 관한 연구는 신화학적 관점과 문학적 관점을 동시에 가질 때 보다 깊은 논의가 이루어질 수 있다는 점에서 연구자의 전문적 시각이 필요하다.

〈활용형〉에 속하는 논문들을 관점별로, 그리고 연대별로 구분하여 연구 경향별 쟁점을 살펴보기로 한다. 〈활용형〉에 속하는 연구들의 관점은 콘텐츠의 관점, 문학 교육의 관점, 다문화 교육의 관점, 비교신화의 관점, 문학치료의 관점, 번역의 관점이다. 이들 관점을 포괄하는 문학 〈활용형〉의 연구 경향을 나타내면 표3과 같다.

표3. 활용형의 연구 경향

	문학 교육	다문화 교육	문학 치료	콘텐츠	비교 신화	번역
1990년 이전						
1991~1999년	1편		1편		1편	
2000년 이후	7편	6편	2편	2편	1편	1편
계	8편	6편	3편	2편	2편	1편

표3에서 볼 수 있는 것은 첫째 세 유형 중 현재적 활용과 관련한 연구들로서 〈활용형〉에 속하는 연구들은 22편으로 전체 60여 편의 37% 정도가 된다는 점이다. 논문 수로 보았을 때 이는 세 유형 중 〈전승형〉과 같은 수이다. 이것은 단군신화 연구 중 '단군신화의 현재적 활용'을 관점으로 한 연구가 경향 면에서 〈전승형〉과 함께 중심 위치를 점하고 있다는 점을 보여준다. 이들은 단군신화가 다양한 현재적 활용 즉 콘텐츠로서, 교육의 매체로서, 치유의 수단으로서 활용되기 위한 하나의 원천으로서의 위상을 띤다는 것을 의미한다.

둘째 2000년대 이후 상당한 연구 수를 보이는 문학 교육에 관한 연구는 2000년대 단군신화에 대한 관심과 쟁점이 무엇이었는지를 보여준다. 무엇보다 문학 교육과 관련한 연구가 증가한다는 것은 문학 텍스트로서 단군신화를 초중등 교실에서 어떻게 실현할 것인가가 첨예한 문제로 대두되었다는 것을 의미한다. 첨예한 문제로 대두된 배경에는 사회적 상황과 맞물려 있는 것이기도 하다. 아울러 이 시기까지 적어도 문학적 관점에서 신화 교육, 그리고 단군신화 교육의 이론적 체계가 마련되지 못했다는 것을 나타낸다. 단군신화의 신화적 성격을 고려할 때 문학 텍스트로서 어떻게 교육할 것인가에 대해 쉽게 답할 수 있는 것은 아니다. 다만 교육 현장에서나 연구자들 사이에서 문학 교육을 위한 공론화를 이루기 시작했다는 것은 의미 깊은 일이다.

셋째 단군신화의 문학적 수용과 단군신화의 문학 교육, 이 둘과 함께 상당한 연구의 수를 보여주는 것이 다문화 교육 관련 논문이다. 다문화의 이상적 모델을 구축하기 위해 단군신화를 주목한 연구들이다. 물론 연구자들은 다문화와 관련하여 단군신화를 활용할 경우 장점과 단점이 상존한다는 것을 잘 알고 이에 대한 고려까지 제시하고 있다. 다문화 교육과 관련한 단군신화 연구는 그 어떤 연구의 영역보다도 연구자들 사이의 논쟁과 통일된 지향을 보여준다는 점에서 특징적이다. 통일된 지향이란 다문화의 이상적 지향을 위해 단군신화 교육의 바람직한 역할이 무엇인가에 관한 것이다. 이 분야의 연구는 교육의 효과만큼이나 고려해야 할 점이 많다는 점에서 연구자들 사이의 협업이 필요하다.

넷째 문학 치료는 근본적으로 인간의 원초성과 건강성을 회복하는 일이다. 이러한 면에서 단군신화는 문학치료의 주요한 활용 매체가 될 수 있다. 왜냐하면 단군신화는 인간의 삶이 파편화되기 전의 삶을 반영하고 있기 때문이다. 신과 인간, 인간과 자연이 고립되거나 어느 한쪽으로 치우치지 않고 균형과 조화의 대칭적 관계[2)]를 이루고 있기 때문이다. 그러므로 단군신화는 오늘날 서사 교육과 함께 치유의 영역에서 중요한 치유의 매체로 활용될 수 있다. 선행

연구들은 단군신화의 이러한 치유의 효과에 주목하였다. 그러나 단군신화를 읽거나 듣는 것만으로 치유되는 것은 아니다. 임상적 조치와 드라마적 활동 등과 융합되어야 한다.

한편 콘텐츠에 관한 연구는 두 편이기는 하지만 의의가 큰 논문이다. 단군신화가 시조의 신화, 건국의 신화로서 오늘날 문화 상품의 원천으로서 주요하게 활용되고 있음을 보여주었다. 특히 신광철의 연구는 단군신화가 다양한 분야에서 문화 콘텐츠로 구현되고 있음을 소개하였다. 원형 및 캐릭터 분야, 에듀테인먼트 콘텐츠 및 게임 분야, 만화 및 에니메이션 분야, 드라마 및 영상 콘텐츠 분야, 공연예술분야 등이다. 단군신화의 현재적 활용에 비해 이 분야에 관한 연구는 선도적이지 못하다. 진행된 콘텐츠 영역을 정리하는 수준에 머물고 있다. 앞으로 이 분야의 연구는 콘텐츠 산업을 선도하거나 혹은 함께 병행하는 위상을 획득해야 한다.

대상의 본질은 보는 사람의 시각에 따라 결정된다. 지금까지 이 명제를 전제로 하여 관점별 연구들이 어떠한 모습을 보이는지 분석하였다. 분석 결과 텍스트를 향한 연구자의 시각에 따라 연구들이 〈본질형〉 〈전승형〉 〈활용형〉으로 유형화되는 것을 확인하였으며, 나아가 이들 유형들이 이룩한 성과는 무엇이고, 노출된 한계는 무엇인지를 진단하였다. 지금 이 시점에서 세 유형이 각각 보인 성과와 한계를 기반으로 하여 후속 연구들이 무엇을 해결의 과제로 삼아야 할지를 밝히고자 한다.

〈본질형〉과 관련해서는 첫째 단군신화의 문학적 본질이 무엇인지를 밝히는 연구가 필요하다. 신화가 역사와 철학과 겹치는 부분이 있지만 겹치는 부분과 겹치지 않는 부분에 대한 연구가 필요하다. 현재 이러한 연구는 문학연구자들 중 교육 현장에 있는 연구자들이 중심이 되어 활발히 진행되는 모습을 보인다. 이러한 작업이 교육의 현장에서 이루어지는 이유는 문학 교육이 철학 교육이나 역사 교육이 되어서는 안 된다는 자각에서 출발한다. 그러나 이러한 노력이 교육 현장에서만 이루어져서는 안 되고 문학 연구자들이 공동으로 함께 노력해야 한다. 근원적으로 이러한 노력이 필요한 것은 여전히 문학의 연구가 그 영역을 뚜렷이 확보하지 못했기 때문이다. 이는 문학이 언어 미학이라는 것을 전제하면서도 뚜렷하게 미학적인 관점에서 신화를 연구한 성과물들이 보이지 않는 데서도 나타난다. 앞으로는 언어 미학의 관점에서 단군신화에 대한 연구가 활발하게 이루어져야 할 것이다. 문·사·철에서 문학이 담당해야 할 몫이 여기에 있다.

〈본질형〉과 관련해서 둘째 단군신화는 문학사적으로 한국문학, 특히 서사문학의 원류로서의 함축적 의미를 지니고 있음이 확인되었다. 앞으로의 과제는 원형으로서 단군신화의 서사문학적 위상을 통일된 국문학사로 기술하는 일이다. 현재는 남한과 북한의 국문학사 기술에서 단군신화의 위상이 각기 다르다. 심지어는 남한 안에서도 문학사관에 따라 단군신화의 문학사적 위상에 차이가 난다. 다른 것은 그 자체 다양성으로 인정하고 장차 통일된 국문학사를 위해 통일된 단군신화의 위상을 획득하는 연구가 필요하다. 물론 이것은 남북 문학사관의 변증법적 통합이 선행될 때 가능한 일이다.

〈전승형〉과 관련해서는 첫째 단순히 의식의 유사성이나 모티프의 유사성으로 전승과 수용의 관계를 밝히는 작업을 넘어서는 방법을 찾아야 한다. 이러한 작업은 오늘날 활발하게 진행되는 단군신화의 콘텐츠화 사업과도 긴밀히 연결된 것인 만큼 소홀히 다룰 수 없다. 이를 위해서는 무엇보다 단군신화를 구조적으로 보는 안목을 키울 필요가 있다. 혹자는 언어의 감옥이라 하여 구조적 안목에 대해 비판을 가하기도 하지만 문학의 출발점은 언어이기 때문에 언어의 구조로부터 출발하지 않을 수 없다. 구조적 관점을 통해 단군신화의 구조적 형상을 관통하는 후대의 문학들을 통찰한다면 시간을 초월하여 단군신화가 후대 기록문학에 전승된 것을 파악할 수 있을 것이다. 그리고 이러한 결과는 오늘날 문화콘텐츠 사업에도 기여할 수 있을 것이다. 왜냐하면 구조적 서술 층위에 기반하여 인물 층위의 창조적인 상상력을 구현할 수 있기 때문이다.

〈전승형〉과 관련해서는 둘째 전국 각 지역에 전승되는 전승 유적과 구비 전승 이야기에 대해 현장을 조사하고 보고서를 만드는 작업을 수행해야 한다. 단군신화가 삼국유사에 기록된 이래 두 가지 오인 현상을 낳았다. 하나는 단군신화가 마치 기록문학인 것처럼 인식하고 있다는 점이다. 단군신화는 문자로 정착되기 전에 구술상관물로서 구비현장에서 전승되었다. 구술상관물이기 때문에 단군신화의 구술성 이해를 위한 광범위한 현장 조사가 진행되어야 한다. 또 하나의 오인은 삼국유사에 남아 있는 단군신화가 유일본이라는 생각이다. 단군신화가 구비전승된 이야기라는 점에서 삼국유사 소재 단군신화는 하나의 이본이며 또 다른 이본들은 구비현장에 살아 있다고 보아야 한다. 이러한 두 가지 이유로 전승과 관련하여 구비 현장에 대한 조사 연구가 이루어져야 한다.

〈활용형〉과 관련해서 첫째 텍스트의 상징성을 체험하게 하는 문학 교육과 다문화 교육의 역할에 관한 연구가 이루어져야 한다. 왜냐하면 신화의 상징 작용은 무엇보다 공동체의 유대감을 형성하고 인류 보편의 원리를 제안하기 때문이다. 말하자면 문학 교육은 사회 구성원들로 하여금 국조신화로서 단군신화의 상징성을 체험하게 함으로써 성원으로서의 정체감과 인류 보편에 적용되는 삶의 원리를 터득하게 하기 때문이다. 따라서 단군신화의 문학 교육과 다문화 교육과 관련한 연구들은 단군신화의 상징 체험을 통해 현재적 관점에서 새로운 전망과 보편적 원리를 발견할 수 있는 단계와 과정을 제공해 주어야 한다.

〈활용형〉과 관련해서 둘째 콘텐츠로서도 단군신화는 연구되어야 한다. 분야별로 ① 원형 확보 및 캐릭터화와 관련된 연구, ② 교육오락 콘텐츠화에 관한 연구, ③ 단군 원형 및 캐릭터 창안을 위한 만화와 에니메이션 분야의 연구, ④ 드라마와 역사 영화 제작 등 문화의 다양성을 위한 연구, ⑤ 다양한 공연예술이 이루어지는 것이 가능하도록 하는 연구가 이루어져야 한다. ⑥ 특히 오늘날 주목 받고 있는 역사동화로서 단군신화를 아동문학 작품으로 확장해 갈 뿐 아니라, 외국의 그림책에 담긴 그 나라 고유의 정체성과도 비교 검토할 필요가 있다. 무엇보다 〈활용형〉의 연구들은 〈본질형〉과 〈전승형〉의 연구들과 상호 협업과 연계를 하면서 그 성과를 현재적 의의로 상승시켜야 한다.

4. 마무리

본 연구는 역사적, 철학적, 이념적인 연구와 같은 여타의 연구와 구별되는 단군신화에 대한 문학적 연구들에 대한 현황과 전망을 연구한 것이다. 본 연구는 지금까지 발표 된 약 60여 편의 순전한 문학적 연구들을 대상으로 삼아 연도별, 관점별 현황을 탐구한 것이다. 선행 연구들은 10여 개의 관점으로 카테고리화되고 또한 90년대 이래로 본격적인 문학 연구들이 수행되어 왔음이 드러났다. 한편 10여 가지로 유형화된 관점으로는 ① 문학사의 관점, ② 문학교육의 관점, ③ 발생학적 관점, ④ 수용의 관점, ⑤ 콘텐츠의 관점, ⑥ 다문화의 관점, ⑦ 텍스트 구조의 관점, ⑧ 비교신화의 관점, ⑨ 문학치료의 관점, ⑩ 번역의 관점 등이 여기에 해당한다.

연구자의 관점에 따라 연구 성과들이 어떤 경향을 보이는가를 알아보기 위해 연구자의 시선이 텍스트를 향하는 방향을 기준으로 10여 개의 관점에 따른 유형들을 관점이 머무는 위치에 따라 세 개로 다시 유형화하였다. 시선이 텍스트의 안을 향하는 경우를 〈본질형〉이라 명명하고 연구자가 단군신화 텍스트의 문학적 본질을 밝히고자 하는 연구자의 의도가 보이는 ① ③ ⑦의 논문들을 여기에 포함하였다. 한편 시선이 텍스트의 밖을 향하는 경우를 〈전승형〉과 〈활용형〉으로 나누어 명명하였다. 〈전승형〉은 단군신화의 텍스트가 후대 전승 혹은 기록 문학에 어떤 영향을 미쳤는지 혹은 수용되었는지를 연구하고자 하는 의도가 보이는 경우로 ④의 논문들을 여기에 포함하였다. 〈활용형〉은 단군신화의 현재적 활용을 연구하고자 하는 의도가 보이는 경우로 ② ⑤ ⑥ ⑧ ⑨ ⑩의 연구들을 여기에 포함하였다.

〈본질형〉에 속하는 논문들은 25%의 비율을 차지한다. 〈전승형〉에 속하는 논문들은 37%의 비율을 차지한다. 〈활용형〉에 속하는 논문들도 37%를 차지한다. 이러한 비율로 볼 때 단군신화에 대한 연구는 〈전승형〉과 〈활용형〉을 중심으로 많이 이루어졌으며 상대적으로 〈본질형〉에 속하는 연구들은 적게 이루어졌다는 것을 확인할 수 있다. 이것은 연구자들이 단군신화의 문학적 연구가 어떠한지 그 근원에 대한 물음을 쟁점화하고 그 물음에 적극적으로 답하고자 하지 않았다는 것을 의미한다. 반면 단군신화의 전승이나 활용과 같이 명료하게 답할 수 있는 물음에 대해서는 적극적이었다는 것을 의미한다. 그러나 전승과 활용에 관한 연구가 본질에 대한 연구를 토대로 해야 가능하다는 점에서 단군신화에 관한 지금까지의 문학 연구는 앞뒤가 상당히 전도된 상태로 진행되어 왔다고 하겠다.

앞뒤 전도의 현상을 극복하기 위해서 먼저 〈본질형〉에서는 단군신화의 문학적 본질이 무엇이냐에 대한 연구가 이루어져야 한다. 아울러 이러한 문학 본질에 대한 연구 결과들은 문학사로 수렴되어야 한다. 그리하여 단군신화의 문학사적 위상이 정립되어야 하며 장차는 남북 통합 위상이 정립되어야 한다. 〈전승형〉에서는 단군신화 이후의 문학작품들에 나타나는 단군신화의 영향 혹은 수용을 밝히기 위한 방법의 연구가 필요하다. 의식이나 모티프를 넘어 객관적으로 입증할 수 있는 방법이 마련되어야 하는데 구조주의 방법을 한 예로 제안하였다. 한편 단군신화가 기록된 것이기는 하나 원래는 구술상관물로서 구비전승문학임을 상기하였다. 따라서 단군신화의 구비전승성을 회복하기 위한 현장 조사가 필요하다는 제안을 하였다. 마지막으로 교육분야와 콘텐츠로서의 활용성을 극대화하기 위해서는 〈전승형〉과 〈본질형〉의 연구 성과들을 적극적으로 수용하면서 동시에 다양한 매체를 통한 콘텐츠화에 대한 지속적인 연구가 필요하다. ▮

단군 영정의 표준화 문제에 대한 시론試論

엄진성

1. 들어가는 말

21세기는 다문화와 다원화가 요구되는 시기다. 그리고 동시에 민족과 국가의 정체성이 강력히 요구되는 시기다. 유가의 세계 인식 가운데 하나로 화이부동和而不同이란 말이 있다. 이는 조화를 이루되 자신의 주체를 잃어버리지 말하는 의미로 해석될 수 있다. 다문화와 다원화가 소통이 키워드라면 이를 실현하기 위해서는 반드시 소통 주체의 자기 정체성이 확보되어야 한다. 만약 자기 정체성이 확보되지 못한다면 이것은 소통이 아닌 타자의 일방적인 수용이며 마침내 자신을 소외시키고 만다. 그렇기에 국가와 민족 구성원들 간의 다문화와 다원화의 목소리가 커질수록 국가와 민족의 정체성에 대한 논의와 합의가 선행되어야 한다. 21세기 대한민국은 남북분단, 난민, 다문화가정 등등의 다양한 사회갈등을 내포하고 있다. 이들 갈등은 역사, 문화, 사회적 가치 등등 여러 원인의 유기적인 결합으로부터 비롯되었다. 문제는 이 결합이 어떤 형식이나 약속에 의한 것이 아닌 여러 가지 우연과 필연에 의해 형성되었다는 점이다. 이 때문에 이들 결합으로 인한 사전들을 사전에 모두 예측하는 것은 불가능하다. 이는 마치 여름에 태풍이 오는 경로와 피해 정도를 예측할 수 있지만, 실제 결과가 그것과 일치되는 경우는 드물다. 하지만 태풍에 대한 대책과 준비 정도에 따라 그 피해 정도를 최소로 줄일 수 있다. 이때 중요한 것은 어떤 상황에도 대처할 수 있는 기준이 되는 지침이다. 그러므로 민족과 민족, 국가와 국가 인종과 인종 가치와 가치의 부딪힘 속에서 자신의 정체성을 잃어버리지 않고 동시에 소통하기 위해서는 분명한 지침이 될 수 있는 기준이 제시되어야 한다. 이때 기준은 반드시 그 공동체의 보편적 감성과 역사적 기반 위에서 마련되어야 할 것이다. 왜냐하면, 공동체의 문제는 한 개인의 경우와 달리 구성원들 다수의 동의 위에 놓이기 때문에 자연스럽게 보수성을 띨 수밖에 없고 따라서 온고이지신적溫故而知新的 태도가 요청되기 때문이다.

따라서 이 글에서는 한 민족의 기준점이 될 수 있는 대상으로 단군을 상정한 후 그 현주소를 살펴보고 표준화하는 과정에서 발생하는 몇 가지 문제점에 대해 살펴보도록 하겠다. 다만 이글은 어디까지나 시론試論에 해당하기 때문에 문제의 직접적인 대안을 제시하지 못함을 미리 전제하고 논의를 진행해 나가도록 하겠다.

2. 우리 민족 속 단군의 지위

현존하는 가장 오래된 단군의 기록은 일연一然의 『삼국유사』이다. 그는 『삼국유사』의 첫 장에 단군신화를 배치함으로써 일통삼한一統三韓적 역사의식을 고취하고자 했다. 몽골의 침입으로 인해 혼란에 빠진 민심을 수습하고 민중의 의식을 하나로 모으기 위해서는 뭇 백성들과 당대 지식인들을 모두 만족시키기 위해서는 민족 이외에 어떠한 색채도 존재하지 않는 유일한 대상이 요청될 수밖에 없었다. 그리고 그것에 가장 부합되는 대상이 바로 단군이었다.[1] 『삼국유사』 속 단군신화는 한반도 최초의 국가인 고조선을 상징하고 있다. 통일신라 이래 일통삼한 의식이 꾸준히 요구되었지만, 특정 국가를 중심으로 한 접근 방식은 한계를 가질 수밖에 없었다. 하지만 일연이 제시한 단군의 경우 역사적 시원성始原性 및 민족의 기원성基源性에 방점을 찍을 수 있으므로 기존의 치우침의 문제점을 한 번에 해결할 수 있게 된다. 이로 미루어볼 때 단군이 한민족의 통합 또는 합일의 상징으로 요청되었음을 알 수 있다.

『삼국유사』에서 단군이 소개된 이래 외환外患으로 인해 민족이 위태로울 때마다 단군은 한민족의 구심점으로 다시 요청되었으며 또 그 역할을 충실히 해왔다. 그렇기에 오랜 기간 단군은 종교와 신념을 초월한 민족의 구심점 역할을 해왔다. 예컨대 대종교를 중광重光 나철의 경우 기독교, 불교인 할 것 없이 민족의 시원이란 공통성 아래 여러 종교를 대종교 아래 포섭했으며, 당시(19C~20C 초) 기독교 또한 단군을 우상숭배 내지 다른 종교의 상징으로 인식하지 않았다.

또 간도의 조선인들이 세운 기독교 교회에서도 단군을 존숭했는데, 당시 기독교인들이 세운 명동 학교 교가를 살펴보면 "흰 뫼가 우뚝 솟아 은택이 호대한 한배검이 깃 차신 이 터에 그 씨앗 크신

뜻 넓히고 가르는 나의 명동"이라고 해서 단군의 정신을 교가로 채택하고 있다. 이는 단군을 기독교 교리에 어긋난다고 보거나 반대하지 않고 있었음을 보여준다. 또 기독교 신도였던 안창호 또한 평생 단군상을 몸에 지니고 다녔고, 필라델피아에서는 대규모 단군 집회를 개최하기도 했다.[2] YMCA 운동가 전택부는 그가 1932년 은진학교를 다녔던 시절 그 학교의 지하실 도서관에 걸린 단군초상을 보고 깜짝 놀랐다고 한다. 그는 당시의 감정을 "어떻게 기독교 학교가 단군초상을 저처럼 소중하게 여겼을까"라고 회상했다.[3] 그리고 이를 바탕으로 한국에 기독교가 빠르게 뿌리내린 이유로 '근대화 정신', '단군 할아버지로부터 물려받은 하느님 숭배의 신앙정신', 그리고 '호국정신'을 거론했다.[4] 이것은 전택부의 주장이지만 근대 기독교인의 단군에 대한 태도를 엿볼 수 있는 부분이다.

단군을 종교적 대상으로 볼 것이냐 혹은 민족의식으로 볼 것이냐는 의견에 대해서는 논의를 진행하는 방향에 따라 나누어질 수 있지만 어떤 형태든 한민족과 불가분의 관계에 놓여 있음은 분명한 사실이다.

사실 민족의 상징으로서 단군은 이미 상당 부분 대중들에게 인식된 것으로 파악된다. 다음은 국정교과서에 실린 두 곡의 동요이다.

<서로서로 도와가며>

작사 어효선 작곡 정세문

아랫집 윗집 사이에 울타리는 있지만

기쁜일 슬픈일 모두 내일처럼 여기고
서로서로 도와가며 한집처럼 지내자
우리는 한겨레다 단군의 자손이다

우리 집 너희 집 사이에 울타리는 있지만
잘못이 있어도 모두 용서하고 타일러
서로서로 도와가면 형제처럼 지내자
우리는 한겨레다 **단군의 자손이다**

<한국은 빛낸 100명의 위인들>

아름다운 이 땅에 금수강산에 **단군 할아버지가 터 잡으시고**
홍익인간 뜻으로 나라 세우니 대대손손 훌륭한 인물도 많아
고구려 세운 동명왕 백제 온조왕 알에서 나온 혁거세
만주 벌판 달려라 광개토대왕 신라 장군 이사부
백결선생 떡 방아 삼천 궁녀 의자왕
황산벌의 계백 맞서 싸운 관창 역사는 흐른다

위 동요의 가사에서 단군은 명백히 민족의 시원으로 그려진다. 이들 가사를 가진 동요가 국정교과서에 실렸다는 점은 최소한 국민의 정서에 들어맞음을 방증한다. 문제는 이처럼 단군을 민족의 상징으로 그려놓고 있음에도 불구하고 우리 스스로 그 상징성에 균열을 가져오는 행위를 한다는 점이다.

3. 국가표준영정을 둘러싼 갈등

국가표준영정이란 '국가가 공인한 선현의 초상화'를 뜻한다.[5] 이때 후세가 추앙하는 역사적 인물 중 생존 당시 초상이나 사진이 없는 경우에 한 해 기준이 될 만한 초상화를 정해주는 것을 원칙으로 한다. 문제는 모델의 유사성과 역사성 및 화가의 친일문제 등을 놓고 잦은 논란이 일어난다는 점이다.[6] 몇몇 대표적인 사례로 살펴보면 다음과 같다.

1) 세종대왕 표준영정을 둘러싼 갈등

세종대왕의 표준영정은 1973년에 지정된 것으로 농아聾兒 천재 화가인 운보 김기창의 그림이다. 이 그림이 문제가 된 것은 그것이 작가의 상상력에 의해 그려진 창작물이라는 점이다. 본래 조선 시대에는 어진御眞이라 하여 왕의 얼굴을 초상화로 남겼지만, 6.25 당시 어진을 보관했던 부산 광복동 관재청에 불이 나면서 세종대왕의 어진이 불타 없어졌기 때문에 다시 그려진 그림이다. 세종대왕의 표준영정의 경우 화가인 김기창이 자신의 얼굴을 본떠 그렸다는 논란은 지금도 사그라지지 않고 있다.[7]

2) 이순신 표준영정을 둘러싼 갈등

이순신의 초상화는 진실 여부를 떠나 다양하게 존재한다. 실제 이순신을 그린 듯한 초상화(이하 영정), 목판화, 민화 형태도 있다. 많은 영정 중에서 1953년 장우성이 그린 현충사 소장 영정은 1973년 10월에 국가 표준영정으로 지정되었다. 표준영정 지정은 '대통령(박정희)의 지시에 따른 충무공 영정 통일사업'(〈충무공 영정 통일〉·문공부·문화-1740, 1973년 5월 2일)의 결과이다. 하지만 1962년 가을 전북 정읍 충렬사 소장 영정 제작과 관련한 스승 김은호와 제자 장우성의 갈등에서부터 표준영정을 둘러싼 문제가 발생한다. 김은호는 1949년에 순천 유지들의 이순신 영정 제작 요청을 받아 충무공기념사업회의 고증을 바탕으로 1950년에 모대본帽帶本(순천 충무사 소장용)과 무장본武裝本(한산도 제승당 소장용)을 완성했다. 무장본은 충무공기념사업회에서 문교부와 공보부에 청원해 국가 공인을 받았다고 한다(김은호·『서화백년』). 그 내용이 사실이라면 최초의 국가 공인 본은 김은호가 그린 영정이다. 장우성은 1953년에 충무공기념사업회의 의뢰로 현충사 소장용 영정을, 1962년에는 정읍 충렬사 소장용 영정을 그렸다. 김은호와 장우성의 갈등으로 시작된 공인 논란은 결국 1963년 2월 12일 충무공기념사업회에서 문교부 '공인 영정 통일조치'를 건의케 했다. 이에 대해 김은호와 '재경 덕수 이씨 종중', '충무공 영정 통일추진위원회'에서는 김은호본의 공인을 주장했다. 장우성도 그에 대응했다. 1973년 4월 28일, 박정희 대통령은 '충무공 영정 및 동상 통일문제 연구를 지시'했고, 5월에 문화공보부는 장우성본을 공인했고 10월에 정식 공고를 냈다. 공인 이유를 담은 〈이충무공, 세종대왕 영정 통일〉(문공부·문화-1740, 날짜 명시 없음)의 첨부문서, 〈이충무공, 세종대왕 영정 및 동상 통일계획(1973.5)〉에는 장우성본에 대해서는 "현충사에 봉안되어 성역화 이후 많은 국민에게 알려져 있으며, 어느 영정보다도 기품이 있어 보이므로 이를 대체하기 어려움"이라고 높게 평가했다. 현충사라는 성역화 공간, '기품'이라는 작품성이 근거였다. 그러나 김은호본이든 장우성본이든 고증자료는 류성룡의 『징비록』이 핵심이다. 오늘날에는 많이 알려진, 임진왜란 당시 한산도에서 이순신을 직접 만나 이순신의 모습을 기록했던 고상안의 『태촌집』이나 아버지의 소실이 이순신의 서녀였고 『통제사 이충무공의 유사遺事』를 저술한 윤휴가 남긴 기록은 참조되지 않았다.[8)]

그리고 무엇보다 중요한 문제는 앞의 두 사례처럼 작가 개인의 상상력에 따른 영정이 어떻게 다수의 공감을 대표하는 표준이 될 수 있느냐는 점이다. 이처럼 현재 시행되고 있는 표준영정은 여러 가지 문제를 포함하고 있다. 그러나 그나마 다행인 것은 최소한 이들은 표준으로서의 사회적 기능을 수행하고 있다는 점이다. 표준영정의 역할 가운데 가장 중요한 부분은 그 대상의 표준성과 상징성일 것이다. 비록 표준영정을 둘러싼 여러 가지 이론異論이 존재하지만, 그 대상이 대한민국 정부에서 공인한 '유일한' 영정이라는 점은 분명한 사실이다. 공인公認이란 말은 사전적으로 '국가나 공공 단체 또는 사회단체 등이 어느 행위나 물건에 대하여 인정함'으로 정의된다. 그러므로 다수의 공감이 바뀌었다면 공인의 내용 또한 변화할 수 있다. 말하자면 '유일한' 표준영정 또한 사회적 요구에 따라 충분히 개선될 수 있다는 의미다. 그 대표적인 사례가 유관순 열사의 표준영정 개편이다.

3) 유관순 열사 표준영정의 교체

최초 유관순 열사의 표준영정은 1986년 월전 장우성 화백에 의해 그려졌다. 하지만 그의 친일논란이 밝혀지고 영정 대한 즉각적인 교체의 요구가 대중들로부터 요구되었다. 이에 천안시는 2007년 2월 유관순 열사의 표준영정이 제작된 지 21년만에 교체를 단행한다. 다만 그 이유에 있어서 장우성 화백의 친일 여부가 아닌 "기존 영정이 옥중 고문으로 얼굴이 부어 있는 수형자 기록표 사진을 참고해 그린 것이어서 중년 여성의 수심 깊은 얼굴처럼 보인다는 지적이 있었다"라며 "10대 소녀의 청순하면서도 진취적인 기개가 담긴 새로운 표준영정을 채택하는 안이 만장일치로 통과됐다"라고 밝혔다. 유관순 열사의 표준영정 교체 사례처럼 표준영정에 대한 '표준'에 대한 논란은 국민적 합의에 따라 얼마든지 변화될 수 있다. 지금부터 논의될 단군 표준영정의 문제 또한 위의 사례의 연장선에 있지만, 그 내용은 이들보다 훨씬 복잡한 문제를 지니고 있다. 그 문제는 국가에서 인정한 단군의 표준영정이 '유일'한 것이 아닌 둘이라는 점이다.

4. 단군 표준영정을 둘러싼 갈등

현재 대한민국에서 공인받은 단군의 표준영정은 총 두 가지이다. 하나는 대종교 총본사와 같은 단군 영정으로 1949년 제헌국회에서 공인받은 영정이다. 또 하나는 1977년 현정회[9]에서 제시한 단군 영정이다. 문제는 두 개의 표준영정이 중복으로 공인받는 과정이 석연치 않음에 있다. 그 내용은 다음과 같다.

> 1976년 6월 14일 당시 문화공보부 장관으로부터 '문화 1740-8790호'로 대종교의 단군 천진이 '국조 단군 표준 성상'으로 심사승인 되었다. 또 1976년 12월 28일 '문화 1740-19226호'로 '대종교 총본사에서 제작한 것만을 존중하기로 확인함'이라는 확인을 받았다. 그러나 이듬해 8월 정부는 현정회의 것을 다시 정부 표준영정으로 승인해 주었다. (확인 번호 78-21호, 심의 번호 77-28호)

이 글의 서두에서 밝혔듯이 단군은 민족을 하나로 통합하는 상징으로서 요청이었다. 그리고 그런 요청은 민족이 위기에 처해졌을 때마다 어김없이 하나의 구심점으로서 그 역할을 충실히 해왔다. 그러므로 단군의 상징은 반드시 민족의 측면에서 전일적全一的일 필요가 있다. 그래서 지금과 같이 두 개의 표준영정을 공인하는 형태는 단군이 가진 가장 중요한 요소를 스스로 훼손하는 어리석은 일이라 할 수 있다. 이 때문에 단군 표준영정에 대한 문제는 '유일한'

영정에 대한 시시비비를 가리는 세종대왕과 이순신의 경우와는 그 궤를 달리하는 것이다. 후자의 작업은 정해진 틀 속을 보강하는 작업이라면 전자는 아직 틀도 미완의 상태이기 때문이다. 그러므로 단군 표준영정의 문제에 있어 우선시될 것은 단군 영정의 단일화 작업을 통해 '유일함'을 확보하는 것이다. 이제 '단군 영정의 단일화 작업을 어떻게 할 것인가?'의 질문이 제기될 수 있다.

이것에 대한 대답은

◇ 첫째 단군 영정의 정통성
◇ 둘째 단군 영정의 역사성
◇ 셋째 단군 영정의 국민적 공감대

위 세 가지의 조건을 모두 충족될 때 비로소 단군 영정의 표준화 작업이 이루어졌다고 할 수 있을 것이다.

5. 단군 영정 표준화 작업의 역사적 전개

가장 오래된 단군 영정의 표준화 작업은 동아일보의 단군 영정 현상모집 캠페인으로 규정할 수 있다. 동아일보는 1920년 4월 11일 일요판 3면에 단군 영정을 현상 모집하는 사고社告를 개시한다.[10)]

이는 1920년 4월 1일 창간사에서 단군유훈檀君遺訓을 좇아가겠다는 다짐을 한다.[11] 그리고 그 첫 번째 행보가 단군 영정 현상을 모집하는 캠페인이었다. 동아일보는 단군 영정 현상모집의 목적을 "단군은 우리 민족의 종조宗祖이고 역사적으로 가장 신성한 위인이어서 충심으로 봉안하기 위함"이라고 밝혔다. 이때 7개 항목의 응모 기준을 제시했는데, 첫 번째 항목만 구체적인 것이고 나머지는 일반적인 참고 사항이었다. 즉 예부터 보관되었던 영정을 모사한 것이나 새로운 창작품 모두를 응모 대상에 포함했는데, 특히 후자의 경우를 환영했다. 여기에서 당시까지 전해져오던 단군 영정에 대한 동아일보를 비롯한 조선 민족의 만족도를 가늠할 수 있다. 단군 영정으로 전하는 것이 많지 않았고, 그 수준도 높지 않았다는 것과 관련이 있다. 참고로 기자와 비교하여 조선 시대에 단군 영정 자료나 관련 기록은 거의 확인되지 않는다. 동아일보에서는 그 사실을 충분히 알고 있었기 때문에 ① 역사적 색채를 포함하고 ② 신성神聖과 숭엄崇嚴, 고상함을 상징적으로 보여줄 수 있도록 창작한 존상尊像의 응모를 유도하였다.

당초에 20일간의 응모 기간으로 진행된 단군 영정 현상모집 캠페인은 응모된 작품을 즉각 심사한 후 5월 10일에 당선작 6점을 발표할 계획이었다.[12] 그런데 결과는 예상과 달랐다. 응모 건수와 작품 수준이 기대에 미치지 못했다. 5월 1일 "응모자의 희망으로 기한을 약간 연기한다"라는 중간 제목을 덧붙이고 응모 기간은 보름 연기되었고, 그 결과를 6월 1일 발표할 것이라는 재공모 사고가 다시 동아일보에 실렸다.[13] 그렇지만 결과는 마찬가지였다. 애초 예정과 달리 다시 변경하지 않을 수 없었다. 56건의 단군 영정이 접수되었으나 당선작이 없어 9월 말까지 다시 기간을 연장하고, 11월 13일(음력 10월 3일) 개천절에 결과를 발표하기로 하였다. 동아일보가 1920년 6월 22일 사설에서 "단군 영정은 조선인을 살게 하고 결집하는 조선혼朝鮮魂의 기원을 보여주는 것"이라고 밝힌 바와 같이 그 선정은 신중히 처리하지 않을 수 없었다. 하지만 이때의 약속도 지킬 수 없었다. 1920년 9월 26일부터 1921년 1월 10일까지 동아일보가 무기정간 되었기 때문이다.[14)]

◇今日, 開天聖節 금이십일일은 음력으로십월초삼일이라 이날은 우리 조선민족의 신조가되시는 단군(檀君)씌옵서 태백산 단목하에 탄강하신날임으로 자래로우리풍속에 십월상달이되면 집〃마다 떡을하여먹는것도 이날을긔념함이오 금일 하오한시에는 시내 계동에잇는 대종교남도본사(大倧敎南道本司)에서 개텬경배식(開天敬拜式)을 거행한다는데 금년은 단군긔원 사천이백오십오년이라더라 (사진은단군텬뎨의영뎡)

동아일보 1922.11.22. 기사

◇금일, 개천성절開天聖節
오늘 22일은 음력으로 10월 초삼일이다. 이날은 우리 조선 민족의 선조가 되시는 단군께옵서 태백산 단목 아래 탄강하신 날이므로 이때부터 우리 풍속에 10월 상달이 되면 집집마다 떡을 하여 먹는 것도 이날을 기념함이다. 금일 하오 1시에는 시내 계동에 있는 대종교 남도본사에서 개천경배식開天敬拜式을 거행한다는데 금년은 단군기원 4255년이라고 한다.(사진은 단군 천제의 영정)[15]

1922년 11월 22일은 개천절이었다. 마침내 2년 이상을 끌던 단군 영정이 공개되었다. 「단군 천제의 영정」이다. 그렇지만 이때 공개된 영정은 단군 영정 현상모집 캠페인의 결과물이 아니었다. 당시 대종교에서 봉안하고 있던 '대황조단군성신의 어진'이었다. 동아일보의 캠페인과 대종교의 단군 영정 봉안은 별개의 그것으로 생각하지만, 그렇게만 파악할 수 없다. 이들이 일정하게 연계되어 있었다. 대종교에서 봉안하고 있던 영정이 동아일보에 실렸기 때문이다. 자연히 대종교의 단군 영정을 동아일보가 단군 영정 현상모집 캠페인의 결과로써 공인하는 결과를 가지게 되었다. 이후 이 영정은 단군 영정의 기준이 되었고, 1930년 11월 23일의 개천절에 이윤재李允宰의 「개천절, 단군강탄 4386회의 기념」이란 짧은 글과 함께 「한배단군상」으로 동아일보에 다시 실렸다. 단군 영정 현상모집 캠페인에 접수된 56건의 작품이 역사성을 바탕으로 한 신성함과 숭엄하고 고상함의 기준에 못 미쳤다.[16] 결과론적이지만, 당시 독립운동을 이끌었던 대종교에서 봉안한 단군 영정은 이런 과정을 거쳐 이후 단군 영정의 기준으로 자리하게 되었다.

6. 현존하는 단군 영정들의 역사적 내력

현존하는 가장 오래된 단군 영정은 1910년(융희 4년)에 간행된 『신궁건축지』에 수록된 대조선국시조 단군천황의 목판본 화상畫像이다. 이 자료는 1909년 일제와 친일파들이 단군과 천조대신과 이 태조를 함께 모시는 일한신궁의 모습을 짐작할 수 있게 하는 사료이다. 일한신궁을 건립은,

> "지금 두 나라 사람의 친소 구분이 있다 하더라도 신궁을 통해 본다면 모두 하나의 자손이다."

하여 『신궁건축지』 서문에서 그 목적을 분명히 밝히고 있다. 이를 통해 볼 때 『신궁건축지』에 수록된 단군화상은 당시 일반 대중들에게 익숙한 판본을 사용했음이 틀림없다. 왜냐하면, 당시 내선일체內鮮一體를 정책으로 내건 통감부의 입장에서 일반 대중에게 널리 알려진 판본을 사용하는 것은 너무나도 자명한 선택이기 때문이다. 이를 통해 미루어볼 때 『신궁건축지』에 수록된 단군 화상을 통해 당대에 널리 알려진 단군의 형태를 짐작할 수 있다. 그 까닭은 단군 화상과 마찬가지로 『신궁건축지』에 수록된 태조의 화상을 통해 유추할 수 있다. 『신궁건축지』에는 각각 단군, 태조의 화상이 수록되어 있다. 그리고 여기에 첨부된 태조의 화상과 국보 제317호로 지정된 태조의 영정은 비록 둘의 형태가 정확히 일치하는 것은 아니지만

중요한 사항에서는 상당 부분 유사성을 보인다. 이를 통해 『신궁건축지』에 수록된 태조의 화상이 태조의 표준영정에 기초하여 그려졌음을 추론할 수 있는 근거가 된다.

그리고 이런 도식은 『신궁건축지』 수록된 단군의 화상에도 같게 적용될 수 있다. 아래 자료는 『신궁건축지』의 단군 화상과 대종교 부여 천진전에 봉안된 단군 영정을 함께 배치한 것이다.

(『신궁건축지』, 1910)	조선태조어진(국보 제317호)

(『신궁건축지』, 1910)	부여 천진전의 단군영정

태조의 화상과 같은 형태로 접근한다면 『신궁건축지』의 단군 화상은 기존에 있던 단군 영정에 기초해서 그려진 것이다. 『신궁건축지』에 따르면 '신궁'은 1909년(융희 3년) 8월 10일에 건 숭신방崇信坊 안암동安巖洞에 건립된 건물이며 단군과 태조의 화상 또한 이때 봉안된 것으로 기록되어 있다. 이런 상황 증거에 미루어볼 때 『신궁건축지』에 수록된 단군 화상의 모델은 최소 1909년 8월 이전에 그려져야 한다. 문제는 대종교에서 전해진 단군 영정의 전수가 1909년 8월보다 늦게 이루어졌다는 점이다. 단군 영전의 전수에 관해서는 『대종교요감』의 기록을 살펴보면 1910년 3월 15일 공공진인空空眞人으로부터 홍암 대종사가 이를 전해받았고 처음에는 의심했지만 이후 꿈을 통해 그 진위를 확인했고 1910년 8월 21일에 시봉侍奉한 것으로 기록되어 있다.[17] 이는 1909년 2월 5일(음력 1월 15일) 단군교포명서를 공포한 중광절重光節로부터 약 2년 후이다. 이들 사실관계를 통해 볼 때 1910년 『신궁건축지』에 수록된 단군 화상이 현존하는 가장 오래된 자료가 되며 이외 자료의 제작 시기는 1909년 이후가 된다. 따라서 단군 영정의 표준 여부를 가늠하면서 『신궁건축지』에 수록된 단군 화상의 특징을 표준으로 삼는 것은 단군 영정의 정통성 규정에 대한 합리적인 기준이 될 수 있다. 왜냐하면, 이 접근은 현존하는 가장 오래된 사료에 기초한 것이기 때문이다. 단군 영정이 1910년 이전에도 존재했으며 『신궁건축지』이 그것에 기초했다고 볼 수 있는 정황은 1912년 12월 15일 발간된 권업신문 제34호 잡보雜報에 수록된 '단군대황조어진 촬영'이란 기사를 통해서도 유추할 수 있다.

이 기사의 전문은 아래와 같다.

잡보

단군대황조어진촬영

평안숭령전(단군사당)이 고대부터 봉안하여 온 단군檀君 대황조어진大皇祖御眞을 수년 전에 내지사진관에서 촬영된 것을 주정 최병숙 씨가 한 본을 구하여 얻은지라. 일전에 본존거 김태봉, 함동철 씨와 상의하고 개이성 중국인 이완사진관에 다시 촬영하여 일반 한인된 자는 각기 한 본씩 봉안하여 건국 시조를 기념하게 한다더라.[18)]

이는 단군 영정이 이미 오래전부터 숭령전에 보관되어 있었음을 방증하는 자료이며 이를 통해 단군 영정의 기원이 고려조까지 올라감을 알 수 있다. 왜냐하면, 숭령전이 고려 시대 때부터 존재했으며 그 역할이 단군을 모시는 사당임을 고려할 때 당시에도 단군 영정이 봉안되어 있음을 짐작할 수 있다. 숭령전의 기원과 그 역할에 대해 살펴보면 다음과 같다.

평양성 밖 인리방仁里坊, 즉 현재의 기림리에 있다. 고려 시대에는 성제사聖帝祠, 조선 시대에서는 단군묘檀君廟라는 이름으로 불리다가 1729년(영조 5)에 숭령전으로 바꾸어 부르게 되었다. 고려 때에는 때때로 왕의 특사가 파견되어 제사를 지냈으며, 매달 초하루와 보름에는 현지의 관원이 제사를 지냈는데, 일반 백성들은 특별한 일이 생겼을 때 가서 소원을 빌기도 하였다. 조선 시대에 들어와서는 1429년(세종

11)에 처음으로 정전正殿과 동서행랑東西行廊을 지어 봄·가을로 향축香祝을 내려 제사를 지냈다. 1456년(세조 1)에는 위판位板을 바꾸어 "조선시조단군지위朝鮮始祖檀君之位"라 하였고, 1460년에는 세자를 데리고가서 친히 제사지냈다. 1679년(숙종 5)에는 근신近臣을 보내 제사지내고, 1697년에는 단군묘시檀君廟詩를 지어 바쳤다. 1729년 숭령전으로 이름을 바꾸고 참봉 두 사람을 두어 관리하게 하였으며 승지를 보내 제사를 지냈다. 1804년(순조 4) 평양부의 큰 화재로 소실되었으나 곧 복구되었다. 1868년(고종 5)에 경복궁의 중건공사가 준공되자,

"금년은 단군께서 나라를 세우신 무진년이라, 동녘 땅에 나라의 큰 기틀을 처음으로 세우사 1000여 년을 다스리셨는바 이제 마침 이 궁전(경복궁)의 낙성됨을 고하여 하늘의 큰 명命을 맞이해 드리니 우연한 일이 아니로다."

라는 교시敎示를 내리고 평안도 관찰사를 보내어 제사지내게 하였다. 그리고 해마다 지내는 세제歲祭 때에는 "참으로 하늘이 덕을 내리사 동녘 땅에 큰 기틀을 처음 세우셨도다. 이에 제사를 드리오니 큰 복을 내리소서"라고 축문을 올렸다는 기록이 있다.[19]

이를 통해 볼 때 현존하는 단군 영정의 기원은 최소 고려까지 올라가게 된다. 아쉽게도 촬영된 단군 영정의 사진이 무엇인지 남아 있는 자료는 존재하지 않는다. 하지만 위의 기사로 미루어볼 때 기사가 발간된 1912년 전후를 제작 시기로 삼고 있는 단군 영정이 당시 촬영된 단군 영정과 같거나 혹은 유사한 특징을 지녔다고 판단 할 수 있다. 그러므로 『신궁건축지』를 시작으로 하여 그 이후 통용된 단군 영정을 살펴보고 그 공통분모를 찾음으로써 단군 영정

의 최소한의 정통성을 확보될 수 있다. 그 순서는 시대적으로 『신궁건축지』(1909)에서 시작해 박찬익 집안 소장본 단군 영정(1917) - 『성리팔리경』 수록 영정(1921년) - 부여 천진전 단군 영정(1922년 이전) 동아일보 캠페인 단군 영정(1922년) - 독립신문 1923년 11월 10일자에 실린 [대황조 단군초상](반신상) - 김유동의 『도덕연원 부충현록』에 실린 단군 - 이용태 소장 [삼신상제 한배 단군](1928) - 중국 상해 배달공사에서 연하엽서로 발행한 [배달시 단군어진](1937) - 정진홍이 간행한 『단군교부흥경략』에 실린 [단군성조 어진](1937) - 지성채 모사본(1946)에 이른다.

이 가운데 『신궁건축지』에 대한 내용은 앞서 언급했으니 생략하고 다음으로 오래된 [박찬익 집안 소장본 단군 영정]의 경우 김성환의 「남파 박찬익의 독립운동자료 중 단군 영정 연구」[20]에서 자세히 소개하고 있다. 그의 연구에 따르면 박찬익 집안 소장 단군 영정은 1917년 11월 17일(음력 10월 3일) 개천절을 기념해서 제작되었다. 앞서 밝혔듯이 이 영정에서 '대황조단군'은 대종교에서 단군을 지칭했던 공식적인 명칭이었다. 따라서 그 제작 주체는 신규식이 주관하던 상해의 대종교 서도본사였음이 분명해진다. 대종교 서도본사는 1914년에 개설되어 신규식이 책임자였고, 1922년 그가 사망할 때까지 유지되었다. 서도본사는 1922년 신규식 사후 서1도 제1지사와 제2지사(=호강시교당)로 구분되었는데, 전자는 박은식, 후자는 민제호가 책임(전무)을 맡고 신건식이 찬무로 있었다. 민제호의 동생 민필호에 관한 전기에 따르면, 호강시교당에서 매 주일마다 예배를 보았는데 박찬익이 참석하였다고 한다.[21] 민필호의 장인이 신규식이라는 점을 고려할 때 단군 영정도 이곳에 봉안되어 있었을 것이고, 박찬익과 신건식도 이곳에서 얻어갔을 것이다.[22] 1917년 11월 17일 제작을 정설로 받아들이면 박찬익 집안 소장 단군 영정은 시대상으로 『신궁건축지』가 발간된 이후가 된다. 다음은 충청남도 문화재자료 제369호로 지정된 부여 천진전 단군 영정이다. 부여 천진전의 단군 영정은 2000년 1월 11일 충청남도 문화재자료 제369호로 지정되었다. 국립부여박물관에 소장되어 있다. 중국산 인조명주실(人造絹)에 담채淡彩로 그려진 전신좌상全身坐像으로, 1920년대에 그려진 것으로 추정된다. 대종교大宗教의 지도자인 강우姜虞가 단군 사상을 이어받아 황해도에서 가져와 그 아들 강석기에게 전승한 것이라 한다. 제작연도가 1920년대임을 고려할 때 『신궁건축지』의 단군 영정과 그 이후에 제작된 박찬익 집안 소장본 단군 영정과의 유사점을 살펴봄으로써 단군 영정의 원형의 특징을 파악할 수 있는 실마리를 제공한다. 이후 동아일보의 단군 영정 공모 캠페인의 결과로 공개된 단군 영정의 경우 부여 천진전 단군 영정과 같은 형태로 보이는데 이는 대종교의 단군 영정이 이미 당시의 민중들의 공감대를 형성하는 단군 영정으로 자리매김하였음을 짐작게 한다. 동아일보에서 공개한 단군 영정보다 1년 앞서 단군교의 정훈모에 의해 공개된 『성리팔리경』에 수락된 단군 영정의 형태 또한 박찬익 집안 소장본, 부여 천진전 그리고 동아일보의 그것과 유사함을 보인다. 이들 영정의 공통점은 모두 草衣木裳[23]이 그려져 있다는 점이다. 초의목상을 공통점으로 정의할 수 있는 까닭은 위에서 언급한 단군

영정 이외의 영정에는 그것을 찾아볼 수 없기 때문이다. 그 대표적인 사례로 두 개의 단군 영정을 들 수가 있는데 각각 현정회의 단군 영정과 북한의 표준영정이 그것이다.

(『신궁건축지』, 1910)

박찬익 집안 소장 단군영정 1917년

부여 천진전 1922

『성리팔경』 1921년

북한의 단군영정

현정회 단군 표준 영정

7. 나가는 말

앞서 살펴본 것처럼 표준영정을 둘러싼 논의는 곳곳에서 일어나고 있다. 이것은 '표준'이 가지는 위치가 절대 가볍지 않기 때문에 발생하는 자연스러운 현상일 것이다. 그러므로 우리는 표준에 대해 더욱더 고민하고 신중할 필요가 있다. 표준영정은 특정 단체의 가치나 정치적 목적이 아닌 국민의 공감대를 끌어낼 수 있어야만 한다. 사실 지금 시행되고 있는 표준영정이 과연 그 본연의 목적에 적합하냐의 질문이 선행되어야 할 수도 있다. 예컨대 앞서 언급했던 유관순 열사의 표준영정의 경우보다 본연에 가깝게 교체되었음에도 정작 국정교과서에 외면받는 것[24)]이 표준영정의 현주소이다. 이 때문에 표준영정이 표준영정의 역할을 다하기 위해서는 국가적인 재검토가 필요한 시점이다. 2018년은 남북의 화해 분위기가 그 어느 때보다 고취된 시기였다. 이럴 때일수록 민족의 공감대를 상징하는 상징성의 통일이 무엇보다 요구된다. 특히 단군의 경우 우리 민족의 건국신화建國神話의 상징적 존재로서 중국의 삼황오제에게 비견될 수 있는 민족적 상징성을 지닌 존재이다. 그러므로 단군 영정의 표준화 작업은 1978년 현정회의 단군 영정이 표준으로 공인된 이래 끊임없이 표준성에 대한 의문이 제기되어졌다. 본래부터 전해진 표준영정이 없다면 표준영정 본문에서 언급했듯 정통성, 역사성, 국민적 공감대를 만족시켜야 할 것이다. 그리고 만약 이들을 무시하고 새로운 표준영정을 제작할 경우 반드시 국민적 더 나아가 민족적 공감대를 반드시 확보해야 할 것이다.

『무당내력巫黨來歷』 소재 단군 기사의 검토

서영대

1. 머리말

한국사에는 수많은 인물들이 등장하지만, 그 중에서도 단군은 특별하다. 단군은 한국사의 시작 내지 기점으로 여겨지며, 시작에는 특별한 의미가 부여될 수 있기 때문이다. 그런데 단군에 부여된 의미는 시대나 상황에 따라 차이가 있다. 이로 말미암아 단군 인식의 변천사에 대한 검토가 필요해진다.

단군 인식의 변천에 대해서는 그간 많은 논의가 있었다. 그런데 관련 기록들은 지식인들에 의한 것인 만큼, 그간 논의된 단군 인식은 지식인들의 그것이었다고 해도 과언이 아니다. 그렇다면 기층사회에는 단군 인식이 없었을까? 있었다면 어떻게 인식되었을까?

기층사회에서도 단군 인식이 면면히 이어져 오고 있었을 가능성은 크다. 단군 인식의 역사를 보면 불교나 유교가 지배 이데올로기였던 시기에도 국가적 위기 때는 현실 타개를 위한 정신적 지주로서 단군이 주목되는 사실을 확인할 수 있는데, 이것은 기층사회를 통해 잠류潛流하던 단군 인식이 있었기에 가능했다고 여겨지기 때문이다.

그렇지만 기층사회의 단군 인식은 관련 사료의 부족으로 구명하기가 쉽지 않다.[1] 이런 상황에서 주목되는 것이 『무당내력巫黨來歷』이란 자료이다. 『무당내력』은 무당의 굿하는 모습을 거리별로 그린 채색화에 설명을 덧붙인 필사본인데, 여기에 단군에 대한 언급이 여러 군데 보이기 때문이다. 다시 말해 무속은 기층사회의 종교인 만큼, 『무당내력』을 통해 기층사회의 단군 인식을 엿볼 수 있다는 것이다.

『무당내력』은 1961년 천정일泉靖一(1915~1970)에 의해 처음 학계에 소개된 이래,[2] 지금까지 여러 편의 연구가 나왔다.[3] 『무당내력』이 무속을 다룬 책이며, 무당의 복식이 자세하게 묘사되어있기 때문에, 이는 당연한 것이라 할 수 있다. 그러나 『무당내력』에는 무속과 단군의 관련성이 여러 차례 언급되고 있는 바, 단군 기사에 대한 검토 없이는 『무당내력』이 제대로 연구되었다고 하기 어렵다. 그러므로 『무당내력』의 단군 기사에 대한 검토는 기층사회의 단군 인식은 물론, 『무당내력』 자체의 이해를 위해서도 필요한 작업이라 할 수 있다.

그래서 여기서는 『무당내력』의 단군 기사를 살펴보고자 한다. 물론 이에 대한 논의가 기왕에도 없었던 것은 아니다.[4] 그러나 단군 인식의 전체적 흐름을 고려하지 않은 채, 신빙성에 논란이 있는 사료들을 입론의 근거로 삼았다는 점에서 문제가 있다. 『무당내력』의 단군 기사를 새삼 거론하는 이유는 여기에 있다.

2. 『무당내력』 2종의 비교

『무당내력』은 지금까지 2종이 알려져 있으며,[5] 현재 2종 모두 서울대학교 규장각에 소장되어 있다. 그러나 처음부터 규장각 도서는 아니고, 원래는 서울대학교 도서관 소장본으로, 하나는 고도서로 분류되었던 것이며(古1430-18), 다른 하나는 1963년 이병기李秉岐(1891~1968)가 서울대학교 도서관에 기증한 가람문고에 속했던 것이었다(가람古 398.3 M883).

그래서 2종을 구분하기 위해 기왕에는 각각에 대해 '무당내력Ⅰ'·'무당내력Ⅱ',[6] 또는 책의 크기가 다른 데 착안하여 '큰 책'(28.1×19.5㎝)·'작은 책'(20.8×16.9㎝)이란[7] 이름을 부여하기도 했다. 그렇지만 이본을 구분하는 데는 번호나 크기라는 상대적 기준보다, 각각에 고유한 명칭을 부여하는 것이 낫다고 생각하여, 여기서는 '고도서본'과 '가람본'으로 부르기로 한다.[8]

『무당내력』 2종은 모두 표지→서문→굿거리 그림으로 구성되어 있다. 그러나 구성 부분마다 차이가 있다. 표지의 경우, 제첨題籤에 무당내력이란 서명을 기재한 점은 같으나, 가람본에는 '난곡수장蘭谷手粧'이란 글씨와 '명의학도明義學道'란 낙관落款이 보인다. '난곡수장'이란 난곡이 직접 이 책을 꾸몄다는 의미, '명의학도'란 의를 밝히고 도를 배운다는 의미로 풀이되는데, '난곡'과 '명의학도'는 고도서본에서는 표지가 아니라 서문에 나온다.

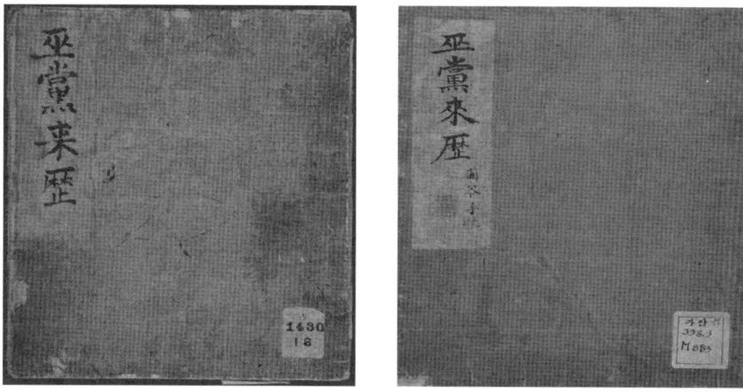

그림1. 표지(좌; 고도서본, 우; 가람본)

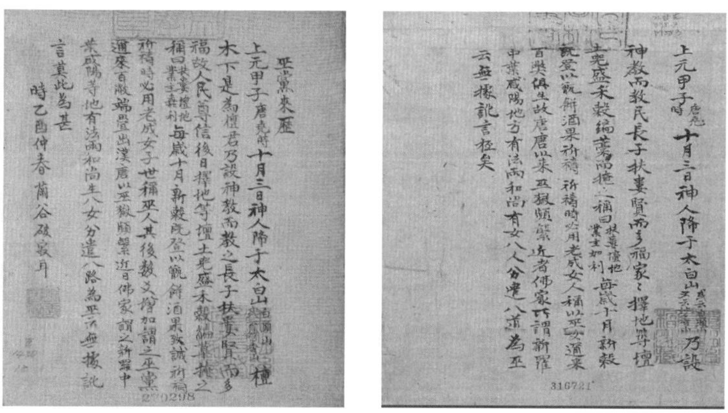

그림2. 서문(좌; 고도서본, 우; 가람본)

서문에서는 고도서본의 경우 1행에 무당내력이란 서명을 제시했고 마지막 행에 '시을유중춘時乙酉仲春 난곡파적이蘭谷破寂耳'라고 하여 저술 시기와 저자를 밝힌데 반해, 가람본에는 그런 것이 없다. 뿐만 아니라 글자의 출입이 있으며, 자수字數도 고도서본 179자, 가람본; 138자로 고도서본이 41자 더 많다(〈표1〉 서문 대조표 참조).

고		巫	黨	來	歷															
가																				

고	上	元	甲	子	唐堯	時	十	月	三	日	神	人	降	于	太	白	山	白或	頭云	山妙
가	上	元	甲	子	唐堯	時	十	月	三	日	神	人	降	于	太	白	山	白或	頭云	山妙

고	香山	檀	木	下	是	爲	檀	君	乃	設	神	教	而	教	之	長	子	扶	婁	賢
가	香山								乃	設	神	教	而	教	民	長	子	扶	婁	賢

고	而	多	福	故	人	民	尊	信	後	日			擇	地	等	壇	土	器	盛	禾
가	而	多	福								家	家	擇	地	築	壇	土	器	盛	禾

고	穀	編	草		掩	之	稱	曰	扶業	婁主	壇嘉	地利	每	歲	十	月	新	穀	既	登
가	穀	編	藁	而	掩	之	稱	曰	扶業	婁主	壇加	地利	每	歲	十	月	新	穀	既	登

고	以	甑	餅	酒	果	致	誠	祈	禱	祈	禱	時	必	用	老	成	女	子	世	稱
가	以	甑	餅	酒	果	致	誠	祈	禱	祈	禱	時	必	用	老	成	女	人		稱

고		巫	人	其	後	數	爻	增	加	謂	之	巫	黨	邇	來	百	敝	端	疊	出
가	以	巫												邇	來	百	弊	俱	生	故

고	漢	唐			巫	獄	頻	繁	近	日	佛	家		謂	之	新	羅	中	葉	咸
가	唐	唐	以	來	巫	獄	頻	繁	近	者	佛	家	所	謂		新	羅	中	葉	咸

고	陽	等	地		有	法	雨	和	尚		生	八	女			分	遣	八	路	爲
가	陽		地	方	有	法	雨	和	尚	有			女	八	人	分	遣	八	道	爲

고	巫	云	無	據	訛	言	莫	此	爲	甚										
가	巫	云	無	據	訛	言					極	矣								

고			時	乙	酉	仲	春	蘭	谷	破	寂	耳								
가																				

표1. 서문 대조표(고=고도서본, 가=가람본)

본문에서는 거리의 순서가 다르며, 각 거리의 그림과 설명 등에도 차이가 있다. 〈표2〉는 그림의 순서를 제시한 것인데, 이를 통해 짐작할 수 있는 바와 같이 고도서본과 가람본은 거리의 순서가 다르다. 심지어 성조거리 같은 것은 가람본에서 아예 보이지 않는다.[9)]

	고도서본	가람본
1	거리 이름과 설명은 없고, 그림만 있음	不精巨里
2	感應請陪	帝釋巨里
3	帝釋巨里	大巨里
4	別星巨里	戶口巨里
5	大巨里	別星巨里
6	戶口巨里	感應請陪
7	祖上巨里	祖上巨里
8	만신말명	만신말명
9	거리 이름은 없고, 그림 설명은 있음	구릉巨里
10	唱婦巨里	거리 이름과 설명은 없고, 그림만 있음
11	成造巨里	唱婦巨里
12	구릉	逐鬼
13	뒷전	뒷전

⑤표2. 거리 순서 대조표

또 〈표3〉은 거리별 설명을 대비한 것인데, 여기서도 글자의 출입과 글자 수의 차이가 있다.

	고도서본	가람본
	①	①不精巨里 始作或有不精之慮 無名雜鬼 使之 安定 此巨里年久傳來云耳
感應	②俗稱산바라기	⑥致誠時 巫女手執白紙 望太白山

請陪	致誠時 巫女望太白山 口呼聖靈憾應三遍 近日望豊德德物山崔將軍請陪云 失眞大矣	口呼聖靈咸應三遍 謂之檀君請陪 近日謂之崔將軍請陪 失眞大矣
帝釋巨里	③檀君稱曰三神帝釋 高句麗山上王無子 禱于三神 果得貴子 故生子發願成俗耳	②帝釋卽檀君聖祖 稱曰三神帝釋 小兒十歲之內 或有危險之地 三神必爲保護云 故高句麗上山王無子 禱于三神 見夢而生貴子 後生子發願 因爲成俗
別星巨里	④檀君侍臣高矢禮 教民稼穡 故人民不忘其恩 近日巫女謂之崔將軍請陪時 思悼世子陪行云 尤極橫說竪說	⑤檀君請陪時 侍臣高矢禮 始播百穀 教民稼穡 故百姓不忘其恩矣 近日謂之思悼世子云 尤極橫說竪說
大巨里	⑤俗稱崔將軍巨里 檀君請陪後 以聖意所願 使之成就云 舊時以檀祖服色用之 近日以崔將軍服色用之	③又云崔將軍巨里 檀君奉陪後 以聖意所願 使之成就 近日謂之崔將軍下降云
戶口巨里	⑥天然痘神 謂之戶口 家有未疫兒致誠時祝其順痘 近日謂之崔將軍女 又云妾 妄發極矣	④天然痘神 謂之戶口 家有未疫兒 祝其順痘 近日巫女輩 謂之崔將軍女云妾 妄發極矣
祖上巨里	⑦致誠時 祖上次第入來後 吉凶禍福豫報云 不過巫女討索 然可笑	⑦致誠時 祖上入來後日吉凶禍福豫報云可笑
만신말명	⑧巫女稱以만신而或云萬身 又云滿神 未知熟是 大抵此舞張其巫女年淵而已	⑧巫女之年源而已
	⑨以五方旗指揮五方神將 一切私鬼雜神 諸班殺格除却云 而近日病致誠多行 未知何時代 所自出	⑫逐鬼 以五方旗 招五方神將 驅逐雜神
唱婦巨里	⑩巫女擇其年少美妙者 一場遊戲 不過賽錢而已 六十以來 次次盛行耳	⑪致誠時 擇其年少美妙之巫女 一場遊戲 六十年來盛行
成造巨里	⑪檀君時 每歲十月 使巫女祝成造家之意 人民不忘其本 致誠時 依例擧行耳(俗稱성쥬푸리	⑩
구릉(巨里)	⑫明時以水路往來 故每當使臣出發時 使臣城隍(慕華峴外) 以巫女祝其無故回還矣 因爲成俗 致誠時依例擧行 白紙裹金錢 以助賻于連路浮鬼云	⑨구릉巨里 明時以水路往來 故使臣出發後 祝其無事回程云耳
뒷전	⑬致誠畢 無名雜鬼 一切犒饋 使之安定 年代無考 傳來之俗而已	⑬致誠後 無名雜鬼 一切犒饋 使之安定

표3. 굿거리 설명 대조표

뿐만 아니라 그림도 거리에 따라 차이가 있다. 예컨대 「조상거리」에서는 무녀의 모자와 무복이 다르고, 「별성거리」·「호구거리」·「뒷전」에서는 제상 모양이 방형과 원형으로 차이가 있다. 그리고 그림의 수준에서도 고도서본이 앞선다. 이러한 사실은 대거리의 굿상만 비교해도 짐작할 수 있다. 즉 고도서본과 달리, 가람본에서는 앞과 뒤 굿상의 방향을 어긋나게 그려 현실감이 떨어진다.

그림3. 가람본 10번째 그림

그림3. 신발은 대거리 무당

그림4. 조상거리(좌; 고도서본, 우; 가람본)

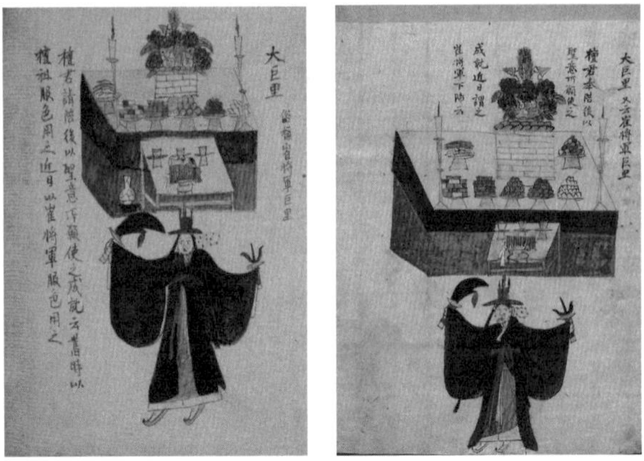

그림5. 대거리(좌; 고도서본, 우; 가람본)

이렇듯 고도서본과 가람본은 표지에서부터 본문에 이르기까지 여러 가지 다른 점이 있고, 그 중에서도 굿거리 순서 같은 것은 무속의례를 살펴보는 입장에서는 간과할 수 없는 차이이다. 그렇지만 그 차이가 본질적인 것은 아니다. 다시 말해 다를 뿐, 서로 어긋나거나 모순되지는 않는다. 무속에 대해 고도서본이 가람본에 비해 더 비판적인 점도 있지만(후술), 그것 역시 강도의 차이일 뿐 근본적 차이라고는 할 수 없다.

더구나 고도서본 서문에서 저자를 난곡이라 했는데, 가람본 표지에도 난곡이 보인다. 그렇다고 해서 두 책 모두 난곡이 직접 그림을 그리고 글을 썼다고 단정하기는 어렵다. 그림 수준의 차이가 있고, 다른 사람이 전사轉寫하면서 난곡이란 이름까지 옮겨 적을 수도 있기 때문이다. 그렇지만 두 책 모두 난곡에서 유래한 것임은 부정할 수 없다. 따라서 저자가 같고 내용까지 대동소이하다는 점에서,

하나가 다른 하나의 이본異本이라 할 수 있다.

이 점에 있어서는 두 책의 단군 기사도 예외가 아니다. 다시 말해 단군 기사에도 차이는 있지만, 그것이 본질적 차이는 아니라는 것이다. 두 책의 단군 기사를 함께 다룰 수 있는 이유도 여기에 있다.

3. 『무당내력』의 단군 관련 기사

1) 서문의 단군 기사

『무당내력』에서 단군에 대한 언급은 서문과 본문에서 모두 보이고 있다. 이 중 서문을 번역하면 다음과 같다(〈그림2〉 참조).

(고) 무당내력巫黨來歷

상원갑자上元甲子(唐堯 때이다) 10월 3일 신인이 태백산太白山(백두산이며, 혹은 묘향산이라고도 한다) 박달나무(檀木) 아래로 내려왔으니, 이 분이 단군으로 신교神敎를 열어 가르쳤다. 맏아들 부루扶婁가 현명하고 복이 많은 까닭에 인민들이 존경하고 신뢰했다. 뒷날 땅을 가려 단을 가지런히 해서(等壇) 토기에 곡식을 담아 풀을 엮어 덮고는 부루단지扶婁壇地 · 업주가리業主嘉利라 했으며, 매년 10월 햇곡식이 익으면 시루떡 · 술 · 과일로 치성을 드리고 기도를 했다. 기도를 할 때는 노련한 여자가 했는데, 세상에서는 무인巫人이라 했고, 그 후에 숫자가 증가하면서 무의 무리(巫黨)라 불렀다. 이후 여러 가지 폐단이 거듭되고, 한漢나라와 당唐나라에서는 무속으로 말미암은 옥사(巫獄)가 자주 일어났다. 최근 불가에서 말하기를 신라 중엽 함양咸陽 등의 곳에 법우화상法雨和尙이 있어 여덟 딸을 낳아 8도로 나누어 파견하여 무당이 되었다고 하는데, 근거 없고 그릇된 말치고 이보다 더 심한 것은 없다.

을유년 중춘에 난곡蘭谷이 심심풀이로 썼다.

(가) 상원갑자上元甲子(唐堯 때이다) 10월 3일 신인이 태백산太白山(혹은 백두산이라 하고, 혹은 묘향산이라고 한다) 박달나무(檀木) 아래로 내려와 신교神敎를 열어 사람들을 가르쳤다. 맏아들 부루扶婁가 현명하고 복이 많았으므로, 집집마다 땅을 가려 단을 쌓고(築壇) 토기에 곡식을 담아 짚을 엮어 덮고는 부루단지扶婁壇地 · 업주가리業主加利라 했으며, 매년 10월 햇곡식이 익으면 시루떡 · 술 · 과일로 기도를 했다. 기도를 할 때는 노련한 여인이 했는데, 이름하여 무녀巫女라 했다. 이후 여러 가지 폐단이 거듭되고, 당唐나라와 당唐나라에서는 무속으로 말미암은 옥사(巫獄)가 자주 일어났다. 최근 불가佛家에서 말하는바 신라 중엽 함양咸陽지방에 법우화상法雨和尙이 있는데, 여덟 딸을 낳아 8도로 나누어 파견하여 무당이 되었다고 하는데, 근거 없고 그릇된 말의 극치이다.

밑줄은 고도서본과 가람본에서 차이나는 점을 표시한 것인데, 가람본에서 '당나라와 당나라'라고 한 것은 '한나라와 당나라'의 잘못임이 확실하므로 논외로 하더라도, 태백산에 하강한 신인이 단군이란 기사, 부루를 인민들이 존경하고 신뢰했다는 기사, 무巫의 숫자가 늘어나 무리를 이룸에 따라 무당巫黨이라 했다는 등의 기사는 고도서본에만 있다. 이 가운데 굳이 무당巫黨이란 표기를 사용했는지를 알려주는 대목은 중요하지만, 태백산에 내려온 신인이 누구인지는 군이 밝히지 않더라도 단군임을 쉽게 짐작할 수 있고, 부루를 존경했다는 기사는 없더라도 큰 문제는 없다. 따라서 내용에 있어서는 고도서본과 가람본의 대차는 없다고 할 수 있다.

그렇다고 한다면 『무당내력』 서문에서 주장하는 바는 2종 어느 것이나 간에 무巫는 매년 10월 햇곡식이 나온 다음, 단군과 그의 아들 부루를 기리는 의례의 주재자에서 비롯되었던 것인데, 후일 그 숫자가 늘어나 무리를 이루면서 점차 타락했고, 마침내는 아무 근거도 없이 무의 기원을 법우화상이란 승려의 딸에서 구하는 지경에까지 이르게 되었다는 것이다. 다시 말해 무당의 기원을 법우화상에서 구하는 당시의 인식은 잘못된 것이고, 그 진정한 기원은 단군과 부루를 받드는 자라는 것이다.

이러한 사실을 바탕으로 서문에 나타난 단군 인식을 정리하면, 우선 단군은 상원 갑자 10월 3일에 하늘에서 직접 태백산으로 내려와 신교神教를 창시한 신인이다. 그리고 단군에게는 부루라는 현명하고 복이 많은 아들이 있었는데, 부루를 기리기 위해 사람들은 업주가리와 부루단지를 만들어 매년 10월에 의례를 거행했다는 것이다.

2) 거리별 단군 기사

단군에 대한 인식은 본문의 굿거리 설명에서 더욱 구체화된다. 『무당내력』의 본문에서 단군을 언급한 거리는 전체 13거리 중 감응청배 · 제석거리 · 별성거리 · 대거리 · 성조거리 5거리인데, 거리별로 단군 관련 기사를 살펴보면 다음과 같다. 단 거리의 순서는 고도서본에 따른다.

(1) 감응청배感應請陪

「감응청배」는 고도서본에서는 두 번째, 가람본에서는 여섯 번째 거리인데, 이에 대한 설명은 각각 다음과 같다.

> (고) 속칭 산바라기이다. 치성을 드릴 때 무녀가 태백산太白山을 바라보며 입으로 성령이 감응憾應하기를 세 번 외친다. 근래에는 풍덕豊德의 덕물산德勿山을 바라보며 최 장군을 청배請陪한다고 하는데,[10] 진면목을 잃음이 크다.[11]
>
> (가) 치성을 드릴 때 무녀가 손에 백지를 잡고 태백산太白山을 바라보며 입으로 성령聖靈이여 함응咸應하소서를 세 번 하는데, 이를 일러 단군청배라고 한다. 근일에는 최장군청배崔將軍請陪라고 하는데 진면목을 잃음이 크다.[12]

밑줄친 부분은 한 본에 있고, 다른 본에는 없는 내용을 표시한 것이다. 우선 고도서본의 '감응憾應', 가람본의 '함응咸應'은, 거리 이름이 감응청배感應請陪이므로, 모두 감응感應의 오자이다. 그리고 고도서본에서는 성령이 누구인지 적시摘示하지 않았지만, 서문에서 태백산은 단군이 하강한 곳이라고 했기 때문에, 성령이 단군임은 짐작하기 어렵지 않다. 또 손에 백지를 들었다는 것은 설명이 없더라도 그림을 통해 알 수 있다. 나아가 가람본에 덕물산이란 말이 없지만, 덕물산은 무속신의 조종祖宗으로 받드는 최영(1316~1388) 장군 신앙의 센터임은 주지의 사실이므로,[13] 최장군을 청배한다면 덕물산을 향해서 했을 가능성은 충분하다. 따라서 고도서본과 가람본의 「감응청배」에 대한 설명은 차이가 없다고 할 수 있으며, 그 요지는 다음과 같이 정리할 수 있다. 즉 이 거리는 무녀가 태백산을 바라보며 단군 성령聖靈의 감응을 청하는 것인데, 근래에는 덕물산을 바라보며 최영 장군을 청배하는 것이라 하면서 진실을 크게 왜곡하고 있다는 것이다. 그렇다고 한다면 단군은 굿에서 처음 모셔지는 신령이라 할 수 있다.

(2) 제석거리帝釋巨里

고도서본에서는 3번째, 가람본에서는 2번째로, 그 설명은 다음과 같다.

> (고) 단군을 일컬어 삼신제석三神帝釋이라고도 한다. 고구려 산상왕山上王이 자식이 없어 삼신三神에게 기도하여 마침내 귀한 자식을 얻었으므로, (삼신에게) 자식 낳기를 비는 것이 풍속을 이루게 되었다.[14)]
>
> (가) 제석이란 곧 단군성조檀君聖祖로 삼신제석三神帝釋이라고도 한다. 어린 아이가 10살 이전에는 간혹 위험한 지경에 처할 수 있으므로 삼신이 반드시 보호한다고 한다. 그래서 고구려 상산왕上山王이 자식이 없어 삼신에게 기도했더니 (삼신) 꿈을 꾸고 귀한 자식을 얻었으므로 뒷날 자식 낳기를 삼신에게 발원하는 것이 이로 인하여 풍속을 이루게 되었다.[15)]

가람본에서 상산왕上山王이라 한 것은 산상왕山上王(197~227)의 오기이므로 논외로 하고, 가람본에는 삼신이 10살 미만의 아이를 보호한다는 내용이 더 첨가되어 있다. 그렇지만 요지는 마찬가지인데, 삼신제석은 아이를 주고 또 보호하는 신으로 곧 단군이며, 삼신에게 자식을 기원하는 풍속은 고구려 산상왕에서 유래했다는 것이다. 그렇다면 단군은 일명 삼신제석으로 자식을 점지하는 신이 된다.

여기서 주목되는 사실은 가람본에서 단군을 단군성조檀君聖祖라 한 것이다. 이것은 단군을 조상, 특히 민족의 조상으로 여긴다는 의미이다. 그렇다면 『무당내력』에서는 단군을 신교나 무속의 신령인 동시에 민족의 시조로 인식했다고 할 수 있겠다.

(3) 별성거리別星巨里

고도서본에서는 4번째, 가람본에서는 5번째로, 그 설명은 다음과 같다.

> (고) 단군의 시신侍臣 고시례高矢禮가 백성들을 가르쳐 곡식을 심고 거두게 했다. 그래서 인민들이 그 은혜를 잊지 못했다. 단군을 청배할 때 이를 일러 별성別星이라 했다. 근일近日 무녀들이 말하기를 최 장군 청배 때 사도세자思悼世子가 배행陪行한다고 하는데, 극히 갈피를 잡을 수 없는 말이다.[16]
>
> (가) 단군을 청배할 때 시신侍臣 고시례高矢禮가 처음으로 백곡百穀을 심게 하고 백성들을 가르쳐 곡식을 심고 거두게 했다고(稼穡)하여, 백성들이 그 은혜를 잊지 못하는 것이다. 근일에 이를 일러 사도세자라고 하는데 극히 갈피를 잡을 수 없는 말이다.[17]

밑줄 친 부분을 보면 몇 글자가 있고 없는 차이는 있지만, 내용상의 차이는 없다. 그렇다면 여기서 주장하는 바는 별성이란 단군의 시신 고시례이며, 고시례는 백성들에게 농사짓는 법을 가르쳐 주었기 때문에 별성거리에서 모시는 것인데, 근래 무녀들이 별성을 사도세자(1735~1762)로 오해하고 있다는 것이다.

그렇다면 여기서의 단군은 백성을 통치한 군주이다. 고시례란 시신을 거느렸다고 하기 때문이다. 그리고 단군시대는 농경이 시작되면서 문명이 개화한 때로 인식되었다고 할 수 있겠다.

(4) 대거리大巨里(그림5 참조)

고도서본에서는 5번째, 가람본에서는 3번째로, 그 설명은 다음과 같다.

> (고) 속칭 최장군거리이다. 단군 청배 후 성의聖意로 원하는 바가 성취되도록 한다고 말한다. 예전에는 단조檀祖의 복색服色을 여기에 사용했으나, 근일에는 최 장군 복색을 사용한다.[18]
>
> (가) 또는 최장군거리라고 한다. 단군 봉배奉陪 후 성의聖意로 원하는 바가 성취되도록 한다. 근일에는 이를 최 장군이 내렸다고 말한다.[19]

두 본 모두에 있는 "이성의소원以聖意所願 사지성취使之成就"란 문장은 난해하다. 그렇지만 단군에게 소원이 이루어질 수 있도록 빈다는 의미인 것 같다.

밑줄 친 부분에서 단조 복색 운운한 것은 고도서본에만 있는 내용이다. 그리고 고도서본에서는 최 장군의 복색을 입었다고 했고, 가람본에서는 최 장군이 강신했다고 하여 차이가 있지만, 굿거리에서 무당의 복색은 모시는 신령에 따라 달라지는 것임을 생각하면 같은 내용이라 할 수 있다. 따라서 어느 본이든 주장하는 바는 대거리란 원래 단군을 모시고 소원성취를 비는 거리였는데, 근래에는 최장군거리라 하여 최영장군을 모시는 거리로 잘못 인식되고 있다는 것이다.

대거리는 큰 거리라는 의미이다. 다시 말해 가장 중요한 거리라는 것이다. 대거리가 크고 중요하다는 사실은 우선 무녀의 복색을 통해 짐작할 수 있다. 대거리의 무녀는 호수虎鬚를 꽂은 주립朱笠을 썼고, 남철릭藍帖裏을 입었다. 이러한 복색은 대거리가 유일하다. 「구릉거리」에서도 호수 주립에 철릭을 입었지만, 남철릭이 아니고, 홍철릭이다. 호수 주립에 남철릭은 원칙적으로 당상3품 이상의 복장이며, 홍철릭은 당하관 3품 이하가 입는다.[20] 따라서 「대거리」의 복색은 가장 높고 중요한 신령을 모시고 있음을 시사한다. 또 굿상 앞에 또 하나의 굿상이 더 차려져 있으며, 앞 상에는 특별히 산적散炙이 바쳐져 있다.[21] 이러한 상차림 역시 다른 거리에는 없다. 따라서 상차림 역시 이 거리의 비중을 말해주고 있다.

그렇다면 여기서 다시 한 번 단군이 무속의 최고 신령임을 확인할 수 있다. 그리고 고도서본에서는 단군을 가리켜 단조檀祖라 한 바, 이것 역시 단군성조란 표현과 마찬가지로 단군을 민족의 시조로 여겼음을 시사한다. 따라서 대거리에서도 단군은 무속의 신령임과 동시에 민족의 시조로 인식되었다고 할 수 있겠다. 나아가 고도서본에서 말하는 단군 복색이 어떤 것인지 알 수 없지만, 단군은 일개 장군을 넘어서는 존재이기 때문에 그 복색도 최영 장군의 그것과는 달랐다고 생각한 것 같다.

(5) 성조거리成造巨里

고도서본의 11번째 거리이나, 가람본에는 없다. 고도서본의 설명을 제시하면 다음과 같다.

> (고) 단군 때 매년 10월 무녀로 하여금 집을 지은(成造) 뜻을 기리게 했는데, 인민들이 그 근본을 잊지 않고 치성을 드릴 때면 으레 거행하는 것이다.(속칭 성주푸리이다.)[22]

이에 의하면 성조거리는 단군 때부터 존재한 거리이다. 그리고 이를 통해 단군 때는 혈거와 같은 원시적 주거형태가 아니라, 집을 짓고 사는 문화생활을 영위하던 문명의 단계로 인식되었음을 짐작할 수 있다.

지금까지 『무당내력』에 반영된 단군 인식을 서문과 각 거리별로 나누어 살펴보았는데, 이를 종합하면 다음과 같다.

첫째, 단군은 당요唐堯 때인 상원갑자년 10월 3일 하늘로부터 태백산으로 내려온 신인이다.

둘째, 단군은 삼신제석으로 자식을 점지하고 인간의 소망을 들어주는 최고 신령이다.

셋째, 신교를 창설하여 백성들을 교화했다.

넷째, 단군 때는 농경이 시작되었고, 집을 짓고 사는 문명단계이다.

다섯째, 신교의 전통은 부루단지, 업주가리 신앙, 매년 10월 신곡 추수 후의 의례 등을 통해 무속으로 이어진다.

여섯째, 단군은 군주로서 아들 부루扶婁, 시신 고시례高矢禮를 거느렸다.

일곱째, 단군은 민족의 거룩한 시조이다.

4. 『무당내력』의 저술 목적과 단군

이상에서 언급한 바와 같이 『무당내력』에서는 단군이 무속의 연원 내지 뿌리로서 매우 중시되고 있다. 그렇다면 『무당내력』에서 단군을 강조하는 이유는 어디에 있을까?

『무당내력』은 당시의 무속에 대해 매우 비판적 입장을 취하고 있다. 먼저 서문에서는 무의 숫자가 증가함에 따라 여러 가지 폐단이 첩출疊出하고 있다고 했다. 그 폐단은 크게 두 가지로 나누어 볼 수 있다.

첫째, 최영 장군을 모시는 데 따른 문제점이다. 「감응청배」에서는 태백산을 향해 단군을 청배해야 하는데 덕물산을 바라보며 최영을 청배하는가 하면, 「별성거리」에서는 단군의 시신 고시례를 모셔야 하는데 최 장군을 배행한 사도세자를 모시고 있고, 「대거리」에서는 단군을 모셔야 하는데 최장군을 모시고 있어, 모두 잘못되었다는 것이다.

또 단군이 들어갈 자리에 최영이 있다는 것은 아니지만, 「호구거리」에서는 고도서본과 가람본을 막론하고 천연두의 신을 최 장군의 딸이나 첩이라 하는데, 이것 역시 망발의 극치라고 비난했다.[23] 이를 보면 당시 무속에서는 최영 장군을 모시는 것이 일반화된 것 같은데, 그럼에도 불구하고 『무당내력』에서는 이를 잘못된 것으로 강하게 비판하고 있다.

둘째, 현재 무속은 모리謀利에 급급하고 있다는 점을 비판한다.

> 「조상거리祖上巨里」
>
> (고) 치성을 드릴 때 조상이 차례차례 들어와 후일의 길흉화복을 미리 알려준다고 하나, 무녀들의 토색討索질에 불과하니 가소롭다.[24]
>
> (가) 치성을 드릴 때 조상이 들어와 후일의 길흉화복을 미리 알려준다고 하나, 가소롭다.[25]
>
> 「창부거리唱婦巨里」
>
> (고) 무녀 중에서 나이가 적고 예쁜 자를 뽑아 한바탕 놀리는데, 굿돈(賽錢) 때문임에 불과하다. 60년 이래 점차 성행했다.[26]
>
> (가) 치성을 드릴 때, 그 중에서 나이가 적고 예쁜 무녀를 뽑아 한바탕 놀린다. 60년 이래로 성행했다.[27]

위의 내용을 비교하면, 무속에 대한 비판의 강도에 있어서는 고도서본이 가람본에 비해 더 세다. 즉 「조상거리」에서는 무녀들의 토색질이라 했고, 「창부거리」에서는 새전賽錢을 노리는 것이라 했지만, 가람본에는 이런 표현이 없다. 그러나 굿을 통해 재물을 갈취하는 행위에 대한 비판적 태도에는 강약의 차이가 있을 뿐 마찬가지라 할 수 있다.

그렇다고 해서 『무당내력』이 무속을 근본적으로 부정하는 것은 아니다. 무속의 연원은 단군 신교에 있고, 단군 신교에 대해서는 긍정적으로 인식하고 있기 때문이다. 다시 말해 무당과 무속의 뿌리는 긍정적인 데서 출발했지만, 후대로 가면서 변질 내지 타락했다고 본다는 것이다.

무속의 연원을 단군 신교에서 구한 것은 『무당내력』만이 아니다. 이러한 이해는 1920년대 이능화李能和의 저술들에서도 확인되기 때문이다.[28] 그렇지만 단군 신교가 후대에 부정적 방향으로 변질 내지 왜곡되었다고 보는 것은 『무당내력』만의 독특한 관점이다.[29]

또 무당이 원래는 긍정적 존재였으나 후대로 오면서 타락했다는 인식도 전혀 새로운 것은 아니다. 심지어 유학자인 이익李瀷(1681~1763)조차 상고시대의 무격巫覡은 정신이 맑고 집중력이 뛰어났기 때문에 신명이 내린 사람이었고, 그래서 국가조직 속에 무관巫官이 있었으나, 후대로 오면서 요사한 마귀에 씌어 이득만을 노리는 존재로 변했다고 했다.[30] 그렇지만 무속이 단군 신교에서 유래했기 때문에 원래는 긍정적 기능을 했다는 관점 역시 『무당내력』의 독특한 입장이다.

『무당내력』의 무속 인식이 그렇다면, 이를 통해 『무당내력』의 저술 의도를 짐작할 수 있다. 현재의 무속은 변질 내지 왜곡된 것이며, 원래의 무속은 단군을 모시는 단군 신교에서 유래했다는 점, 그리고 단군에서 유래한 만큼 무속은 민족문화의 뿌리라는 점을 주장하는데 저술의 목적이 있다는 것이다. 다시 말해 무당의 내력이나 연원을 밝힘으로서 무속의 정체성을 확립하고자 했다는 것이다.

그렇다면 이러한 주장은 무속 밖에서 나온 것인지, 무속 안에서 나온 것인지가 궁금해진다. 이 문제를 이해하기 위해서는 저자에 대해 생각해 볼 필요가 있다. 가람본의 표지 제첨에는 '난곡수장蘭谷手粧', 고도서본 서문의 말미에는 '난곡파적이蘭谷破寂耳'란 글이 있어 『무당내력』의 저자가 난곡임은 확실하다. 난곡을 별호別號라고 한다면, 조선시대부터 근대까지 난곡이란 별호를 사용한 사람은 여러 명이 있었다.[31] 그러므로 난곡이란 호만으로는 그가 누구인지 알 수 없다.

그러나 『무당내력』의 내용을 통해 난곡에 대해 몇 가지 추측 가능하다.

첫째, 난곡이란 별호를 사용한 점이나, 『무당내력』을 한문으로 기록한 점으로 미루어 어느 정도 지식의 소유자였음은 짐작할 수 있다. 그러나 서문과 본문에 오자가 많은 점이나, 한문으로서는 문장이 어색한 부분이 있는 점으로 미루어,[32] 큰 학자는 아닌 것 같다.

둘째, 단군 숭배자이다. 단군을 단군성조檀君聖祖 또는 단조檀祖라 하여 민족의 조상으로 여긴 점이나, 단군시대를 신교가 창설되고 농경과 집짓기가 행해진 문명시대로 인식하고 있는 점에서 그러하다.

셋째, 거주지는 서울을 크게 벗어나지 않은 것 같다. 『무당내력』의 굿 장면이 서울지역의 그것이기 때문이다.[33]

넷째, 무속에 대해 상당한 지식을 가진 사람이다. 우선 무속의례에서는 굿거리마다 모시는 신이 다르며, 그렇기 때문에 들어온 신이

다름을 나타내기 위해 무복巫服이나 무구巫具가 바뀌는데, 『무당내력』에서 거리별로 무복巫服과 무구巫具를 다른 것은 이러한 사실을 정확히 인지하고 있었음을 반영한다. 그리고 서울지역 무당춤은 손을 별로 사용하지 않고 두 발을 모은 채로 뛰는 도무跳舞가 특색인데,[34] 고도서본에서는 모든 거리, 가람본에서는 거의 모든 거리(별성거리 · 감응청배 · 구릉거리 제외)에서 무녀는 발을 가지런히 모으고 있는바, 이 점 역시 난곡이 굿에 대해 상당히 정통했음을 짐작하게 한다.

다섯째, 지나친 추측인지 모르지만, 난곡은 중하층 신분의 사람이었던 것 같다. 굿에 대해 이 정도로 정통하려면 굿과 접할 기회가 많았을 것인데, 양반이라면 굿을 많이 접해서 이 만큼의 지식을 갖추기는 어렵다고 판단되기 때문이다.

여섯째, 무속과 어떤 형태로든 깊이 관련된 인물로 여겨진다. 그렇다고 해서 난곡 자신이 무당이었다고는 생각되지 않는다. 『무당내력』을 보면 당시는 최영 장군이 무신巫神의 조종祖宗으로 자리잡았고, 창부거리가 성행하던 시기인 것 같은데, 이런 상황에서 무당이면서 최영 장군 대신에 단군을 모셔야 한다거나 창부거리를 부정하는 주장을 했다고는 생각되지 않기 때문이다.

일곱째, 무속에 정통하면서도 비판적 시각을 가졌던 인물이다. 다시 말해 당시 무속을 변질 내지 왜곡된 것으로 개탄하면서, 무속이 가진 민족문화로서의 위상을 되찾아야 한다고 생각했던 사람이란 것이다.

이러한 사실들을 종합하면 난곡은 서울 거주에 거주하면서 어느 정도 지식을 갖춘 민족주의자이며, 무속을 민족문화의 근간으로 새롭게 자리매김하고자 했던, 그리고 어떤 형태로든 무속과 깊은 관련을 가진 인물로 추측된다.

종교를 연구에는 자신의 종교를 두둔하기 위해서부터, 종교를 부정하기 위해서까지 다양한 입장이 있는데, 그 가운데 'from semi-within'이란 입장이 있다. 이것은 자신의 종교를 인정하되 경험적 · 지적 탐구를 통해 그 한계성까지 살펴보려는 입장이다. 그렇다면 난곡의 무속에 대한 입장이 바로 'from semi-within' 그것이라 할 수 있다.[35] 다시 말해 난곡이 『무당내력』을 저술한 목적은 무속을 긍정하되, 무속에 대한 그릇된 인식을 바로잡고, 민족문화로서의 정통으로서의 무속의 위상을 확립하기 위한 것이라 할 수 있겠다. 『무당내력』에서 단군을 강조한 이유는 바로 여기에 있으며, 『무당내력』을 통해 기층사회의 단군 인식을 살펴볼 수 있다는 근거도 여기에 있다.

5. 『무당내력』의 저술 시기와 단군

1) 『무당내력』 19세기 제작설

『무당내력』을 통해 기층사회의 단군 인식을 엿볼 수 있다면, 문제는 그것이 어느 시기의 단군 인식이냐는 점이다. 『무당내력』의 저술 시기를 짐작할 수 있는 단서는 고도서본 서문 말미의 '을유중춘', 즉 을유년 2월이란 기록이다. 그러나 을유년은 60년마다 돌아오기 때문에, 이것만으로는 저술의 절대 연대를 파악하기는 어렵다.

그런데 고도서본과 가람본을 막론하고 「별성거리」에는 별성을 사도세자로 오해하고 있다는 언급이 있다. 주지하는 바와 같이 사도세자는 영조의 아들로 1762년(영조 38) 윤5월 21일 뒤주에 갇혀 죽임을 당했지만, 숨을 거둔 바로 그 날 사도세자란 시호가 내려졌다.[36] 그러므로 을유년은 1762년 이후일 수밖에 없는데, 1762년 이후의 을유년으로는 1765년(영조 41), 1825년(순조 25), 1885년(고종 22), 1945년이 있다.

이 중 1765년은 사도세자가 죽은 지 3년밖에 안 되기 때문에, 별성으로 신격화되기에는 기간이 너무 짧다고 여겨 고려의 대상에서 제외할 수 있다. 그리고 1945년 역시 제외되어야 한다. 그것은 고도서본 서문의 윗부분에 찍힌 '제학장帝學章'이란 장서인藏書印 때문이다(〈그림8〉 참조). '제학장帝學章'이란 '경성제京城帝/국대학國大學/도서장圖書章'의 일부로 추정된다. 따라서 고도서본은 원래 경성제대의 도서였음을 알 수 있다. 경성제국대학이란 명칭은 일제의 패망과 함께 사라졌다. 그러므로 고도서본은 1945년 8월 이전에는 경성제대 도서관에 소장되어 있었다고 할 수 있다.

그림6. 고도서본 서문 상단의 장서인

京城帝
國大學
圖書章

그림7. 장서인 복원도

그러나 이것만으로 1945년을 무조건 제외시킬 수는 없다. 『무당내력』은 을유년 2월에 완성되었다고 하는 만큼, 1945년 2월에서부터 일제가 패망한 8월 15일 사이에 경성제대로 들어갈 수도 있기 때문이다. 그러나 다행히 경성제대 도서관의 도서납부서圖書納付書가 남아있어, 『무당내력』이 경성제대 도서관에 들어간 시점을 정확히 파악할 수 있다. 이에 의하면 『무당내력』은 1944년 12월 26일 오쿠히라 유키고(奥平ユキコ)로부터 4원에 구입했고, 등록번호 270298, 도서기호 '古1430 18'를 부여했다고 한다(〈그림10〉 참조). '古1430 18'은 지금도 통용되고 있는 도서기호이다. 1944년에 납품된 도서를 1945년에 저술할 수는 없으므로, 1945년은 당연히 제외될 수밖에 없다.

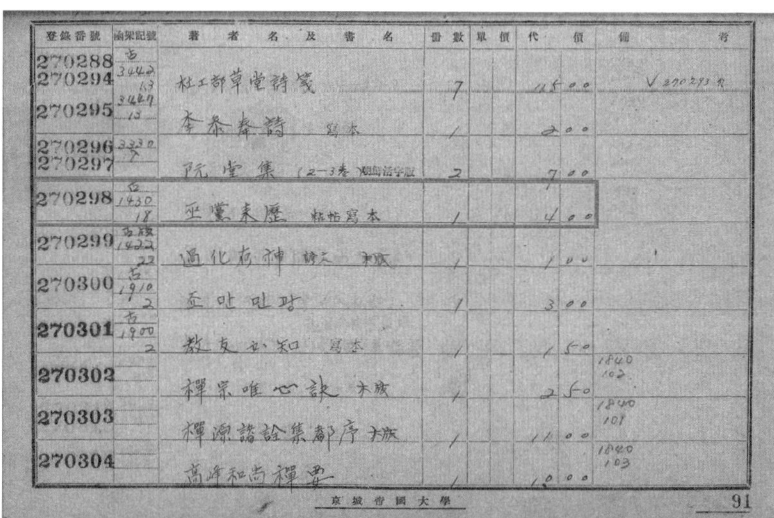

登錄番號	函架記號	著者名及書名	冊數	單價	代價	備考
270288 270294	古 3442 13	杜工部草堂詩箋	7		115.00	✓270293 [illegible]
270295	3447 13	[illegible] 寫本	1		2.00	
270296 270297	3330 7	阮堂集 (2–3卷) [illegible]	2		7.00	
270298	古 1430 18	巫黨來歷 粘帖寫本	1		4.00	
270299	古版 1422 22	[illegible]	1		1.00	
270300	古 1910 2	[illegible]	1		3.00	
270301	古 1900 2	[illegible] 寫本	1		1.50	
270302		禪宗唯心訣 木版	1		2.50	1840 102
270303		禪源諸詮集都序 木版	1		11.00	1840 101
270304		高峰和尚禪要	1		10.00	1840 103

京城帝國大學 91

그림8. 경성제대京城帝大 도서납부서圖書納付書 (서울대 최종성 교수 제공)

그렇다면 1825년과 1885년이 남는데, 대부분의 연구자들은 후자를 따르고 있어,[37] 현재 1885년 설이 거의 통설처럼 되어있다. 그것은 1825년 설은 근거가 애매한데 비해, 1885년 설은 구체적인 논거를 가지고 있기 때문이다. 그 근거란 첫째, 「창부거리」에서 "이 거리가 60년 이래 성행했다"라는 기록이다. 즉 창부거리는 판소리의 명창인 소리광대들이 과거 급제자의 문희연聞喜宴이나 유가遊街 · 홍패고사紅牌告祀에 참여하면서 형성된 굿거리이며, 광대들이 과거 급제자를 축하하는 잔치에 참여한 것은 19세기 전반이므로, 을유년을 1885년으로 볼 수 있다는 것이다.[38]

그러나 광대들이 과거 급제를 축하하는 자리에 동원된 사실은 기록이나 그림 자료 등을 통해 조선 전기부터 확인되고 있으며,[39] 1790년(정조 14)에도 창우倡優가 유가에 참가했다가 발로 차서 사람을 죽인 사건이 있었다.[40] 그러므로 광대들이 과거 급제자 축하연에 참여한 것은 19세기 전반이므로, 『무당내력』의 저작시기가 그로부터 60년 정도 뒤인 1885년이란 견해는 그 근거가 약하다고 할 수 있다.

둘째, 고종 대의 의복 개혁의 결과가 반영되어 있다는 점이다.[41] 즉 고종 때 대원군이 집정하면서 양태가 넓은 대립大笠에서 좁은 소립小笠으로 개량했고, 1884년의 갑신의제개혁甲申衣制改革에 따라 포袍의 소매를 광수廣袖를 착수窄袖로 바꾸도록 했는데, 『무당내력』에는 이러한 개혁의 결과가 반영되어 있다는 것이다. 이러한 설명은 나름대로 타당성이 있다. 1825년이라면 순조 25년으로 의복 개혁 이전이고, 1885년이라야 고종 22년으로 의복 개혁 이후가 되기 때문이다. 따라서 이 점은 『무당내력』의 제작 시기가 1825년이 아니라는 사실을 설명하는 데 중요한 근거가 될 수 있다. 그러나 이것만으로 1885년 설을 수용하기에는 문제가 있다(이 점에 대해서는 후술).

셋째, 굿거리의 모습이 1930년대 이후의 그것과 다르다는 것이다.[42] 예컨대 별성거리와 장군거리(대거리)의 순서가 다르다든지, 창부거리의 의미가 바뀌었다든지 하는 것이 그것이다. 이러한 결론은 다년간의 무속현장 경험에서 우러난 것인 만큼 경청할 부분이 많다. 그러나 고도서본에서는 별성거리 다음이 대거리이지만, 가람본에서는 대거리가 먼저이고 별성거리는 뒤이다. 그러므로 별성거리와 대거리의 순서를 근거로 『무당내력』이 1885년 저작이라 할 수는 없다. 또 『무당내력』이 1930년대 이후의 자료와 다르다는 것은 을유년이 1945년이 아니란 근거는 되지만, 1885년임을 뒷받침해 주지는 못한다.

넷째, 사도세자를 별성으로 모실 수 있는 분위기가 조성된 것은 고종 때 즈음이고, 따라서 『무당내력』 제작은 1885년이란 것이다. 다시 말해 1899년(광무 3) 사도세자를 정식 왕으로 추존하려는 분위기의 조성이 『무당내력』의 제작을 가능하게 했다는 것이다.[43] 그러나 이것이 근거라면 1825년(순조 25)도 제작 시기로서 문제될 것이 없다. 순조는 사도세자의 손자일 뿐만 아니라, 순조 대에도 사도세자의 사당인 경모궁景慕宮 전배展拜(謁)가 계속되었고, 경모궁 개수가 이루어지는 등, 사도세자 숭배는 공공연히 행해졌기 때문이다.[44] 또 이 주장을 받아들인다고 하더라도, 1899년의 분위기를 그보다 14년이나 앞선 1885년까지 소급한다는 것도 논리적으로 이상하다.

그러므로 이상의 견해들은 1825년이 아닐 가능성은 높여주었지만, 『무당내력』이 1885년에 제작되었음을 충분히 뒷받침해 주지는 못한다고 할 수밖에 없다.

2) 『무당내력』 19세기 제작설의 검토(i) - 단군 기사와 관련하여

그래서 여기서는 이에 비해 1825년이든 1885년이든, 19세기 제작 가능성을 다른 각도에서 살펴보고자 한다.

우선 단군이 상원갑자에 태백산(백두산 또는 묘향산)으로 내려왔다는 기록이다. 이러한 설명은 선행 문헌인 『삼국유사』나 『제왕운기』의 그것과는 상당히 다르다. 『삼국유사』나 『제왕운기』에서는 단군이 아니라, 그의 아버지인 환웅이 하늘에서 태백산으로 내려왔다고 했다. 그리고 단군의 개국년을 각각 경인년 · 무진년이라 했고, 단군과 갑자년의 관계에 대한 언급은 없다. 또 태백산이 백두산이란 언급 역시 어디에도 없다.

그렇지만 단군이 직접 하강했다는 기록은 1396년(태조 5)에 지은 권근權近(1352~1409)의 「응제시應製詩」에서 처음 등장한 이래 조선시대의 각종 문헌에서 확인되고 있다.[45] 또 단군의 하강 시기가 상원갑자라 한 것도, 상원이란 말은 없지만, 최명길崔鳴吉(1586~1647)이 「차김시랑단군묘운次金侍郎檀君廟韻」(『遲川集』 권1)란 시에서 단군이 갑자년에 기업基業을 열었다고 한 것과 통한다. 그리고 태백산이 백두산이란 설도 안정복安鼎福(1712~1791)의 『동사강목東史綱目』 부록하附錄下 「태백산고太伯山考」에서 이미 언급된 바 있다. 그렇다고 한다면 『무당내력』이 이들 기록보다 후대인 19세기의 것이라 해도 이상할 것은 없다. 그러나 『무당내력』에는 19세기 이전 자료에서는 확인되지 않는 내용들이 있다.

첫째, 단군을 단조檀祖 또는 단군성조檀君聖祖라 한 점이다. 지금까지 확인된 바로 단조라는 표현은 1908년부터,[46] 단군성조는 1909년부터 확인되기 시작한다.[47] 다시 말해 사용례는 20세기부터 확인되며, 그 이전에는 확인되지 않는다.

둘째, 단군의 하강일을 10월 3일이라 한 점이다. 단군이 10월 3일 하강했다는 최초의 기록은 1904년의 「단군교포명서檀君教佈明書」이다. 즉 백봉白峯 등 13인이 단군대황조檀君大皇祖께서 개극입도開極立道한 날인 10월 3일을 맞이하여 백두산 고경각古經閣에서 단군교의 중홍을 선포했다는 것이 그것이다.[48] 그러나 1904년이란 연대에는 의심스러운 점이 있다. 「단군교포명서檀君教佈明書」의 '부백附白'에 이 단체에서 봉천성奉天省·길림성吉林省·흑룡성黑龍省으로 사람들을 파견한다고 했다고 하는데, 봉천성·길림성·흑룡강성이란 명칭이 처음 등장하는 것은 1907년 3월이다.[49] 그러므로 봉천성 등의 명칭이 나오는 「단군교포명서」가 1904년에 작성되었다고 보기는 어렵다. 그렇다면 10월 3일을 언급한 최초의 기록은 1909년 11월 21일자 『황성신문』으로, 음력 10월 3일을 단군성조의 개극절開極節이라 하여 기념했다는 기사가 그것이다.[50]

셋째, 단군이 신교를 개창했다는 점이다. 신교神教란 말은 『주역』「관괘觀卦, 단전彖傳」의 "신도설교神道設教"에서 유래한 말일 수도 있고, 한국의 고유종교란 의미로도 사용되지만,[51] 이것이 단군에서 비

롯된 한국의 고유종교란 의미로 사용된 것은 1910년에야 비로소 확인된다.[52]

넷째, 단군의 아들인 부루를 기리기 위해 부루단지나 업주가리를 만들었다는 것, 단군의 시신侍臣 고시례에게 감사하는 뜻에서 의례를 거행한다는 것, 성조고사成造告祀는 단군이 집을 짓도록 해 준 것에 대한 감사의 뜻을 담고 있다는 등은 1911년 무렵에 나온 『단조사고檀祖事攷』에서 처음 확인된다.[53] 그리고 단군을 소아의 보호신인 삼신제석이라 한 것은 1914년에 간행된 김교헌金敎獻(1868~1923)의 『신단실기神檀實記』의 「삼신상제三神上帝」 부분에 처음 보인다.

이 중 부루단지 · 업주가리나 삼신제석 기록은 정약용丁若鏞(1762~1836)의 「풍속고風俗考」를, 고시례 관련 기록은 『패사稗史』란 책에 근거한 것이라 한다.[54] 그러나 「풍속고風俗考」는 정약용의 저술에서 아직까지 확인되지 않고 있으며 『패사稗史』 역시 어떤 책인지 알 수 없다. 그런데 『단조사고』에는, 단군에 대한 새로운 역사상을 세워 보려는 목적의식이 지나쳐, 문헌을 인용하면서 자구를 자의적으로 고친 부분들이 있으며,[55] 이러한 것은 『신단실기』에서도 답습되고 있다. 예컨대 『삼국사기』에서는 고구려 산상왕이 산천에 자식을 빌었고, 꿈에 천신이 나타나 자식을 약속했다고 하는데,[56] 『신단실기』에서는 천신에게 기도했고, 천신이 자식을 약속한 것으로 바꾸었다. 또 이규보李奎報(1168~1241)의 『동국이상국집』을 인용하여 신라 김생金生이 천신에게 기원하여 천서天書를 얻었다고 했는데, 『동국이상국집』에는 그런 내용이 없다.[57] 그러므로 「풍속고」나 『패사』가 확인되지 않는 이상, 『단조사고』나 『신단실기』의 기록을 지금으로서는 그대로 믿고 따르기 어렵다.

그러나 일부 연구자들은 『규원사화揆園史話』나 『환단고기』 같은 책에 이미 삼신제석 · 부루단지 · 고시씨 · 성조에 대한 기록이 있다는 점을 들면서, 『무당내력』은 이러한 문헌들에 사상적 뿌리를 두고 있다고 한다.[58] 『규원사화』와 『환단고기』에 비슷한 기록이 있는 것은 사실이다. 즉 『규원사화』 「태시기太始記」에는 고시씨가 농사를 가르친 기록, 「단군기」에는 부루의 공덕을 기리기 위해 매년 10월 부루단지(업주가리)에 햇곡식을 바꾸어 넣는다는 기록, 삼신제석에게 10세 이내 아이들의 보호를 부탁한다는 기록이 있다. 그리고 『환단고기』 「삼성기전三聖記全(상)」과 「단군세기」에는 왕검이 성조에게는 궁실을 짓게 하고 고시에게는 농사를 담당하게 했다는 기록, 「신시본기神市本紀」에는 고시례로 하여금 먹고사는 문제를 담당하게 했다는 기록, 「단군세기」 2세 단군 부루 58년조에는 부루단지에 관한 언급이 있다.

그렇지만 『무당내력』과 차이가 있다. 제석의 경우, 『규원사화』 「단군기」에서는 단군과 제석의 관계가 애매하게 처리되어 있으며, 『환단고기』 「단군세기」에서는 왕검이 삼신에게 제사를 지냈다고 하여 양자를 별개의 존재로 보고 있다. 그리고 성조신에 대해 『규원사화』에는 아예 언급이 없고, 『환단고기』에서는 궁실을 지었다고 했을 뿐 의례의 대상이란 언급은 없다.

이보다 더 큰 문제는 『규원사화』나 『환단고기』가 『무당내력』에 영향을 줄만큼 시기적으로 앞서는 자료일까라는 점이다. 이들 책에 의하면 『규원사화』는 1675년(숙종 1), 『환단고기』 가운데 「삼성기전(상)」과 「단군세기」는 각각 신라시대와 1363년(공민왕 12) 나온 것이라 한다. 그러나 이들 문헌에 대해서는 위서僞書라는 주장이 제기된 바 있으며, 그 중에는 편찬 연대 문제도 포함된다.[59] 편찬 연대를 액면 그대로 따르기 어렵다는 것이다.

위서설의 근거는 다양하다. 그러나 그밖에도 의심되는 근거가 더 있다. 예컨대 『규원사화』 「단군기」에서는 단국檀國의 수도 임검성壬儉城을 발해의 중경中京 현덕부顯德府가 있던 곳이라고도 하고 소밀성蘇密城이라고도 했다. 그렇다면 발해의 중경 현덕부는 지금의 중국 길림성 화전시樺甸市 소밀성에 있었다는 말이 되는데, 중경 현덕부가 곧 소밀성이란 설은 1891년에 나온 『길림통지吉林通志』에서 처음 주장되었고,[60] 이후 한동안 유력하게 여겨졌던 견해이다. 그렇다면 발해 중경이 소밀성이란 설이 1675년에 나온 『규원사화』에 반영되기 어렵다. 그리고 『환단고기』 가운데 「단군세기」는 1363년(공민왕 12) 이암李嵒(1297~1364)의 저술이라고 하는데, 이 책에서는 47대 단군의 연대를 기록함에 있어 모두 유년칭원법踰年稱元法을 사용했다. 그런데 고려시대는 즉위년칭원법卽位年稱元法이 채택되던 시대이다. 새 왕이 즉위한 해를 원년으로 치는 방법이다. 그럼에도 불구하고 고려시대의 저작인 「단군세기」에 유년칭원법이 적용되었다는 것은 이 책의 고려시대 저작설을 의심하게 한다. 그렇다고 한다면 저술 연대 등에서 의문이 많은 문헌에서 『무당내력』의 사상적 연원을 찾는 것은 위험하다고 하지 않을 수 없다.

이상과 같은 논리대로라면, 단조나 단군성조 · 단군의 하강일이 10월 3일 · 단군의 신교 창설 · 단군이 곧 삼신제석 · 부루단지나 업주가리 · 고시례 · 성조고사 등은 다른 자료들에서는 한말~일제 초에 처음 확인되는 것들이 된다. 그런데 『무당내력』처럼 이러한 단군 인식들이 함께 모여져 나오는 문헌이 있으니, 『단조사고』와 『신단실기』가 그것이다.

단군의 천강과 신교 개창	
고도서본 「서문」	上元甲子唐堯時十月三日 神人降于太白山 白頭山 或云妙香山 檀木下 是爲檀君 乃設神教而教之
가람본 「서문」	上元甲子唐堯時十月三日 神人降于太白山 白頭山 或云妙香山 乃設神教而教民
『단조사고』 「以神說教曰大倧」	按檀祖之降世及開極 皆以十月三日
『신단실기』 「檀君世紀」	上元甲子十月三日에 桓儉이 以神化人하샤 持天符印三印하시고 降于太白山[今白頭山]檀木下하샤 乃設神教以教民하시니 時에 人民被化하야 歸者ㅣ如市함으로 有神市之稱이라 乃寘三千團部하시다 開天一百二十五年 戊辰十月三日에 國人이 推戴神人하야 爲王儉하니 是檀君이시라

이들 자료는 단군이 10월 3일에 직접 태백산으로 하강하여 신교를 열었다고 한 점에서는 모두 같다. 그러나 태백산에 대해 『무당내력』 2종은 백두산 설과 묘향산 설을 함께 제시하고 있는데 비해, 『단조사고』에는 아예 언급이 없고, 『신단실기』에서는 태백산=백두산이란 한 가지 설만 제시했다. 또 단군의 천강 연대에 대해 『단조사고』에만 언급이 없고, 나머지는 모두 상원갑자라 했다. 그렇지만 이들 간의 관계를 보면, 『무당내력』은 『신단실기』와 통하는 점이 많다. 태백산의 비정에서도 『무당내력』은 백두산 설을 먼저 제시하

면서, 『삼국유사』 이래의 전통적 견해인 묘향산 설은 일설로 소개하는 데 그친 점도 그러하다.

여기서 주목되는 사실은 『신단실기』에서 상원갑자의 연대를 구체적으로 제시한 점이다. 즉 상원 갑자는 단군이 국인의 추대로 왕검이 되기 125년 전이란 것이다. 뿐만 아니라 상원갑자년을 신시(=단군)개천 원년으로 보고, 개천을 기준으로 단군조선의 연대를 설명하고 있다. 즉 단군이 아사달산으로 들어가 '화신어천化神御天'한 것은 개천 217년이고, 해모수가 왕위에 오른 것은 개천 2399년이란 설명이 그것이다. 이에 비해 『무당내력』에는 상원갑자의 절대연대를 제시하지 않고 있다. 그러나 구체적인 연대의 제시가 없다고 해서 상원갑자에 대한 『무당내력』과 『신단실기』의 연대관이 상이하다고 할 수는 없다. 따라서 『무당내력』이 『신단실기』를 답습했다는 설명은 여전히 유효하다고 하겠다.

부루와 부루단지	
고도서본 「서문」	長子扶婁 賢而多福 故人民尊信 後日擇地等壇 土器盛禾穀 編草掩之 稱曰扶婁壇地 業主嘉利 每歲十月 新穀旣登 以甑餠酒果 致誠祈禱
가람본 「서문」	長子扶婁 賢而多福 家家擇地築壇 土器盛禾穀 編藁而掩之 稱曰扶婁壇地 業主加利
『단조사고』 「立子扶婁爲太子」	『風俗考』曰 至今人家內 擇地築壇 而土器盛禾穀 置於壇上 編葺藁草掩之者 稱曰扶婁壇地 或稱業主嘉利 卽掌財之神也 檀君子扶婁 賢而多福 故國人奉爲財神云
『신단실기』 「三神上帝-附扶婁」	家內에 擇地築壇하고 以土器에 盛禾穀하야 寘於壇上하고 編葺藁草掩之者를 稱扶婁壇地라 하고 或稱 業主嘉利하니 卽掌財之神也라 檀君子扶婁ㅣ 賢而多福故로 國人이 奉爲財神云이라 風俗考

모두 같은 내용이지만, 『단조사고』와 『신단실기』에는 부루가 재물의 신으로 숭배되었다는 말이 더 있다. 이 말이 있음으로 해서 왜 부루단지나 업주가리 풍습이 존재하게 되었는지를 더 잘 이해할 수 있다. 그러므로 『무당내력』에서는 이 말이 생략된 것으로 볼 수 있다.

삼신제석	
고도서본 「제석거리」	檀君稱曰三神帝釋 高句麗山上王無子 禱于三神 果得貴子 故生子發願成俗耳
가람본 「제석거리」	帝釋卽檀君聖祖 稱曰三神帝釋 小兒十歲之內 或有危險之地 三神必爲保護云 故高句麗上山王無子 禱于三神 見夢而生貴子 後生子發願 因爲成俗
『단조사고』 「稽夫三神 曰桓因 曰桓雄 曰桓儉」	茶山丁若鏞『風俗考』曰 至今人家 製布囊 盛精米 以檀木爲釘 掛壁而敬奉不衰者 稱曰三神帝釋 掌生産之神 小兒十歲之內 知慧不足 或臨危險之地 則三神帝釋 必保護云 三神者 本邦人民之始祖檀君父祖三世也 帝釋者 天竺語 上帝之稱 古史出於僧侶之手 故譯爲帝釋 決非出於巫風淫祀者也
『신단실기』 「三神上帝」 「神異徵驗」	○小兒十歲之內에 知慧不足하야 或臨危險之地면 則三神帝釋이 必保護云하니 三神者는 東方人民之始祖檀君이오 ○高句麗, 山上王이 無子하야 常禱于天神이러니 一日은 天神이 謂曰汝ㅣ 勿憂生男하라 後에 果得少后하야 生子하니라 風俗考

단군이 아이를 보호하는 삼신제석과 같은 신이라고 한 점은 『단조사고』를 제외하고 모두 같다. 『단조사고』에는 삼신이란 단군과 그의 아버지 · 할아버지란 세 신의 합칭이라 했다. 뿐만 아니라 『단조사고』에는 단군이 삼신인 근거로 제시된 고구려 산상왕의 득자담得子談도 없고, 단군과 무풍巫風과의 관련성에 대해서도 부정적이다.

고시례	
고도서본 「별성거리」	檀君侍臣高矢禮 教民稼穡 故人民不忘其恩 近日巫女謂之崔將軍請陪時 思悼世子陪行云 尤極橫說竪說
가람본 「별성거리」	檀君請陪時 侍臣高矢禮 始播百穀 教民稼穡 故百姓不忘其恩矣 近日謂之思悼世子云 尤極橫說竪說
『단조사고』 「又命高矢教稼穡神誌掌書契」	稗史曰 檀君時 農夫於田疇間 午饁則必先除匙而念呼曰 高矢氏 盖不忘教稼穡之意也
『신단실기』 「古俗拾遺」	農家田夫가 耦耕於野하다가 午饁이 方登하면 必, 先以一匙로 除之하고 祝念하야 曰高矢氏네하니 此는 檀君時에 高矢가 掌田事하야 教民稼穡하니 後人이 不忘其本하야 以先祭也라

『무당내력』에서는 고시례라고 한 데 비해, 『단조사고』와 『신단실기』에서는 고시씨라고 했다. 그리고 『신단실기』에서는 고시례라는 말도 나오지만, 고시씨에게 제사하는 풍습이란 의미로 사용했다.

성조	
고도서본 「성조거리」	檀君時 每歲十月 使巫女祝成造家之意 人民不忘其本 致誠時 依例擧行耳(俗稱셩쥬푸리
가람본	없음
『단조사고』 「以神說教曰大倧」	近世閭閻家人 稱十月爲上月 而行成造告祀 以祈陰騭 成造者 成造家邦之意也 盖其古來遺俗 祭檀祖者極矣 而教門中廢 鮮有知其出處者 只任婦女 徒爲巫覡不經之歸 褻慢極矣 加勝歎哉
『신단실기』 「古俗拾遺」	今民家에 每歲農事ㅣ畢하면 以新穀으로 蒸大甑餠하고 兼設酒果하야 而賽神者를 曰成造라 하니 成造者는 成造家邦之意라 此는 檀君이 始教民居處之制하사 造成宮室故로 人民이 不忘其本하야 必以降檀月로 報賽神功也라

성조를 단군과 관련짓는 점에서는 모두 같으나, 세부적인 점에서는 조금씩 차이가 있다. 『단조사고』와 『신단실기』는 단군이 곧 성조신이라 했다. 『무당내력』에서는 단군 때부터 신앙의 대상이라고 한 것 같으나, 표현이 좀 애매하다. 『단조사고』와 『신단실기』의 설을 『무당내력』에 적용하면 그 의미가 좀 더 분명해질 것도 같다. 그리고 여기서도 『단조사고』는 단군과 무속을 관련짓는 데 대해 비판적이다.

『단조사고』와 『신단실기』는 다 같이 대종교 계통의 역사서이지만, 『단조사고』는 단군과 무속의 관련성에 대해 부정적 인식이 노골적일 뿐만 아니라 내용에 있어서도 『무당내력』과 거리가 있다. 이에 비해 『신단실기』는 공통점이 많으며, 어떤 의미에서는 많다기보다 거의 같다.

그런데 『단조사고』는 만주에서 그것도 등사판으로 간행된 것으로 저작 시기에 대해 논란이 있지만, 『신단실기』는 국내에서 정식으로 간행되었기 때문에 발행연도가 1914년임이 확실하다. 그렇다면 『무당내력』이 단군 인식에 있어서는 1914년에 나온 『신단실기』와 거의 일치한다는 점을 어떻게 이해할 수 있을까?

3) 『무당내력』 19세기 제작설의 검토(ii) - 단군 기사 이외의 문제점

『무당내력』에는 단군 관련 기사나 인식 이외에도 19세기 저술되었다고 한다면, 시대를 너무 앞서간 면들이 있다.

첫째, 용어의 문제이다. 고도서본과 가람본을 막론하고, 「호구거리」에는 "천연두의 신을 호구라고 한다"란 설명이 있다. 천연두라는 말을 가지고 호구를 설명했다는 것은 당시 천연두라는 말이 일반화되었음을 시사한다. 천연두는 일본에서 만든 신조어인데, 일본에서는 1849년에 이미 사용된 예가 있다.[61] 그러나 19세기에는 그렇게 널리 사용된 것 같지 않고, 한국에서는 갑오개혁 이후 사용되기 시작했다고 하나,[62] 실제 사용례는 1895년에 처음 확인된다.[63] 또 19세기에는 두창·역질 같은 전통적 병명이 더 널리 사용되었다. 그렇다고 한다면 1885년에 호구를 천연두라고 했다는 것도 이상할 뿐만 아니라, 천연두라는 새로운 병명이 전통적 용어들을 제치고 호구를 알기 쉽게 풀이하는 데 동원될 만큼 일반화되었을까라는 의문이 든다.

또 고도서본의 창부거리에 보이는 새전賽錢이란 말도 문제가 될 수 있다. 고도서본에서는 창부거리를 하는 이유가 새전을 위해서라고 했는데, 굿을 하면서 받는 돈 정도로 해석은 할 수 있다. 그러나 한문 용어는 아니고, 일본에서 さいせん이라고 해서 '신이나 부처에게 바치는 돈'을 의미한다. 그렇다면 일본에 문호를 개방한 지 10년도 안 되었으며, 더구나 갑신정변(1884년 10월)이 일어난 지 4개월이 안 되어 일본에 대한 감정이 좋지 않은 1885년 2월에,[64] 일본의 신조어인 천연두나 새전이란 말을 이렇듯 자연스럽게 사용했다는 것이 오히려 부자연스러운 것이 아닐까 한다.

둘째, 기호의 문제이다. 고도서본에서는 「성조거리」를 설명하면서 '(속칭 셩쥬푸리'라 하여 반괄호를 사용했고, 「구릉」에서는 사신성황당을 설명하면서 '(모화현외慕華峴外)'라고 하여 괄호를 사용하고 있다. 본문을 부연 설명하는 전통적 방법은 바로 밑에 2줄로 본문보다 작은 글씨를 기입하는 것이며, 고도서본이나 가람본의 서문에서도 이런 방식을 택하고 있다. 따라서 반괄호나 괄호는 지금까지도 사용되고 있는 분명 새로운 문장기호이다. 그렇다면 한국에서 괄호가 언제부터 사용되었는지가 문제인데, 이를 위해 1885년을 전후해서 나온 한글 성서 · 각종 언해본 · 개화기 교과서 · 신문 등을 살펴보았다.[65] 입수 가능한 자료만을 대상으로 했기 때문에 분명히 놓친 부분이 있겠지만, 1885년 이전 자료에서는 괄호나 반괄호의 사용을 확인하지 못했고, 1895년의 『국민소학독본國民小學讀本』에 와서 처음 찾을 수 있었다. 그러나 아직은 그 단어가 외국어임을 표시하기 위해 사용되었을 뿐이고,[66] 본문을 부연하는 용도로 사용한 것은 이듬해인 1896년에 나온 『신정新訂 심상소학尋常小學』이 처음인데, "화성돈華盛頓(名은 졔어지)"라고 한 것이 한 예이다.[67] 이후 괄호의 사용이 확대되어 각종 신문이나 교과서, 성서 등에서 자주 볼 수 있다. 그렇다면 『무당내력』을 1885년의 자료라고 하기에는 의심되는 바가 있다.

셋째, 「별성거리」 설명에서 최영 장군을 사도세자가 배행했다고 한 점이다. 주지하는 바와 같이 최영은 고려의 장군이고, 사도세자는 조선왕조의 세자이다. 만약 『무당내력』의 저작 시기가 1825년(순조 25)이라면, 당시 왕의 할아버지이고, 1885년(고종 22)이라면 왕의 고조부이다. 더구나 고종은 1899년이긴 하지만, 장종莊宗,[68] 나아가 장조의황제莊祖懿皇帝로까지 추존했다.[69] 그리고 역시 뒤이긴 하지만, 1907년에는 덕물산德勿山에서 장조, 즉 사도세자의 위패와 최영 장군의 화상을 모신 것이 알려지자 국가가 개입하여 사도세자의 위패를 매안埋安한 일이 있었다.[70] 이렇듯 사도세자를 민간에서 사사로이 섬기는 것도 금하는데, 책에다가 사도세자는 별성이며 전조 장군의 배행임을 명시하는 것이 19세기에 가능했을까라는 의문이 든다.

넷째, 가람본의 이면지 문제이다. 가람본은 물품 출납을 적었던 종이를 반대로 접고, 깨끗한 면에 그림을 그리고 글씨를 쓴 다음, 한쪽 끝을 풀로 붙여 책으로 만든 것이다. 이른바 고지(故紙), 즉 이면지를 활용한 것이다. 그러나 시간이 지남에 따라 풀을 붙인 책의 등(書背) 부분이 손상되면서 출납 물품의 목록을 적은 원래의 면이 드러나게 되었다. 현재 드러난 부분에서는 무신년과 기유년 두 해의 간지가 확인되는데, 기유년의 경우 윤2월에 물품을 출납한 기록이 있다. 주지하는 바와 같이 음력 윤달은 주기적이지 않고 기유년으로서 윤2월은 자주 돌아오지 않으며, 사도세자가 사거한 1762년 이후 윤2월이 있는 기유년은 1909년뿐이다.[71] 따라서 가람본은 1909년에 사용된 물품출납 기록의 이면지를 활용한 것인 만큼 제작 시기가 그 이후인 것은 확실하다.

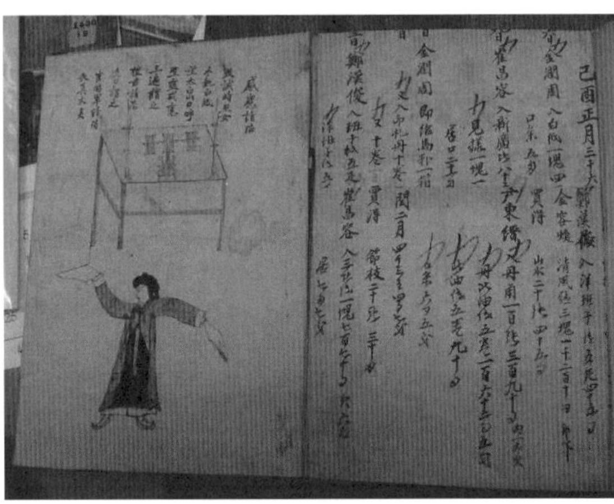

그림9. 가람본의 드러난 뒷면 (서울대 최종성 교수 제공)

가람본이 먼저라면 고도서본은 당연히 1909년 이후의 것이 된다. 사실 가람본의 허술한 점을 보완하기 위해 고도서본을 뒤에 만들었을 것이란 추측도 있다.[72] 그렇지만 고도서본이 먼저 나왔던 것 같다. 고도서본과 가람본의 차이점 중의 하나는 설명문의 위치이다. 고도서본은 설명문이 한곳에 모여 있는 경우와 그림을 사이에 두고 양쪽으로 배치된 경우가 있다. 그런데 전반부인 「감응청배」에서 「호구거리」까지는 설명문이 그림 양쪽으로 나누어져 있고, 후반부인 「조상거리」부터 「구릉」까지는 한쪽으로 모여 있다. 전후반의 차이가 있다는 것은 처음에는 글씨가 들어갈 공간을 염두에 두지 않고 그림을 그렸다가 남은 공간에 글씨를 써다보니 글씨가 양쪽으로 나누어질 수밖에 없었지만, 이를 보기에 좋지 않다고 여겨 나중에 이를 전사(轉寫)할 때는 글씨를 쓸 공간을 미리 의식하고 그림을 그렸기 때문에 글씨가 한 곳으로 모여질 수 있었다는 사실을 반영하는 것이 아닌가 한다. 그런데 가람본의 경우, 대거리를 제외한 모든 거리에서 설명문은 한곳으로 모여 있다(거리명은 따로 있기도 함). 이것은 가람본이 고도서본을 거울삼아 처음부터 글씨를 쓸 공간을 염두에 두고 그림을 그렸을 가능성을 보여주는 것이 아닌가 한다. 그렇다면 고도서본이 원본이고, 가람본은 전사본轉寫本이 된다.[73] 단 전사본이라 하더라도, 두 책 사이에 차이가 있는 점으로 미루어, 그대로 옮긴 것이 아니라 원본의 문제점을 일부 보완하려고 했던 것으로 볼 수 있다.[74]

그러나 고도서본이 가람본보다 먼저라고 해서, 고도서본이 1885년이나 그 이전에 저술되었다고 단정할 수는 없다. 가람본의 저술 시기는 1909년 이후일 뿐만 아니라 상당히 이후일 가능성이 있다. 물품 장부 같은 것은 상당 기간 보관 후 파기하는 것이며, 그것을 가람본이 재활용했다고 볼 수 있기 때문이다. 그럼에도 불구하고 고도서본이 1885년에 이루어진 것이 되기 위해서는 고도서본과 가람본의 제작 사이에 상당한 시차가 있어야 한다.

이 문제를 고려함에 있어 주목되는 것은 두 책 모두 「창부거리」를 60년 이래 성행했다고 한 점이다. 가람본이 고도서본을 토대로 하면서도 거리의 순서를 조정하고 내용의 일부를 수정한 것을 생각할 때, 시차가 많다면 60년도 고쳤을 가능성이 있다. 고도서본이 1885년이라면, 1909년 이후에 제작된 가람본에서는 적어도 80년 내지 90년 이래로 고쳐야 한다. 그럼에도 불구하고 60년 이래란 표현을 그대로 썼다는 것은 두 책 사이의 시차가 별로 크지 않았음을 의미한다고 추측할 수 있다.

6. 『무당내력』의 역사적 의의

이상에서 『무당내력』의 제작 시기가 1885년이라 했을 때, 문제가 될 수 있는 점들을 단군 인식과 그 밖의 몇 가지 사실들을 중심으로 살펴보았다. 그렇지만 고도서본에서 저작 연대를 '을유 중춘'으로 명시한 사실을 무시할 수는 없다. 그러므로 현재로서는 두 가지

가능성, 1885년 제작 가능성과 1885년이 아닐 가능성을 모두 열어둘 수밖에 없다. 그래서 여기서는 각각의 경우에 비추어, 『무당내력』의 역사적 의의를 생각해 보기로 하자.

1) 1885년일 경우

『무당내력』 고도서본이 1885년의 저술이라면, 이것은 단군 인식의 흐름에서 중요한 의의를 가진다. 앞서 언급한 바와 같이 『무당내력』에서는 단군을 10월 3일 하강하여 신교를 개창한 민족의 성스러운 시조이며, 단군시대는 농경과 가옥 축조가 시작된 문명시대라고 보았다.

이러한 인식이 『무당내력』과 같은 필사본이 아니라, 정식으로 공간된 신문이나 저서 등에 나타나는 것은 한말 · 일제 초이다. 이 시기는 일제에 저항하고 민족의 단결을 뒷받침할 수 있는 정신적 구심점으로 단군이 강조되었고, 특히 민족의 시조라는 측면이 부각되었다. 나아가 1909년에는 단군교(후일 대종교)까지 개창되어, 단군은 종교적 신앙대상으로까지 승화되었다.[75] 한말 · 일제 초의 신문이나 저서 등에서 단군이 자주 거론되는 것은 이러한 분위기에서였다.

그러나 이 시기의 단군 인식은 이전 시기의 그것과는 상당히 다른, 새로운 면들이 있다. 우선 단군을 민족의 시조로 보는 인식부터 그렇다. 단군이 국가의 시조란 인식은 기왕에도 있었지만, 전통적 신분제사회에서는 민족의 시조라고 여기지는 않았다. 국왕에서부터 노비에 이르기까지 모두 같은 할아버지의 자손이란 생각은 상상조차 할 수 없기 때문이다. 그러나 한말이 되면 국왕은 일제의 침략에 대한 저항의 구심점이 되지 못하고, 전통적 신분제는 동요되는 상황에서 단군이 민족의 시조이며, 우리 민족은 단군의 자손이기 때문에 하나로 뭉쳐야한다는 인식이 보편화되어간다. 또한 단군이 신교를 창설했을 뿐만 아니라 그 자신이 종교적 신앙의 대상이 되기도 했다든지, 단군 때는 농사와 집을 짓고 사는 문명개화의 시대라는 인식도 이전 지식인들의 기록에서는 확인되지 않는다.

그렇다면 새로운 단군 인식은 한말 · 일제 초기라는 시대적 요구에 부응하여 만들어진 것일까? 만약 『무당내력』이 1885년에 제작된 것이라면 그 대답은 '아니다'이다. 1885년에 제작된 『무당내력』에 이미 이러한 인식이 보이기 때문이다.

여기서 『무당내력』이 가진 역사적 의의를 두 가지로 생각해 볼 수 있다.

첫째, 19세기 당시 기층사회의 단군을 짐작할 수 있게 해준다는 점이다. 조선시대의 단군 인식에는 두 가지 흐름이 있다. 유학자들의 단군 인식과 비유교적 단군 인식의 그것이다. 유학자들의 단군 인식은 역사적인 것으로, 단군을 국조로 간주하는 것이다. 이에 비해 비유교적 단군 인식은 단군을 종교적으로 이해하려는 것이다. 여기에는 다시 선가적仙家的인 것과 민간신앙적인 것이 있다. 전자는 한국 선가의 원류를 단군에서 구하는 것으로, 『청학집青鶴集』 · 『해동이적海東異蹟』 · 『오계일지집梧溪日誌集』 같은 선가문헌이 그것이다.[76] 한편 후자는 단군을 민간신앙의 숭배대상으로 여기는 것인데, 구월산 삼성사三聖祠에서의 단군숭배[77] 같은 것이 그것이다.

이 가운데 단군 인식을 주도한 것은 문화권력까지 장악한 유학자들이지만, 여기에는 시대에 따른 소장消長이 있다. 다시 말해 유학적 가치관이 일방적으로 강조된 시기에는 단군이 별로 주목의 대상이 되지 못했다. 이에 비해 비유교적 단군 인식은 면면히 이어졌다. 19세기에는 관서지방의 김렴백金廉白(1828~1896)과[78] 김렴백을 이은 함경도 지방 한명윤韓明允의 단군신앙 운동이[79] 확인되고 있으며, 20세기 초에는 백두산을 중심으로 한 백봉白峯 집단이 있었다.[80] 그러나 그 구체적인 내용에 있어서는 미상한 점이 많은데, 『무당내력』은 민간 내지 기층사회의 단군 인식을 엿볼 수 있는 중요한 자료가 된다는 점에서 그 역사적 의의가 있다.

둘째, 단군인식의 전기轉機를 파악하는 데 중요한 근거가 된다는 점이다. 앞서 한말 · 일제 초기의 새로운 단군 인식은 『무당내력』의 그것과 상통하는 점이 많다고 했다. 『무당내력』의 저작 시기가 1885년이라면, 한말 · 일제 초의 단군 인식은 그 흐름을 이어받은 것이라 할 수 있다. 그렇다고 해서 『무당내력』이 한말 · 일제 초의 단군 인식에 직접적인 영향력을 행사했다고는 생각되지 않는다. 『무당내력』은 필사본이기 때문에 유통의 범위가 넓지는 않았을 것이고, 또 『무당내력』에 찍힌 장서인에 의하면 신여석申汝晳이란 인물의 개인 소장이므로[81] 널리 이용되었을 것 같지는 않다. 그러나 『무당내력』과 같은 단군 인식이 기층사회에 어느 정도 분포되어 있었고, 그것이 한말 · 일제 초의 단군 인식에 일정한 영향을 미쳤다고는 할 수 있다. 다시 말해 한말 애국계몽운동을 주도한 지식인층의 단군 인식은 민족적 위기에 처하여 기층사회의 단군 인신을 활용하여 새로운 단군상檀君像을 제시했다는 것이며, 이러한 사실을 파악할 수 있게 한 점에서 『무당내력』의 역사적 의의가 있다는 것이다.

2) 1885년이 아닐 경우

『무당내력』의 제작 시기가 1885년이 아니라면, 그것은 도대체 언제쯤일까? 앞서 『무당내력』의 단군 인식은 1914년에 간행된 김교헌金敎獻의 『신단실기』와 거의 일치한다고 했다. 그러므로 『무당내력』은 『신단실기』보다 앞이 아니라면, 1914년 이후에 나온 것이 된다.

한편 이 문제를 생각함에 있어 『무당내력』의 유사본 문제를 생각해 볼 수 있다. 『무당내력』의 유사본이란 '무당내력'이란 서명을 사용하지는 않았지만, 굿 장면을 거리별로 그리고 설명을 붙인 것들이다. 이러한 것으로 필자가 확인한 것은 다음 4종류이다(〈그림14 참조).

(1)「무당성주기도도차서巫黨城主祈禱圖次序」[82]; 서울대학교 박물관 소장으로[83], 서울굿 12거리를 한 장의 종이(230×148.5㎝)에 그린 것이다. 가장 왼쪽에 '셩쥬푸리굿절ᄎᆞ'/'巫黨城主祈禱圖次序'가 세로로 적혀있어 성주굿의 절차를 그린 것임을 알 수 있다. 이어서 굿거리 그림과 설명이 오른쪽으로 전개되는데, 그 차례는 제3회 졔석굿→제1회 부졍푸리→제4회 대거리→제5 · 제6합合 대감노리 겸 별상굿→제2회 산바라기굿→제7회 구능굿→제8회 성주푸리→제9회 호구→제10회 창부→제11회 말명조상거리→제12회 뒷젼 순인데, 앞부분의 순서가 왔다갔다하는 이유는 알 수 없다. 가장 오른쪽에는 4줄의 글이 세로로 적혀있는데 '굿十二巨里圖'란 것과 함께 무당巫黨은 단군 때 시작되었다는, 다음과 같

은 기록이 있다. “무당자단군시巫黨自檀君時 축수부다남자祝壽富多男子 고유아당지이금자축서故幼兒唐只(댕기)以金字祝書 차후십이거리소자출此後十以巨里所自出 수증산이隨增産耳.”

(2) 『무녀의巫女儀』[84]; 경성제국대학 교수였던 아카마츠 지조(赤松智城, 1886~1960)의 유품으로, 지금은 그의 생가인 일본 야마구치현(山口県) 주남시周南市 소재 덕응사德應寺에 소장되어 있다. 절첩본으로, 표지와 서문에 이어 12거리 그림과 설명이 있다. 서문에서는 단군의 신교 창설과 무속의 변질을 언급했고, 마지막에 남파서南坡書란 글이 있다. 이를 통해 작자가 남파임을 짐작할 수 있지만, 그 역시 누구인지는 미상이다. 굿거리의 순서는 ①감응청배→②대거리→③별상거리別上巨里→④호구거리→⑤제석거리→⑥조상거리→⑦만신말명→⑧대감거리→⑨창부거리→⑩성조푸리→⑪구릉→⑫뒷젼이다. 이러한 순서는 고도서본과 비슷하지만, 오방신장기를 든 무당 그림을 고도서본에서는 거리 명칭을 언급하지 않은데 반해, 여기서는 대감거리라 한 것이 주목된다.

(3) 『무녀연중행사절차목록巫女年中行事節次目錄』; 단국대학교 석주선박물관의 소장품인데(28.3×23.7㎝), 연세대 교수였던 이가원李家源(1917~2000)이 기증한 것이다. 선장본이라는 점, 마분지馬糞紙류의 종이에 그린 점, 파스텔류 같은 것으로 덧칠을 한 점, 가람본의 서양화풍 그림이 마지막에 편철된 점 등에서 차이가 있으나, 서문·굿거리의 순서는 물론 오자까지 가람본과 같다. 그러면서 지질이나 색재色材가 가람본보다는 후대의 것이기 때문에 가람본을 대본으로 전사한 것이라 추측된다.

(4) 『거리』; 샤머니즘 박물관 소장이다. 서문은 없고, 굿거리 여섯 장면만 그려져 있는데, 순서는 ①조상거리→②챵부거리→③별리거리別里(星?)巨里→④호구거리→⑤만신발(말?)명→⑥대꺼리이다. 그림도 조잡하고, 설명도 굿거리 명칭을 제시한 것 이외에는 거의 없다.

『무당내력』 고도서본

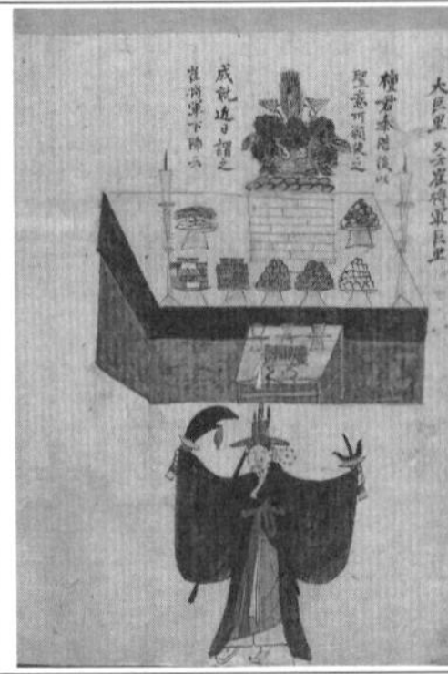

『무당내력』 가람본

『무녀연중행사절차목록』

「무당성주기도도」

『무녀의』

『거리』

그림10. 대거리 장면 비교

이들은 굿 장면을 그리고 설명을 첨부했다는 점 이외에도, 『거리』를 제외하고는 무속의 기원을 단군에서 구한 면에서도 공통점이 있다. 나아가 제작 시기 역시 비슷하지 않았을까 추측된다. 물론 이들 가운데 어느 하나도 제작 시기를 명시한 것은 없다. 그런데 「무당성주기도도차서」는 '셩쥬푸리굿절ᄎᆞ'라고 하여 아래아(ㆍ)를 사용하고 있는 점으로 미루어, 일제 강점기에 제작되었을 가능성이 크다.[85] 또 『무녀의』는 아카마츠 지죠(赤松智誠)가 경성제대에 1927년에 부임하여 1941년까지 재직하고 귀국했다고 하는바,[86] 이 동안에 수집했을 가능성이 크다. 따라서 『무녀의』는 1941년 이전에 제작되었다고 할 수 있다. 여기에 『신단실기』가 1914년 나온 사실을 감안하면, 이들은 1910년대 후반에서 1930년대 사이에 제작된 것이 아닌가 한다.

그렇다면 이 시기에는 굿거리 그림과 설명을 통해 무속의 기원을 단군에서 구하는 풍조가 유행했을 것이란 추측이 가능하다. 나아가 『무당내력』도 이와 비슷한 시기에 나왔을 가능성이 있다.

1910년대는 몰라도, 1920년대와 1930년대에는 무당들의 단체가 결성되고, 그 단체들이 단군을 신앙대상으로 내세우고 있는 사실이 확인된다. 그것은 이른바 미신타파 운동에 대한 자구책의 일환이었다. 무속에 대한 탄압은 전통시대에도 있었다. 그 이유는 음사淫祀, 즉 올바르지 못한 제사라는 것인데, 올바르고 올바르지 못한 것의 판단 기준은 유교였다. 따라서 음사 배척은 유교지식인들에 의한 위로부터의 탄압이었다.

그러나 19세기 후반, 문명개화를 추진하면서부터 무속에 대한 탄압과 배척은 양상을 달리한다. 다시 말해 무속은 어리석음과 무지의 소산이며, 문명개화에 역행하는 미신으로 간주되었다.[87] 배척의 기준이 유교에서 이성와 과학으로 바뀐 것이다. 이러한 움직임 역시 처음에는 위에서부터 시작되었다. 갑오개혁 추진되던 1895년에 내무아문內務衙門에서 각도에 훈시訓示한 내용 중에 "제44조 "巫女

와 淆雜ᄒᆞᆫ 類를 一切 禁斷ᄒᆞᆯ 事"가 포함된 것은 이러한 사실을 반영한다.[88] 그러나 독립협회나 신문을 비롯한 언론 매체의 계몽활동을 통해, 미신 타파 운동은 사회 전반으로 확대된다. 이에 따라 미신 타파는 전방위적인 탄압이 되며, 무속의 입지는 더욱 줄어든다.

일제의 한국 강점은 무속의 입지를 더욱 위협했다. 일제는 1912년 조선총독부령朝鮮總督府令 제40호로 「경찰범처벌규정警察犯處罰規定」을 만들어 "함부로 길흉화복을 설하거나 또는 기도 · 부주符呪 등 하거나 만약 수찰류守札類를 수여하면서 사람을 혹하게 하는 행위를 하는 자(22조), 병자에 대해 금압禁壓 · 기도 · 부주符呪 또는 정신요법 등을 베풀거나, 또 신부神符 · 신수神水 등을 주어 의료를 방해하는 자(23조)"에 대해서는 구류나 과료科料를 부과한다고 했다.[89] 그리고 1933년에도 무당에 대한 취체규칙取締規則을 만들어 무속을 단속했다.[90]

이런 상황에서 무당들은 생존의 위협을 받으면서 자구책을 생각하지 않을 수 없었는데, 그 방법의 하나가 무당조합을 결성해서, 보호막 속으로 들어가는 것이었다. 이에 따라 1920년에 조직된 숭신인조합崇神人組合과 신리종교神理宗教를 필두로 다양한 무당단체들이 우후죽순처럼 출현했고, 또 이합집산을 거듭한다.[91] 그런데 이러한 단체들의 공통점의 하나는 일본 천황가의 시조인 아마테라스오호카미(天照大神)와 함께 단군 숭배를 표방한다는 것이다. 예컨대 숭신인조합은 규약 제1조에 "본조합은 단군신조檀君神祖를 비롯한 제신령諸神靈을 존경하고 인민의 기도위탁자 있을 때는 성심으로 기도할 것을 목적으로 한다"고 했고,[92] 그밖에 신리종교神理宗教 · 문화연구회文化研究會 · 교정회矯正會 · 영신회靈神會 · 서선신도동지회西鮮神道同志會

·황조경신숭신교皇祖敬神崇神教 등도 단군 숭배를 표방했다.[93] 숭배 대상 가운데 아마테라스오호카미(天照大神)가 있는 것은 일제의 단속을 피하기 위한 수단이겠지만, 이와 함께 단군을 받드는 것은 무속이 민족문화의 원류인 동시에 정통적 계승자임을 내세우기 위한 것이었다고 생각된다.

1920~1930년대의 무당조직의 입장이 『무당내력』과 일치하는 것은 아니다. 『무당내력』에는 단군을 높이는 의식이 너무도 강하고, 그렇기 때문에 천조대신天照大神이 끼어들 여지가 없어 보이기 때문이다. 그렇지만 미신 타파의 일환으로 무속에 대한 압박과 탄압이 위에서 뿐만 아니라 교육을 통해 국민적 차원에서 가해지는 상황에서 무속과 단군을 연결시키는 분위기는 『무당내력』과 무관하지 않을 것 같다. 다시 말해 미신 타파운동이 전방위적으로 전개되는 상황은 무속 측으로 하여금 대응논리를 모색하지 않을 수 없도록 했고, 이에 따라 무속은 미신이 아니라 단군에서 비롯된 민족문화의 뿌리임을 강조하기 위해 『무당내력』이나 그와 유사한 책들이 유행했다는 것이다.

이상과 같은 두 가지 가능성 가운데 어느 하나를 택해야 한다면, 여기서는 1920~1930년대 제작설을 따르고 싶다. 왜냐하면 1885년 설의 경우, 무속 측이 20세기 초 민족운동의 핵심인 단군민족주의를 선도했다는 것이 다소 어색한 데 비해, 1920~1930년대라면 『무당내력』의 주장과 시대적 상황이 일치하기 때문이다. 그렇다고 하더라도 왜 하필 '을유 중춘'이냐가 여전히 문제로 남는데, 현재로서는 저술 목적의 달성이나 정당화를 위해 저자 또는 저술 시기를 조작하는 일이 흔히 있으므로, 『무당내력』도 이러한 경우가 아닐까라는 그 이상의 답변을 찾기는 어렵다.

7. 맺음말

이상에서 『무당내력巫黨來歷』에 보이는 단군 인식을 살펴보았는데, 이를 요약함으로서 맺음말에 대신하고자 한다.

먼저 제1장 '『무당내력』 2종의 비교'에서는 『무당내력』이 어떤 책인지를 소개하는 의미에서, 『무당내력』에는 고도서본과 가람본 2종이 현전하고 있다는 사실과 두 책 사이의 공통점 및 차이점을 언급하였다.

제2장 '『무당내력』의 단군 관련 기사'에서는 『무당내력』의 서문과 본문에 보이는 단군 기사를 제시하고, 이를 통해 『무당내력』에서는 단군을 어떻게 인식했는지를 살펴보았다. 그 결과 『무당내력』은 단군을 종교적 신앙대상인 동시에 역사적 시조로 인식했다고 보았다. 즉 상원갑자년 10월 3일 태백산으로 내려와 신교를 창설했고, 삼신제석으로서 자식을 점지하는 등 인간의 소망을 들어주는 최고의 신이라는 측면과 여러 신하들을 통솔하여 백성들이 농사와 집을 짓고 살게 하도록 해준 민족의 거룩한 시조라는 측면이 그것이라 했다.

제3장 '『무당내력』의 저술 목적과 단군'에서는 『무당내력』에서

단군을 강조한 이유가 어디에 있는지를 살펴보았다. 그래서 『무당내력』은 당시의 무속을 변질되고 타락된 것으로 비판하면서, 무속은 원래 단군 신교에서 비롯된 민족문화의 근간이란 사실을 밝히고자 한 데 그 저술의 목적이 있다고 했다.

제4장 '『무당내력』의 저술 시기와 단군'에서는 이러한 인식이 어느 때의 것인지를 밝히기 위해 그 저술 시기 문제를 언급했다. 그래서 상한과 하한을 각각 1762년과 1944년으로 설정하고, 그 사이의 을유년을 찾아보았다. 그래서 을유년이 확실하다면, 그것은 1885년일 가능성이 크지만, 1885년 설을 받아들이기에는 문제점이 있다는 점을 단군 기사와 그 밖의 사실들을 토대로 지적해 보았다.

제5장 '『무당내력』의 역사적 의의'에서는 그 제작 시기를 확정하지 못한 채, 그것이 지닌 의의를 생각해 보았다. 그래서 1885년 제작일 경우, 지금까지 제대로 파악되지 않았던 기층사회의 단군 인식을 보여줌과 동시에 한말 · 일제 초에 민족운동에서 단군이 정신적 구심점으로 부각될 수 있었던 것은 이러한 기층사회의 단군 인식이 있었기 때문임을 알려준다는 점에 의미를 부여했다. 그러나 1885년이 아닐 경우, 1920~1930년대 전방위적 미신타파 운동에 대해 그 대응논리로 무속이 민족문화의 바탕임을 강조하고 무속의 정당성을 주장했다는 점에서 그 의의를 찾을 수 있다고 보았다. 그러나 두 가지 가능성 중 하나만을 택해야 한다면, 1920~1930년대 제작되었을 가능성이 크다는 편을 따르겠다고 했다.

필자는 1970년대 전반에 『무당내력』을 처음 열람한 이래, 지금까지 계속 관심을 가져왔다. 그렇지만 해결하지 못한 문제도 많고,

결론도 분명하게 내리지 못하고 말았다. 그것은 제작 시기를 확실히 하지 못했기 때문이다. 따라서 『무당내력』 이해의 관건이 되는 제작 시기란 문제의 해결을 위해서는 『무당내력』의 지질紙質 검토, 필적 감정 등이 동시에 진행되어야 할 것 같다. 이런 날이 하루 빨리 찾아오기를 기대한다.

① 서울역사편찬원에서 2016년 11월에 발행한 『서울과 역사』 94에 『무당내력』 특집이 마련되어 다음과 같은 다섯 편의 논문이 수록되었다.
이용범, 『무당내력』의 무속 인식과 서울 천신굿 자료로서의 의의
변지선, 『무당내력』류 唱婦거리의 성격과 특징
염원희, 『무당내력』류 자료에 나타난 제석거리 연구
이애연, 『무당내력』류의 감응청배 거리와 제석거리에서 나타난 굿춤의 도상적 해석
문혜진, 『무당내력』의 성립시기와 저술배경에 대한 고찰

② 필자도 『무당내력』과 유사자료를 종합적으로 검토한 「무당내력류의 문제점과 과제」를 2017년 국립민속박물관에서 발행한 『민속학연구』 39에 발표하였다.

③ 『무당내력』 고도서본의 제작자 蘭谷의 또 다른 작품으로 「隈壘戲」라는 그림이 서울대 박물관에 소장되어 있음을 확인하였다. 낙곡을 밝히는 데 단서가 될 수 있을지도 모르겠다.(〈별첨1〉)

④ 「굿12거리도(무당성주기도도)」를 소장처인 서울대학교 박물관에서 조사하여 그림 우측 하단의 낙관이 '秋葉文庫'임을 확인하였다. 이를 통해 이 자료는 秋葉隆의 수집품임을 확인할 수 있었다. 『무당내력』의 제작 시기를 판정하는 데 도움이 될 수 있을까 하여 소개한다.(〈별첨2〉)

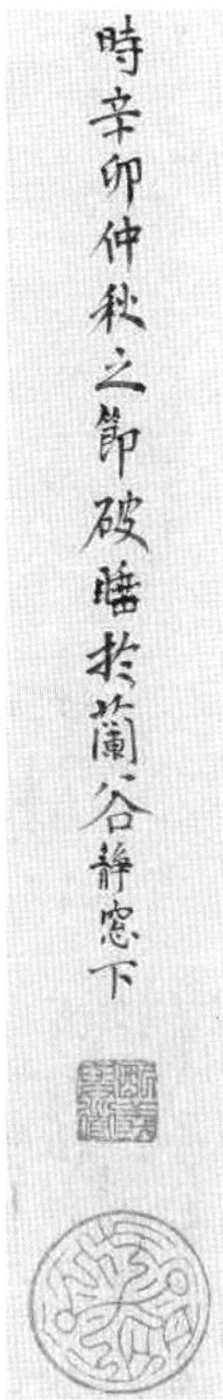

별첨1

별첨2

고려 원종의 마리산참성摩利山塹城 친초親醮와 단군壇君

김성환

1. 머리말

이 글의 목적은 1264년(원종 5) 6월 마리산참성摩利山塹城에서 국왕의 친초親醮 의미를 단군전승과 관련하여 이해하고자 하는 데 있다. 참성단이 단군의 제천단이라는 『고려사』 기록의 전거는 '세전世傳'이다. 이 기록은 조선 전기에 정리된 것이지만, 참성단에 대한 역사성을 고려의 역사계승인식과 관련하여 서술된 자료로 이해되고 있다. 단군이 고조선의 건국시조라는 또 다른 역사적 사실에 전제한다. 그런데 원종의 참성단 친초 설행은 30여 년에 걸친 몽고와의 전쟁 이후, 몽고의 압박이 한층 강화되면서 개경으로의 환도·고려 국왕의 친조 등에 대한 후속 조치들이 추진되는 가운데 고려의 사직을 연기延基하기 위한 염원이 담겨 있었다.[1]

『고려사』 등의 자료에서 국왕의 친초 사례를 확인하는 것은 어렵지 않다. 그런데 이들은 거의 궐내에서 이루어졌다. 1264년 원종의 참성단 친초는 기록에서 확인이 가능한 야단野壇에서 이루어진 초례의[2] 유일한 사례였다. 그 목적은 분명하였다. 당면한 고려 국왕의 친조에 대한 몽고의 요구를 막기 위한 것이었다. 그리고 이의 설행을 건의한 백승현白承賢의 명분은 "삼한三韓을 진단震旦(震域)으로 변하게 하려는 것(三韓變爲震旦)"이었음이 분명하게 명시되어 있다. 여기에는 고려 초 이래 삼한에 머물러있던 고려의 역사인식의 한계를 고조선으로 확대하고자 하는 의도가 개재되어 있었다. 또 그것은 20여년 후 결과로 나타나 고조선(전조선)을 고려 역사의 시원으로 설정하는 『삼국유사』와 『제왕운기』의 출현을 가능하게 하였다. 고려의 역사인식에 대한 대변전을 예고하는 것이었다. 그 중심에는 당연히 단군(壇君·檀君)이 있었다.

단군의 표기에서 『제왕운기』에서의 단군檀君과 달리 『삼국유사』에서의 단군壇君은 그 성격에서 일찍부터 무군巫君·주술적 주권자·사령적司靈的 군주·사천자事天者로서 파악하는 견해가 제시되었다.[3] 이에 따라 그 사회는 자연스럽게 제단에서의 제의를 통해 사회통합기능을 수행했던 신정神政 형태로 이해되었다. 여기서는 이런 점에서 참성단 친초를 설행한 원종의 모습을 신정이 아우러졌던 단군壇君과 비교하고자 한다. 다소 논지 전개에서 무리한 억측이 있을 수 있다는 점을 밝힌다. 이 글이 마리산 참성단 초례는 물론, 고려사회에서 전승되고 있던 단군의 모습과 고려 후기에 고조선으로 확대된 역사인식을 이해하는 데 일조하기를 기대한다.

2. 몽고의 입조 요구와 원종의 친조親朝

1264년(원종 5) 5월 7일 몽고에서 관인 호도胡都·다을자多乙者와 예부원외랑 조태趙泰·강화상姜和尙 등이 사신으로 고려에 왔다.[4] 이들의 목적은 고려 국왕의 친조를 요구하는 몽고 황제의 조서를 전달하기 위해서였다.[5] 이튿날 원종은 몽고 황제의 조서를 대관전大觀殿에서 받았다. "지금까지는 전쟁 등으로 겨를이 없어 그러지 못하다가 올해에는 왕공王公과 여러 지방의 관리들이 상도上都에 모여 조회하였는데, 고려 국왕 역시 지체하지 말고 와서 조근朝覲하라"는 것이[6] 요지였다. 그리고 8일 뒤 몽고의 사신 호도와 강화상이 돌아갔다. 이때 원종은 교외까지 나가 이들을 전송하며 당장 입조하는 것이 당연하지만, 약간의 시간을 달라는 표문을 보냈다. 그런데 친조 요구를 늦추는 이유가 궁색하기 그지없다. "쇠잔한 나라에서 보잘 것 없는 예물과 간략한 행장을 꾸리는데 쉽지 않으며, 길은 멀고 날이 더워 약한 체질로서 감당하기 어려울 것 같아 청량한 때를 기다려 입조하려고 한다"는[7] 것이었다.

물론 태자 전倎(후에 원종)은 나이 40세였던 1259년(고종 46) 고종이 승하하기 2개월 전에 몽고에 예방하여[8] 2년여를 그곳에 머물렀다.[9] 이때 후에 원나라의 황제가 된 황제皇弟 쿠빌라이(세조)는 "고려는 만 리나 떨어져 있는 먼 나라로 일찍이 당나라 태종이 친히 정벌했으나 항복시킬 수 없었는데 지금 그 나라의 세자가 스스로 와서 내게 귀부하니 이는 하늘의 뜻"이라고[10] 기뻐하였다고 한다. 그리고 태자 전은 몽고에서 고종의 승하 소식을 듣고 몽고의 적극적인 배경아래 귀국하여 왕위에 오를 수 있었다.

그런데 1264년 몽고의 고려 국왕에 대한 친조 요구는 고려의 입장에서 전례가 없는 것이었다. 이제까지 고려의 대중국외교는 조공관계를 기본으로 하는 것이었지만, 국왕이 친조한 경우는 없었다. 고려 이전의 경우도 마찬가지였다. 중국 중심의 화이론적 천하관이 동아시아 사회에서 기본적으로 구축되어 있었다고 하더라도, 이것은 어디까지나 형식적인 것이었지 실질적인 관계의 운영은 아니었다. 특히 일찍부터 대내외에서 황제국을 자처하고 있던 고려의 입장에서 국왕의 친조는 몽고의 세계질서 속에 완전히 종속된다는 사실을 의미하는 것이었다.

몽고의 사신에게 들려 보낸 고려의 표문에서 "기후가 청량한 때를 기다려 입조하겠다"고 한 것은 한 여름을 지나 가을에 입조하겠다는 공식 입장을 보인 것이다. 그렇지만 고려 조정에서는 국왕의 친조만은 막기 위해 가능한 방법을 모두 고민해야 했고, 대책 마련에 골몰하였다. 또 모든 대책은 즉각적으로 마련되고 해소되어야 했다. 그래야만 8월의 국왕 입조를 막을 수 있기 때문이었다. 그렇지만 몽고의 사신들이 돌아간 후 강도江都라는 협소한 곳에 갇혀있던 고려 조정에서 이에 대한 적극적인 대처를 기대하는 것은 무리였다. 이런 점에서 소재도량을 베풀거나 왕의 거처를 옮기는 등 소극적인 방법이 검토되고 사용될 수밖에 없었다.[11]

삼랑성三郎城 등에서의 가궐假闕 건립 등을 통해 보다 적극적인 방법으로 연기지책延基之策을 시행한 것은 몽고 사신들이 돌아간 지 보름 후부터였다.[12] 물론 이에 대한 논의는 그 이전부터 있었을 것이다. 앞서 내전에서의 소재도량 개최나 왕이 다른 궁으로 이어하는 방법보다, 도참에 기댄 것이었지만, 가궐을 조영하여 여러 불교 행사를 개최하는 것은 보다 적극적인 방법이었다. 특히 『고려사』에서 이때 삼랑성에서 대불정오성도량의 개최를 '처음 열었다(始設)'고 기록하고 있다는 점에서도 그렇다. 그리고 이틀 후 왕은 봉은사奉恩寺에 가서 태조의 어진御眞을 뵈었다.[13] 구체적인 대책에 대한 보고의 성격이었을 것이다.[14] 다음날에는 삼랑성의 오성도량에 갔으며, 다시 4일 후에는 묘지사妙智寺에 갔다가 마리산 참성에서 친히 초례를 설행하였다.[15] 또 그 다음날에는 신니동神泥洞의 가궐에 가서 대불정오성도량을 베풀고, 다음날 혈구사穴口寺에서 대일왕도량大日王道場을 베풀었으며, 사흘 후 친히 행향行香하였다.[16] 몽고의 사신인 호도와 강화상이 돌아간 후 한 달 보름여를 오직 몽고의 입조 요구에 대처할 방법에만 골몰하였던 것이다.

7월 1일 호도·강화상과 함께 왔던 몽고의 또 다른 사신 다을자와 조태가 돌아갔다.[17] 이들이 다른 사신들과 달리 거의 두 달 동안 고려에 머물렀던 것은 몽고의 입조 요구에 고려가 어떻게 대처하는지, 고려 국왕이 입조할 뜻이 있는지를 확인하기 위해서였을 것이다. 그리고 원종의 입조에 대한 확신이 서게 되자 그들은 몽고로 돌아갔다. 이것은 다을자와 조태가 돌아간 지 20여일 후 원종이 "사직과 만민을 보호하기 위해 만 리나 떨어진 절역絶域에 친조하지 않을 수 없음"을 밝히고 있는데서[18] 그렇다.

그런데 국왕의 몽고 친조 여부에 대한 결정권은 원종이 아니라 당시 집정자였던 김준金俊에게 있었다. 그는 후술하는 바와 같이 조정 관료들의 반대에도 불구하고 원종의 친조를 막기 위해 풍수와 도참에 능했던 중랑장 백승현의 건의를 받아들여 여러 조치들을 취하였다. 그리고 원종이 몽고에 친조하지 않을 수 없음을 밝힌 지 7일 후에는 그 원행을 기원하기 위해 태조 때부터 왕실의 연기延基를 위해 설행한 인왕반야도량을 개최하였는데, 김준은 이때 신·구의 경전 102부를 인쇄하여 왕이 이를 가지고 대관전에서 인왕도량을 개최하도록 하고 있다.[19]

8월 12일 원종은 특별히 김준에게 국사國事를 부탁하고 몽고로 출발하였다.[20] 몽고의 요구가 있은 지 3개월만이다. 왕의 원행에 태자와 제왕諸王들은 제포梯浦까지 나와 송별하였다. 그리고 이후 궁주宮主가 묘통사와 보제사에서 가서 왕의 복을 빌고 있듯이[21] 왕실은 물론 조정에서는 원종의 무사귀환에 온 관심이 쏠려 있었다. 한 달 보름을 넘어선 여정 끝에 9월 29일 원종은 몽고의 도읍에 도착하였다.[22] 원종 일행이 그간에 어떤 일을 겪었는지, 몽고의 도읍에서 어떻게 지냈는지 기록에서 확인되지 않는다. 다만 원종의 일행을 맞은 쿠빌라이 칸은 두 차례에 걸친 연회를 베풀었고, 중서성에서도 연회를 베풀었다는 사실만 확인할 수 있다.[23] 시종한 신료들에게까지 비단을 하사하였다. 몽고의 대도에서 20일을 머문 원종은 10월 18일 다시 고려로 출발하여[24] 12월 22일 제포에 도착하였다.[25] 갈 때보다는 열흘 이상 단축된 여정이었다.

앞서 태자 시절 2년간 머물렀던 몽고 대도大都에서의 경험과 이

때 고려 국왕으로서의 경험은 분명 다른 것이었다. 원종 자신도 이를 충분하게 알고 있었다. 그런 가운데 고려 국왕으로서 더욱 강대해진 세계제국 몽고의 힘 앞에서 할 수 있는 것이 별로 없는 고려의 현실에 대한 고민은 더욱 깊어졌고, 몽고의 영향력에 더욱 의지해야만 했을 것이다.

몽고의 친조 요구에 따른 원종의 입조는 고려 역사에서 전례가 없는 경우였다. 그것은 고려에서 최소한 자국이 몽고의 세계질서에 편입된다는 사실과 사대관계에 따른 것이라는 보편적인 의미가 아니라, 국가 사직의 존망이 걸린 문제로 여겨졌다. 따라서 이를 막기 위해 왕실은 물론 조정 전체가 두 달 이상을 그 대책 마련에 고심하였고, 전기부터 왕실의 연기지보延基之補를 위해 사용되었던 도참과 풍수 역시 적극 활용되었다. 가궐 및 이궁의 조성, 사원에서의 각종 도량 개최, 초례의 설행 등이 그것이었다. 다른 시기와 달리 이때 비보지책裨補之策으로 특별히 설행된 것이 마리산참성에서의 친초였다. 강도라는 지역적 특성도 결부되었겠지만, 그 목적이 사대를 위해 역사상 유례가 없었던 국왕의 입조에 대한 비보裨補에 있었다는 점에서 특징을 찾을 수 있다. 그리고 그 중심에는 고려 역사의 시원으로 인식되기 시작한 단군이 있었다. 『고려사』에서 참성단이 단군의 제천처祭天處로 전하는[26] 까닭이다.

3. 마리산참성摩利山塹城 초례醮禮 설행의 목적

1264년 6월 7일 원종은 마리산참성에서 초례를 거행하였다. 단군이 제천하였다는 참성단 전승과 관련하여 제천의 사실을 전하는 가장 오랜 기록이다. 몽고의 침입으로 개경을 버리고 강도로 피난해 있는 상태에서, 사실상의 패전으로 개경으로의 환도와 국왕의 친조 요구를 거부할 수 없는 상황에서 고려 조정은 진퇴양난이었다. 현실적으로 고려 조정으로서는 이에 대처할 방법이 없었다.

앞서 조정의 연기지지延基之地의 논의에서 삼랑성 가궐의 창건과 혈구사 등에서의 법화경 담양談揚을 주장했던 백승현의 건의는 자연 주목될 수밖에 없었다. 그는 고종 말에 이미 삼랑성과 혈구사를 중심으로 연기와 관련한 제반 비술秘術의 설행을 주청하여 시험한 바 있었다. 혈구산이 대일왕의 상주처常住處라는 것이 그의 주장이었다. 『고려사』에 따르면, 1259년(고종 46) 초에 재추가 합좌한 가운데 그 이해득실을 논란하였으나, 풍수와 도참에 밝았던 백승현이 도록道籙·불서佛書·음양·도참을 좌우에 끼고 무궁한 궤변을 늘어놓는데 교서랑 경유景瑜나 판사천사 안방열安邦悅 등이 꺾을 도리가 없었다고 한다. 이에 경유가 재추에게 "그의 말을 믿지 못하겠지만, 시험해보는 도리밖에 없다"고 하여 삼랑성과 신니동에 가궐을 조영하고[27] 국왕의 의대衣帶를 혈구사에 봉안하여 왕실의 연기지보를 빌게 하였다.[28]

그런데 이보다 2개월 앞서 마리산 남쪽에 이궁離宮이 창건되는 것으로 미루어[29] 백승현은 마리산에 이궁 창건을 먼저 건의했던 것으로 보인다. 그 목적은 당연히 연기업延基業을 위한 것이었다. 물론 그의 주장은 고종의 승하로 징험되지 못하고 중단되는듯하였다. 그렇지만 고려 조정에서도 그의 주장을 부언浮言으로만 치부할 수 없었다. 다른 대처의 방법이 없었던 것이다. 그만큼 백승현의 마리산 삼랑성을 중심으로 한 이궁·가궐의 창건과 연기업을 위한 방책은 고려 조정의 입장에서 궁여지책이었지만, 절실한 것이기도 하였다.

1264년 6월의 상황도 마찬가지였다. 몽고의 친조만은 피하기 위해 고려 조정에서는 많은 논의들이 이루어졌을 것이다. 특히 당시 집권을 하고 있던 김준은 원종의 친조가 곧 자신의 몰락과 직결될 수 있는 사안임을 알고 있었다. 이런 저간의 사정은 『고려사』와 『고려사절요』에서 읽을 수 있다.

> 원종 5년 몽고가 왕의 입조入朝를 요구하였다. [백]승현勝賢이 또 김준金俊을 통하여 아뢰기를 "만약 마리산참성에서 친히 제사지내고, 또 삼랑성·신니동神泥洞에 가궐을 조영하여 몸소 대불정오성도량을 설행하면 8월이 되지 않아 반드시 응험이 있어 친조親朝를 면할 수 있고, 삼한三韓이 변하여 진단震旦이 되어 큰 나라들이 와서 조회할 것입니다"라고 하였다. 왕이 이를 믿고 승현과 내시, 대장군 조문주趙文柱 · 국자좨주 김구金坵 · 장군 송송례宋松禮 등에게 가궐을 짓도록 하였다. 예부시랑 김궤金軌가 우복야 박송비朴松庇에게 말하기를 "혈구는 흉산인데 승현이 대일왕大日王이 항상 머무는 곳이라 하여 일찍이 고종에게 아뢰어 혈구사를 짓고 왕의 의대衣帶를 봉안하였으나 얼마 되지 않아 왕이 승하하셨다. 지금 또 감히 부언浮言을 일으켜 가궐 짓기를 아뢰고

또 혈구에 친히 대일왕도량大日王道場을 설행할 것을 청하니 이것은 믿을 수 없는 일이다. 공公(金俊, 필자주)에게 이를 금지하도록 청하라"고 하였다. [박]송비가 [김]준에게 고하자 [김]준은 승현의 말에 깊이 현혹되어 [김]궤를 베어 죽이려다가 그만두었다. [백]승현이 또 아뢰기를 "도참에 희룡姬龍의 후손이 있으면 중흥重興한다는 참설讖說이 있으니 마땅히 주나라 강왕康王의 휘諱인 '쇠釗'자로 왕의 휘를 고쳐야 합니다"라고 하여 이를 따랐다. 하지만 고구려왕 쇠釗(고국원왕, 필자주)가 명에 죽지 못한 것을 꺼려 곧 옛 휘로 돌렸다(『고려사』 권123, 열전36, 폐행嬖幸, 백승현).

중랑장 백승현이 참정 김준金俊을 통하여 아뢰기를 "친히 참성단에 제사지내고 또 삼랑성·신니동에 가궐을 지으며 친히 오성도량五星道場을 베풀면 몽고에 조회하는 것을 그만둘 수 있고, 삼한三韓이 변하여 진단震旦이 되고 큰 나라가 와서 조회할 것입니다"라고 하였다. 왕이 믿고 대장군 조문주趙文柱·좨주 김구金坵·장군 송송례宋松禮와 [백]승현 등에게 명하여 가궐을 창건하게 하였다. 예부시랑 김궤金軌가 우복야 박송비朴松庇에게 말하기를 "혈구는 흉한 산인데 승현이 '대일왕大日王이 항상 머무르는 곳'이라 하여 일찍이 고종께 아뢰어 크게 불사佛事를 열고 임금의 의대衣帶를 봉안하였더니 얼마 안 되어 고종이 승하하셨다. 이제 또 감히 부언浮言을 만들어서 아뢰어 가궐을 창건하고 또 혈구사에 친히 대일왕도량을 베풀 것을 청하니 이것은 믿을 수 없다. 청하건대 공은 금하게 하라"고 하였다. [박]송비가 김준에게 고하였으나 김준은 [백]승현의 말에 깊이 혹하였기 때문에 김궤를 베어 죽이려다가 그만두었다(『고려사절요』 권18, 원종 5년 5월).

『고려사절요』에서는 『고려사』와 크게 다르지 않지만, 이때 백승현의 건의가 시기적으로 5월에 참성단 초례 설행을, 6월에 원종의 휘를 쇠釗로 교체할 것을 건의한 것으로 기록되어 있다.[30] 특히 도참에 토대한 주周 강왕康王의[31] 휘와 관련하여 원종이 휘를 쇠釗로 바꾸었다가 역시 휘가 쇠釗였던 고구려의 고국원왕이 제 명에 죽지 못한 것을 꺼려[32] 옛 휘로 돌렸다는 기록에서[33] 참성단 초례 설행 이후 원종의 기복祈福을 위한 또 다른 조치들이 검토되었음을 확인할 수 있다.

대일왕은 일반적으로 비로자나불을 지칭하는 것으로 알려져 있지만, 도참에서는 대일왕이 구체적으로 어떤 역할을 했는지, 또 대불정오성도량이 어떤 성격의 행사인지 자세히 알 수 없다. 다만 이규보李奎報(1168~1241)가 지은 「천변을 물리치기를 비는 오성도량문」에서 "혹한酷暑·수해·한해의 재난을 초래하였는데, 병기로 인해 자초自招하는 재앙이 이어지고 있으니 즉시 이를 끊고 병기를 거두어 감추어지게 해서 나라가 꺾이지 않는 기업을 연장하도록 해달라"고 기원하고 있음에서[34] 오성도량의 성격에 대해 약간을 유추할 수 있다. 『고려사』에서 이들과 관련한 사례가 다른 시기에 확인되지 않음을 고려할 때, 대일왕도량이나 대불정오성도량은 백승현이 고종·원종 때 삼랑성·신니동·혈구사·마리산 등을 중심으로 행한 도참 중심의 독특한 존재였고 행사였다고 추측된다.

한편 국왕의 친초는 『고려사』에서 확인할 때, 1032년(덕종 1) 구정毬庭에서 기우를 위해 행한 것을 시작으로[35] 고려 말까지 지속적으로 이루어졌다.[36] 『고려사』에서는 정종靖宗·문종·선종·숙종·예종·인종·의종·명종·고종·원종·충렬왕·충선왕·충숙왕·충목왕·공양왕 등의 친초

기록을 전하고 있다. 대부분 구정에서 설행되었지만, 그 장소는 회경전會慶殿·문덕전文德殿·내전·궐정闕庭·상춘정賞春亭·성수전星宿殿·순복전純福殿·건덕전乾德殿·복원궁福源宮·선경전宣慶殿·수문전修文殿·본궐本闕·강안전康安殿·구요당九曜堂·정사색淨事色 등 다양하다. 초례의 대상 역시 본명本命·태일太一·삼계신기三界神祇·삼청三清·하원下元·27위신位神·남두南斗·십일요十一曜·천조天曹·노인성老人星·괴강魁剛·원진元辰·북두北斗 등 다양했고, 목적은 기우·기설·풍우조순·농사 등을 위해서였다. 고려시대 국왕의 친초는 수로 날씨·비·바람·눈 등에 대한 기원으로 농사에 대한 국왕의 국정 운영 중에 하나로 설행된 것이었고, 그 장소는 여러 곳이었지만 궐내에서 이루어지는 것이 상례였다. 기원 대상 역시 목적이나 시기에 따라 다양했지만, 별에 대한 제사였던 것은 공통적이다.

그런데 『고려사』에서 확인되는 야외에서 설행된 국왕의 유일한 친초는 1264년의 마리산참성의 초례였다.[37] 목적 역시 일상적인 초례의 그것과 달리 국왕의 몽고 입조를 막기 위한, 왕실의 기양을 위한 것이었다. 당시 원종의 참성단에서의 초례 주관은 몽고의 입조 요구에 대한 대처방안으로 거의 유일한 것으로 여겨졌다. 그렇게 하면 8월이 되지 않아 반드시 응험이 있어 친조를 면할 수 있을 것이라는 백승현의 언급에서 시급성이 직감된다. 이에 고종 때의 사례를 들어 예부시랑 김궤金軌가 우복야 박송비朴松庇에게 그 부당함을 김준에게 건의하여 중지하도록 요청했다가 겨우 죽음을 면했다는 사실에서도 짐작할 수 있다. 김준이 백승현의 말에 깊이 현혹되어 있었다는 것은 그만한 대책이 고려 조정에서 마련되지 못하였음을 의미한다.

몽고의 입조 요구에 대해 재상들은 대책회의에서 모두 불가함을 주장하였다. 그러나 평장사 이장용李藏用(1201~1272)은 홀로 "조회하면 화친이 될 것이요, 그렇지 않으면 틈이 생길 것"이라 하였고, 국왕이 이를 수용함으로서[38] 몽고로의 친조는 일찌감치 정해졌다. 그러면서도 이를 막기 위한 대책들도 함께 의논되었다. 사실 친조를 막기 위한 대책 수립보다는 수용할 수밖에 없던 친조 요구에 따른 국왕의 원행에 대한 불안감 해소와 그 장도에서 벌어질 수 있는 여러 가지 변수에 대한 기양에 근본적인 목적이 있었다고 보는 것이 사실에 가까울 것이다. 그리고 삼랑성·신니동·혈구사 등에 가궐을 짓고, 대불정오성도량을 개설하는 등 여러 조처 중에 마리산참성에서의 초례는 그 중심에 있었다.

백승현이 원종에게 참성단 친초를 건의하면서 명분으로 삼고 있는 "삼한이 변하여 진단(진역)이 되어 큰 나라들이 와서 조회할 것"이라는 것은 고려사회에서의 역사인식에 대변전을 예고하는 것이었다. 인종 때 묘청 역시 고려의 중흥을 위해 서경 천도와 함께 팔성당八聖堂에 서북한 지역의 대표적인 신격 8위를 봉안하면 36국이 내조할 것이라 주장하였다. 또 화상畵像을 그려 봉안하였다는 제1의 호국백두악 태백선인 문수사리보살, 제4의 구려평양선인 연등불, 제7의 증성악신인甑城嶽神人 늑차천왕勒叉天王, 제8의 두악천녀頭嶽天女 부동우파이不動優婆夷 등이[39] 단군 관련 전승과 논의될 수 있는 신격이다. 하지만 그 인식의 폭은 삼한을 넘어서지 못하고 있었다.

반면에 백승현은 이를 넘어 진단震旦을 논의하고 있다. 태조의 '일통삼한' 이래 고려의 역사인식은 삼한에 머물러 있었다. 물론 여기서의 삼한 역시 마한·진한·변한을 의미하는 것이 아니라 삼국의 범주에서 머물고 있고, 해동·동방·동국·동한東韓 등과 같이 중국을 비롯한 대내외적인 호칭중의 하나로서 사용된 것이다. 그런 삼한을 중심으로 한 역사의 범위가 진단震旦(震檀)으로 바뀔 가능성을 예고한 것은, 비록 도참이라는 외피에 싸여 있었지만, 상당한 의미의 진전이라 할 수 있다. 물론 그것이 원종의 몽고 친조를 막기 위한 임시방편에서 나온 것이고, 특히 유학적 성향을 가진 관료들에게서 정상적인 논의가 아닌 풍수도참에 경도된 측면에서의 접근이라는 한계를 가진 것이라는 부정적인 인식이 있었던 것도 분명한 사실이다. 그렇다고 이를 풍수도참에 의한 비정상적인 주장으로 선을 긋고 이에 대한 본격적인 논의를 진행하지 않는 것 역시 문제였음을 지적하지 않을 수 없다. 이 같은 부정적인 인식과 비판, 이를 다른 것으로 대체하고자 하는 논의와 이에 대한 좌절 등은 당시에도 있었다.

1259년(고종 46) 마리산 남쪽에 이궁, 삼랑성과 신니동에 가궐의 조영은[40] 몽고의 출륙 강요와 태자의 입조 요구에 어쩌지 못하던 고려 정부가 난국을 타개하기 위한 미봉책이 아닌 가장 적극적인 대처방안이었다.[41] 역시 백승현의 건의에 따른 것이었다. 이것은 마리산 이궁의 명칭이 '흥왕리궁興王離宮'이었다는 점에서도 짐작할 수 있다. 그렇지만 자료의 축약인지 몰라도 기록에서는 아직까지 역사인식의 변전까지 확대하려는 움직임이 보이지 않는다. 고려 전기 이래 국조國祚의 연기를 위한 방법으로 사용되었던 이궁과 가궐의 조영이 다시 이용되고 있음을 전하고 뿐이었다. 그런데 1259년 교서랑 경유를 앞세운 백승현의 마리산 이궁 건설과 신니동의 가궐

조영,[42] 그리고 1264년 마리산 참성에서의 친초는 몽고와의 관계에서 왕실의 연기업이라는 일정한 맥락에서 이루어졌음에 유의해야 한다. 즉 마리산 이궁과 참성의 관계를 구체적으로 알 수 없으나, 이들이 5~6년 사이에 계기적으로 이루어지고 있다는 점에서 밀접한 관련을 가진 것은 분명하다. 따라서 1264년 국왕 원종의 마리산 참성에서의 친초에 대한 명분이었던 '삼한변위진단三韓變爲震旦'은 최소한 마리산이궁과 신니동가궐이 조영되었던 1259년 전후부터 고려왕실의 연기업을 위한 기제로써 내세워졌을 것으로 보인다.

그리고 5년 후인 1264년에 '삼한변위진단'의 명분을 적극 이용하여 마리산 참성에서의 친초와 이에 수반하는 이궁·가궐의 조영이 이루어지고 있는 것은 도참을 내세워 백승현 등이 주장한 연기업의 완성을 의미한다.[43] 진단의 용례는 의종 4년(1150)에 지은 「김덕겸묘지명金德謙墓誌銘」과[44] 고종 연간에 작성된 것으로 짐작되는 「수선사형지안修禪社形止案」에 소개되어 있는 「조계산수선사曹溪山修禪社 보조국사비명普照國師碑銘」 등[45] 여러 자료에서 찾아볼 수 있다. 원래 진단은 중국을 지칭하는 의미로 사용되었으나, 고려시대 어느 시점부터는 고려를 지칭하는 의미로 사용되고 있기도 하다. 그렇지만 이 같은 움직임에도 불구하고 『삼국유사』나 『제왕운기』가 출현하기 이전까지 13세기 중엽 고려의 역사인식은 고조선(전조선)으로까지 적극 확대되지 못했다.

그럼에도 불구하고 13세기 들어 각 지역에서의 민란, 또는 중앙정치와의 일정한 결탁 양상 등의 모습을 지니며 연속적으로 일어나고 있던 삼국부흥운동을[46] 진압한 지 30년이 지나지 않은 1250년대

말부터 60년대 전반에 역사인식의 방향이 삼한을 넘어 진단으로 변전하려는 움직임이 모색되고 있는 점은 주목할 만하다. 진단이 13세기 중엽에 삼한을 넘어서는 역사계승인식과 희미하게나마 연결되기 시작하였음을 의미한다. 여기에서 고려 전기부터 작용하고 있던 삼한 중심의 역사인식을 한 단계 앞선 고조선(전조선)으로 확대·진전시키려는 의도를 간파할 수 있다. 삼한 중심의 역사인식을 탈피하여 사경으로 치닫고 있던 고려사회에 새로운 연기업과 대책을 제시하고자 했던 것이다. 이런 측면에서 백승현의 주청이 있은 지 20여년 후 국조國祖를 단군으로 설정하여 이후 국가들을 일정한 체계 속에서 정리하려고 한 『삼국유사』와 『제왕운기』가 편찬되었다는 사실은 주목되어야 한다.[47] 그리고 그것은 국초 이래의 '일통삼한'이라는 역사적 범위를 한 단계 뛰어넘는 것이었기에 반드시 태조 왕건에게 보고되어야 했다. 원종이 마리산 초례에 앞서 봉은사에 모셔져 있는 태조 어진을 친견한 것에는 그런 의미가 함께 담겨 있었다.

4. 원종의 마리산참성摩利山塹城 친초親醮와 단군壇君

마리산참성에서 원종의 친초가 그곳에서의 제천이 단군에서 출발하였음을 의식하고 진행되었는지에 대해서는 확실하지 않다. 그렇지만 분명한 것은 마리산 정상의 참성단이 단군의 제천단祭天壇이라는 전승과 가궐이 조영되었던 삼랑성이 단군이 세 아들에게 쌓게 하였다는 전승은 원종의 친초와 긴밀하게 연결되어 있었다는 사실이다. 이후 참성단 초례는 국왕의 친초는 아니었지만, 고려의 연기延基를 위한 목적에서 국왕의 대행으로 중앙에서 파견된 행향사가 주관하는 정례적인 행사로 진행되었다. 1293년(충렬왕 19)에 마리산이 무너져 내렸다는 『고려사』의 기록은[48] 참성에 대한 고려 조정의 관심도를 엿볼 수 있다.[49] 또 참성단 초례를 위해 마니산참성제전摩尼山塹城祭田이 마련되어 있었다는 사실이나,[50] 1324년(충숙왕 7) 또는 1325년의 경사만慶斯萬(생몰년 미상),[51] 1356년(공민왕 6)의 이색李穡(1328~1396),[52] 이후의 이강李岡(1333~1368)과[53] 이방원李芳遠(1367~1422)[54] 등이 참성단 초례에 향사로 파견되었다는 사실은 마리산 참성단의 초례에 대한 지속성을 보여준다.[55]

초례가 별을 대상으로 하는 천신에 대한 제사라고 할 때, 『삼국유사』에서 환인을 제석帝釋으로 주석하고 있음은[56] 고려시대의 제석신앙과 관련하여 검토할 만하다. 924년(태조 7)에 왕실에서 외제석원을 창건하였고,[57] 1060년(문종 14)에 문덕전에서 7일 동안 천제석도량天帝釋道場을 설행한[58] 바와 같이 하는 제석신앙은 고려 전시기에 걸쳐 왕실이나 민간에서 성행하였다. 고유의 천신 관념이 불교의 제석신앙과 융합된 결과로 짐작된다.[59] 고종 때도 마찬가지로, 『고려사』에서 고종은 모두 18회에 걸쳐 제석신앙과 관련한 행사를 열었던 것으로 확인된다. 특히 1227년(고종 14)에는 국왕이 외제석원에 행차하여 재추에게 천황당天皇堂에서 병첩을 기원하는 초례를 설행하도록 하였고,[60] 1215년(고종 38)에는 본궐本闕에서 천제석도량을 친히 설행하기도 하였다.[61] 이와 달리 『고려사』와 『고려사절요』에서 원종 때에 제석신앙과 관련한 자료가 확인되지 않는다. 이것은 이때 제석신앙이 왕실에서 설행되지 않았다는 것을 의미하기보다는 기록의 누락으로 파악하는 것이 옳은 것으로 보인다.

1264년 원종의 마리산 참성의 친초는 고려시대 제석신앙과도 일정부분 연계되어 있었을 가능성이 있다.

> 태일太一에 초례하여 비를 빌고 외제석원에 행차하였다(『고려사』 권11, 숙종 6년 4월 갑진).

> 봉원전奉元殿에서 27위의 초례를 설행하고 수문전修文殿에서 7일 동안 천제석도량天帝釋道場을 열었다(『고려사』 권19, 의종 23년 1월 갑신).

> 외제석원外帝釋院에 행차하여 재추에게 천황당天皇堂에서 병첩을 기원하는 초례를 설행하도록 하였다(『고려사』 권22, 고종 14년 10월 경술)

위의 자료에서 초례와 제석신앙의 직접적인 관계는 확인되지 않는다. 그렇지만 초례 후 제석신앙에 대한 행사가 이어지고 있음에 유의할 때, 두 행사는 별개의 것이 아니라 연결되는 일련의 것이었음을 추측할 수 있다. 고종 때 외제석원의 천황당에서 병첩을 기원하는 초례가 설행되고 있음은 두 행사의 관계를 이해하는 데 도움이 된다. 특히 환인 자체에 대한 표현과 제석이라는 일연一然의 분주, 환웅이 천왕이라는 이해, 제단을 중심으로 하는 단군壇君의 표현

등은 『삼국유사』에 실린 『고기』의 단군전승이 불교에 의해 윤색되어 있다는 증거로 제시되고 있다.[62] 즉 우리 고유의 천신 관념이 제석신앙과 융합되어 전하고 있고, 초례 역시 천신을 모시는 행사라고 할 때, 두 행사는 함께 진행되었거나 섞여서 이루어졌을 가능성은 충분하다. 1264년 원종의 친초는 이런 측면에서 접근이 가능하다고 본다. 물론 이때 마리산참성의 초례에서 제석신앙의 요소를 분명하게 확인할 수 있는 것은 아니지만, 천신을 모시는 행사였다는 점에서 제석신앙의 측면 역시 일정부분 용해되어 있었을 것으로 보는 것이 자연스럽다.[63]

고조선에 대한 현존 최고의 자료로 전하는 『삼국유사』에서는 그 시조 단군을 '단군檀君'이 아닌 '단군壇君'으로 기록하고 있다. 『고기』를 인용한 「고조선[왕검조선]」조는 물론이고, 「왕력」에서도, 단군의 후계를 언급하고 있는 자료의 명칭인 『단군기壇君記』에서도 마찬가지이다. 환웅이 지상으로 내려오는데 사용하고 있는 매개 역시 '신단수神檀樹'가 아닌 '신단수神壇樹'였다.[64] 이것 역시 원종의 친초와 관련하여 일정부분 추측할 수 있다. 그런 점에서 '단군壇君'은 신으로부터 정치적, 종교적 권위가 나오는 신정제도神政制度·정교일치政教一致의 모습을 반영한 것이라는 최남선을 견해를[65] 참고할 수 있다. 그는 '단군왕검壇君王儉'을 '당굴-알감', 혹은 그 비슷한 어의의 대자對字로서 천신天神인 주상主上을 뜻한다고 하였고, 흉노어에서 천자를 뜻하는 '탱리고도撑犁孤屠', 몽고어에서 천天·무巫를 뜻하는 '등격리騰格里(텅거리)'와 비슷한 조선어의 '당굴'이며, '알감'이란 존장尊長·신령을 뜻하는 '알'과 '장자長子'·'대인'을 뜻하는 '감'을 합하여 존장자라는 뜻이라 하였다. 단군왕검은 천자·무군巫君·주술적 주권자·사령적司靈的 군주로서 주술종교적인 사회의 군장이라고[66] 파악하였다.[67] 최남선의 견해를 확대하여 『삼국유사』에서 단군壇君·신단수神壇樹 등의 표현은 천신족을 표방한 지배세력이 신시神市를 중심으로 천신이나 조상신 등에 대한 제사와 축제를 함께 거행하던 제단祭壇에서의 제의를 통해 사회통합기능을 수행해갔던 신정神政 형태의 고조선 사회를 엿볼 수 있는 자료로 파악한 견해도[68] 있다.

그렇다면 마리산참성에서 제천을 주관하던 고려 국왕 원종을 단군壇君으로 설정할 수는 없을까? 고려시대에 단군전승은 도참과 긴밀한 관계에서 연동하며 전해지고 있었다. 도참과 관련하여 '개경의 지기쇠왕설地氣衰旺說', '용손십이진설龍孫十二盡說', '십팔자지참十八子之讖' 등은 때론 개별의 참설로, 또는 2~3개의 참설이 유기적인 관계를 가지며 전해졌다. 단군壇君으로 대표되는 『고기』 유형의 전승이 아니라, 단군을 토대로 수목숭배신앙의 요소를 담고 있는 『본기』 유형의 전승이 이들과 연계되어 일어난 것이 이자겸이나 이의민의 난이라고 할 수 있다. 묘청의 서경천도론이나, 개경의 지기地氣를 북돋기 위한 왕실의 이궁 창궐 등에도 『신지비사神誌秘詞』 등의 단군전승과 관련한 서적이 이용되었고, 고조선의 도읍지인 아사달阿思達 또는 백악白岳을 통해 길지를 구하려고 했다는 점 등에서도 그러하다.[69]

특히 『삼국유사』와 『제왕운기』에 인용되면서 단군의 혼인과 혈연을 통한 의제적인 가족 관계를 서술하면서 단군을 표제하고 있는 『단군기壇君記』·『단군본기檀君本紀』 등의 자료들이 도참과 관련한 자료이거나 그 영향 아래 제작된 가능성이 높다.[70] 그리고 원종의 마리산참성에서의 친초를 건의하고 있는 백승현은 풍수를 업으로 하는 술사였다. 또 그가 제시하고 있는 진단震旦으로의 변전은 후대의 자료이지만 권근權近(1352~1409)이 지은 「건원릉신도비」에서 조선의 건국을 수 천 년 전인 단군 때부터 전하고 있던 진단지설震檀之說, 즉 구변진단지설九變震檀之說 중에서 "나무신의 아들이 나라를 세운다(建木得子)는 설" 또는 "이씨가 나라를 세운다(十八子)는 설"이[71] 징험을 보인 것에 대한 함축적인 표현으로 생각된다. 이것은 백승현이 위의 자료들을 비롯하여 단군전승과 관련한 여러 자료들에 대한 상당한 이해를 가지고 있었음을 추측하게 한다. 이런 점에서 고려의 국왕 원종의 마리산참성 친초에서는 최남선의 견해대로 신정제도神政制度·정교일치政教一致를 반영하고 있는 모습을 유추할 수 있고, 원종은 천자·무군·주술적 주권자·사령적 군주로서 종교적 사회의 군장이라는 성격을 어느 정도 가질 수 있다. 1264년 참성단 초례를 주제하고 있는 원종을 제단에서의 제의를 통해 사회통합기능을 수행해갔던 단군壇君과 비교하는 이유이다.

『삼국유사』의 찬자인 일연(1206~1289)은 1259년 대선사의 승계를 제수 받고, 남쪽 지방의 포산 · 남해 · 윤산 등에서 몽고의 전란을 피하면서 수행에 전념하다가 1261년(원종 2) 국왕의 부름을 받고 강도로 가서 선월사禪月社에[72] 머무르면서 설법하며, 지눌의 법을 계승하였다. 일연의 비문에는 경사로 가서 선월사에 주석한 것으로 기록하고[73] 있는데, 당시 국도國都는 강도였기 때문에 그는 강도의 선월사에 머물렀던 것으로 보는 것이 타당할 듯하다.[74]

한편 『신증동국여지승람』에는 개경 송악산의 소격전 옆에 있었던 사찰로 구산사龜山寺와 함께 선월사仙月寺가 확인되는데,[75] 그들의 위치를 소격전과 관련하여 기록하고 있어 선월사 역시 초례와 관련한 행사를 주로 담당했던 사찰로 추측된다. 도읍을 강화로 천도하면서 개경 궁궐의 건축은 물론 문화를 그대로 옮겨갔던 고려 조정의 움직임을 염두에 둘 때, 개경의 선월사仙月寺와 강도의 선월사禪月社는 같은 기능을 했던 사찰로 추정할 수 있다.[76] 그리고 이런 추측이 허용된다면, 1261년부터 강도의 선월사에 주석하고 있던 일연은 사직의 연기지보延基之補를 위한 제반 행사에 참여했거나 그 움직임을 파악하고 있었고, 1264년 원종의 마리산 참성단 초례에도 일정 부분 역할을 하였을 것으로 추측된다. 그 후 일연이 남쪽으로 돌아갈 것을 수차례 청하여 1264년 가을에서야 오어사吾魚社로 옮겨 갈 수 있었기 때문이다.[77]

일연이 『본기』 유형의 단군전승에 관심을 두지 않고 단군壇君을 중심으로 하는 제정일치의 모습을 전하는 『고기』 유형의 단군전승을 『삼국유사』에서 수록하고, 고조선과 관련된 모든 기록에서 '단군壇君'에 경도되어 있는 것은 원종의 마리산 참성의 초례에서 고려 국왕의 모습을 염두에 둔 것과 관련이 있다고 사료된다.[78] 또 그가 「왕력」에서 고구려 시조 주몽을 '단군지자壇君之子'로 단정하고 있는 것은[79] 고조선→북부여→고구려로 이어지는 역사계승인식의 측면에서 고려가 고구려를 계승하였음을 천명하기 위한 서술이었다고 보인다. 여기에는 이규보의 「동명왕편」과 같은 흐름이 일정하게 유지되고 있었다. 일연은 원종의 마리산참성의 친초에서 단군壇君의 고조선 건국에서 고구려를 거쳐 고려로 이어지는 역사계승에 대한 이해를 어렴풋하게나마 지니고 있었을 것이다. 『삼국유사』에서 고조선에서 비롯하는 부여계의 여러 나라들이 기이편 첫 권의 모두冒頭에서 서술되고 있음도 이런 측면에서 의미 있게 받아들여야 한다.

5. 맺음말

1264년(원종 5) 5월 7일 몽고에서의 국왕 입조 요구에 대한 고려 조정의 입장은 궁색하기 그지없었다. 이것은 몽고의 주변국 복속 정책에 따른 것이었지만, 고려의 입장에서 국왕의 친조는 전례가 없었고, 상상할 수도 없는 것이었기 때문이다. 이제까지 대내외에서 황제국을 자처하던 고려의 입장에서 국왕의 친조는 몽고를 중심으로 하는 세계질서 속에 종속됨을 의미하는 것이었다. 그럼에도 불구하고 원종의 입조는 고려의 의사와 관계없이 기정사실로 굳어진 상태였다. 고려 조정에서는 이를 막기 위해 가능한 방법을 모두 고민하고, 대책 마련에 골몰했다.

마리산참성에서의 친초를 중심으로 삼랑성 등에서의 가궐 건립 등을 통한 연기지책延基之策을 시행하는 것이 적극 검토되었다. 그리고 그 중심에는 풍수와 도참에 능했던 중랑장 백승현이 있었다. 그는 앞서 고종 말에 삼랑성과 혈구사를 중심으로 연기와 관련한 제반 비술의 설행을 건의하여 시험한 바 있었다. 이때도 마리산 남쪽에 이궁離宮이 창건되었다. 백승현의 주장은 고종의 승하로 징험되지 못하여 중단되는 듯했지만, 고려 조정에서도 그 주장을 부언浮言으로만 치부할 수 없었다. 그만큼 마리산·삼랑성을 중심으로 한 이궁·가궐의 창건과 연기업을 위한 방책은 궁여지책이었지만, 절실한 것이었다.

1264년 6월의 상황도 마찬가지였다. 이때 백승현은 참성단 초례 설행과 원종의 휘를 주 강왕의 휘인 쇠釗로 교체할 것을 건의했다. 아울러 대일왕도량이나 대불정오성도량의 설행도 건의하였는데, 이것은 삼랑성·신니동·혈구사·마리산 등에서 전개되었던 도참류의 행사였다. 특히 1264년 야외에서 설행된 국왕의 마리산참성 친초는 기록에서 확인되는 유일한 것이라는 점에서 주목할 수 있다. 그것은 몽고의 입조 요구에 대한 대처방안으로 거의 유일한 것으로 여겨졌기 때문이다.

그런데 그 명분인 "삼한이 변하여 진단(진역)이 되어 큰 나라들이 조회할 것"이라는 것은 고려사회의 역사인식에 대변전을 예고하는 것이었다. 그럼에도 불구하고 『삼국유사』나 『제왕운기』가 출현하기 이전까지 13세기 중엽 고려의 역사인식은 고조선(전조선)으로까지 확대되지 못했다. 특히 삼국부흥운동을 진압한 지 30년이 지나지 않은 1250년대 말 60년대 전반에 역사인식의 방향이 삼한을 넘어 진단으로 대변전하려는 움직임이 모색되고 있고, 또 20여 년 후에 국조를 단군으로 설정하여 이후 국가들을 일정한 체계 속에서 정리한 『삼국유사』와 『제왕운기』가 편찬되었다는 사실은 마땅히 주목되어야 한다. 일련의 이와 같은 사건은 고려 전기부터 작용하고 있던 삼한 중심의 역사인식이 고조선(전조선)으로까지 확대되는 과정을 보여주는 것으로 파악되기 때문이다.

마리산참성에서 원종의 친초가 그곳에서의 제천이 단군에서 출발했다는 사실을 의식하고 진행되었는지는 확실하지 않다. 그렇지만 마리산 정상의 참성단이 단군의 제천단이라는 전승과 가궐이 조영되었던 삼랑성이 단군이 세 아들에게 쌓게 하였다는 전승은 원종의 친초와 긴밀하게 연결되어 있었음은 분명하다. "나라의 고사故事에서는 궐정闕庭에서 왕왕 천지天地와 경내境內의 산천山川을 두루 제사지내는 것"을 '초醮'라고 하는 『고려사』의 규정에도[80] 불구하고 그 중심 대상이 별을 위주로 하는 천신이라고 할 때, 『삼국유사』에서 환인을 제석으로 주석하고 있음은 고려시대의 제석신앙과 관련하여 검토할만하다. 고종 때와 달리 원종 때에 제석신앙과 관련한 자료가 확인되지 않는다고 하여 이때 제석신앙이 왕실에서 설행되지 않았다고 보이지 않는다. 특히 고종 때 외제석원의 천황당에서 병첩을 기원하는 초례가 설행되고 있음은 참고할 만하다. 우리 고유의 천신 관념이 제석신앙과 융합되어 전하고 있고, 초례 역시 천신을 모시는 행사라고 할 때, 두 행사는 함께 진행되었거나 섞여서 이루어졌을 것이다. 1264년 원종의 친초는 이런 측면에서 접근이 가능하다. 이때의 마리산참성 초례에서 제석신앙의 요소를 확인할 수 있는 것은 아니지만, 일정부분이 용해되었을 것이다.

『삼국유사』에서는 고조선 건국 시조인 단군을 '단군壇君'으로 기록하고 있다. 이것은 원종의 친초와 관련하여 다음과 같은 추측이 가능하다. 단군壇君·신단수神壇樹 등의 표현이 신시神市를 중심으로 제단에서의 제의를 통해 사회통합기능을 수행해갔던 신정神政 형태의 고조선 사회를 엿볼 수 있는 자료로 파악한 최남선의 견해를 참고할 때, 마리산참성에서 제천을 주관하던 원종의 모습은 단군壇君과 비교될 수 있다. 즉 원종은 천자·무군巫君·사령적 군주로서 종교적인 사회의 군장이라는 성격을 가질 수 있다. 특히 원종의 친초를 건의한 백승현의 '삼한변위진단三韓變爲震旦'은 후대에 조선의 건국을 수천 년 전인 단군 때부터 전하고 있던 진단지설震檀之說의 징험으로 설명하고 있는 「건원릉신도비」에서 확인되는 '구변진단지설九變震檀之說'의 또 다른 표현에 불과하다. 그리고 그가 풍수·도참를 업으로 하는 술사였다는 점에서 단군의 혼인과 후계 관계를 서술한 『단군기壇君記』 등 역시 도참과 관련한 자료일 가능성이 높다.

아울러 『삼국유사』를 편찬한 일연이 이때 강도에 머물면서 마리산참성에서의 초례 설행에 대해 알고 있었거나, 이것은 『제왕운기』를 저술한 이승휴도 마찬가지이지만, 일정 부분 역할도 담당했을 것이라는 추측은 그가 『본기』 유형의 '단군檀君'과 달리 『고기』 유형의 '단군壇君'에 경도되어 있는 배경을 이해하는 데 일정한 도움을 준다. 또 일연이 고구려 시조 주몽을 '단군壇君의 아들'로 기록하고 있는 것은 고조선→북부여→고구려→고려로 이어지는 역사계승 인식을 염두에 둔 서술이었음을 읽을 수 있다. ■

단군신화와 화랑도

권상우

1. 화랑의 새로운 접근: 단군신화

화랑도는 신라의 문화사와 정치사뿐만 아니라 한국의 고유한 사상을 밝힐 수 있는 역사적 사실로 인정되면서, 이에 관한 많은 연구 성과가 축적되어 있다. 그러나 화랑도 연구는 일제강점기 일본학자의 편향적인 연구 결과를 맹목적으로 수용하거나 또는 미개 사회에 대한 현지조사에서 얻어진 연구성과를 화랑도에 적응하면서 황당한 결론을 도출하기도 하였다. 해방 이후에는 화랑제 성립과 관련된 사료를 시대 상황과 관련지으면서 그 성격과 활동을 규명하고자 했다. 하지만 이러한 연구에서는 화랑 관련 내용의 일부분을 규명할 수 있었을 뿐 화랑의 전면모를 드러내기는 부족한 감이 있다.

기존의 화랑 연구에서 화랑을 왜곡하거나 부분적인 연구에만 국한할 수밖에 없었던 가장 큰 이유는 화랑 관련 자료가 부족하기 때문이다. 그렇다고 화랑에 관한 자료가 전혀 없었던 것은 아니다. 이에 관한 기록은 『삼국유사三國遺事』, 『삼국사기三國史記』, 『해동고승전海東高僧傳』 등에 단편적이지만 현존한다. 하지만 그 자료만으로는 화랑의 실체를 규명하기에는 쉽지 않다. 화랑이 한민족의 고유사상과 신라문화를 해명하는 데 중요한 역사적 존재임에도 불구하고 이를 규명할 수 있는 자료가 부족하다면, 이에 접근할 수 있는 새로운 연구 방법을 모색해 볼 필요가 있다.

실증주의적 역사학자는 역사적 사실을 현존하는 자료에 근거해 규명해야 한다고 강조한다. 하지만 역사적 사실에 대한 인식이 아무런 전제 없이 해석될 수는 없다. 역사학자 카아(E. H. Carr)는 "역사는 과거와 현재의 끊임없는 대화"라고 하였다. 그는 역사적 사실을 객관적으로 해석할 수 없으며 역사가가 처한 현실과의 상호작용을 통해서만 그 의미를 밝힐 수 있다고 주장하였다. 그렇다고 역사가가 역사를 자의적으로 해석해도 된다고 말하는 것은 아니다. 역사가는 과거의 사실을 현대와의 대화를 통해서만 그 의미와 가치를 규명할 수 있다는 것이다. 그래서 화랑도에 관한 연구를 위해서는 과거의 역사적 사실도 중요하지만 역사가가 처한 현실에 대한 인식도 중요하다.

그렇다면 화랑도가 현대와 만날 수 있는 접점을 어디에서 찾을 수 있을까? 이에 대해 신채호는 "화랑은 일시 신라 발흥의 원인이 될 뿐만 아니라 후세에 한漢문화가 발호하여 사대주의파의 사상과 언론이 사회의 인심, 풍속, 학술을 지배하여 온 조선을 들어 지나화하려는 판에, 또 이를 반항, 배척하여 조선이 조선되게 하여 온 자는 화랑이다"1)라고 하면서, 화랑은 외래문화가 유입되기 이전의 한국인의 정체성을 드러낼 수 있는 역사적 존재로 보았다. 그래서 화랑은 한국문화와 한국인의 정체성을 규명하는 데 있어서 중요한 연구대상이 될 수 있다.

화랑이 한민족과 다른 민족 집단을 구별하는 정체성을 지니고 있다면, 이는 단군신화에서도 찾아볼 수 있다. 단군신화는 비록 신화의 형태이긴 하지만 한국인의 정서와 사유의 근원일 뿐만 아니라 현대 한국의 국정 이념이기도 하다. 실증주의 역사가들은 신화를 비과학적이라는 이유로 역사학에서 배제한다. 그러나 당시의 기록이 역사에서 그 흔적을 발견할 수 있다면, 단군신화가 황당한 이야기가 아니라 문화사적인 가치를 지니고 있다고 볼 수 있다. 단군신화는 한민족의 얼이며 한국문화의 정수임을 상기한다면, 역사적 사실 기저에 존재하고 있다고 볼 수 있다. 정인보는 역사 연구를 역사적 사실에만 천착하게 되면 그 이념과 의미를 드러낼 수 없다고 비판하면서, 한국인의 정신과 이념을 가지고 역사적인 사실에 접근해야 하며, 한국인의 정신(얼)은 단군신화에서 찾아져야 한다고 주장한다. 한국인의 정신(얼)은 시대에 따라 다르게 나타날 수 있다. 이러한 단군신화로 상징되어진 한국인의 얼이 '신라'에서 어떻게 역사적인 사실로 드러났는지를 화랑도에서 찾아볼 수 있다. 단군신화가 한국인의 얼을 은유하는 상징체계이라면, 화랑은 한국적 정신이 현실에서 드러난 역사적 사실로 이해할 수 있다.

단군신화와 화랑도의 연관성을 밝힐 수 있다면, 단군신화는 특정 인물이 지어낸 황당한 이야기가 아니라 한국인의 정신과 의식을 담고 있다는 것을 알 수 있을 뿐만 아니라 화랑도의 이념과 정신 또한 규명할 수 있는 자료가 될 수 있다. 이에 관련된 자료가 비록 객관성이 부족하긴 하지만 『단군고기』, 『규원사화』에 관련된 내용이 있고, 일제강점기 정인보 선생도 화랑의 근원을 단군신화에서 찾고 있다. 이들 사료에 근거해서 단군신화의 정신이 부족국가를 걸쳐 신라 화랑으로 계승되고 있음을 밝힐 수 있다. 『삼국사기』에는 단군을 '선사仙史'와 관련해서 기록하고 있다. 이를 단재 신채호 선생은 "선인왕검은 곧 단군이시니 조의선인의 시조라. 화랑이란 이름도 그 처음에는 화랑이라 아니하고, 다만 선인이라 한 고로, 화랑 연원사를 곧 선사라 함이며, 삼국유사 화랑기에도 진흥대왕이 즉위하고 신선을 많이 숭상하여 화랑창설을 곧 신선숭상神仙崇尙이라 하였도다"[2]라고 하였다. 그는 진흥왕이 화랑도를 제정하면서 풍월도를 부활하고 신선을 숭상하였는데, 그 숭배의 대상이 바로 단군이었음을 논하고 있다. 그래서 화랑도를 단군신화와 관련해서 접근해서 살펴볼 수 있다.

이 글에서는 기존의 실증주의적 연구방법에서 탈피하여 화랑을 민족의 정신사에서 접근해 보고자 한다. 이를 위해 화랑도의 기원과 정신을 단군신화에서 찾고, 단군신화의 정체적인 사유구조와 홍익인간의 이념이 화랑도에 어떻게 투영되어 있는지를 살펴보고자 한다. 이를 위해서 우선적으로 화랑도의 기원을 삼한시대의 소도에서 찾아보고자 한다. 소도는 단군신화와 화랑도를 연결시킬 수 있는 중요한 종교의례가 될 수 있다. 신라는 초기 부족을 통합하는 과정에서 소도의 종교의례를 계승하였고, 그리고 소도와 관련된 역사자료에는 환웅을 숭배하였다는 기록이 있다. 그래서 소도와의 관련성을 중심으로 화랑의 기원을 살펴볼 수 있다. 그리고 화랑도는 전통 고유사상과 외래사상이 결합되어진 사상체계임을 살펴보고자 한다. 기존 연구에서는 화랑의 이념을 '풍류'에서 찾아야 한다는 의견도 있지만, 진흥왕은 이전의 풍류를 그대로 답습하지 않고 새롭게 해석하면서 화랑도를 창설하였다. 진흥왕은 화랑도를 창설하면서 화랑도 이전의 풍류도와 중국에서 유입된 삼교(유불도)를 융합하였다. 그래서 논문에서는 화랑도를 풍류와 삼교의 관계를 중심으로 살펴보고자 한다. 그리고 마지막으로 화랑도의 세속오계를 전통문화와 외래문화가 결합된 수련 방법이었음을 살펴보고자 한다.

2. 화랑도의 기원: 단군신화

앞에서 언급한 바와 같이 화랑의 기원을 알 수 있는 구체적인 자료는 현존하지 않는다. 최치원의 「난랑비서문」에서 인용한 『선사仙史』나 일연이 『삼국유사』를 편찬하면서 참고했다는 『고기古記』나 그 이외에도 『단군기』, 『신지비기』에 기록되어 있다고 하지만, 이들 자료는 아쉽게도 현존하지 않는다. 하지만 『삼국사기』, 『삼국유사』와 그 외의 관련 문헌에서 화랑도의 제정에 관한 기록이 전해지고 있다.

> 진흥왕 37년 봄에 비로소 원화를 받들었다. 이에 앞서 군신들이 인재를 알아볼 수 없음을 염려하여 사람들을 모아 무리지어 놀게 하고, 그 행실을 본 이후에 발탁하여 등용하고자 하였다. 마침내 미녀 두 사람을 선정하였으나, 한 사람은 남모이고 또 한 사람은 준정이었다. 무

리를 300여 명 모았는데, 그 이후 남모와 준정 두 사람이 미모를 뽐내며 서로 시기하였다. 그 결과 준정이 남모를 자기 집으로 유인하여 억지로 술을 권하여 취하게 하고서는 끌고가 강물에 던져 죽여 버렸다. 그 사건으로 준정이 죽임을 당하고, 무리들은 화랑을 잃고 흩어져 버렸다. 그 후 다시 미모의 남자를 취하여 장식을 하고, 화랑이라 이름하고 받들었다. 무리들이 구름같이 모여들어 서로 도의로써 수련하고, 서로 가악으로 즐기며, 산수에 돌아다니며 노니니 멀다 하여 가 보지 않는 곳이 없었다. 이로 인하여 그 사람 됨됨이의 옳고 그름을 알아 그 중 훌륭한 인물을 택하여 조정에 천거하였다.[3)]

제24대 진흥왕의 성은 김씨요, 이름은 삼맥종인데, 또는 심맥종이라고도 한다. 양梁나라의 대동大同 6년 경신庚申(540)에 즉위하였다. 백부伯父 법흥왕의 뜻을 흠모하여 일념으로 불교를 받들어 널리 불사佛寺를 일으키고 사람들을 제도하여 승려가 되게 하였다.

그리고 [왕은] 천성이 풍미風味하고 신선神仙을 매우 숭상하여 민가의 낭자 중에서 아름답고 예쁜 자를 택하여 받들어 원화로 삼았다. 이것은 무리를 모아서 인물을 뽑고 그들에게 효도와 우애, 그리고 충성과 신의를 가르치려함이었으니, 또한 나라를 다스리는 대요大要이기도 하였다. 이에 남모랑과 교정랑의 두 원화를 뽑았는데, 모여든 무리가 3,4백 명이었다. 교정은 남모를 질투하였다. 술자리를 마련하여 남모에게 많이 마시게 하고, 취하게 되자 몰래 북천北川으로 메고 가서 돌로 묻어서 죽였다. 그 무리들은 남모가 간 곳을 알지 못해서 슬프게 울다가 헤어졌다. 그 음모를 아는 사람이 있어서 노래를 지어 동네아이들을 꾀어 거리에서 부르게 하였다. 남모의 무리들이 노래를 듣고, 그 시체를 북천 중에서 찾아내고 곧 교정랑을 죽였다. 이에 대왕은 영을 내려 원화를 폐지시켰다.

여러 해 뒤에 왕은 또 나라를 흥하게 하려면 반드시 풍월도風月道를 먼저 해야 한다고 생각하여, 다시 명령을 내려 좋은 가문 출신의 남자로서 덕행이 있는 자를 뽑아 (명칭을) 고쳐서 화랑花郞이라고 하였다. 처음 설원랑을 받들어 국선國仙으로 삼았는데, 이것이 화랑 국선의 시초이다. 이 때문에 溟洲에 비를 세웠다. 이로부터 사람들로 하여금 악을 고쳐 선행을 하게하고, 윗사람을 공경하고 아랫사람에게 온순하게 하니, 오상五常, 육예六藝, 삼사三師, 육정六正이 왕의 시대에 널리 행해졌다.[4]

화랑도는 『삼국사기』와 『삼국유사』의 기록에 의하면 진흥왕 37년에 창설되었다. 진흥왕은 국가 체제를 정비하고 국가를 진작시키기 위해 화랑도를 제정하였기 때문에 화랑도는 국가의 제도적인 성격을 지닌다. 하지만 진흥왕 37년(576년)보다 이전인 23년에 화랑의 존재가 있었음을 알 수 있었다. 이는 사다함과 관련된 이라는 화랑과 관련된 자료에서 알 수 있다.[5]

사다함은 귀족의 후예로 풍채가 뛰어났고, 뜻과 기개가 곧았기 때문에 화랑으로 추대를 받았다. 그는 화랑의 신분으로서 가야 정벌 전쟁에서 부장副將으로 참여해 큰 공을 세웠다는 기록이 있다.[6] 사다함은 화랑이 제도로 정립되기 이전에 일반인에 의해 화랑으로 추대되어졌다. 사다함의 행적을 통해서 진흥왕이 화랑제도를 제정하기 이전에 이미 민간단체의 형태로 화랑의 존재가 있었음을 알 수 있다. 그리고 또한 위의 자료에서 눈여겨 볼만한 내용이 있다. 진흥왕이 화랑도를 제정할 무렵 '신선을 숭배하였으며, 나라를 진흥시키기 위해 풍월도風月道를 부활하였다'고 한다. 여기서 풍월도와 신선은 당시 화랑도와 밀접한 관련 있음은 기존 연구에서도 이미 언급되었다. 풍월도에 대해서는 다음 장에서 풍류도와 관련해서 구체적으로 다루고, 이 장에서는 화랑의 기원에 관한 논의에만 국한해서 언급하고자 한다.

화랑도 제정 이전의 화랑이 어떤 존재인가에 대한 기록이 전해지지 않아 그 실체를 규명하기는 쉽지 않다. 화랑의 기원에 대한 대표적인 연구는 일본 연구자인 삼품창영三品彰英의 연구를 들 수 있다. 그는 화랑의 기원 문제를 인류학적인 입장에서 접근하면서 화랑 연구의 초석을 다졌다고 평가받고 있다. 그는 『후한서』에 근거해 화랑의 기원을 논하였다. 그는 화랑의 기원을 세계 민족의 원시사회의 성인식에 근거해서 접근하면서, 화랑은 남방 민족의 남자집회와 유사하다고 하면서 한민족의 문화가 남방문화에 속하며, 화랑을 군사적인 국가봉사단체로 규정하였다.[7] 그러나 그는 한민족의 문화를 남방문화와 연결시키면서 화랑이 지니고 있는 한민족 문화를 일본에 종속시키려는 식민사학이 내재되어 있다고 비판받았다. 하지만 그가 화랑의 기원을 삼한시대의 소도와 관련해 논의한 것에는 주의할 필요가 있다.

『단군고기』에는 소도에는 미혼자제가 천지화天指花라는 꽃을 머리에 꽂고 독서하고 활쏘기를 하였는데 이들을 '천지화랑'이라고 불렀다고 하는 구절이 있다.[8] 이는 소도와 화랑의 관계를 파악할 수 있는 중요한 단서가 된다. 『삼국지』「동이전」에 따르면 이 소도에 관해 다음과 같이 기록되어 있다.

> 매년 언제나 오월에 파종을 하는 과정이 끝나게 되면 귀신(땅님과 하느님)에게 예배를 드리는 제식이 있게 된다. 사람들이 무리를 지어 모여 노래를 부르고 춤을 추고 술 마시는 것이 밤과 낮으로 쉬지 않고 계속된다. 그때 추는 춤은 수십 명이 같이 일어나서 서로를 따라가는 식으로 펼쳐지는데, 땅을 같이 확 내디디면서 밟고 발의 동작이 서로 주고받는 형태로 응답하게 된다. 그리고 마디마디를 끊어 연주하는 음악이 뒤따르는데 그 전체적 모습이 중국의 민간 나무방울춤과 유사하다. 시월에 농사짓는 것이 다 끝나고 나면 또 위에서 설명한 것과 동일한 제식이 이루어진다. 이들은 땅님과 하느님에 대한 매우 깊은 신앙심이 있어서, 나라의 읍마다 제각기 하느님(天神)을 예배드리는 것을 주관하는 사제 한사람을 뽑게 되는데 이 사람을 '천군天君'이라 부른다. 이 별읍別邑을 '소도'라고 이름하였다. 그 별읍에는 솟대(大木)를 세워놓고 그 위에 방울과 북을 걸어 놓았는데, 이로써 땅님과 하느님을 예배한다. 피해 망명해온 사람들이 별읍에 들어오게 되면 그 망명해 온 사람들은 돌려보내지 않는다. 그 별읍의 사람들은 특수한 단체의식을 가지고 살면서 매우 호전적이다. 그 소도를 만들어 놓은 뜻은 불교의 단체와 유사한 점이 있다. 그러나 이 두 단체가 좋고 나쁜 것을 행하는 바의 가치관에는 약간의 차이가 있다. [9]

위의 기록에서는 소도의 제천의식을 설명하고 있다. 일반적으로 소도는 천신에게 제사를 지내던 성지로 알려져 있다. 위의 기록에서 큰 나무는 단군신화에서 "환웅이 3000명을 거느리고 태백산 꼭대기 신단수 아래에 내려오니, 여기를 신시라고 이른다"라는 기록에서의 '신단수'와 연결된다. 큰 나무 아래에서 천신을 맞이하는 장면은 한민족 고유의 토속신앙에서도 쉽게 찾아볼 수 있다. 이능화는

『조선무속고』에서 "단군왕검을 하늘로부터 내려온 신령이자 신격의 사람"이라고 하면서, 옛날에는 무巫가 제천하고 신령을 섬겨 사람들의 존경을 받았다고 하였다. 그리고 백제의 소도, 부여의 영고, 고구려의 동맹 등이 단군신교의 유풍여속이 아닌 것이 없다"고 하였다[10] 이를 통해 단군신화의 상징적인 의미가 삼한시대의 제천의식에도 전해지고 있다는 것을 알 수 있다. 이에 관해서는 『단군고기』에 좀 더 상세한 기록이 있다.

『단군고기』에 큰 나무는 환웅을 상징한다고 기록하고 있다. 환웅은 단군신화에 따르면, 환인의 아들이며, 인간 세상을 널리 이롭게 할 목적으로 태백산에 내려와 신시를 열어 교화를 담당한 지배자이자 제사장이다. 환웅의 존재는 천상계와 지상계를 이어주는 상징적인 의미를 지니고 있다. 이러한 환웅의 숭배는 소도에서는 천신숭배로 계승되고 있다. 방울과 북은 노래와 춤으로 거행되는 제천의식의 악기로 사용되었다. 그래서 삼한시대의 소도는 단군신화와 밀접한 관련성을 지닌 공간으로 이해된다.

삼한시대 소도에서 활동한 인물들이 화랑의 기원으로 추정해 볼 수 있다. 이는 신채호가 화랑의 기원에 대해서 "화랑은 본래 소두제단의 무사 곧 그 때에 선비라 칭하던 자인데 고구려에서는 조의를 입어 조의선인이라 하고 신라에서는 미모를 취하여 화랑이라 하였다고 본다"[11]라는 언급에서도 알 수 있다. 신채호의 주장에 따르면, 화랑은 단지 신라에만 존재했던 것이 아니라 고구려, 백제에서도 유사한 집단이 존재했음을 알 수 있다. 최치원 또한 소도는 신라뿐만 아니라 삼국 시대에 전 지역에 존재했다고 말한 적이 있다.[12]

여기서 소도는 바로 원시부족사회에 각 지역의 산악신앙과 관련이 있으며, 거슬러 올라가면 단군신화와도 관련이 있다.

『후한서』 기록에서도 알 수 있듯이, 삼한시대에서는 군장이 있고, 또한 작은 지역에 별읍別邑이 있었다. 여기서 '별읍'은 바로 군장 즉 제사장이 거주한 신성한 지역을 의미한다. 이 제사장이 농경행사가 시작하거나 수확할 무렵에 촌락 구성원들이 음주가무를 하면서 제사를 지냈다. 박승길은 제사장을 단순한 신내림을 받은 무巫와 구별되며, 사회조직의 일원으로서 제사 의식을 거행할 때 집단 활동을 인도하는 전문가의 일을 수행한다고 본다.[13] 그리고 제사장은 특별한 종교적 훈련을 통해서 신비스러운 능력을 지니고 있어야 일반인으로부터 인정받을 수 있다고 한다. 그래서 소도는, 제사장이 환웅과 같은 능력을 체득하기 위해 수련하는 장소로 추정할 수 있다. 그리고 이 소도에는 제사장만이 아니라 청년들도 이곳에서 환웅이 그러한 것처럼 세상을 이롭게 하려는 홍익인간의 이념을 갖추면서 신적인 능력을 체득하고자 수련하였다.[14] 그래서 이러한 능력은 분명히 일상적인 삶과는 다른 종교적인 수련을 통해 형성되기 때문에 이 소도를 '별읍'으로 칭하였다. 그래서 이 별읍에서는 세상적인 삶에서 벗어나 환웅처럼 하늘과 땅이 만날 수 있는 종교성과 만물을 이롭게 할 수 있는 홍익인간의 정신을 배양하고자 노력하였다. 이러한 소도의 기능은 앞에서 언급한 신채호가 화랑을 소도제단을 지키던 선비라고 말한 것과 일맥상통한다.

삼한의 지역적인 특성은 산과 계곡으로 이루어져 있었기 때문에 유민들이 산과 계곡 사이에 흩어져 여섯 부락을 형성하고 있었고,

이들 부락공동체에서 제사장은 앞에서 언급한 바와 같이 종교적인 능력을 지니고 있어야 했다. 이런 종교적인 능력은 환웅과 유사한 능력일 수도 있다. 그래서 박승길은 "현실에서 환인은 천군이 되라는 신적인 계시를 통해 그 존재가 해석되고 설명된다. 따라서 하느님의 아들인 환웅을 이상적인 인간상으로 생각한 부락 사회에서는 하늘에 대한 제사가 개인들을 공동체와의 연결시키는 가장 중요한 의례로서의 비중을 갖지 않을 수 없다"[15]라고 하면서 제사장을 환웅과 관련해서 설명하고 있다.

3세기 육촌 중에 하나였던 사라국斯羅國이 여러 부족을 통합해 고대국가로 나아가면서 '신라'라는 국명을 지었는데, '신新'자는 덕업이 날로 새로워짐을 의미한다면, '라羅'는 사방을 망라한다는 의미를 지니고 있다고 기록하고 있다.[16] '신라'는 주변 부족 국가들을 통합해서 국가 제도를 정비하고 왕권을 강화하려는 목표를 실현하려는 염원을 담아서 지어진 국명이다. 이런 염원을 실현하기 위해서는 우선 종교 체제를 통합해야 한다. 그래서 신라는 왕도와 지방에 소재한 소도집단의 조직을 중앙의 천신에게 제사지내는 조직으로 흡수해서 통합할 필요가 있었다. 일연은 『삼국유사』에서 신라인들은 6부의 할아버지들이 다 하늘로부터 신라강역의 여러 산꼭대기로 강림하였다[17]고 기록하고 있다. 이 기록은 당시 각 부족에서 동일한 천신숭배와 산악숭배의 신앙을 가지고 있었음을 설명하고 있다. 이러한 동일한 신앙체제는 여러 부족을 통합하는데 도움이 되었고, 국가에서 종교제례를 하는 조직이 구성되어진다.[18] 이 종교 조직에서는 천신에 대한 종교의례가 거행되었다. 조흥윤은 신라시대의 제례에도 고대 천제의 전통을 계승한 것으로는 시조제, 풍백제, 우사제, 기우제, 명산대천제, 농제 등을 들 수 있으며, 이러한 제례는 모두 제천의식과 관련이 있다. 그 중에서도 "풍백제, 우사제의 경우도 풍백, 우사, 운사 등은 단군신화에서 환웅을 모시고 있던 것을 헤아려야 할 것"[19]이라고 하였다. 이와 같이 신라의 제천의식은 환웅에게 제사지내는 것과 유사한 종교적 의미를 지니고 있다.

신라의 제천의식은 원화제와도 관련이 있다. 신라에서는 진흥왕이 화랑도를 제정하기 전에 여성을 선발하여 '국선國仙'이라고 칭하였다. 기록에 의하면, 신라는 여성의 지위와 권한이 낮지 않았음을 알 수 있다. 그리고 그 여성이 제사장이었음이 기록으로 남아 있다. 신라 남해왕南解王(4-24)이 자신의 친노親妹인 아노阿老로 하여금 시조묘의 제사를 주관하도록 하였다.[20] 남해왕의 왕호가 '차차웅次次雄'이라고 하는데, '차차웅'의 왕호는 무巫를 의미한다고 본다. 그래서 남해왕의 왕호를 통해서 신라가 국가로 발전하면서도 통치자가 제사장의 역할도 수행했음을 알 수 있다. 그런 남해왕이 최고 통치권자의 지위를 차지한 후 제사 권한을 여성인 아노에게 맡겼는데, 이때 아노가 바로 원화 전신이 된다. 이능화는 삼한시대의 소도제의 경우와 마찬가지로 시조제始祖祭에서도 이를 주관하는 주재자가 있었는데, 초기의 주재자가 여성 아노였다는 점에서 미루어보아 소도제의 주재자 또한 여성이었을 가능성도 배제할 수 없다[21]고 하였다.

원화는 『삼국유사』 기록에서와 같이 단지 외모가 뛰어난 일반 여성만이 아니라 제사장의 역할을 수행한 여성일 가능성이 높다. 이도학도 "원화제도에 대한 신라의 왕조와 지방에 소재한 소도집단의 제의조직을 중앙의 천신, 혹은 시조신에 대한 제사조직으로 흡수 통합하는 과정에서 그 같은 그 임무를 수행하기 위해 제정된 조직이 아닐까 한다"[22]고 하였다. 하지만 이러한 원화제도가 부족 간의 단합과 연대를 추구하고자 거행되었지만 극단적인 대립과 갈등으로 치닫자 진흥왕이 이 양 집단 간의 갈등을 해소하는 과정에서 국선을 여성에서 남성으로 대체하면서 화랑제도를 제정하였다.

『삼국유사』에서는 진흥왕이 원화 제도 폐지한 이유를 두 집단 간의 갈등 때문으로 기록되어 있다. 하지만 진흥왕은 이러한 이유뿐만 아니라 고유 신앙이 중국에서 유입된 유교와 불교에 의해 점차 그 입지가 위축되고 있는 상황에서 사상적 전환의 필요성 때문일 수도 있다. 그래서 진흥왕은 고유 신앙을 중국에 유입된 사상과 결합하면서 화랑도를 제정하였고, 화랑도가 제정되면서 무속적인 제사장의 권위가 약해지면서 정치적인 성향을 지니는 집단으로 전환되었다.

3. 화랑의 이념: 풍류도와 삼교의 융합

앞 장에서 화랑도는 여성에서 남성으로의 단순한 전환만이 아니라 고유사상과 외래 종교가 결합되는 과정에서 창설되었다. 신라 소지왕은 대내적으로는 국가의 사상적인 통일을 이루었고, 대외적으로는 백제와 고구려와 대등한 국가임을 알리기 위해 천지신天地神을 숭배하는 신궁을 지으면서[23], 신라가 한민족의 정체성을 계승하고 있음을 대내외적으로 알리고자 하였다. 그러나 신궁 건립 이후 40년간 고유 신앙은 중국에서 유입되어진 불교와 유교와의 갈등을 빚기도 하였지만, 법흥왕은 이차돈의 순교를 통해 불교를 공인하였다. 그를 계승한 진흥왕도 불심이 돈독하여 자신의 자식 이름까지도 전륜성왕 사상에 입각해 지울 정도로 불신자이었다. 하지만 그는 앞에서 언급한 바와 같이 한편으로는 당시 주류 사상이었던 고유한 사상, 즉 풍월도를 복원하면서도 다른 한편으로 불교를 수용하고자 한다. 그래서 화랑도는 고유 신앙과 삼교가 결합된 형태의 청년 정치 조직으로 등장하였다. 이는 최치원의 「난랑비서문」에서도 알 수 있다.

최치원의 「난랑비서문」은 『삼국사기』에 화랑도와 관련된 내용과 함께 기록되어 있는데, '난랑' 또한 신라의 유명한 화랑이었다. 최치원은 난랑을 기리기 위한 비문을 지었다.

> 우리나라에는 현묘한 도(玄妙之道)가 있으니 풍류라고 한다. 실로 유불도 삼교를 포함한 것으로 많은 사람을 접하여 교화한다. 예를 들어, 들어오면 집에서 효도하고 나가면 나라에 충성하는 것은 공자의 뜻이며, 무위에 처하여 말없는 가르침을 행하는 것은 노자의 종지이며, 여러 악을 짓지 않고 여러 가지 선을 봉행하는 것은 석가의 교화이다.[24]

최치원은 고유사상을 '풍류'라고 하면서, 이 풍류의 출처가 『선사仙史』에 있음을 밝히고 있다. 실제로 진흥왕도 천성이 멋스럽고, 신선神仙을 크게 숭상하였고, 풍월도를 일으키고자 하였다. 일부 연구자는 『선사』에서 선仙는 중국 도교의 이상적인 인간상인 신선이며, 풍류를 『도덕경』의 현묘지도玄妙之道로 표현하였다는 이유로 『선사』를 도가, 도교 계열의 역사서라고 주장한다. 그러나 최치원은 불교의 사상을 언급하면서도 '현묘'라는 표현을 자주 사용하기도 하였다.[25] 그래서 최치원은 언어로서 표현하기 어려운 사상을 가리켜 '현묘'라고 하였다. 이런 이유로 『선사』가 도가류의 역사서라고는 볼 수 없다.

그렇다면 『선사』는 과연 어떤 역사서인가? 『삼국사기』에는 평양을 선비 단군의 고향(仙人王儉之宅)으로 기록하고 있다. 그래서 '선사'는 단군문화를 계승하고 있는 한국의 고유사상 계열의 역사서이었을 것으로 추측된다. 신채호는 선가의 핵심사상을 '선비도'로 보았고, 이 선비도에 관해서 김형효는 "한국의 선비도는 경천애인 · 홍익인간의 진리관을 섬기면서 학문을 통하여 진리를 생활화하고 … 나라가 무력침략을 당하면 생사를 가벼이 하며 속무俗務와 세정世情에 구애받지 아니하는 고로 전쟁에 나아가 용감하고, 늘 하늘의 빛을 두려워하는 청천백일靑天白日의 제천영혼祭天靈魂을 지님에서 빛냈다"[26]라고 하면서, 선비도의 기원을 단군에서 찾고 있다. 그래서 최치원이 말한 선사는 선비도이며 풍류도의 역사이며, 그 기원을 거슬러 올라가면 단군신화와 만나게 된다.

최치원의 「난랑비서문」에서는 선사의 핵심이념을 풍류로 본다. 풍류는 진흥왕이 국가를 진작시키기 위해 부활시킨 풍월도와 같다.

풍월도는 현존 역사서에서 자주 보인다. 『삼국유사』와 『삼국사기』에는 '풍월주風月主', '풍월도風月道' 등과 유사한 용어들이 자주 보인다. 그리고 『삼국유사』에서는 검군을 풍월주로 기록하면서 "그 풍류를 수행하였다"[27]라고 기록하고 있고, 또한 미시랑을 소개하면서 "그의 풍류가 세상에 빛나 거의 7년이나 되더라"[28]라고 기록되어 있다. 이러한 풍월을 최치원은 「난랑비서문」에서 '풍류'로 표현하였다. 그래서 풍류는 화랑을 이해하는 데 있어 중요한 개념이다. 최치원이 언급한 바와 같이 풍류의 출처가 『선사』에 있고 그 '선仙'은 단군과 연결된다. 그래서 안호상은 '풍월'은 이두어로 '배달'의 의미를 지니고, 그 배달의 의미는 단군왕검(밝달, 배달)과 같기 때문에 풍월도는 '배달길'이라고 주장한다.[29] 이와 같이 풍류도와 단군신화는 연관성이 있다면, 풍류도에서 단군신화의 흔적을 찾아볼 수도 있다.

최치원은 풍류가 유교, 불교, 도가를 포섭할 수 있다는 의미를 현묘의 도로 표현하였고, 풍류를 특정한 대상이나 개념으로 정리될 수 없음을 '현묘'하다고 보았다. 그래서 김형효는 "현모지도는 바로 형이상학적 하나의 원리를 지향하는 묘합의 정신이다. 최치원이 풍류를 현모의 도라고 표현한 것은 그 사상이 심오함을 말한다."[30] 이러한 현묘한 도는 단군신화의 사유체계라고 할 수 있는 '한'과 일맥상통한다. 단군신화에서의 '한'은 천지인이 결합되어진 형태를 말한다. 즉 하나가 셋이며, 셋이 하나인 사유체계이다. 이 사유는 바로 논리적이거나 개념적인 사유로는 이해될 수 없다. 이때 '한'은 수량적인 개념으로써 하나를 나타낸다. 그러나 여기서 하나는 절대수의 개념을 가진 것이 아니라 모든 것을 포괄하는 통일체를 의미한다.

여기에서 하나는 바로 화엄경의 "일즉다一卽多, 다즉일多卽一"의 사유 방식과 유사하다.[31] 이러한 한사상은 여러 문화가 각자의 정체성을 보존하면서도 어우러짐을 의미한다. 그래서 풍류사상의 특징은 고유사상이 외래의 문화와 어우러져 있으면서도 상호 갈등과 대립을 일으키지 않는 특징을 지닌다.

신라가 외래문화를 수용한 전통 신앙을 '풍류'로 볼 수 있다.[32] 이와 같이 최치원은 풍류를 유교, 불교, 도교의 상이한 외래문화를 주체적으로 수용해서 융합한 전통 신앙으로 보고 있음을 알 수 있다.[33] 그래서 최영성은 고유사상과 외래사상의 관계에 대해서 고유사상을 체體로 하고 외래사상을 용用으로 보아야 한다고 주장한다. 이는 바로 풍류를 주체로 하고 이 주체가 드러남을 삼교로 본다는 의미이다. 이는 외래 사상이 유입되어져 표면적으로는 지배사상인 된 것처럼 보이지만 그 기층에서 풍류 문화가 여전히 남아서 지배사상에 지대한 영향을 미친다. 그래서 신라가 불교를 국교로 하였지만, 풍류는 불교 현상 기저에서 작동하면서 한국적 불교를 형성하게 한 근본적인 동인이 되었다. 풍류도가 구체적인 내용 없이 삼교를 포함했다고 한다면, 이는 삼교를 수용해서 융합한 주체 의식으로 볼 수 있다. 최치원은 삼교를 아우를 수 있는 주체를 '접화군생接化群生'에서 찾고 있다. 「난랑비서문」에서의 '접화군생'에 관해서는 다양한 해석이 있다. "중생을 교화한다"[34], "군생을 접촉하여 감화(변화시킨다)."[35] 이러한 해석에서도 알 수 있듯이, '접화군생'은 대중의 현실적인 삶과 밀접한 관련이 있다. 민영환의 "'접화군생'이란 의미 속에서, 풍류도는 그 기원에 있어 곧바로 국조단군의 홍익

· 이화라는 인간 살림살이의 이념 및 그 신화적 세계관과 밀접한 연관을 갖는 고유한 전통사상이었음을 확인하는 것이다"[36]라고 하였다. 이는 풍류의 내세나 초월적인 세계보다는 현실을 지향하는 의미는 단군신화의 홍익인간과 관련성이 있음을 알 수 있다. 단군신화에서는 환인의 아들 환웅이 인간세계를 내려다보면서 인간 세상에 살고 싶다고 하면서 지상계로 내려온다. 단군신화에서 천신강림사상은 서자 환웅이 자주 천하의 뜻을 두고 인간세계를 탐하고자 하여(數意天下, 貪求人世) 홍익인간을 실현하기 위해서 3천명을 데리고 신단수로 내려왔음에서 알 수 있다. 이 구절에서 단군신화에서는 초월적인 신보다는 현실을 지향하는 신관을 의미한다. 그리고 지상계에서 존재(곰 호랑이)는 같은 동굴에 기거하며 사람 되기를 원하였다(願化爲人)고 한다"고 하였다. 이러한 현세 중심주의 사상은 신라의 미륵신앙에서 찾아볼 수 있다. 신라의 미륵신앙은 실제로 화랑을 불교방식으로 표현한 것에 불과하다.

진지왕 때에 이르러 홍륜사에 진자라는 승려가 있었다. 항상 법당의 주존불인 미륵상 앞에 나아가 "우리 미극대성께서 현화하여 화랑의 모습을 하고 이 세상에 나타나셔서, 제가 항상 그 훌륭한 얼굴을 직접 가까이에서 뵈며, 그 곁을 떠나지 않고 받들어 모실 수 있게 되기를 바라옵나이다"라고 자신의 바램을 맹서하여 기원하였다. … 이에 미호를 가마에 태워 왕궁으로 들어가 왕을 알현하였다. 왕이 미시를 공경하고 아끼어 국선으로 받들었다. 미시는 아랫사람들을 화목하게 하고 예의와 덕행으로 사람들을 교화하는 것이 보통과 달라 풍류가 세상에 빛났다.[37]

위에서 미시랑의 등장은 고유 신앙체계에 근거한 원화를 외래 사상체계를 수용하여 새롭게 구성하였음을 말한다. 중국에서 유입된 불교는 현세적 이익을 강조하는 무교사상과 결합되면서 미륵하생 신앙으로 발전하였다. 미륵불은 하생 보살로서 단군신화에서 환웅이 신단수에 내려오는 것과 유사하다. 이와 같이 진흥왕은 화랑도를 창설하면서부터 의도적으로 불교사상을 화랑정신 속에 주입시키면서,[38] 열반정토를 현실에서 실현하려는 현세적 가치관과 미륵사상은 국가를 지상으로 삼는 호국불교로 전개된다. 이러한 국가지상주의는 개인의 종교적 구원이나 극락왕생을 추구하는 것이 아니라 오직 국가를 위해 희생하면서 불국 정토를 실현하고자 하였다. 그래서 왕이 죽어서까지 동해의 용이 되어 나라를 수호하겠다는 기록이 전해지고 있다고 본다. 불신자 또한 성불이 되기보다는 죽어서 다시 태어나 화랑이 되어 국가를 위해 목숨을 바치고자 하였다. 이와 같이 신라의 군주와 백성 모두가 국가 발전을 위해 자신의 목숨을 바치겠다는 충의가 삼국을 통일하게 된 동인이 되었다고 할 수 있다. 이러한 호국불교 이면에는 현세적 가치관이 반영되어 있다.

화랑도의 현실주의적인 태도는 유교에서도 찾아볼 수 있다. 최치원은 「대숭복사비문大崇福寺碑文」에서 김응렴金膺廉이 "처음 옥록玉鹿에서 이름을 날리고 한편으로 현풍玄風을 진작振作시켰다"고 예찬하였다. 여기서 '현풍玄風'이란 풍류를 말하며, '옥록玉鹿'이란 유교 교육을 담당하던 국학의 교수관을 가리키는 것으로 짐작된다. 최치원의 평가와 같이 그는 유교적인 소양을 지니고 있으면서도 화랑도의 발전에 이바지하였다. 유학은 중국에서와 같이 유학 그 자체의 의미로 이해되기보다는 화랑도의 발전이나 현풍의 발전을 위해 사상적 도구로 간주되었다. 그래서 최치원은 풍류의 현세적 가치를 '접화군생'으로 표현하였다.

위의 언급에서도 알 수 있듯이, 유교와 불교는 모두 화랑으로 귀속되어진다고 볼 수 있다. 겉은 미륵불이지만 내용은 바로 풍류도이다. 이와 같이 진흥왕은 풍류사상의 현실지향적인 가치를 불교와 유교에 투영하고 있다. 이를 최치원은 현묘지도가 바로 3교를 포섭하였다고 표현하였다. 불교의 충효론, 도교에서의 자연무위론, 불교의 선악론은 풍류를 표현하기 위한 방법에 불과하다. 그래서 유학, 불교, 도교는 각기 종교적 목표를 지니고 있기 때문에 상호간에 대립하고 충돌할 수 있다. 하지만 삼교는 풍류의 실현이라는 동일한 목적을 지니면서 서로 결합되어 조화를 이룰 수 있다. 이에 대해서는 뒷장에서 상세하게 논의하겠지만, 원광의 세속오계가 이에 해당된다고 볼 수 있다.

위에서 살펴본 바와 같이 화랑도는 풍류도를 근간으로 하여 유·불·도의 3교를 융합하여 나온 사상체계로 이해될 수 있으며, 이는 긍정적인 측면과 부정적인 측면 모두 지닌다. 앞에서 언급한 바와 같이 신라가 중국으로부터 유불도 삼교를 받아들인 이유는 종교적 목적이기보다는 정치적 목적에 두었기 때문에 종교성보다도 현실성을 더욱 강조하였다. 그래서 화랑도는 논리적인 체계화이기보다는 실천적이고 현실적이며 정치적인 면으로 기울었다고 평가된다.[39] 그래서 학문적 사상적으로는 심화시킬 수 없었다. 하지만 화랑도는 신라가 백제와 고구려보다 우위에 처할 수 있었던 동인이 되었다.

고구려와 백제가 유불도의 혼입으로 뚜렷한 국가이념이 제시되지 않은 상태에서, 이에 대한 신라의 우위를 드러내기 위해 고유 사상인 풍류를 중심으로 3교를 포섭할 수 있는 사상체계를 갖추게 되었다. 신라가 삼국통일을 할 수 있었던 배경에는 이러한 화랑정신이 있었기 때문이다.

4. '접화군생'의 구현방법

위에서 화랑도의 이념이 풍류정신과 삼교의 융합에 있으며, 이러한 사유체계는 단군신화와 관련이 있음을 논하였다. 화랑도의 '접화군생'을 구현하는 방안은 그들의 수련 과정에서 더욱 분명하게 드러난다. 그래서 화랑도의 수련 방법을 통해 최치원의 '접화군생接化群生'의 의미와 '포함삼교包含三敎'의 구체적인 내용에 관해 살펴보고자 한다.

앞장에서 언급한 바와 같이 진흥왕이 화랑도를 제정한 목적은 인재등용에 있었다. 『삼국사기』에 "처음에 군신들이 인재를 알지 못해 근심한 끝에 많은 사람들을 무리지어 놀게 하고 그들의 행실을 보고 이를 등용하고자 하였다" 그러니 "그 무리들이 구름과 같이 모여들었다. 그들은 서로 도의를 연마하고, 윗사람을 공경하고 아랫사람을 잘 이끌었으며, 오상五常과 삼사三師 육정六正이 널리 왕의 시대에 행해졌다고 한다"라고 기록되어 있다. 진흥왕의 인재등용은 특이한 환경을 강조한다. 청년들을 놀게 하면서 인재를 선발한다는 것이다. 여기서 논다는 것은 전통신앙과 관련이 있다. 이러한 장면은 부족연맹체의 "남녀가 모여 함께 노래부르며 즐긴다"는 풍속과 연결해서 보는 것이 더욱 선명하고 고대 민족을 이해하는 데 더욱 친근감을 준다.[40] 이와 유사한 내용을 화랑의 수련 방식 즉, '유오산수遊娛山水', '가락상열歌樂相悅'서 찾아볼 수 있다.

화랑도의 수련 과정은 당시 신라의 공식적인 교육기관이 없는 상황에서 중요한 기능을 하였다. 신라의 공식적인 교육기관은 신문왕 때 국학이 설립되면서 시작되었다. 앞에서 언급한 바와 같이 신라의 화랑제는 민간의 화랑 무리 중에서 인재를 선발하기 위한 제도이다. 그래서 국가가 화랑의 무리를 장악하여 조직하거나 규제하지 않고 자율적으로 운영되도록 두었다. 사조직으로 종적으로나 횡적으로 연계가 없는 것 같지만 그들이 추구하는 도의와 기개는 다르지 않았다.[41] 그들은 동일한 세계관을 갖고, 동일한 목표를 향해 몇 해 동안 함께 수련을 하기도 하였다. 최치원은 이러한 학습의 근원(說教之原)은 『선사』에 상세하게 기록되어 있다면서, 풍류도가 교육의 근본임을 강조한다. 그들의 수련 방법 중에 '유오산수遊娛山水', '가락상열歌樂相悅'은 분명히 전통 고유의 수련 방식과 관련이 있다. 이러한 풍류에 근거해 삼교의 수행 방법을 수용했다. 화랑도의 수련 방법에서와 같이 한국의 고유한 수련 사상이 결합되면서, 삼교는 더 이상 외래사상이 아니라 한국사상으로 변형되었다고 볼 수 있다. 그래서 화랑도는 어떠한 사상적 토대에서 삼교의 수행법을 수용하는지를 살펴볼 필요가 있다.

우선, 화랑은 공동체의식에 근거해 수련하였다. 그들의 수련방법인 '도의상마道義相磨', '유오산수遊娛山水', '가락상열歌樂相悅'에서의 '상相'의 의미가 혼자서 학습하는 것이 아니라 집단적으로 상호 영향을 받으면서 수련하였음을 알 수 있다. 그들은 한 사람의 화랑이 아니라 무리를 지어 함께 전국 방방곡곡을 돌아다니면서 종교적 체험과 도덕성을 함양한 것으로 알려져 있다. 이러한 무리는 『삼국사기』 「동이전」에 '군취群聚'와 같은 장면을 연상시키게 한다. 이병도는 화랑도, 원화도에서 '도徒'의 개념이 두레조직과 통한다고 주장하였다.[42] 그리고 『삼국지』 「위지」 동이전 마한전에 "마한 사라들은 서로 모두 도徒라고 부른다"라는 기록에서 알 수 있듯이, 한국의 전통 풍속은 공동적 의식을 강조한다. 이러한 고유 풍속에서 무리의 풍속이 화랑도의 교육에 반영되어 있다. 이와 같이 화랑의 이념에는 현세에서의 공동체의 조화를 중시한다. 그래서 화랑도의 '도의상마道義相磨'는 공동체의 질서와 조화를 위한 도덕성 함양을 목적으로 하였다면, '가악상열'은 공동체 안에서 단결력을 강화하고 심미적 감성을 도모하며, '유오산수'는 공동체의 발전과 구성원의 번영을 기원하기 위해 자연과 교감을 추구하였다. 이와 같이 화랑도는 공동체의 가치를 무엇보다도 중시하였다. 화랑은 이러한 수련방식을 통해 애국심을 배양하고 임전무퇴의 정신을 지닐 수 있었다. 이는 화랑이 내세나 초월적인 세계를 중시하지 않고 현실에서의 삶을 중시하는 태도를 알 수 있다.

화랑은 도덕성 함양을 위해 '도의상마'를 강조한다. 화랑도가 제정되기 이전에 제천 행사에서는 신에 순종하는 행위를 강조하였지만 인간의 행위, 공동체의 발전과 관련된 윤리체계는 부족했다. 하지만 삼교 사상이 유입되면서 개인이 주변 사람들과의 바람직한 관계를 맺고 공동체를 위해 희생할 수 있는 교육 방법을 보완하고자 하였다. 그래서 최치원은 「난랑비서문」에 유가의 충효, 노자의 자연무위, 그리고 불교의 교화를 수용하였다. 이런 도道의 구체적인 덕목이 바로 최치원 이전에 활동한 원광법사가 귀산에게 베푼 세속오계이다. 세속오계는 순수한 철학이나 종교적 교리가 아니라 세속에서 가능한 계율이다. 즉 충성으로 임금을 섬기며, 효로써 부모를 섬기며 믿음으로 친구를 사귀며, 싸움에 임하여 물러서지 말고, 살생에 가림이 있어야 한다는 것이다. 원광은 중국에 유학하면서 유학과 불교에 깊은 조예를 가지고 있었다. 그는 유불도 삼교 중에서 특정한 종교에 치우치지 않고 신라의 특수한 환경에서 화랑이 필요한 덕목을 제시하고자 하였다.

학계에서는 세속오계가 불교의 연원에 기인하느냐 아니면 유교의 연원을 두고 있는지에 대한 논의가 있었다. 하지만 원광의 세속오계는 유교적인 연원도 불교적인 연원에 두고 있지 않다. 원광법사가 승려이긴 하지만 그가 중시한 것은 바로 신라의 특수한 상황이다. 특히 삼국의 전쟁 상황에서 가장 중요할 수밖에 없는 덕목은 유교나 불교의 계율이 아니라 임전무퇴이다. 이는 원광이 불교의 교리보다도 국가적 상황을 더욱 중시하였다. 이러한 호국정신은 원광법사만이 아니라 신라불교의 특성이기도 하다. 신라불교에서는 국가가 높은 위치에 있으며, 불교는 호국을 위한, 즉 군민을 교화하는 방편으로 보았다.[43] 이는 바로 한국의 고유문화인 현실주의적인 태도와 연결된다. 원광의 세속오계에서는 불교의 성스러운 교리는 약해지고 반대로 호국 정신이 강화되었고, 화랑은 세속오계를 준수하면서 삼국통일의 과업을 달성할 수 있었다. 이와 같이 원광의 세속오계는 신라의 고유사상인 풍류와 삼교가 융합된 형태의 계율이다.

화랑의 수련방식의 특징은 '유오산수'와 '가악상열'에서 찾을 수 있다. 화랑은 노래와 춤을 통해 풍류정신을 배양하였다. 화랑이 노래로써 일반인에게서 존경을 받았다는 자료는 신라의 역사와 문학에서도 볼 수 있다. 화랑은 이런 수련과정에서 검술이나 여러 기예를 익혔지만 그 중에서 가장 중시한 것은 음악과 시가詩歌이다. 이는 당시의 신라 문화의 영향이 있었다고 보인다. 『삼국유사』에 "신라 사람들이 향가를 숭상한 지 오래되었다. … 이 때문에 때로는 천지와 귀신을 감동시킨 일이 한번만이 아니다"[44]라는 기록에서도 알 수 있듯이, 신라인은 노래와 춤으로 천지와 귀신과의 접촉하였다. 이는 처용이 춤과 노래로 귀신을 감동시키고 물러나게 한 것에서도 알 수 있다.

화랑은 고유 행사로서의 가악에 이미 익숙하였고, 국가의 입장에서도 이러한 가무를 통해 화랑 조직을 결속시키고자 하였다. 실제로 가무는 너와 나의 간격을 좁히고 하나가 될 수 있는 기예라고 볼 수 있다. 부족연맹체에서는 음주가무를 통해 신과 인간을 연결시키고 사회 구성원을 하나로 결집시키고자 하였다. 「난랑비서문」의 현묘玄妙도 음주가무를 통해 실현될 수 있다. 그래서 단군신화의 '한'사상은 음악과 춤이 중요한 방법이 된다. 화랑은 이러한 고유 신앙의 방식에 근거해서 그들의 결속력을 다지고 국가를 위해서 충성

할 수 있는 기개를 배양했다고 볼 수 있다. 화랑이 전시에 임전무퇴 계율을 신앙적으로 받아들이면서 광분적인 행위를 하게 된 것은 외압에 의한 것이 아니라 화랑의 자발적인 태도에 기인한다. 이는 그들의 죽음이 국가를 흥하게 하는 데 기여할 수 있다고 확신하였기 때문이며, 이는 자기희생을 자기의 것만으로 보지 않는 상호 믿음이 있었기 때문에 가능하였다. 화랑은 가락상열과 유오산수를 통해서 타인에 대한 믿음을 가지고 공동체 발전을 갈구하였다.

화랑집단의 수련 가운데에는 산천을 찾아 노닐면서 먼 곳까지 찾아 이르지 않는 곳이 없다고 기록하고 있다. 따라서 이 '유오遊娛'는 단지 자연의 경관을 감상하는 목적에 있었던 것은 아니며, 도의를 배양하기 위해서 행해졌다. 일반적으로 화랑 무리는 숲속이나 자연의 경치가 좋을 곳을 찾았는데, 그곳 대부분 고유 신앙에서 행하던 숭배의 지역이다. 이 지역은 대부분 산악지역이었다. 단군신화에서 환웅이 태백산에 강림하였음에서 알 수 있듯이 산은 하늘과 땅이 만나는 지역으로 천신에게 제사를 지내는 곳이다. 그러나 불교가 고유 신앙과 융합되는 과정에서 많은 산악들이 부처 보살의 주처住處가 되었다. 따라서 화랑집단의 유오산수遊娛山水는 무교에 근거를 둔 성지순례의 의미만이 아니라 무巫와 불佛이 융합되어진 수련 방법이다. 화랑이 전통적 수련 방법에 유학을 수용하면서 명산대천만이 아니라 사방을 돌아다니면서 도의를 쌓고자 하였다고 한다. 이는 김응렴의 다음과 같은 일화에서도 찾아볼 수 있다.

> 낭의 이름은 응렴이며, 나이 18세에 국선이 되었다. 20세에 헌왕대왕

은 낭을 불러 궁전에서 찬지를 베풀고 물었다. "낭은 국선이 되어 사방에 돌아다녔으니 무슨 이상한 일을 본적이 있는가?" 낭이 아뢰길 "신은 아름다운 행실이 있는 사람 셋을 보았습니다. 남의 윗자리에 있을 만한 자이면서 겸손하여 남의 밑에 있는 자가 그 첫째이고, 세력이 있고 부자이면서 검소한 자가 그 둘째요, 본래 귀하고 세력이 있으면서도 그 위세를 보이지 않는 자가 그 셋째이옵니다"라고 하였다고 한다.[45)]

김응렴이 전국 각지를 돌아다니면서 민심을 살피면서 선행을 쌓는 모습을 담고 있다. 위의 인용문을 통해 화랑은 이론 위주의 교육이 아니라 보고 들으면서 배우는 교육임을 알 수 있다. 김응렴이 견학을 통해 배우 세 가지 미행은 윗사람의 겸손, 부자의 검약, 특권층이 일반인에게 낮추는 태도를 지적하고 있다. 이와 같이 그는 유오산수를 통해 화랑으로써 도덕적 덕목을 쌓고자 하였다. 이는 전통적 수련 방식에 유교적 덕목을 포함하고 있음을 알 수 있다.

위에서 최치원이 화랑의 수련방식을 통해 포섭삼교의 의미를 구체적으로 논의해 보았다. 화랑의 수련방식은 전통적인 놀이에 근거하면서 삼교의 도의道義를 포섭하였다. 이런 방법을 통해 놀이와 도덕교육이 융합되어진 화랑의 수련방식이 창출될 수 있었다. 화랑의 수련방식에는 놀이 활동과 같은 사적私的인 활동을 통해서 개인의 자아증진, 공동체의식의 강화, 국가의 충성 등과 같은 도덕성을 증진할 수 있었다. 그래서 화랑도의 수련방식은 신라 고유의 풍류사상에 근거하면서 삼교를 포섭한 형태의 수련이라고 볼 수 있으며, 한국적인 교육모델로 평가될 수 있다.

5. 화랑의 현대적 의의

위에서 화랑에 대한 단군신화의 관점에서 접근하면서, 화랑의 기원, 이념 그리고 수련 방법의 특징을 살펴보았다. 화랑도는 한국의 고유한 사상으로 평가되고 있다. 하지만 기존 연구에서는 사료의 부족으로 인해 그 실체를 분명하게 드러내지 못하고 있다. 그래서 화랑에 대해 문화사적인 접근이 필요로 한다. 이 글에서는 단군신화의 관점에서 화랑도에 접근해 보았다. 단군신화는 한국인의 정서와 사유체계를 담고 있는 상징체계이다. 단군신화의 상징적인 의미가 화랑도에 일부 투영되어 있을 수 있기 때문이다. 이 글에서는 다음과 같은 내용을 다루고자 한다.

먼저 화랑도의 기원을 추적하면서 단군신화와의 관련성을 논하였다. 화랑도는 화랑 이전의 원화제와는 구별해야 한다. 원화제가 한국의 고유한 신앙체제에만 기반을 두고 있다면, 화랑도는 한국의 고유한 신앙체제의 기반 위에서 삼교(유교, 불교, 도교)를 포용한 사상체계임을 밝혔다.

그 다음, 화랑도의 정신과 단군신화의 관계성을 논하였다. 화랑도의 정신을 풍류도와 삼교의 융합으로 이해하였다. 풍류도의 정신인 포용성과 '접화군생'의 연원이 단군신화에 있음을 밝혔다. 그리고 이러한 풍류도가 외래 사상을 수용해 한국적인 철학을 형성하게 된 문화주체임을 밝혔다.

마지막으로 화랑도의 수련방식에서 풍류도와 삼교가 어떻게 융합되어 있는지를 논의하였다. 화랑도의 수련방식에는 명산대천을 거닐면서 수련하는 방법과 음악과 춤을 수련하는 방법 그리고 도덕을 연마하는 수련 방식이 있다. 앞의 두 수련방식은 풍류적인 수련방식이라면 도덕 연마는 외래사상에 기초하고 있다. 화랑은 이 두 유형을 통합하면서 수련하였음을 논하였다.

우리는 위의 논의를 통해 화랑도는 고유 사상만을 계승하거나 외래 사상을 무비판적으로 수용한 것이 아니라 고유 사상을 계승하면서도 삼교 사상을 수용해 형성한 사상이자 제도임을 알게 되었다. 그래서 화랑정신에는 한민족의 정신세계일 뿐만 아니라 세계로 열려져 있는 개방성을 지니고 있다. 하지만 화랑정신은 통일신라가 안정기에 접어들게 되었고 화랑의 진취적인 정신이 발휘되지 못하면서 놀이문화와 방탕함에 빠져들게 되었고, 고려 중엽부터 외래문화에 밀리면서 그 사상의 자취를 감추게 되었다. 그렇다고 풍류도가 한국인의 심성 속에서 살아진 것은 아니라고 본다. 그러한 풍속은 우리의 잠재의식에 숨어 있으면서 의식에 직접적인 영향을 미치고 있다. 그래서 범부는 다음과 같이 말하고 있다.

> 풍류도란 것은 어떤 집단의 형태를 갖고 있는 것도 아니요, 어떤 명확한 경전을 갖고 있지도 않습니다. 다만 이 정신이 우리의 혈맥가운데 흘러 왔을 뿐이지요. 그렇기 때문에 어느 의미로는 우리 민족이 수난과 실패의 역사를 겪어 오면서도 오늘날까지 이만한 정신을 유지해 온 것은 풍류도정신이 우리의 혈맥 가운데 흐리고 있다는 것입니다.[46]

김범부가 말한 것과 같이 풍류도는 현대인들에게 분명한 조직의 형태나 경전을 갖고 있지는 않다. 하지만 풍류도는 여전히 우리의 가슴 한 구석에 남아 있다고 볼 수 있다. 우리는 화랑도에 대한 문화사적인 접근을 통해 그 정신을 인식하고 고유사상과 외래사상과의 관계성을 정립함으로써 한국의 고유한 철학을 모색해 볼 필요가 있다. ▮

참고문헌

단군신화檀君神話와 한국적 사유의 동일지평同一地平

C. Levi-Strauss, *Structural Anthropology*, Garden City, New York: Doubleday Anchor Book, 1967.

D.M. 라스무센 지음, 장석만 옮김, 『상징과 해석』, 서광사, 1992.

Ernst Cassirer, *An Essay on Man*, 최명관 역, 『인간이란 무엇인가?』, 서광사, 1988.

Ernst Cassirer, *The Myth of the State*, 최명관 역, 『국가의 신화』, 서광사, 1988.

G. 레이코프, M. 존슨(1974) 지음, 노양진·나익주 옮김, 『삶으로서의 은유』, 서광사, 1995.

Piaget, *The development of thought : equilibration of cognitive structures*, New york: Viking, 1975.

김형효, 『동양철학에 대한 주체적 기록』, 고려원, 1985.

손진태, 『조선민족사개론』 상권, 을유문화사, 1948.

신응철, 「캇시러의 문화철학에 나타난 신화관」, 『대동철학』 7집, 2000.

신현숙, 「신화적 사고와 인식: 카시러의 신화이해」, 『독일언어문학』 37집.

윤이흠, 「단군신화와 한민족의 역사」, 『단군-그 이해와 자료』, 서울대출판부, 1994.

이계학, 「홍익인간의 이념과 인간교육」, 『단군학연구』 2, 2000.4

이남영, 『단군신화와 한국인의 사유』 이기백 편, 『단군신화논집』, 서문사, 1988.

이남영, 「사상사에서 본 단군신화」. 조명기 외, 『한국사상의 심층연구』, 우석, 1986.

이어령, 『한국인의 신화』, 서문당, 1972.

임태홍, 「단군신화에 나타난 유교적 성격」, 『유교사상연구』 30집.

정병석, 『유학, 연속성의 세계와 철학』, 영남대출판부, 2013.

최남선, 『육당 최남선전집』 2, 현암사.

한국철학회 편, 『한국철학사』, 동명사, 1987.

우리문화 속에 나타난 단군의 두 초상肖像

『21세기 정치학대사전』, 『한민족백과사전』, 『두산동아백과사전』

『讀四書大全說』, 『後漢書』, 『高麗史』, 『목은집』, 『태조실록』, 『세종실록』
『四佳亭集』, 『녹동일기』
몽배원저, 홍원식외 3인 옮김, 『성리학의 개념들』, 예문서원.
리쩌허우, 정병석옮김, 『중국고대사상사론』, 한길사.
박광용, 「단군인식의 역사적 변천」, 『단군』, 서울대학교출판부
채웅석, 「『제왕운기』로 본 이승휴의 국가의식과 유교관료정치론」, 『국학연구』, 21.
이강식, 「고조선사와 단군사에 대한 천신교, 불교, 고려유가와 조선유가의 사관의 변화과정」, 『단군학연구』 17호.
엄진성, 「단군연구의 철학적 전개와 전망」, 『민족문화논총』, 52집.
김형우, 「한국사찰의 산시각과 산신의례」, 『선문화연구』 14집.
도현철, 「조선초기 단군 인식과 『삼국유사』 간행」, 『동방학지』 162집.
박미라, 「근대 유교의 단군 국조론 연구」, 『한국사상과 문화』 28집.
황영례, 「안순환의 유교 종교화 운동과 녹동서원」, 박사논문, 2003.
조선유교회, 『日月時報』 4호.

단기 연호의 배경과 법제화, 그리고 폐기

『삼국유사』, 『제왕운기』, 『고려사』, 『동국통감』, 『세종실록』,
『해동이적』, 『규원사화』, 『고사기』, 『일본서기』
고덕원, 『단기연호 이젠 복원되어야 한다』, 부연사, 2012.
김동환, 「단기연호 성립의 역사적 배경」, 『선도문화』 12집, 2012.
김성환, 『조선시대 단군묘 인식』, 경인문화사, 2009.
_____, 『고려시대 단군전승과 인식』, 경인문화사, 2002.
김정배, 「단군기사와 관련된 고기의 성격」, 『한국상고사의 제문제』, 한국정신문화연구원, 1987.
단재신채호전집편찬위원회편, 『단재신채호전집』 6권, 독립기념관 한국독립운동사연구소, 2008.
도광순, 「한국의 신선사상」, 『현대와 종교』 6집.
박정희, 『국가와 혁명과 나』, 향문사, 1963.
복기대, 「중국 요서지역 청동기시대 문화의 역사적 이해」, 『단군학연구』 5, 2001.
_____, 「요서지역의 청동기문화와 고조선의 관계」, 윤내현 엮음, 『동아시아의 지역과 인간』, 지식산업사, 2005.
서영대, 「단군관계 문헌자료 연구」, 윤이흠편, 『단군, 그 이해와 자료』, 서울대출판부, 1997

; 「근대 동아시아 3국의 신화적 국조인식」, 『단군학연구』 23호, 단군학회, 2010.
신용하, 『고조선 국가형성의 사회사』, 지식산업사, 2010.
양승태, 「단기연호와 통일」, 『한국정치학회보』 41집2호, 2007
______, 『대한민국이란 무엇인가』, 이화여대출판부. 2010.
유승국, 「홍익인간의 이념과 민족주체사상」, 『4317주년 개천절 경축 학술회의 발표문집』, 한국정신문화연구원, 1985.10.4.
유인석, 『국역면암집』 1, 민족문화추진회, 1977.
윤내현, 『고조선연구』, 일지사, 1994.1999.
이능화, 『조선도교사』, 보성문화사, 2000.
이용태, 「단기연호폐지에 대한 건의서」(단기4294.11.25), 『애국지사 단암 이용태선생 문고』, 동화서관, 1997.
정영훈, 「규원사화에 나타난 민족의식」, 『정신문화연구』 39호, 한국정신문화연구원, 1990 ; 「단군과 근대 한국민족운동」, 『한국의 정치와 경제』 8집, 1995 ;「한국사 속에서의 '단군민족주의'와 그 정치적 성격」, 『한국정치학회보』 28집 2호, 한국정치학회, 1995 ; 「홍익인간 이념의 유래와 현대적 의의」, 정영훈 외, 『홍익인간이념 연구』, 한국정신문화연구원, 1999 ; 「단기연호, 개천절 국경일, 홍익인간 교육이념 - 현대 한국에서의 단군민족주의의 제도화에 관한 연구」, 『정신문화연구』 통권113호, 한국학중앙연구원, 2008 ; 「단군신화의 정치사상」, 『동양정치사상사』 8권2호, 2009 ; 「개천절, 그 만들어진 전통의 유래와 추이 그리고 배경」, 『단군학연구』 23호, 단군학회, 2010 ; 「삼일운동과 단군민족주의」, 『동양정치사상사』, 2012 ; 「한민족의 정체성과 단군민족주의」, 『민족문화논총』 55집, 영남대 민족문화연구소, 2013 ; 「홍익인간사상의 인본주의」, 『민족문화논총』 64집, 영남대민족문화연구소, 2016.
차주환, 『한국도교사상연구』, 서울대 한국문화연구소, 1978.
최삼룡, 「선인설화로 본 한국 고유선가에 대한 연구」, 『도교와 한국사상』, 한국도교사상연구회, 1987.
최영호, 「해방직후 재일동포사회의 좌우대립」, 『한민족연구』 13집, 한민족학회, 2013.
한국정신문화연구원편, 『민족문화대백과사전』, 1990.
한국정신문화연구원 편, 『근현대사자료총서8』 (한말의병전쟁자료집), 도서출판 선인, 2000.
한영우, 「17세기의 반존화적 도가사학의 성장」, 이우성 강만길 편, 『한국의 역사인식』 (上), 창작과 비평사, 1976.
한창균, 「고조선의 성립배경과 발전단계 시론」, 『국사관논총』 33집, 국사편찬위원회, 1992.
Eric Hobsbawm, The Invention of Tradition, 박지향 역, 『만들어진 전통』, 휴머니스트, 2004.
대한불교조계종·원불교·성균관·천도교·민족종교협의회 등 5대 종단이 참여하여 결성한 [단기연호 병기사용 법제화 추진위원회]가 배포한 보도자료 (2013.8.28)

〈조선일보〉, 〈동아일보〉.
국회 의안정보시스템. [연호에 관한 법률](010012) ;
http://likms.assembly. go.kr/bill/jsp/SummaryPopup.jsp?bill_id=000011
국가재건최고회의 제83회각의록(문서번호: 국사2107호, 시행일자: 단기4944년10월21일) ; 국가기록원 원문뷰어
http://theme.archives.go.kr/next/pages/viewer/archiveViewer.jsp?archiveEventId=0028660549&singleData=N
문화재청 인터넷홈페이지, [국민신문고] 2012.03.20일자
[연호에 관한 법률 전부개정법률안] (의안번호 1905515, 이종걸의원 등 14인 공동발의, 2013.6.18)
http://likms.assembly.go.kr/bill/jsp/BillDetail.jsp?bill_id=PRC_C1I3D0V6S1Z8D0K9J5C3H2V4R2Z8D8 (2013.9.15 검색)

단군신화로부터 민족경전民族經典으로

『論語』, 『孔子家語』, 『孟子』, 『荀子』, 『莊子』, 『春秋左氏傳』, 『周禮』, 『論衡』, 『史記』, 『漢書』
蔣伯潛·蔣祖怡 저, 최석기·강정화 역(2002), 『유교경전과 경학』, 경인문화사.
夏曾佑(1935), 『中國古代史』, 商務印書館.
柳詒徵(1988), 『中國文化史』, 中國大百科全書出版社.
김종인(2009), 「경전에서 고전으로: 불교 문헌의 현대와의 대화」, 『동서비교문학저널』 21호.
진성수(2009), 「유교경전교육을 위한 반성적 고찰」, 『한국철학논집』 25집.
이영호(1999), 「자의분석을 통해서 본 경전의 개념과 경전공부의 의미-유교의 경전을 중심으로」, 『한문교육연구』 13집.

갑골 복사卜辭 · 주역 점사占辭를 통해 본 단군신화의 천신天神사상

일연 저, 崔南善 編, 『三國遺事』, 서울: 端文文化史, 1996.
일연 지음, 김원중 옮김, 『삼국유사』, 서울: 민음사, 2007.
김부식 지음, 이강래 옮김. 『삼국사기 1-2』. 서울: 한길사, 1998.
李承休 著, 김경수 역주. 『帝王韻紀』, 서울: 역락, 1999.
정병석, 『주역』, 을유문화사, 2010.
M. 엘리아데 지음, 이은봉 옮김. 『종교 형태론』, 파주: 한길사, 2002.
미르치아 엘리아데, 이재실 옮김, 『종교사 개론』, 서울: 까치, 1993.
이상옥 역저, 『예기禮記』, 서울: 명문당, 1985.

윤이흠, 『檀君: 그 이해와 자료』, 서울: 서울대학교 출판부, 1994.
이은봉 編, 『檀君神話硏究』, 청주: 온누리, 1986.
서영대 編, 『북한 학계의 단군신화 연구』, 서울: 白山資料院, 1995.
윤내현 지음. 『고조선 연구』, 서울: 一志社, 1994.
리지린 지음. 『고조선 연구』, 서울: 열사람, 1963.
노태돈 편. 『단군과 고조선사』, 서울: 사계절, 2000,
徐中舒 主編. 『甲骨文字典』, 成都: 四川辭書出版社, 1998.
郭沫若 主編, 中國社會科學院歷史研究所 編. 『甲骨文合集』. 上海: 中華書局, 1982.
胡厚宣 主編, 王宇信・楊升南 總審校, 『甲骨文合集釋文』. 北京: 中國社會科學出版社, 1999.
司馬遷 撰, 裴駰 集解, 司馬貞 索隱, 張守節 正義, 『史記』, 北京: 中華書局, 1982.
班固 撰, 顔師古 注, 『漢書』, 北京: 中華書局, 1983.
范曄 撰, 李賢 等注. 『後漢書』, 北京: 中華書局, 1987.
房玄齡 等撰. 『晉書』, 北京: 中華書局, 1987.
魏收 撰. 『魏書』, 北京: 中華書局, 1974.
魏徵 等撰. 『隋書』. 北京: 中華書局, 1987.
劉昫 等撰. 『舊唐書』. 北京: 中華書局, 1989.
林家骊, 『楚辞』, 北京: 中华书局, 2009.
胡厚宣・胡振宇, 『殷商史』, 上海 : 上海人民出版社, 2003.
杨天宇 撰, 『周礼译注』, 上海 : 上海古籍出版社, 2004.
许慎 撰, 『说文解字』, 长沙 : 岳麓书社, 2006.
马如森, 『殷虚甲骨文实用字典』, 上海 : 上海大学出版社, 2008.
晁福林, 『夏商西周的社会变迁』, 北京 ; 中国人民大学出版社, 2010
陳夢家, 『殷墟卜辭綜述』, 北京: 中華書局, 1998.
牟钟鉴, 张践 著, 『中国宗教通史(修订本)』, 北京: 社会科学文献出版社, 2003.

李恩奉, 「단군신화의 종교적 의미」, 한국학중앙연구원, 정신문화연구 32, 1987.
염정삼, 「점복占卜과 제사祭祀에 관한 문자 연구: 중국 문화의 종교적 기원과 그 연속성에 대하여」, 서강대학교 인문과학연구소, 서강인문논총 , 2009.
원호영, 「卜辭에 나타난 祈雨祭와 女性 犧牲物」, 중국인문학회, 중국인문과학 44, 2010.
엄진성, 「단군연구의 철학사적 전개와 전망」, 민족문화논총, 제52집, 2012.
조법종, 「단군 연구사 검토 및 역사적 의미」, 민족문화논총, 제52집, 2012.
朴載福, 「殷商시기 甲骨文에 보이는 商과 夷族의 관계」, 동양사학회, 동양사학연구 123, 2013.
陳夢家, 「古文字中之商周祭祀」, 燕京學報 第十九期, 1936.

陳夢家, 「商代的神話與巫術」, 燕京學報 第二十期, 1937.

강화도江華島 참성단塹城壇의 제천의례

김성환 편, 『강화지역 단군자료』, 인천학연구원, 2013.
조신(정용수 역), 『국역 소문쇄록』, 국학자료원, 1997.
김성환, 「참성단 제천의례의 복원에 대한 시론」, 『동아시아고대학』 23, 동아시아고대학회, 2010.
김철웅, 「강화도 참성 의례의 추이와 醮禮 靑詞의 분석」, 『동아시아고대학』 27, 동아시아고대학회, 2012.
김철웅, 「조선전기의 塹城醮禮」, 『도교문화연구』 28, 한국도교문화학회, 2008.
서경전 · 양은용, 「고려 도교사상의 연구」, 『논문집』 19, 원광대학교, 1985.
윤이흠 · 서영대 · 김성환 외, 『강화도 참성단과 개천대제』 경인문화사, 2009.

劉枝萬, 「醮祭釋義」, 『臺灣民間信仰論集』, 聯經出版事業公司, 1983.
張澤洪, 『道教齋醮科義研究』, 巴蜀書社, 1999.
趙貞, 「中國古代的星官命名及其象徵意義」, 『石家庄學院學報』 14-5, 2012.
許潔, 「隋唐時期的道教星像研究」, 『宗教學研究』 2009-4, 四川大學.

단군 인식의 확장과 단군자손의식

『家州集』, 『經山集』, 『고려사』, 『溪村集』, 『孤山集』, 『孤村集』, 『冠巖全書』, 『龜峯集』, 『歸鹿集』, 『櫟泉集』, 『老村集』, 『濡谿集』, 『눌재집』, 『澹人集』, 『大溪集』, 『대동지지』, 『大隱先生實記』, 『動安居士集』, 『東州集』, 『斗室存稿』, 『매월당집』, 『목은고』, 『武陵雜稿』, 『无悶堂文集』, 『文貞公遺稿』, 『白湖集』, 『樊巖集』, 『屛溪集』, 『浮査集』, 『사가집』, 『사명당대사집』, 『四名子詩集』, 『삼국유사』, 『三灘集』, 『쌍매당협장집』, 『碩齋集』, 『石洲集』, 『雪巖雜著』, 『성호문집』, 『韶濩堂集』, 『修山集』, 『守窩集』, 『腴齋文稿』, 『袖香編』, 『順菴集』, 『息庵遺稿』, 『十淸軒集』, 『陽谷集』, 『양촌집』, 『梧溪集』, 『梧墅集』, 『五洲衍文長箋散稿』, 『容齋集』, 『龍洲遺稿』, 『愚谷集』, 『雲石遺稿』, 『雲菴集』, 『雲養集』, 『月渚堂大師集』, 『恩庵遺稿』, 『凝川世寶』, 『耳溪集』, 『林塘遺稿』, 『立齋遺稿』, 『潛谷遺稿』, 『제왕운기』, 『篠叢遺稿』, 『竹酬藁』, 『竹下集』, 『竹軒遺集』, 『靑莊館全書』, 『淸虛集』, 『初菴集』, 『秋江集』, 『秋齋集』, 『退思軒遺集』, 『平壤誌』, 『圃巖集』, 『荷棲集』, 『鶴陽集』, 『學圃遺集』, 『海東異蹟』, 『海石遺稿』, 『華棲集』, 『休翁集』
〈권업신문〉, 〈단산시보〉, 〈동아일보〉, 〈대한매일신보〉, 〈대한민국임시정부공보〉, 〈독립신문〉,

〈신한민보〉, 『朝鮮歷代小史』(金澤榮, 1922), 〈황성신문〉

저서

김성환(2002), 『高麗時代 檀君傳承과 認識』, 경인문화사.

김성환(2009), 『朝鮮時代 檀君墓 認識』, 경인문화사.

김성환(2009), 『日帝强占期 檀君陵修築運動』, 경인문화사.

노명호(2009), 『고려국가와 집단의식』, 서울대학교출판문화원.

논문

김성환(2006), 「대종교 관련 필사본 포명본교대지서(佈明本教大旨書)에 대하여」, 『단군학연구』 14, 단군학회.

김성환(2009), 「단군교포명서의 단군인식」, 『국학연구』 13, (사)국학연구소.

김성환(2009), 「단군릉수축운동의 전개」, 『대동문화연구』 67, 대동문화연구원.

김성환(2009), 「단군릉수축운동과 기성회장 金商俊 일가」, 『백산학보』 83, 백산학회.

김성환(2011), 「韓國 仙道의 變轉과 再認識」, 『韓國史學史學報』 24, 한국사학사학회.

김성환(2011), 「星湖 李瀷의 檀君論」, 『星湖學報』 3, 성호학회.

김성환(2015), 「남파 박찬익이 가슴에 품은 단군 영정」, 『어느 독립운동가 이야기』, 경기도박물관.

서영대(2001), 「한말의 檀君運動과 大倧教」, 『한국사연구』 114, 한국사연구회.

愼慵廈(1980), 「申采浩의 愛國啓蒙思想」, 『한국학보』 20, 일지사.

오수창(2002), 「조선시대 국가, 민족체의 허와 실」, 『역사비평』 58, 역사비평사.

李命鍾(2015), 「1910 · 1920년대 조선 지식인들의 '만주-단군강역' 담론」, 『한국근현대사연구』 74, 한국근현대사연구회.

鄭榮薰(1995), 「檀君과 近代 韓國民族運動」, 『한국의 정치와 경제』 8, 한국정신문화연구원.

鄭榮薰(2012), 「삼일운동과 단군민족주의」, 『동양정치사상사』 11, 한국동양정치사상사학회.

채웅석(2002), 「고려시대 민족체 인식이 있었다」, 『역사비평』 58, 역사비평사.

한영우(1980), 「1910年代의 民族主義的 歷史敍述」, 『한국문화』 1, 서울대 한국문화연구소.

佐佐充昭(2000), 「檀君ナミョナリズムの形成」, 『朝鮮學報』 174, 朝鮮學會.

佐佐充昭(2000), 「韓末における檀君教の'重光'と檀君ナミョナリズム」, 『朝鮮學報』 180, 朝鮮學會.

신라의 가량악加良岳 제사와 가야산 우두봉牛頭峰 유적

저서 및 보고서

가야산국립공원사무소, 『가야산국립공원 폐사지 조사 자료집』, 2013.
경북대학교박물관, 『전 대가야궁성지』, 2006.
국립나주박물관 · 영암군, 『월출산』, 2015.
권주현, 『가야인의 삶과 문화』(혜안, 2004).
김상현, 『신라화엄사상사연구』(민족사, 1991).
김태식, 『사국시대의 사국관계사 연구』(서경문화사, 2014).
나희라, 『신라의 국가제사』(지식산업사, 2003).
목포대학교박물관 · 영암군, 『영암 월출산 제사유적』, 1996.
복천박물관, 『선사 · 고대의 제사-풍요와 안녕의 기원-』, 2006.
서영대 외, 『단군-그 이해와 자료』(서울대출판부, 1994).
이기백, 『신라정치사회사연구』(일조각, 1974).
이영식, 『이야기로 떠나는 가야 역사여행』(지식산업사, 2009).
채미하, 『신라 국가제사와 왕권』(혜안, 2008).
최광식, 『고대한국의 국가와 제사』(한길사, 1994).
허홍식, 『한국신령의 고향을 찾아서』(집문당, 2006).

논문
권주현, 「'왕후사'와 가야의 불교전래 문제」, 『대구사학』 95, 2009.
김병곤, 「사로 6촌의 출자와 촌장의 사회적 성격」, 『한국고대사연구』 22, 2001.
김병곤, 「신라의 왕경 오악과 (소)금강산」, 『신라문화』 43, 2014.
김종구, 「가야산 유산기에 나타난 작가의식과 유산문화의 유형」, 『어문논총』 59, 2013.
김창겸, 「신라 중사의 '사해'와 해양신앙」, 『한국고대사연구』 47, 2007.
김철웅, 「고려시대의 산천제」, 『한국중세사연구』 11, 2001.
김춘실, 「팔공산 관봉 석조여래좌상의 양식 특징과 조성 배경」, 『팔공산 선본사』, 2013.
남재우, 「가야의 건국신화와 제의」, 『한국고대사연구』 39, 2005.
노중국, 「대가야의 정치 · 사회구조」, 『가야사연구-대가야의 정치와 문화-』, 1995.
노중국, 「대가야의 정신세계에 대한 몇 가지 검토」, 『대가야의 정신세계』, 2009.
동진숙, 「고대 제사유구와 유물」, 『선사 · 고대의 제사-풍요와 안녕의 기원-』, 2006.
백승옥, 「건국신화의 세계」, 『대가야 들여다보기』, 2006.
송미진, 「구례 국수등 유적의 성격」, 『전남고고』 8, 전남문화재연구원, 2015.
이기백, 「신라오악의 성립과 그 의의」, 『진단학보』 33, 1972.
이희준, 「고령 지산동고분군의 입지와 분포로 본 특징과 그 의미」, 『영남고고학』 68, 2014.
전덕재, 「삼국시대 황산진과 가야진에 대한 고찰」, 『한국고대사연구』 47, 2007.

정동락, 「신라의 중악과 팔공산 동봉유적」, 『한국고대사탐구』 17, 2014.
주보돈, 「신라 낭산의 역사성」, 『신라문화』 44, 2014.
채미하, 「신라의 6촌과 산악제사」, 『신라사학보』 23, 2011.
최광식, 「대가야의 신앙과 제의」, 『가야사연구-대가야의 정치와 문화-』, 1995.
충남발전연구원, 『계룡산 천황봉 문화유적 지표조사 보고서』, 2001.
한정수, 「고려 태조대 팔관회 설행과 그 의미」, 『동방학지』 86, 2014.

'단군신화'에 나타난 미의식美意識

一然 저, 김원중 역, 『삼국유사』(민음사, 2007).
윤경수, 『圖解 한국고소설의 동굴모티프 연구』(태학사, 1999).
이창식, 『전통문화와 문화콘텐츠』(역락출판사, 2008).
張法 저, 유중하 외 역, 『동양과 서양, 그리고 미학』(푸른숲, 1999).
W. 타타르키비츠 저, 손효주 역, 『미학의 기본 개념사』(미술문화사, 1999).
권상우, 「다문화시대의 단군연구」, 『민족문화논총』 52집(영남대 민족문화연구소, 2012).
김성환, 「단군 연구사의 정리와 방향」, 『단군학연구』 18호(단군학회, 2008).
민영현, 「단군학 개념의 철학적 고찰과 그 접근」, 『단군학연구』 9호(단군학회, 2003).
박혜령, 「민족주의 전통담론과 단군의 수용」, 『실천민속학연구』 1집(실천민속학회, 1999).
신용하, 「한(韓, 朝鮮)민족의 형성과 단군에 대한 사회사적 고찰」, 『남북 학자들이 함께 쓴 단군과 고조선 연구』(단군학회, 2005).
엄진성, 「단군연구의 철학사적 전개와 전망」, 『민족문화논총』 52집(영남대 민족문화연구소, 2012).
이성희, 「'단군신화'의 한국어교재 수용양상 고찰 및 수록기준 모색」, 『정신문화연구』 33권 제4호(한국정신문화연구원, 2010).
임채우, 「해방 후 단군 인식의 변화와 문제」, 『선도문화』 12권(선도문화연구원, 2012).
최문형, 「檀君神話의 神개념과 弘益人間 사상」, 『정신문화연구』 27권 1호(한국정신문화연구원, 2004).

단군신화에 관한 문학적 연구 현황과 전망

강명혜(2007), 「『단군신화』 새롭게 읽기」, 『동방학』 13집, 한서대학교 동양고전연구소.
김동훈(1993), 「공동모체와 원형구조로부터 본 고조선의 곰토템 신앙」, 『숭실어문』 10집, 숭실어문학회.

김무조(1961), 「단군신화의 문학적 시고 - 가요배태를 중심으로」, 『국어국문학지』 3집, 문창어문학회.
김민희(2007), 「설화를 활용한 한국 언어 · 문화 교육 방안 연구」, 한국외국어대 석사학위논문.
김영숙(1997), 「영사악부의 단군신화 수용양상과 의의」, 『대동한문학』 9집, 대동한문학회.
김일영(2002), 「이광래 희곡 연구」, 『어문학』 76집, 한국어문학회.
김진석(2002), 「단군신화의 서사구조와 상징체계」, 『한어문교육』 10집, 한국언어문학교육학회.
김진석(2002), 「문학교육과 신화」, 『교육논총』 6집, 서원대학교 교육대학원.
류위자(2001), 「단군신화의 교육적 의미와 지도 방안에 관한 연구」, 부산교대 석사학위논문.
문홍구(2000), 「단군신화 교육 방법론 연구」, 『새국어교육』 59호, 새국어교육학회.
민숙이(2001), 「단군신화 전승에 관한 문학교육적 연구」, 한신대학교 석사학위논문.
박진태(2008), 「한민족과 세계, 그리고 구비문학-21세기적 상황을 중심으로」, 『구비문학연구』 27집, 한국구비문학회.
백 철(2002), 「한국문학사와 원류적인 것」, 『아카데미논총』 6집, 세계평화교수협의회.
성현경(1994), 「단군신화의 문학적 연구, 단군 그 이해와 자료」, 서울대학교 출판부.
손정무(2005), 「단군신화에 관한 문학교육적 교수-학습 방법의 연구」, 인제대 석사학위논문.
신광철(2005), 「단군 콘텐츠의 현황과 전망」, 『고조선단군학』 12집, 단군학회.
신태수(2007), 『대칭적 세계관의 전통과 서사문학』, 새문사.
신헌재(2004), 「그림책 창조와 민족문학-민족설화를 배경으로 한 그림책」, 『제7차 아시아 아동문학대회 발표논문』 29집 3호, 한국아동문학연구원.
신현석(1993), 「단군신화의 문학적 수용」, 경기대학교 석사학위논문.
안상문(1998), 「단군신화의 문학교육적 과제」, 공주대학교 석사학위논문.
안상문(2004), 「단군신화에 나타난 보편적 세계정신」, 『한어문교육』 12집, 한국언어문학교육학회.
양민정(2006), 「외국인을 위한 한국문화 교육 방안 연구-한국 고전문학을 중심으로」, 『국제지역연구』 9권 제4호, 한국외국어대학교 외국학종합연구센터.
양민종(2008), 「단군신화와 게세르 신화」, 『단군학연구』 18집, 단군학회.
양지선(2009), 「단군신화를 활용한 한국어와 문화 교육」, 『고황논집』 44집, 경희대학교 대학원 학술단체협의회.
오세란(2008), 「근대 이전을 배경으로 한 역사 동화의 현황과 과제」, 『아동청소년문학연구』 6집, 한국아동청소년문학학회.
오윤선(2010), 「단군신화 영역자(英譯者)의 시각 일고찰」, 『국제어문』 48집, 국제어문학회.
오출세(1984), 「영웅소설과 민간신앙의 구조」, 『한국어문학연구』 19집, 동악어문학회.
유경환(1999), 「단군신화의 원형적 상징성-영웅출현원리를 중심으로」, 『새국어교육』 57호, 새국어교육학회.
유려아(1996), 「단군신화와 황제신화의 비교 연구」, 『비교문학』 21집, 한국비교문학회.
유순영(1998), 「단군역사의 소설화에 대하여」, 『한민족문화연구』 3집, 한민족문화학회.
윤경수(1996), 「단군신화와 문학적 수용 양상 -광명의식을 중심으로」, 『우암어문논집』 6집, 부산외국어대학교 국어국문학과.
윤경수(1997), 「단군신화의 광명상징과 고전문학에의 수용양상에 관한 연구-동굴모티프와 고소설을 중심으로」, 『반교어문연구』 8집, 반교어문학회.
윤경수(1999), 「고소설에 나타난 단군신화의 수용양상」, 『단군학연구』 창간호, 단군학회.
윤경수(2000), 「단군신화와 한국문학과의 관계 양상-고소설과 현대문학의 수용을 중심으로-」. 『단군학연구』 3집, 단군학회.
윤영실(2008), 「문학적 글쓰기와 민족의 공간-조국(祖國), 신화세계, 번경(邊境)」, 『한국현대문학연구』 26집, 한국현대문학회.
이명현(2011), 「다문화시대 이물교혼담의 해석과 스토리텔링의 방향」, 『우리문학연구』 33집, 우리문학회(구, 우리문학연구회).
이민희(2012), 「야담잡지를 통한 역사소설가로서의 김동인 재조명: 일제강점기 단군 소설화 양상과 관련하여」, 『비교문학』 57집, 한국비교문학회.
이병찬(2011), 「단군신화 교육의 전제와 방법적 제안」, 『국제어문』 53집, 국제어문학회.
이성희(2010), 「단군신화의 한국어 교재 수용 양상 고찰 및 수록 기준 모색-원전 수록 방식을 중심으로」, 『정신문화연구』 33권 제4호, 한국학중앙연구원.
이재원(1991), 「단군신화의 언어상징 고찰-환인과 단군을 중심으로」, 『국제어문』 12·13집, 국제어문학회.
이재원(1994), 「단군신화의 문학사적 고찰」, 『논문집』 17집, 한국체육대학교.
이재원(1995), 「단군신화의 문학적 고찰(2)-구조와 모티프를 중시으로」, 『국제어문』 16집, 국제어문학회.
이재원(2001), 「북한 문학사에 서술된 단군신화 고찰」, 『교양교육 논문집』 6호, 한국체육대.
이재원(2001), 「북한·연변 문학사에 서술된 단군신화 분석」, 『고조선단군학』 4권, 단군학회.
이재원(2003), 「남한과 북한문학사에 서술된 단군신화 고찰」, 『고조선단군학』 9권, 단군학회.
임금복(2006), 「단군신화 속의 '호랑이' 의미 부활 창조-박진규의 「수상한 식모들」론」-, 『한국문예비평연구』 20집, 한국현대문예비평학회.
장기웅(2002), 「단군전승의 비교신화학적 연구」, 조선대학교 석사학위논문.
장덕순(1993), 「단군신화와 한국문학」, 『교수아카데미총서』 6권, 일념.
장덕순(1994), 「한국문학에 이어진 전통의 맥」, 『교수아카데미총서』 7권, 일념.
전규태(1965), 「한국신화의 문학적 연구서설-단군신화를 중심으로」, 『인문연구』 13집, 연세대학교 인문과학연구소.
정운채(2005), 「질투에 대한 고전문학의 특별한 시각」, 『고전문학과 교육』 9집, 한국고전문학교육학회.
정운채(2005), 「질투에 대한 영화창작치료의 실제」, 『고전문학과 교육』 13집, 한국고전문학교육학회(구, 청관고전문학회).
조현설(1999), 「웅녀 · 유화 신화의 행방과 사회적 차별의 세계」, 『구비문학연구』 9집, 한국구비문학회.
홍성암(1998), 「단군신화와 한민족의 문학정신」, 『한민족문화연구』 3집, 한민족문화학회.
홍순애(2009), 「근대계몽기 단군신화 담론의 서사적 재현 -박은식을 중심으로」, 『한민족문화연구』 28집, 한민족문화학회.
황패강(1966), 「한국고대서사문학의 Archetype」, 『문호』 4호, 건국대학교.
황혜진(2012), 「단군신화에 대한 독자의 수용 양상과 특성」, 『국어교육학연구』 43집, 국어교육학회.

단군 영정의 표준화 문제에 대한 시론試論

『삼국유사』, 『제왕운기』
『대종교요감』, 대종교 총본사, 1992.
『신궁건축지』, 장서각 디지털 아카이브. http://yoksa.aks.ac.kr/main.jsp
『한국민족문화대백과사전』, 한국학중앙연구원.
「영남대학교 민족문화연구소 2016년 추계학술대회 자료집」, 영남대민족문화연구소, 2016.
김준엽, 『石麟 閔弼鎬傳』, 나남출판, 1995.
임채우, 「대종교 단군영정의 기원과 전수문제」, 『선도문화』, 11.
전택부, 『토박이신앙산맥』 2, 대한기독교출판사, 1982.

『무당내력巫黨來歷』 소재 단군 기사의 검토

『巫黨來歷』, 서울대학교 규장각, 1996(민속원, 2005)
「檀君教佈明書」, 『大倧教重光六十年史』 대종교총본사, 1971.
朴殷植(?), 『檀祖事攷』(『白巖朴殷植全集』IV), 동방미디어, 2002.
北崖老人, 『揆園史話』(신학균 역, 대동문화사, 1968).
金教獻, 『神壇實記』 대종교본사, 1914(이민수 옮김, 한뿌리, 1987).
김헌선, 「창부거리 무가의 성립과정」, 『한국 화랭이 무속의 역사와 원리』 I, 집문당, 1997.

김헌선, 「서울굿 대안주거리의 문화사적 의의 연구」, 『서울굿, 거리거리 열두거리 연구』 민속원, 2011.
문혜진, 「일제식민지기 숭신단체의 양상과 변화」, 『민속학연구』 34, 국립민속박물관, 2014.
박미선, 『巫黨來歷과 서울 現代 巫俗 服飾의 비교』 명지대학교 석사학위논문, 2003.
방옥자, 「조선시대 무속에 나타난 색채상징 연구-무당내력을 중심으로」, 『종교문화연구』 9, 한신인문학연구소, 2007.
白英子 · 柳孝順, 「무당내력을 중심으로 한 무속복식 연구」, 『한국방송통신대학논문집』 5. 1986.
변지선, 「무당내력類 별성거리의 성격과 의의」, 『세계문학비교연구』 50, 한국세계문학비교학회, 2015.
서대석, 「巫黨來歷의 性格과 意義」, 『구비문학연구』 4, 한국구비문학회, 1997.
서울특별시 문화재위원회 편, 『서울민속대관』 2-서울무속, 서울특별시, 1992.
신동원, 『호환 마마 천연두』 돌베개, 2013.
유동식, 『한국 무교의 역사와 구조』 연세대출판부, 1975.
유효순, 『한국의 무속복식 연구』 숙명여대 박사학위논문, 1994.
유효순, 「한국의 무속복식 연구-서울굿 무복을 중심으로」, 『복식』 32, 한국복식학회, 1997.
이용범, 「무속에 대한 근대 한국사회의 부정적 시각에 대한 고찰」, 『한국무속학』 9, 한국무속학회, 2005.
李子淵. 「中部地方における巫服の變遷に關する研究」, 『부산여자대학교 논문집(자연과학대학편)』 39, 1995.
조보윤, 『巫黨來歷』 특징과 의의』 고려대학교 석사학위논문, 2013.
조아란 · 조효순, 「조선시대 무속복식 연구-무당내력을 중심으로」, 『복식』 34, 1997.
최길성, 「巫黨城主祈禱圖」, 『民學』 1, 에밀레미술관, 1972.
최길성, 「무당의 역사」, 『한국의 무당』 열화당, 1981.
홍태한, 「『무당내력』과 서울굿의 양상 비교」, 『남도민속연구』 26. 남도민속학회, 2013.
菊地孝, 「赤松智城論ノオト」, 『人文學報』 94, 京都大學 人文科學研究所, 2007.
吉川文太郎, 『朝鮮の宗教』, 朝鮮印刷株式會社, 1921.
泉靖一, 「巫黨來歷考」, 『東洋文化』 46 · 47, 東京大學 東洋文化研究所, 1969.
川村純一, 『病いの克服-日本痘瘡史』 思文閣出版, 1999.
村山智順, 『朝鮮の類似宗教』 朝鮮總督府, 1935.

고려 원종의 마리산참성摩利山塹城 친초親醮와 단군壇君

자료

『고려사』, 『고려사절요』, 『동국이상국전집』, 『동사강목』, 『動安居士文集』, 『목은시고』,

『삼국사기』, 『삼국유사』, 『세종실록』, 『양촌집』, 『제왕운기』, 『鐵城聯芳集』

편·저서
고재형 저, 김형우·강신엽 역, 2008, 『譯註 沁都紀行』, 인천학연구원
김성환, 2002, 『高麗時代의 檀君傳承과 認識』, 경인문화사
김성환, 2009, 『朝鮮時代 檀君墓 認識』, 경인문화사
金龍善 編著, 1993, 『高麗墓誌銘集成』, 한림대 아시아문화연구소
盧明鎬 외, 2000, 『韓國古代中世古文書研究』(上), 서울대출판부
노명호, 2011, 『고려 태조 왕건의 동상-황제제도·고구려 문화 전통의 형상화-』, 지식산업사
류시현, 2011, 『최남선 연구-제국의 근대화와 식민지의 문화-』, 역사비평사
서영대 편, 1995, 『북한학계의 단군신화연구』, 백산자료원
윤이흠·서영대·김성환 외, 2009, 『강화도 참성단과 개천대제』, 경인문화사
이병도, 1980, 『高麗時代의 研究』, 아세아문화사
이영화, 2003, 『崔南善의 歷史學』, 경인문화사
전성곤, 2008, 『근대 '조선'의 아이덴티티와 최남선』, 제이앤씨
전성곤·허용호 옮김, 2013, 『단군론』(최남선 한국학 총서), 경인문화사

논문
고명수, 2014, 「몽골의 '복속' 인식과 蒙麗 관계」, 『韓國史學報』 55, 고려사학회
김도현, 2010, 「太白山 天祭壇과 摩尼山 塹城壇의 儀禮 비교」, 『동아시아 고대학』 23, 동아시아고대학회
김성환, 1997, 「고려시대 강화지역의 단군숭배」, 『대학원논문집』 1, 명지대대학원
김성환, 2007, 「조선시대 강화도 단군전승 자료의 검토-문집자료를 중심으로-」, 『인천학연구』 3, 인천학연구소
김성환, 2008, 「단군전승과 檀君墓」, 『역사민속학』 24, 한국역사민속학회
김성환, 2009, 「국가제사에서의 단군과 참성단 제사」, 『강화도 참성단과 개천대제』, 경인문화사
김성환, 2012, 「강화도 단군전승의 성격」, 『역사민속학』 39, 한국역사민속학회.
김성환, 2013, 「1358년(공민왕 7) 李穡의 摩尼山 紀行과 塹城壇 醮禮」, 『역사민속학』 42, 한국역사민속학회.
김일권, 2002, 「고려시대 국가 제천의례의 다원성 연구」, 『고려시대의 종교문화-그 역사적 상황과 복합성-』, 서울대출판부.
김철웅, 2008, 「조선전기의 塹城醮禮」, 『도교문화연구』 28, 한국도교문화학회.
김철웅, 2012, 「강화도 塹城 醮禮文의 분석」, 『동아시아古代學』 28, 동아시아고대학회.
閔賢九, 1989, 「高麗中期 三國復興運動의 歷史的 意味」, 『韓國史市民講座』 5, 일조각.

변동명, 2000, 「이승휴」, 『한국사시민강좌』 27, 일조각.
변동명, 2005, 「李承休의 生涯와 著述」, 『진단학보』 99, 진단학회.
서영대, 1999, 「江華島의 塹城壇에 대하여」, 『한국사론』 41·42합집, 서울대 국사학과.
서영대, 2003, 「塹城壇과 단군숭배」, 『新編 江華史』 중—문화와 사상—, 강화군 군사편찬위원회.
서영대, 2008, 「참성단의 역사와 의의」, 『단군학연구』 18, 단군학회.
서영대, 2009, 「한국의 제천의례」, 『강화도 참성단과 개천대제』, 경인문화사.
서윤길, 1978, 「高麗의 帝釋神仰」, 『佛敎學報』 15, 동국대 불교문화연구원.
安啓賢, 1982, 「佛敎徒가 전해 준 檀君神話」, 『韓國佛敎史硏究』, 동화출판사.
安智源, 1997, 「高麗時代 帝釋神仰의 樣相과 그 變化」, 『國史館論叢』 78, 국사편찬위원회.
윤승준, 2009, 「六堂 崔南善의 壇君論 硏究」, 『인문학연구』 37, 조선대 인문학연구소.
윤은숙, 2013, 「大元 使行을 통해 본 李承休의 현실인식」, 『인문과학연구』 36, 강원대 인문과학연구소.
이영화, 2002, 「崔南善 壇君論의 전개와 그 변화—檀君에서 壇君으로, 壇君에서 檀君으로—」, 『한국사학사학보』 5, 한국사학사학회.
이영화, 2005, 「최남선의 단군론과 민족주의」, 『한국 근현대의 상고사 담론과 민족주의』, 한국학중앙연구원.
이정신, 2000, 「12·13세기의 삼국부흥운동」, 『한신인문학연구』 1, 한신대 인문학연구소.
이형우, 2013, 「13세기 고려 지식인 이승휴의 對元 인식」, 『한국중세사연구』 34, 한국중세사학회.
전성곤, 2005, 「최남선연구-식민지기 조선내셔널리즘의 형성」, 大阪大學박사학위논문.
채상식, 1979, 「普覺國尊 一然에 대한 硏究」, 『한국사연구』 26, 한국사연구회.
채상식, 1988, 「一然(1206~1289)의 사상적 경향」, 『한국민족문화』 1, 부산대 한국민족문화연구소.
蔡尙植, 1991, 「一然의 생애와 檀越의 성격」, 『高麗後期佛敎史硏究』, 일조각
崔南善, 1927, 「壇君及其硏究」, 『別乾坤』 5.
崔南善, 1928, 「壇君神典의 古義」, 『동아일보』 1928.1.1.~2.28(『육당최남선전집』 2).
崔南善, 「壇君神典에 들어 있는 歷史素」, 『육당최남선전집』 2.
崔柄憲, 1994, 「高麗時代 檀君神話 傳承文獻의 檢討」, 『檀君-그 이해와 자료-』, 서울대 출판부.
최복홍, 1986, 「『삼국유사』에 실려 있는 고조선과 가락국 건국신화의 불교관계자료에 대한 고찰」, 『력사과학』 1986년 4호.
최종수, 2009, 「개천대제의 현황과 과제」, 『강화도 참성단과 개천대제』, 경인문화사.

단군신화와 화랑도

『삼국사기』, 『삼국유사』, 『삼국지』, 『단군고기』

고운국제교류사업회 편찬, 『고운 최치원의 철학. 종교사상』(서울: 도서출판 문사철, 2010).
김범부, 「국민윤리특강」, 『화랑외사』(대구: 이문출판사, 1981).
김영두, 「한국정치사상사」, 『한국문화사대계 II: 정치경제사상사(상)』(서울: 고려대학교민족문화연구소(편), 1979).
신라문화선양회 편, 『화랑문화의 재조명』(경북, 신라문화선양회, 1989).
金炯孝, 『韓國思想散考』(파주: 일지사, 1985).
단재신채호전집 간행위원회 편, 『(개정판) 단재신채호전집』(상권)(파주: 형설출판사, 1982).
三品彰英 저, 이원호 역, 『신라화랑의 연구』(서울: 집문당, 1995).
안호상, 『환웅과 단군과 화랑』(서울: 사림원, 1985).
이능화 저, 이재곤 역, 『한국무속고』(서울: 동문사, 1991).
이병도, 『한국고대사회와 그 문화』(서문문고 11)(서울: 서문당, 1973).
이춘희 편, 『최문창후전집』, 「지증대사숙조지탑비명」(서울: 성균관대학교 대동문화연구원, 2005).
한국철학회 편, 『한국철학사』(서울: 동명사, 1987).
한국향토사연구전국협의회, 『화랑문화의 신탐구』, 1995.
권상우, 「단군문화의 회귀」, 『민족문화논총』(55), 영남대학교 민족문화연구소, 2013.
김정배, 「소도의 정치사적 의미」, 『역사학보』(79집), 역사학회, 1978.
민영현, 「풍류도와 고운 최치원의 동인의식」, 『선도문화』 10권, 국제뇌교육종합대학원대학교 국학연구원, 2011.
신운용, 「최치원 사상의 종착점과 풍류의 발현」, 『선도문화』 14권, 국제뇌교육종합대학원대학교 국학연구원, 2013.
이능화, 「조선무속고」, 『계명』 19호, 1927.
이도학, 「신라화랑도의 기원과 전개과정」, 『정신문화연구』 13-1, 한국정신문화연구원, 1990.
최광석, 「신라 신궁 설치에 대한 신고찰」, 『한국사연구』(43), 한국사연구회, 1983.

주 석

단군신화檀君神話와 한국적 사유의 동일지평同一地平

1) G. 레이코프, M. 존슨 지음, 노양진, 나익주 옮김, 『삶으로서의 은유』, 서광사, 1995, 234쪽 참조.

2) G. S. Kirk의 말.

3) C. Levi-Strauss, *Structural Anthropology*, Garden City, New York: Doubleday Anchor Book, 1967. p.277.

4) D.M. 라스무센 지음, 장석만 옮김, 『상징과 해석』, 서광사, 1992, 91-93쪽 참조 바람.

5) 신현숙, 「신화적 사고와 인식: 카시러의 신화이해」, 『독일언어문학』 37집, 235쪽 참조.

6) Ernst Cassirer, *An Essay on Man*, 최명관 역, 『인간이란 무엇인가?』, 서광사, 1988, 119쪽 참조.

7) 최명관 역, 『인간이란 무엇인가?』, 132쪽.

8) Ernst Cassirer, *The Myth of the State*, 최명관 역, 『국가의 신화』, 서광사, 1988, 54쪽.

9) 신응철, 「캇시러의 문화철학에 나타난 신화관」, 『대동철학』 7집, 2000, 76쪽.

10) 최명관 역, 『국가의 신화』 64쪽.

11) 최명관 역, 같은 책, 58쪽.

12) 최명관 역, 『인간이란 무엇인가?』, 122쪽.

13) 이 문제에 대해 김형효는 『한국철학사』(한국철학회 편, 동명사, 1987)와 『동양철학에 대한 주체적 기록』(고려원, 1985)에서 소개하고 있다.

14) 김형효, 『동양철학에 대한 주체적 기록』, 12-17쪽 참조 바람.

15) 김형효, 『한국철학사』, 7-9쪽 참조 바람.

16) 최명관 역. 『국가의 신화』, 67쪽.

17) 정병석, 『유학, 연속성의 세계와 철학』, 영남대출판부, 2013, 29-30쪽 참조 바람.

18) 이남영, 「사상사에서 본 단군신화」. 조명기 외, 『한국사상의 심층연구』, 우석, 1986, 62-75쪽 참조.

19) 이남영, 『단군신화와 한국인의 사유』 이기백 편, 『단군신화논집』, 서문사, 1988, 116쪽 참조.

20) 이계학, 「홍익인간의 이념과 인간교육」, 『단군학연구』 2, 단군학회, 2000.4, 279쪽.

21) 김형효, 『동양철학에 대한 주체적 기록』, 13쪽.

22) 캇시러의 말임.

23) 상세한 것은 정병석, 『유학, 연속성의 세계와 철학』, 137-142쪽 참조 바람.

24) 임태홍, 「단군신화에 나타난 유교적 성격」, 『유교사상연구』 30집, 187-188쪽 참조 바람.

25) 윤이흠, 「단군신화와 한민족의 역사」, 『단군-그 이해와 자료』, 서울대출판부, 1994, 23쪽 참조 바람.

26) 이어령, 『한국인의 신화』, 서문당, 1972, 128쪽.

27) 최남선, 『육당 최남선전집』 2, 현암사, 1974, 52쪽.

28) 최남선, 같은 책, 현암사, 1974, 182쪽.

29) 이남영, 『단군신화와 한국인의 사유』 125쪽.

30) 이남영, 『단군신화와 한국인의 사유』 126쪽.

31) 임태홍, 「단군신화에 나타난 유교적 성격」, 166-168쪽 참조 바람. 여기에서 그는 이런 각도에서 단군신화에 나타난 유교적 성격을 신관神觀, 인간관, 국가관과 세계관 등을 통하여 분석하고 있다.

32) 손진태, 『조선민족사개론』 상권, 을유문화사, 1948, 20쪽 참조 바람.

33) 손진태, 같은 책, 20쪽.

34) Piaget, *The development of thought : equilibration of cognitive structures*. New york: Viking, 1975, p.17.

우리문화 속에 나타난 단군의 두 초상肖像

1) 홍익교원연합이 2010년 8월 25일부터 9월 10일까지 전국 9개 지역 초중고생 1,130명을 대상으로 우리 민족의 뿌리에 대해 설문으로 조사한 결과 초·중등생 50% 이상은 '단군'에 대해 잘 모르는 것으로 조사되었다. - 2011.09.27.
(http://www.ikoreanspirit.com/news/articleView.html?idxno=27004)

2) 『두산동아 백과사전』

3) 『한민족백과사전』

4) 하위문화라고도 한다. 어떤 사회의 지배적 문화에 대해 그 사회의 일부 집단에 공통하는 특유의 가치 기준에 의해 형성된 문화를 말한다. 이러한 집단은 특정의 계층, 세대, 직업이나 종교, 인종, 지역을 기초로 구축되고 계승된다. 독자의 생활양식, 행동 양식을 가지고 그것을 정치적 가치관과 결부시킴으로써 대항문화가 되어 정치 운동으로서 나타나는 때도 있다. 인종, 종교, 지역을 기초로 한 하위문화는 사회화를 통하여 계승된다. 『21세기 정치학

대사전』

5) 일례로 불교의 경우 호국불교를 취한다. 호국불교의 흔적은 삼국에서 모두 그 사례를 찾아 볼 수 있는데 그 내용은 다음과 같다. 신라에서는 어떤 실제적 목적을 수행하기 위한 기도형祈禱型의 의례를 거국적인 차원에서 호국의 의지로 승화시키는 경우가 많았다. 그 대표적 실례가 인왕백고좌도량仁王百高座道場이다. 이는 인왕법회·백좌법회·호국법회라고도 불리는데, 고구려에서 귀화한 혜량惠亮이 그 법회를 최초로 개설하였다. 『한국민족대백과』, 한국학중앙연구원.

6) 격의는 외교外教, 타종교他宗教에 그 의미를 붙여서 해석하는 것이다. 본래 격의는 중국 위진魏晋 시대에 불교를 받아들이는 과정에서 당시의 노장老莊사상에 근거하여 불교 반야般若의 공리空理를 설명하면서 양자를 비교·유추類推하여 설명했던 해석법을 말한다. 본 논문에서는 불교뿐만 아니라 유교 또한 토착화 과정에서 격의가 방법이었음을 수장한다.

7) 『讀四書大全說』「論語·陽貨」"凡言體用, 初非二致, 有是體, 則必有是用, 有是用 必固有是體, 是言體而用固在, 言用而體固存矣."

8) 몽배원 저, 홍원식 외 3인 옮김, 『성리학의 개념들』, 예문서원, 335쪽

9) 우리나라의 불교의 계율과 유교의 예禮의 형식적인 측면에서 대륙을 기준을 따른다.

10) : 외래문화의 體, : 현지문화의 體, 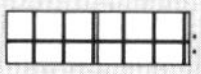: 토착화된 문화의 體

11) 에토스를 내부로부터 어떤 행동 양식을 유발시키는 행위의 실천적 능력이라고 보았고, 이것은 특정한 민족·시대·역사의 관습을 만들어내는 힘.

12) 리쩌허우 저, 정병석 옮김 『중국고대사상사론』, 한길사, 97~99쪽 참조.

13) 이강식, 「고조선사와 단군사에 대한 천신교, 불교, 고려유가와 조선유가의 사관의 변화과정」, 『단군학연구』 17호, 48쪽 참조.

14) 상기 논문 55쪽 참조.

15) 상기 논문 55쪽 참조.

16) 「東夷例傳」 75, 『後漢書』 권85.

17) 김형우, 「한국사찰의 산시각과 산신의례」, 『선문화연구』 14집, 301쪽 참조.

18) 엄진성, 「단군연구의 철학적 전개와 전망」, 『민족문화논총』 52집, 88쪽.

19) 「東夷例傳」75, 『後漢書』 권85.

20) 최광식, 「무속신상이 한국불교에 끼친 영향-산신각과 장생을 중심으로-」, 『백산학보』 26 (서울: 백산학회, 1981), 70쪽.

21) 『高麗史』 세가2, 태조26년 4월조.

22) 加號는 神號 德號 勳號 尊號 爵號등을 산에 붙여주는 것이다.

23) 김형우, 「한국사찰의 산시각과 산신의례」, 303쪽.

24) 김성환, 「고려후기의 단군인식」, 『단국학연구』 4호, 42~43쪽.

25) 太伯山頂(卽 太伯, 今 妙香山).

26) 이강식, 「고조선사와 단군사에 대한 천신교, 불교, 고려유가와 조선유가의 사관의 변화과정」, 56쪽 참조.

27) 채웅석, 「『제왕운기』로 본 이승휴의 국가의식과 유교관료정치론」, 『국학연구』, 21, 2012.

28) 도현철, 「조선초기 단군 인식과 『삼국유사』 간행」, 『동방학지』 162집, 34쪽.

29) 『고려사』 권112, 列傳25.

30) 『목은집』 권9.

31) 『목은집』 권8

32) 조선의 성리학을 한국 성리학의 완성기로 본다면 고려시기의 성리학은 경학의 점차 성리학으로 변화되는 과도기적 형태로 볼 수 있다. 이 때문에 고려시기의 성리학자들이 완벽하게 성리학적 패러다임을 완벽하게 자신의 학문적 토대로 받아들였다고 말하기는 힘들다. 다만 성리학의 합리적, 객관적, 현실 지향적인 특징을 자신의 것으로 만들려고 했다는 점에서 초기 성리학자들로 부를 수 있다. 이것이 바로 고려 성리학자들이 조선중기의 성리학자들에 비해 단군을 적극적으로 수용할 수 있었던 배경이라 할 수 있다. 반면에 패러다임이 완전히 성리학으로 바뀐 조선중기 성리학자들의 경우 단군을 홀대하고 기자만을 존숭하는 태도를 보인다.

33) 이강식, 「고조선사와 단군사에 대한 천신교, 불교, 고려유가와 조선유가의 사관의 변화과정」 69~71쪽 참조.

34) 『태조실록』 1년 8월 11일 경신.

35) 이강식, 「고조선사와 단군사에 대한 천신교, 불교, 고려유가와 조선유가의 사관의 변화과정」 80쪽 참조.

36) 『세종실록』 권49, 12년 8월 갑술(3-250-가).

37) 『세조실록』 권3, 2년 3월 정유(7-121).

38) 『세조실록』 권3, 2년 3월 정유(7-121).

39) 박광용, 「단군인식의 역사적 변천」, 『단군』, 서울대학교출판부, 2001, 159~164쪽 참조.

40) 박미라, 「근대 유교의 단군 국조론 연구」, 『한국사상과 문화』 28집, 230쪽

41) 『四住享集』 권4.

42) 황영례, 「안순환의 유교 종교화 운동과 녹동서원」, 박사논문, 2003, 23~26쪽 참조.

43) 상기 논문 58~59쪽.

44) 조선유교회, 『日月時報』 4호, 61~63쪽.

45) 박미라, 「근대 유교의 단군 국조론 연구」, 249쪽.

46) 沈相碩, 『녹동일기』 「八月十日戊成金曜日」.

47) 황영례, 「안순환의 유교 종교화 운동과 녹동서원」, 157~158쪽 참조.

48) 박미라, 「근대 유교의 단군 국조론 연구」, 250~251쪽 참조.

49) 상기 논문 243쪽.

단기 연호의 배경과 법제화, 그리고 폐기

1) 정영훈, 「단군과 근대 한국민족운동」, 『한국의 정치와 경제』 8집, 1995 ; 「한국사 속에서의 '단군민족주의'와 그 정치적 성격」, 『한국정치학회보』 28집 2호, 한국정치학회, 1995 ; 「홍익인간 이념의 유래와 현대적 의의」, 정영훈 외, 『홍익인간이념 연구』, 한국정신문화연구원, 1999 ; 「단기연호, 개천절 국경일, 홍익인간 교육이념 - 현대 한국에서의 단군민족주의의 제도화에 관한 연구」, 『정신문화연구』 통권113호, 한국학중앙연구원, 2008 ; 「개천절, 그 만들어진 전통의 유래와 추이 그리고 배경」, 『단군학연구』 23호, 단군학회, 2010 ; 「한민족의 정체성과 단군민족주의」, 『민족문화논총』 55집, 영남대 민족문화연구소, 2013.

2) 단군신화가 고조선시기에 성립했을 것이라는 견해의 근거는, (1) 단군신화에 보이는 웅녀 이야기 등은 동북아시아 고대민족의 시조신화에서 찾아지는 것이고, 천신강림의 모티브나 동물을 조상으로 상정하는 모티브는 원시신화에서 자주 출현하는 모티브들이라는 점, (2) 단군신화의 내용이나 형식은 삼국시대의 건국신화들보다 훨씬 오래된 형태를 갖고 있으며, (3) 일연이나 이승휴 등 고려조의 지성들이 자신들의 상식과 배치되는 신화를 날조할 가능성은 없고, (4) 건국신화의 창작자는 그로 인하여 이익을 얻는 세력일텐데, 단군신화로부터 이익을 얻는 집단은 단군을 시조로 상정하는 고조선 지배층일 수밖에 없고, 따라서 그 성립시기 역시 고조선시대라 봐야 한다는 점, (5) 단군신화가 삼국시대나 그 이전에 존재했을 가능성을 보여주는 여러 증거가 있다는 점 등이 제시된다. 이에 대해서는 정영훈, 「단군신화의 정치사상」, 『동양정치사상사』 8권2호, 2009을 참고할 것.

3) 단군의 건국과정을 신화적으로 미화한 전승이 존재한다는 것은 단군이 건국한 정권-국가(조선)가 존재했다는 것을 방증해주는 증거라 할 수 있다. 필자는 단군신화는 고조선 시대에 만들어져 구전되어오다가 한문으로 번역되어 「고기」나 「본기」 등의 사서에 오르는 과정을 거쳤다고 보며, 원형의 단군신화에는 『삼국유사』와 『제왕운기』가 전하는 단군신화 기사의 공통부분, 곧 단군이전에 환인과 환웅이 있었고, 그와의 혈연관계 속에 단군이 태어나 고조선을 건국하는 과정에 대한 이야기가 포함되어 있었으리라 생각한다. 문헌으로 전해오는 단군신화에는 고대사 속에 실재한 사건이나 고조선시대인들의 사고방식이 일정하게 반영하고 있다고 봐야하며, 다만 후대에 전승되어오면서 기록자들의 세계관이나 정치적 필요성에 따라 일정한 내용조정이 있었으리라 예상한다. 고구려는 그 창설자 고주몽을 단군의 아들로 설정하는 시조설화를 만들어냄으로써 자신의 정통성을 보강하려 하였고, 평양과 구월산 등 단군과 인연이 깊은 지역에서는 단군을 지역적 수호신으로 모시는

종교유습도 존재했다. 조선조 유자들의 사서에서는 환인과 환웅은 제외되고 단군이 하늘에서 직접 내려와 조선을 건국하는 것으로 변형된다.

4) 물론 동국사의 여러 국가나 주민들이 실제로 단군(조선)의 후예이고, 단군을 공동조상으로 하고 있다거나 단군을 정치적으로 계승하고 있다는 계승의식을 공유하고 있었을 수도 있지만, 그런 가정은 좀더 많은 비약을 필요로 하는 것 같다.

5) 필자는 『제왕운기』에 단군기사를 전해준 「본기」에는 단군국조론에 가까운 내용이 수록되어 있었을 것이라 생각하며, 만약 그 「본기」를 고려초에 편찬된 『구삼국사』의 「단군본기」로 보는 견해가 수용된다면, 그는, 동국사가 단군으로부터 시작되었다는 인식 역시 고려초에 존재했다는 얘기로 발전할 수 있을 것이다. 더 나아가, 만약 『삼국유사』가 인용한 「고기」를 신라 때 안홍이 쓴 『삼한고기』로(홍만종, 『해동이적』; 김정배, 「단군기사와 관련된 고기의 성격」, 『한국상고사의 제문제』, 한국정신문화연구원, 1987, 166쪽) 볼 수 있다면, 그리고 거기에 신라의 선민(사로육촌)을 '조선유민'이라 적은 『삼국사기』 「신라본기」 혁거세조의 기록을 더하여 상상력을 발휘한다면, 단군국조의식은 신라 때로까지 소급할 수 있는 가능성이 열린다. 신라가 고구려와 백제를 멸망시키고 그 유민을 흡수한 후에는, 그들을 통합할 필요에 의해, 삼한일통론을 전개하고 단군을 삼한의 첫머리에 위치시키는 역사인식을 전개했을 수 있다고 본다. 단군국조론이 고려말에 와서야 성립했다는 견해를 전개하는 이들은, 일본에서는 이미 8세기 초에 저술된 『고사기』나 『일본서기』에서부터, 일본 독자의 유구한 정체성을 정립해야 한다는 문제의식 하에, '만세일계'의 황국사관을 조작하고 있었다는 점을 유념해야 한다고 본다. 일본에서 『고사기』나 『일본서기』를 편찬하고 고대국가를 정비해간 주역은 한반도에서 이주해간 사람들이었다. 자기집단의 자주성·자존심이나 통합에 대한 욕구는 인간심성에 공통적인 것이며, 이 점을 긍정한다면 단군국조론의 성립시기를 고려 이전으로 앞당기는 것은 자연스러운 추정일 것이라 생각한다.

6) …桓雄天王 令孫女飮藥成人身 與檀樹神婚 而生男名檀君 故尸羅高禮南北沃沮東北扶餘穢與貊 皆檀君之壽也 (『帝王韻紀』「東國君王開國年代」)

7) …此諸君長問誰後 世系亦自檀君承 『제왕운기』 권하.

8) 古記云… 檀君立國號曰朝鮮 朝鮮尸羅高禮南北沃沮東北扶餘濊與貊 皆檀君之理 (『세종실록』 권154, 「지리지」 평안도 평양부)

9) 단군에서 비롯되는 시간에 대한 표현은 한말 이후 '건국' 또는 '조선건국'·'기원'·'단군기원' 등 다양한 용어가 사용되어 왔는데, 이는 1948년에 '단기'라는 이름의 공용연호로 통일되었다. 대한민국임시정부는 1919년 음력 10월3일 국무원 주최로 건국기원절기념식을 개최하고, 뒤이어 2020년 3월에 건국기원절을 '독립선언일'(3월1일)과 함께 국경일로 지정하고 환국시까지 기념하였다. 임정이 국경일로 지정한 건국기원절은 1949년 10월 대한민국정부에 의해 그 이름이 개천절로 변경되어 4대 국경일의 하나가 되었다. 그리고 연호도 단기로

정함으로써, 대한국민이 단군의 건국 이래 반만년의 '유구한 역사와 전통'에 빛나는 민족이고 대한민국 국가 역시 그러한 민족 역사를 계승한 것임을 분명히 하였다.

10) 『삼국유사』 고조선기의 첫 머리에 인용된 「위서」는 위나라와 관련된 역사책일 것이다. 그런데 역사상 위나라가 여러 개이며, 현전하는 몇 종의 「위서魏書」들 속에는 단군에 대한 이야기가 나오지 않으므로 그 정체에 대한 의문이 풀리지 않는다 하겠다.(위만衛滿조선(BC.194경-BC.108)과 관련된 사서라는 추정을 내놓는 이들도 있다.) 그런데 필자는 「위서」의 위나라는, '지금부터 이천년'이라 한 구절을 염두에 두고 판단해 보면, 서기전 2300년보다 2천년이 늦은 시기인 서기전 300년 경에 존재했던 나라로 보는 것이 타당하다고 본다. 그렇게 보면 「위서」의 위魏나라는 중국의 전국7웅 중의 하나인 위魏(BC.403-BC.225)일 가능성이 크며, 「위서」는 이 위나라와 관련된 사서일 것이라 추정한다.

11) 단군의 건국년대에 대한 분석은 특히 다음의 저술들이 정리한 자료들을 참고함. 서영대, 「단군관계 문헌자료 연구」, 윤이흠편, 『단군, 그 이해와 자료』, 서울대출판부, 1997 ; 김성환, 『고려시대 단군전승과 인식』, 경인문화사, 2002 ; 김성환, 『조선시대 단군묘 인식』, 경인문화사, 2009.

12) 요의 즉위년에 대해서는 문헌마다 달리 적고 있다. 비교적 오래된 문헌인 『竹書紀年』 등에서는 丙子로 적고 있기도 하다. 요의 원년을 갑진년(BC.2357)으로 본 것은 황보밀(215~282)의 『제왕세기』가 최초라 하며, 소강절(1011-1077)이 쓴 『皇極經世』와 주자(1130-1200)의 『통감강목』에서도 이를 따르고 있다. 한편 1078년 유서가 편집한 『자치통감외기』에서는 무진설(B.C.2333)을 제기하고 있는데, 현대 갑골학의 대가이며 천문학적 분석까지 겸하여 고대의 역년학을 발전시킨 동작빈도 요의 원년을 무진년으로 비정하고 있다.(유승국, 「홍익인간의 이념과 민족주체사상」, 『4317주년 개천절 경축 학술회의 발표문집』, 1985.10.4, 한국정신문화연구원 참조) 『삼국유사』의 편자 일연은 요원년=무진년으로 보아 「고기」의 '당고즉위50년 경인'설을 비판하고 있는데, 요원년을 무진으로 본 동작빈의 견해를 따르면 「위서」가 말한 '여고동시'건국설이나 『제왕운기』가 말한 '並與帝高興戊辰'설이 더 타당한 셈이다. 『동국통감』 이래 조선조 유자들은 대개 주자의 『통감강목』을 따라 요원년=갑진설을 채택하고 있다. 그리하여 단군의 건국년도인 무진년은 요임금의 25년으로 상정되어왔다. 그런데 한말로 오면 요임금 원년으로부터 몇 년인지에 대한 질문은 제기되지 않고 무진년이라는 간지가 중시되어 단군원년이 BC.2333년으로 고정되게 된다.

13) 『동국통감』(1484) 단군조선조 본문에서는 기본적으로 '唐堯戊辰'설을 수용하면서도, [臣等按]을 덧붙여 일정한 고증을 추가한다. 곧, 요의 즉위년은 상원갑자 甲辰년이므로 古紀에서 단군이 무진년에 요와 병립하였다고 한 기록은 잘못이라 지적하면서 與堯並立설을 비판하고, 단군의 건국년은 요임금 25년인 무진년이라 고증하고 있는 것이다. 『동국통감』이 고증한 '唐堯二十五年戊辰'설은 이후 조선조 사서에서 가장 많이 채택되고 있다.

14) 東方初無君長 有神人降于檀木下 國人立爲君 國號朝鮮 是唐堯戊辰歲也 初都平壤 後徙都白岳 至商武丁八年乙未 入阿斯達山爲神『東國通鑑』(外記 단군조선)

15) 대표적인 사례로는 윤내현,『고조선연구』, 일지사, 1994. 1999 : 신용하,『고조선 국가형성의 사회사』, 지식산업사, 2010 등을 들 수 있다.

16) 국내에서 발굴된 청동기시대 유적과 하가점하층문화 등 요하지역 청동기유적들을 고조선과 관련하여 논의한 연구로는 다음과 같은 것들이 있다. 윤내현,『고조선연구』; 한창균,「고조선의 성립배경과 발전단계 시론」,『국사관논총』33집, 국사편찬위원회, 1992 ; 복기대,「중국 요서지역 청동기시대 문화의 역사적 이해」,『단군학연구』5, 2001 ; 복기대,「요서지역의 청동기문화와 고조선의 관계」, 윤내현 엮음,『동아시아의 지역과 인간』, 지식산업사, 2005. 특히 윤내현교수는 청동기시대 개시 시점은 한반도와 만주지역이 황하유역보다 빠르다는 점을 지적하고, 양수리의 지석묘와 전남 영암군 장천리 집자리 등 국내의 청동기시대 유적과 요서지역의 하가점하층문화 등은 서기전 2500년 경의 것임을 들어 고조선의 서기전 24세기 건국이 충분히 가능한 일이었음을 설파한다. (윤내현, 위의 책, 159쪽)

17) 이들 단군조선사에 대한 입장차이는 1970년대 중반이후 국사찾기논쟁이라는 사회적 대립으로까지 진전되었다. 국정화(1974)된 국사교과서가 단군조선의 역사를 부인하는 방향으로 채워진데 대한 비주류-재야학계의 반발에서 비롯된 이 논쟁은, 주류학계의 고대사서술을 식민사학의 잔재로 비판하면서 법정에 교과서내용 개정을 요구하는 행정소송으로까지 이어졌다. 이 논쟁은 역사연구와 서술에서 사료를 선택하고 해석하는 관점과 방식에 대한 인식차이만이 아니라, 국사교육을 통하여 육성해야 하는 인간상이나 추구할 사회상에 대한 가치관 상의 차이까지 개입되어 애초부터 해결이 불가능한 구조 속에서 제기되고 전개되었었다.

18) 주지하다시피 고조선 건국의 사실 여부는 국민적 관심사이고, 많은 논쟁이 있어왔다. 주류학계는 그에 대해 부정적-회의적 견해를 전개하고 있지만, 그러나 단군이 서기전 24세기에 조선을 건국했다는 기록전승내용을 부정할 수 있는 확증자료는 아직 발견되지 않았다고 말해야 할 것이다. 단군건국을 부인하는 주류학계의 견해들 역시 빈약한 증거자료와 단순화된 상상력 및 특정의 선입견에 기초한 가설일 뿐이며, 고조선 건국의 사실성을 뒷받침해주는 자료들이 언젠가 발굴될 지도 모른다. 역사연구에서는 있을 수 있는 미래의 가능성을 항상 염두에 두고 판단을 내리는 것이 성실한 자세라 보며, 따라서 단군 건국의 사실여부와, 사실이라면 언제 어디에서 어떤 모습으로 있었던 사건인지에 대한 질문에 대해서는 섣불리 단정할 것이 아니라 추후의 고고학적-역사학적 발굴과 연구를 기다리는 것이 바람직하다고 본다. 물론 事實여부를 확증할수 있는 명백한 증거자료가 나오기 전까지는 서기전 2333년 건국설을 전하는 문헌자료들의 기록이 존중될 필요가 있다.

19) "金傅大王能遠計 後唐末帝淸泰二 乙未仲冬朝我陛 (我太祖十八年也 自檀君元年戊辰 至此凡三千二

百八十八年)". 참고로, 고려 태조에게 경순왕이 항복한 935년부터 3288년을 거슬러 올라간 해는 서기전 2353(2354?)년으로, 이승휴의 연수계산에 착오가 있었거나 단군의 건국시기에 대한 다른 사료에 기초했던 것 같다. 참고로 『제왕운기』「동국군왕개국년대」에서는 단군의 건국시기를 '唐堯戊辰歲'라 기술한 바 있다.

20) 『고려사』「열전」 권112 백문보전, "天數循環 周而復始 七百年爲一小元 積三千六百年 爲一大周元 此皇帝王覇 理亂興衰之期 吾東方 自檀君至今 已三千六百年 乃爲周元之會 宜遵堯舜六經之道 不行功利禍福之說 如是則 上天純祐 陰陽順時 國祚延長"

21) 연호는 漢 武帝때부터 사용하기 시작한 것으로 알려지며, 한국사 속에도 독자적 연호를 사용한 사례가 적지 않다. 기록으로 남은 것만을 보면, 고구려 광개토대왕은 永樂이나 建興 같은 연호를 사용하였고, 신라도 법흥왕 때(536)부터 진흥왕·진평왕·선덕여왕·진덕여왕 때까지는 建元·開國·建福·仁平·太和 등의 독자연호를 사용하다가 진덕왕 때(650)부터 당의 연호를 따라 쓰기 시작하였다. 기존질서를 뒤엎고 새로운 세상을 세우려 하였던 반역아들이 독자연호를 사용한 사례도 많은 데, 가령 헌덕왕 때 김헌창이 반란을 일으킬 때는 長安國이라는 국호에 慶元이라는 독자연호를 사용하였고, 후삼국의 궁예도 麻震·泰封 등의 국호와 함께 武泰·聖冊 같은 독자연호를 사용하였다. 고려 태조나 광종도 天授나 光德 같은 독자적 연호를 썼으며, 묘청이 서경에서 반란을 일으킬 때도 大爲라는 국호에 天開라는 연호를 내세웠다. 한국정신문화연구원 편, 『민족문화대백과사전』(1990) 15권, 「연호」항 참조.

22) 김부식은 신라 법흥왕이 독자적인 연호를 칭한 것을, "변두리의 작은 나라로서 천자의 나라에 신속한 자라면 사사로이 연호를 칭할수 없다"는(偏方小國 臣屬天子之邦者 固不可以私名年 『삼국사기』 신라본기 제5 진덕왕 4년 [論曰]) 논리로 비판하고, 진덕왕이 당의 연호를 사용한 것을 허물을 고친 일이라 평가한 바 있다. 김부식의 이런 생각은 사대모화사상에 젖은 보수적 유림들에게 공유되어 있었으며, 한말의 위정척사운동으로까지 이어져오고 있다. 최익현은 대한제국으로의 칭제건원을 유교적 예에 어긋나는 참람한 일로 규정한 바 있다. (「漱玉軒奏劄」 甲辰12월2일, 『국역 면암집』 1, 민족문화추진회, 1977, 213.67쪽)

23) "吾東方檀君始祖也 蓋自天而降焉 非天子分封之地也", 『태종실록』 권31, 16년6월 신유.

24) 선가에 대한 연구는 충분치 않지만 다음과 같은 글들이 참고된다. (1) 신채호, 『조선역사상 일천년래 제일대사건』, (2) 이능화, 『조선도교사』, (3) 차주환, 『한국도교사상연구』, 서울대 한국문화연구소, 1978. (4) 한영우, 「17세기의 반존화적 도가사학의 성장」, 이우성 강만길 편, 『한국의 역사인식』(上), 창작과 비평사, 1976. (5) 최삼룡, 「선인설화로 본 한국 고유선가에 대한 연구」, 『도교와 한국사상』, 한국도교사상연구회, 1987. (6) 도광순, 「한국의 신선사상」, 『현대와 종교』 6집. (7) 정영훈, 「규원사화에 나타난 민족의식」, 『정신문화연구』 39호, 한국정신문화연구원, 1990.

25) 『삼국유사』에서는 단군이 구월산에 은퇴하여 산신이 된 것으로 나온다. 『삼국사기』(1145)

권17 동천왕 21년조에는 평양을 '仙人王儉之宅'으로 묘사한 대목이 있고, 「조연수묘지」(1325)에서도 '平壤之先 仙人王儉'이라는 내용이 나온다.

26) 『규원사화』는 북애라는 자호만이 알려진 인물이 양란후의 민족현실에 분개하여 쓴 단군시대 역사서인데, 책에서는 민족적 위기의 원인을 失地利·失人和·失性의 3자에서 찾고 특히 단군 이래의 고유문화와 정체성을 회복해야만 강국이 될 수 있다고 주장한다. 이에 대해서는 정영훈, 「규원사화에 나타난 민족의식」, 『정신문화연구』 39호, 한국정신문화연구원, 1990 참조.

27) 한말에 들어 단군민족주의가 대중화하는 현상에 대해서는 필자의 앞에 든 글들과, 서영대, 「근대한국의 단군인식과 민족주의」 등을 참고할 것.

28) 대종교총본사, 『대종교중광60년사』, 1974, 91쪽.

29) 한 예로 1907년 '大韓帝國倡義士 金鳳基' 명의로 발표된 의병 격문들은 '단군사천이백사십년 칠월삼일'을 포고일로 적고 있다. 한국정신문화연구원 편, 『근현대사자료총서8』 (한말의병전쟁자료집), 도서출판 선인, 2000, 12.27.183.194.224.235쪽 참조.

30) 「역사에 관한 管見二則」 (『대한매일신보』 1908.6.17), 단재신채호전집편찬위원회편, 『단재신채호전집』 6권, 독립기념관 한국독립운동사연구소, 2008, 715쪽. 1908년에 집필된 「독사신론」 (『대한매일신보』 1908.8.27-12.13)에서는 오늘날의 국가는 일개 성씨의 국가가 아니라 '萬民의 公産'이므로, 년대를 적을 때도 군주별로 정한 년호를 쓸 것이 아니라 국조 또는 교조로부터 기산해야 한다는 논리로 단기사용을 촉구하고 있고, (『단재신채호전집』 3권, 317쪽) 「대동제국사서언」에서도 임금마다 따로 설정한 기원을 사용하면 불편하다는 점을 들어 大東歷史의 출발점인 단군건국으로부터 시작하는 '神祖建國의 紀元'을 사용할 것을 천명하였다. (『단재신채호전집』 3권, 349쪽).

31) 삼일운동기의 선언서들이 단기를 사용하고 있는 내역에 대해서는 정영훈의 「삼일운동과 단군민족주의」(『동양정치사상사』, 한국동양정치사상사학회, 2012.09)를 참고할 것. 필자는 삼일운동을 한말이후 확산된 단군민족주의가 그간 축적된 민족적 자주독립을 향한 에너지를 폭발시킨 사건이라는 의의를 가진다고 보았다. 삼일운동은 한민족의 민족주의운동이 단군민족주의와 밀접하게 결합하여 그 동력을 확보해가고 있음을 보여준 사건이다. 단군민족주의는 삼일운동이후 더 심화되면서 한국의 민족주의운동을 견인하게 된다. 단기연호와 개천절이 확산되고, 홍익인간이 재발견되어 민족주의 이론정립에 관여하게 되는 것이다.

32) 해방후 발간된 대부분의 우익계통 신문들은 날짜를 적는 데에 단기를 사용하였으며, 그에 대해 좌익계의 신문들은 서기를 사용하였다. 우익계 신문들은 대개 1면에서는 단기를, 2면에서는 서기를 표기해주는 방식이었고, [사고] 등 기관의 공식입장을 천명할 때는 단기를 사용하는 것이 일반적이었다. 가령 1945년 11월 23일자부터 복간한 〈조선일보〉나 45년 12월 1일자로 복간한 〈동아일보〉를 대표적 사례로 들 수 있을 것이다. 이들 신문의 그 같은 결정

은 그들 언론이 일제치하를 통하여 단군민족주의를 보급한 주역의 하나였다는 전통을 이은 것이라 할 수 있다. 〈동아일보〉는 「복간사」에서 민족의 표현기관으로 민족주의를 지지한다고 천명하고, 그 실천강령 제1항에서 "우리는 시간과 공간이 자별한 우리의 독자성을 고조한다. 오천 년 동안 시간의 집적으로 육성된 우리의 전통과 긍지, 아세아적 영역의 풍토로 순화된 우리의 이념과 향기로써 민족의 완성, 민족문화의 완성을 부익코자 한다"고 다짐했었는데, 이 같은 입장은 단기연호를 연대표기의 주된 방식으로 채택한 결정과 직접적으로 연결된다고 할 수 있을 것이다. (〈동아일보〉 1945.12.1일자 「복간사」. 참고로 〈동아일보〉는 창간직후 창간기념사업의 일환으로 단군영정모집사업을 전개하였었고, (1920.4.12일자 「사고」 참조) 개천절 행사를 자주 보도함으로써 단군민족주의가 보급되는데 크게 기여했었다) 해외의 민족단체에서도 단기를 사용하였는데, 한 예로 해방 후(1945) 일본에 체류하던 청년들로 조직된 조선건국촉신청년동맹이라는 이름의 단체는 참여를 독려하는 격문의 발표일을 '檀紀四二七八年 十一月五日'로 적고 있음을 본다. 최영호, 「해방직후 재일동포사회의 좌우대립」, 『한민족연구』 13집, 한민족학회, 2013. 11쪽.

33) 미군정기에 이미 단기를 사용하여 호적이 수정되었다는 사실은 정부수립 후 국회에서 공용연호를 단기로 정할 때 단기 사용의 불가피성을 주장하는 논거의 하나로 제기되었다. 해방 후 호적 등 공공서류가 이미 단기로 정정되어 왔는데, 이를 다시 단기 이외의 다른 연호로 바꾼다면 재정상 낭비가 조성된다는 논리였다.(제헌국회에서의 「연호문제에 관한 건」 심의시 황두연의원의 발언 참조, 『제1회 국회속기록』 60호, 1948.9.8 ; http://likms.assembly.go.kr/kms_data/record/data1/1/001za0060b.PDF#page=10)

34) 해방후 좌우익 대결과정에서 좌익은 주로 서기 연호를 사용하는 경향을 보이는 데 대해, 우익 및 중도진영에서는 단기가 선호되었다.

35) 이상의 국회논의 과정은 서영대편, 「단군관계자료」 (서울대종교문제연구소 편, 『단군, 그 이해와 자료』, 서울대출판부, 1994), 608-634쪽과 양승태, 「단기연호와 통일」, 『한국정치학회보』 41집2호, 2007을 참조할 것.

36) 국회 의안정보시스템 참조. [연호에 관한 법률](010012) ;
http://likms.assembly.go.kr/bill/jsp/SummaryPopup.jsp?bill_id=000011

37) 민국연호의 지지자는 대통령 이승만이었다. 이승만은 국회에서 단기연호가 정식 제정되자 그를 수용한다는 입장을 밝히면서 자신이 민국연호 사용을 주장했던 이유를 설명하는 담화를 발표하였는데, 그에 의하면, 우리나라 건국의 역사가 유구하여 외국에 자랑할 만한 전통을 이룬 것은 사실이지만 4.5천 년 전의 신화시대까지 소급하여 연대를 계산하는 것보다는, 기미독립운동으로 민주주의적 민국정부를 수립하여 세계에 선포하였던 역사와 정신이 더 중요하다고 보아 민국연호를 제안하였다는 것이다. (〈동아일보〉 1948.9.26, [이대통령 민국연호포기성명] 참조)

38) 이에 대해서는 서영대, 「근대 동아시아 3국의 신화적 국조인식」, 『단군학연』 23호, 단군학회, 2010 참조.

39) 황기원년은 서기전 660년으로 상정되었다.

40) 황제의 원년에 대해서는 여러 설이 제기되었는데, 신해혁명(1911) 때 와서 서기전 2698년설이 채택되었다.

41) 가령 한국정신문화연구원에서 편찬(1989)한 한국민족문화대백과사전 (6권) 「단군기원」 항에서는 "단군기원은 1909년 대종교가 창설되면서 채택되었다 … 대종교에서 분립된 단군교에서도 단군기원을 채택하였다"고 서술하고 있는데, 이 부분은 교정되어야 한다. 대종교의 역사기술에서는 '단기' 아닌 '개천'을 중시한다. '개천'은 단군의 건국이전에 단군의 강림에서 시작하는 연호이며, 단기보다 124년 이전의 사건이라 인식된다.

42) 국회의 회의록 등에서는 북한이 서기를 사용하는 것과 차별성을 두기위해 단기를 택하였다는 주장은 찾을 수 없다. 그러나 1961년 11월에 공용연호 변경을 찬성하는 사설을 실었던 〈동아일보〉는 사설에서, 단기연호를 채택한 배경의 하나를, "북한괴뢰집단이 서기를 공용연호로 사용하고 있다는 사실이 공용연호를 서기로 채택하는 것을 꺼리게 하였다"고 분석한 바 있고, (〈동아일보〉 단기 4294년 11월 13일자 사설 : 「공용연호를 서기로 바꿈에 찬성한다」) 〈조선일보〉 사설에서도 단기연호를 채택한 것이 "해방이후 군정3년간에 야기된 좌우익간의 격화된 대립감정이 다소간 작용된 것도 사실"이라 한 것을 보면, (〈조선일보〉 1961.11.12 사설 「연호변경론」), 북한이 서기를 사용하는 데 대한 반작용이었다는 의미도 어느 정도 가진다고 본다. 북한을 염두에 두고 민족사적 정통성을 선점하려는 고려인 것이다.

43) 국가재건최고회의 제83회각의록(문서번호: 국사2107호, 시행일자: 단기4944년10월21일)에 수록된 [연호에 관한 법률안](의안번호1021호)에 첨부된 '제안이유서' ; 국가기록원 원문뷰어 참조 http://theme.archives.go.kr/next/pages/viewer/archiveViewer.jsp?archiveEventId=0028660549&singleData=N

44) 연호교체의 이유를 공보처는 "국내의 문서가 단기연호를 사용하고 있는데 반하여 국제기구 또는 선진국가와 내왕하는 대외문서에는 서기를 사용함으로 인하여 연호사용상 통일을 기할 수 없으며, 이에 따라 양연호간의 환산에 불필요한 노력과 시간을 낭비하여야 하고 그밖에도 역사 등의 교육에 있어 연대에 관한 개념에 혼란을 일으키고 있기 때문"이라 말하고 있다. (〈동아일보〉 단기 4294년 11월13일자 사설 : 「공용연호를 서기로 바꿈에 찬성한다」)

45) 〈동아일보〉 단기 4294년 11월13일자 사설, 「공용연호를 서기로 바꿈에 찬성한다」. 단기연호 폐지를 찬성한 〈동아일보〉의 이 같은 입장은, 〈동아일보〉가 일제기를 통하여 단군민족주의를 보급해온 대표적인 민족언론이었고 해방 후에도 단기를 적극 사용한 신문이었음을 감안하면 매우 의아하기까지 하다. 〈동아일보〉가 지지사설에서 전개한 논리는 16년 전에 자기들이 선택하였던 결정을 번복한 이유에 대한 설명으로는 매우 궁색하다 하지 않을 수

없다.

46) 〈조선일보〉 1961.11.12 사설「연호변경론」

47) 〈조선일보〉 1961.12.3 사설,「새로운 것만 찾는 경박한 국민성」

48)「단기연호폐지에 대한 건의서」(단기4294.11.25),『애국지사 단암 이용태선생 문고』, 동화서관, 1997, 580쪽.

49) 5.16직후 내세운 혁명공약의 제2항에서 친미·친서방 노선을 명시하였다. 군사혁명위원회 명의로 발표된 혁명공약 6개항은 다음과 같다. 1. 반공을 국시의 제일로 삼고, 지금까지 형식적이고 구호에만 그친 반공태세를 재정비 강화한다. 2. UN헌장을 준수하고 국제협약을 충실히 이행할 것이며, 미국을 비롯한 자유우방과의 유대를 더욱 공고히 할 것이다. 3. 이 나라 사회의 모든 부패와 구악을 일소하고 퇴폐한 국민도의와 민족정기를 바로잡기 위해 청신한 기풍을 진작시킨다. 4. 절망과 기아선상에서 허덕이는 민생고를 시급히 해결하고 국가자주경제 재건에 총력을 경주한다. 5. 민족적 숙원인 국토통일을 위해 공산주의와 대결할 수 있는 실력 배양에 전력을 집중한다. 6. 이와 같은 우리들의 과업이 성취되면 참신하고 양심적인 정치인들에게 정권을 이양하고 우리는 본연의 임무로 복귀할 준비를 갖춘다.

50) 단기연호폐기가 미국측의 주문에 따른 것이라는 견해들이 일반에 많이 유포되어 있지만, (양승태,「단기연호와 통일」,『한국정치학회보』 41집2호, 2001, 36쪽에 소개되어있다) 그를 확인할 수 있는 근거는 아직 발견되지 않는다. 그러나 미국측이 군사정부에 대해 친미-친서방 노선을 확인시키는 가시적인 조치를 요구하면서 연호교체를 거론했을 가능성은 있다고 본다. 다만 박의장이 케네디대통령을 만났을 때(1961.11.14.) 케네디가 연호교체를 요구하였고 박의장이 그를 수용하여 연호교체결정을 내렸다는 얘기는 사실이 아니다. 연호교체 법안은 이미 박정희의 방미 이전인 10월에 상정되었기 때문이다.

51) 박정희,『국가와 혁명과 나』, 향문사, 1963, 5. 184-188쪽. 박정희도 우리역사를 "단군성조께서 나라의 기틀을 세우신지 5천년"이라 언급하기도 하였지만, 상기 저술에서의 민족(사) 인식은 전반적으로 부정적이며 회의적 논조로 일관되어 있다 할 수 있다.

52) 민족역사와 문화유산에 대한 박정희의 부정적 인식은, 그가 식민지시기에 일제로부터 받은 교육의 산물일 수 있으며, 항일운동의 흐름과 거리를 두었던 이력과도 관련이 있을 수 있다. 훗날 대통령이 된 후의 논설 속에는 자랑스런 민족사에 대한 긍정적 언급이 표명되기도 하는데, 이는 국민적 자긍심을 고취해야 할 필요성을 인식한데 따른 전략적 전환이었다고 생각된다. (박정희가 연호를 바꾼 과정과 배경에 대해서는, 고덕원,『단기연호 이젠 복원되어야 한다』, 부연사, 2012, 124-131쪽에서도 좀더 자세히 다루고 있으니 참고하기 바람)

53) 서기는 기독교의 창시자인 예수가 탄생한 해를 기점으로 하는 연기방식으로, 로마의 수도승이자 신학자인 디오니쉬스 엑시구스(500-560)에 의해 창안되어, 1582년 교황 그레고리우

스 13세가 본격 사용하기 시작한 후 서구국가들 사이에 관행적으로 사용이 증가되었다 한다. (이에 대해서는 양승태, 「단기연호와 통일」, 『한국정치학회보』 41집2호, 39쪽 참조) 말하자면 서기는 기독교라는 특정 종교와 관련된 것이며, 서구 기독교권의 문화였던 것이다. 서기라는 연기법에는 예수 이전과 이후는 다른 시대라는 인식이 깔려 있으며, 서기를 사용한 그레고리우스 교황의 입장에서는 종교개혁 이후 분열된 서구사회의 정신적 통일을 기하기 위한 고려가 있었을 것이다. 그리고 기독교 국가들이 서기를 따라쓰게 된 것은 우선은 기독교라는 종교를 공유하고 있다는 종교의식이 표현된 것이었겠지만, 다른 한편에서는 그같은 심각한 종교나 세계관 수준의 고려없이 외교상의 편리함이나 관행에 따랐을 수 있다. 비기독교권의 사회 역시 서구국가나 문화의 헤게모니에 눌려 지내오면서 관행적으로 서기를 따라쓰게 되었고, 서구문화나 서기 연호가 보편적이며 선진적이라는 생각까지 하게 된 것이라 판단된다. (참고로 예수의 탄생시기는 서기 1년이 아닌 서기전 4년이라는 설이 우세하다)

54) 참모연구가 말한 '극소수의 아세아적 국수주의 국가'의 대표격인 일본은 자기들의 연호를 유지하면서도 친미·친서방의 노선 속에 경제중흥을 달성했었다.

55) 최근 숭례문이 화재로 소실되어 복원할 때도 상량문에서 '西紀二千十二年三月八日復舊上樑'이라 하여 서기로만 날짜를 표기한 것이 알려지자, 상량날짜 표기에 단기를 포함하자는 주장이 제기되었었다. 그러나 그 같은 요구는 정부의 공용연호는 서기 뿐이라는 문화재청의 경직된 유권해석에 의해 수용되지 않고 결국 서기만으로 표기한 원안이 고수되어 반발을 사기도 했었다. (민원에 대한 문화재청의 응답내용은 문화재청 인터넷홈페이지, 「국민신문고」 2012.03.20일자 참조)

56) [연호에 관한 법률 전부개정법률안] (의안번호 1905515, 이종걸의원 등 14인 공동발의, 2013.6.18) http://likms.assembly.go.kr/bill/jsp/BillDetail.jsp?billid=PRC_C1I3D0V6S1Z8D0K9J5C3H2V4R2Z8D8 (2013.9.15 검색)

57) 대한불교조계종·원불교·성균관·천도교·민족종교협의회 등 5대 종단이 참여하여 결성한 [단기연호 병기사용 법제화 추진위원회]가 배포한 보도자료(2013.8.28)에서는 단기연호 병기를 요구하는 개정안이 타당한 이유를 6가지로 제시한 바 있는 데 그 요지는 다음과 같다. (1) 개정안은 외교와 일반행정 등 국가운영의 효율성을 저해하거나 국민의 불편을 가중시키지 않음, (2) 단기는 특정 종교와 상관없고, 종교간 대립을 초래하지도 않음, (3) 단기를 병용한다 해서 국수주의자가 되는 것은 아님, (4) 개정안은 신화적 비합리성을 내포하고 있지 않음, (5) 현행 법률은 단기 사용을 봉쇄하고 있으며, 단기를 병기하려면 법률을 개정해야 함, (6) 단기를 병용하면 자랑스러운 반만년 역사와 문화를 가진 국민으로서 자긍심과 정체성을 확립하여 국사에 대한 관심을 높이고 남북간의 민족동질성을 회복하며 찬란한 역사와 문화를 세계에 알릴 수 있음.

58) 오늘날 세계에는 서기 이외의 연호를 사용하는 국가가 다수 있다. 이들 국가는 국교에 해당하는 특정 종교의 기념일이나 국가수립일, 또는 고유의 역사나 문화전통에서 기원하는 연호를 사용한다. 가령 일본은 천황마다 독자적인 연호를 세워 연대를 표기하는데, 2013년은 평성25년이다. 중화민국은 1911년의 건국을 중시하여 중화민국 연호를 사용하며, 2013년은 중화민국 102년이다. 회교국가들은 622년 7월 16일 있던 마호메트의 헤지라로부터 기산하여 1년 354일을 12월로 나누는 회교력을 사용하는데, 2013년은 헤지라1434년이다. 태국이나 네팔 등 불교국가에서는 석가모니가 열반한 서기전 544년을 원년으로 삼는 불기를 사용한다. 아프가니스탄은 특유의 태양력을 사용하여 2013년을 1392년으로 적는다. 에디오피아는 에디오피아 정교가 주장하는 예수탄생시기를 기준하여 서기보다 7년 앞선 해를 원년으로 하는 에티오피아력을 사용한다. 독자연호를 사용하는 나라에서는 독자연호와 서기연호를 함께 표기하는 것이 일반적이다. 참고로 북한은 김일성 출생(1912)을 기점으로 하는 주체 연호를 사용하기도 한다. (단기연호 병기사용 법제화 추진위원회 보도자료, 2013.8.28 등 참조)

59) 에릭 홉스봄 외, 『만들어진 전통』, 휴머니스트, 2004, 33쪽.

60) 단기연호에 대한 이 같은 분석은 개천절 국경일이나 홍익인간 교육이념 등과 같은 단군민족주의에서 유래하는 상징장치들 모두에 대한 것이기도 하다. '만들어진 전통'론이나 '상상의 공동체'론 같은 포스트모더니즘의 민족이론들은, 근대기에 민족정체성이 주창되고 전통이 만들어지는 과정은, 자본과 국가권력이 개입하여 주도한 것으로 보는 경향이 있다. 또 '만들어진 전통'이 독재정권이나 전체주의권력의 국민통제장치나 동원수단으로 이용되는 측면에 관심을 갖는다. 그러나 단기연호가 제안되고 정착하는 과정은 이런 음모나 편향성과는 인연이 없었다 할 수 있다. 단군민족주의는 오히려 그가 가진 민족정기나 공동체주의 같은 강한 도덕적 색깔로 인하여, 냉전권력이나 부도덕한 사회세력으로부터 기피되거나 견제되었다고 보아야 할 것이다.

61) 연호개정 운동은 단기4300(1967) 기념사업의 일환으로 시민운동 차원에서 제기된 이래 간헐적으로 전개되어왔다. 2013년에도 범종교적 차원에서 단기연호병기사용법제화추진위원회가 조직되어 기자회견(8.28)을 통해 "연호에 관한 법률 개정안을 통과시켜 국민들이 단기연호를 사용하도록 할 것"을 촉구하였고, 국회에서는 이종걸 의원이 대표발의하여 [연호에 관한 법률 개정안]이 제출되었지만 (〈뉴시스아이즈〉 343호, 2013.9.3) 유의미한 결과를 맺지 못한채 19대 국회 종료와 함께 자동 폐기되었다.

62) 단군신화 속의 홍익인간은 환인이 지상세계에서 구현하고자 한 가치이념이자 지침(건국이념)이었던 바, 국가와 통지자가 추구해야 할 사명과 정치·경제·사회·문화·법질서·교육·종교·학술·기술 등 모든 문명장치의 존재이유를 "크게 인간을 행복하게 해주는 데"에서 찾는다. 홍익인간 사상이 지향하는 인본주의적 성격과 지향가치에 대해서는 정영훈, 「홍익인

간사상의 인본주의」, 『민족문화논총』 64집, 영남대민족문화연구소, 2016을 참고할 것.

단군신화로부터 민족경전民族經典으로

1) 『莊子』「天運」, "孔子謂老聃曰, 丘治詩書禮樂易春秋六經, 自以爲久矣."

2) 이것이 최초의 유교경전과 관련되어 있지만, 이 당시에는 아직 '經典'이라는 용어는 사용하지 않았고 '經'이라고만 불렀다. 이것은 당시의 '경'이 아직 후대의 '경전'이라는 용어에 함축된 권위를 확보하지 못하였음을 보여준다. 반면에 '經典'이라는 표현은 『漢書』에 처음 등장하였고, '經傳'은 그보다 앞선 『史記』에 처음 나타난다. '經典'이 절대적인 진리를 담고 있는 전적을 가리킨다면, '經傳'은 經과 그것에 대해 해설한 글(傳)을 함께 지칭한다. 이러한 사실에서 보자면, '經典'이라는 용어가 등장한 한 대에 와서야 경은 경전으로서의 권위를 가질 수 있었다고 이해된다.

3) 공자가 주나라로 가서 노담을 방문한 것이 사실이라면 그것은 대체로 공자의 나이 30세 중반에 있었던 일이고, 공자가 육경 가운데 하나인 『춘추』를 완성한 시기는 대체로 사망하기 2년 전인 71세의 때의 일이다. 그리고 공자의 언행록인 『논어』의 어디에서도 육경을 언급한 적이 없을 뿐만 아니라, 『맹자』에서도 육경에 대한 언급이 전혀 없다는 점에서 넓게는 공자 당시 그리고 좁게는 공자가 노담을 찾아 갔을 30대 중반에 육경이 성립되어 있었다고 생각되지는 않는다.

4) 물론 앞에서 언급된 여섯 가지 경전에 정식으로 경이라는 글자가 덧붙여져 『시경』, 『서경』 등으로 불리기 시작한 것은 훨씬 후대인 한나라 때에 이르러서의 일이다.

5) 古文이란 秦·漢이전에 통용되었던 문자인 '古文大篆', 줄여서 '고전' 혹은 '篆書'로 쓴 판본을 고문이라 하고, 今文은 前漢시대에 통용된 '隸書'로 쓴 판본을 가리킨다.

6) 蔣伯潛·蔣祖怡 저, 최석기·강정화 역(2002), 『유교경전과 경학』, 경인문화사, 4-7쪽에 따르면, 중국 근대 학자인 장병린은 정부에서 기록하고 관리한 문서는 특별히 큰 죽간에 기록되었는데, 그 크기가 2尺 4寸이었다. 그 내용은 모두 역사적 경험과 법률로, 특히 역사적 경험을 기록한 문헌을 경이라고 불렀다고 주장한다. 그의 시각에 따르면 '경'은 정부에서 기록한 2척 4촌 크기의 죽간 문헌을 지칭하는 용어일 뿐이다.

7) 『春秋左氏傳』, 「昭公 2年」, "二年春, 晉侯使韓宣子來聘, 且告爲政而來見, 禮也. 觀書於太史氏, 見易象與魯春秋, 曰周禮盡在魯矣, 吾乃今知周公之德與周之所以王也." 『周禮』, 「春官 外史」, "外史, 掌書外令, 掌四方之志, 掌三皇五帝之書."

8) 『論衡』, 「超己」, "孔子得史記以作春秋, 及其立義創意, 褒貶賞誅, 不復因史記者, 眇思出於胸中也."

9) 七經의 구성에 대해서는 세 가지 설이 있는데, 『시경』·『서경』·『예경』·『악경』·『역경』·『춘추』·『논어』라는 설과 『상서』·『모시』·『주례』·『의례』·『예기』·『춘추공양전』·『논어』라는

설, 『역경』·『시경』·『서경』·『춘추』·『주례』·『의례』·『예기』라는 설 등이 있다.

10) 九經의 구성에는 모두 네 가지 설이 있다. 첫 번째는 『역경』·『서경』·『시경』·『춘추』·『춘추좌씨전』·『예기』·『주례』·『효경』·『논어』·『맹자』로 구성되어 있다는 관점이고, 두 번째는 『역경』·『시경』·『서경』·『춘추』·『주례』·『의례』·『대학·중용』·『논어』·『맹자』을 꼽았고, 세 번째 설은 『역경』·『서경』·『시경』·『춘추』·『예기』·『주례』·『의례』·『논어』·『맹자』를, 넷 째는 『역경』·『서경』·『시경』·『주례』·『의례』·『예기』·『춘추공양전』·『춘추곡량전』·『논어』로 구성되어 있다고 보았다.

11) 蔣伯潛·蔣祖怡 저, 최석기·강정화 역(2002), 『유교경전과 경학』, 경인문화사, 326-327쪽.

12) 夏曾佑(1935), 『中國古代史』, 商務印書館, 62쪽, "孔子一身, 直爲中國政教之原. 中國曆史, 即孔子一人之曆史而已."

13) 柳詒徵(1988), 『中國文化史』, 中國大百科全書出版社, 231쪽, "孔子者, 中國文化之中心也. 無孔子則無中國文化. 自孔子以前數千年之文化, 賴孔子而轉, 自孔子以後數千年之文化, 賴孔子而開."

14) 『孔子家語』「本姓解」, "孔子生於衰周, 先王典籍, 錯亂無紀. 而乃論百家之遺記, 考正其義, 祖述堯·舜, 憲章文·武, 刪『詩』述『書』, 定『禮』理『樂』, 制作『春秋』, 讚明『易』道, 垂訓後嗣, 以為法式, 其文德著矣."

15) 『論語』, 「子罕」, "子曰吾自衛返魯, 然後樂正, 雅頌各得其所."

16) 『史記』, 「孔子世家』, "故孔子不仕, 退而脩詩書禮樂, 弟子彌衆, 至自遠方, 莫不受業焉."

17) 『孟子』, 「滕文公 下」, "世衰道微, 邪說暴行有作, 臣弑其君者有之, 子弑其父者有之. 孔子懼, 作『春秋』. 『春秋』, 天子之事也." 君父를 시해하는 亂臣賊子가 배출되는 혼란기에 공자가 명분을 바로잡고 인륜을 밝혀 세태를 바로잡고자 『춘추』를 지은 제작 동기가 서술되어 있다. 『춘추』는 단순한 역사적 사실만을 담고 있는 책은 아니며, 『춘추』의 경문 속에서는 사건이나 인물이 공자의 禮와 명분을 중시하는 정치 이념 아래 비판 또는 평가되고 있다.

18) 『荀子』, 「儒效」, "故詩書禮樂之道歸是矣. 詩言是其志也, 書言是其事也, 禮言是其行也, 樂言是其和也, 春秋言是其微也, 故風之所以為不逐者, 取是以節之也, 小雅之所以為小雅者, 取是而文之也, 大雅之所以為大雅者, 取是而光之也, 頌之所以為至者, 取是而通之也."

19) 『孔子家語』「曲禮」, "子貢問於孔子曰, '晉文公實召天子, 而使諸侯朝焉. 夫子作『春秋』, 云天王狩于河陽, 何也?' 孔子曰, '以臣召君, 不可以訓. 亦書其率諸侯事天子而已.'"

20) 『史記』「孔子世家」, "孔子在位聽訟, 文辭有可與人共者, 弗獨有也. 至於為『春秋』, 筆則筆, 削則削, 子夏之徒不能贊一辭. 弟子受『春秋』, 孔子曰, 後世知丘者以『春秋』. 而罪丘者亦以『春秋』."

21) 제도화는 두 가지 방향 곧, 종교적 제도화와 정치·사회적 제도화로 진행된다. 종교적 제도화란 종교적 의식이나 계율 등을 통해 이루어지고, 정치·사회적 제도화는 정치·사회적 이념이나 규범 등을 통해 이루어진다.

22) 진성수(2009)는 「유교경전교육을 위한 반성적 고찰」, 『한국철학논집』 25집, 235쪽에서 "경

전의 진정한 권위는 선험적으로 결정되는 것이 아니라 공동체의 문화생활을 통해 역사적으로 실현되는 것이며, 인간과 역사의 상호관계에서 형성되는 것"이라고 말하는데, 이것 역시 정치·사회적 제도화를 통한 권위의 형성과 같은 의미로 이해된다.

23) 김종인(2009), 「경전에서 고전으로: 불교 문헌의 현대와의 대화」, 『동서비교문학저널』 21호, 30쪽 참조.

24) 『漢書』 「儒林傳 贊」, "自武帝立五經博士, 開弟子員, 設科射策, 勸以官祿, 訖於元始, 百有餘年, 傳業者盛, 支葉蕃滋, 一經說至百餘萬言, 大師衆至千餘人, 蓋祿利之路然也."

25) 『漢書』 「儒林傳」, "武安侯田蚡爲丞相, 絀黃老刑名百家之言, 延文學儒者數百人, 而公孫弘以春秋白衣爲天子三公, 封以平津侯. 天下之學士靡然鄉風矣."

26) 여기에서 '단군신화'는 가장 오래된 기록인 『삼국유사』의 기록 자체를 가리키기도 하지만, 넓은 의미로는 단군신화로 대표되는 우리 민족의 근원적 정서를 표현한 문헌을 의미한다.

27) 특히 여기에서 민족경전에 대한 논의를 시작한 까닭이 과거로부터 현재에 이르기까지 우리에게 지대한 영향을 끼쳤던 유교나 불교의 경전들에게서 특별한 문제를 발견했기 때문은 아니다. 문제가 없더라도, 혹은 이러한 문제와 독립해서 민족경전의 문제는 충분히 논의할 가치가 있다고 생각되기 때문이다.

28) '경전의 배타성'이란 경전의 절대적 권위, 혹은 절대적 진리성에 근거한다. 그것이 절대적 진리인 까닭에 다른 진리를 표방하는 경전에 대해서는 필연적으로 배타적일 수밖에 없는 것이다.

29) '경전'과 '고전'의 차이점은 그것이 표현하고자 하는 내용과 방식에서 나타난다. 경전이 표현하고자 하는 내용이 절대적 진리라면 고전은 보편적 가치이다. 표현하는 방식에 있어서도 경전은 절대적인 권위를 통해 자신이 진리임을 표현한다면, 고전은 역사적인 시간 속에서 구체적으로 자신의 가치를 표현한다.

갑골 복사卜辭 · 주역 점사占辭를 통해 본 단군신화의 천신天神사상

1) 갑골문의 연대는 상나라 후기 대략 B.C. 14세기~B.C. 11세기 사이로 본다.

2) 『帝王韻紀』에 의하면, 고조선의 연대를 요임금과 같은 戊辰年에서 한무제의 한사군 설치(B.C. 108년)까지로 보고 있다. (李承休 著, 김경수 역주. 『帝王韻紀』(서울 : 역락, 1999), 135~140쪽 참조)

3) 윤내현 지음. 『고조선 연구』(서울 : 一志社, 1994), 706쪽.

4) 같은 책, 706~711쪽.

5) 이은봉 編, 『檀君神話硏究』(청주 : 온누리, 1986), 66쪽.

6) 일연 지음, 김원중 옮김, 『삼국유사』(서울 : 민음사, 2007), 19~20쪽.

7) 일연 저, 崔南善 編, 『三國遺事』(서울 : 端文文化史, 1996), 33쪽.

8) 李承休 著, 김경수 역주. 『帝王韻紀』(서울 : 역락, 1999), 135쪽.

9) 같은 책, 136쪽.

10) 이상옥 역저, 『예기(禮記 下』(서울: 명문당, 1985), 100쪽, "殷人尊神, 率民以事神, 先鬼而後禮."

11) 陳夢家, 『殷墟卜辭綜述』(北京: 中華書局, 1998), 562쪽 참조. 천멍지아가 정리한 『주례周禮』 「춘관종백春官宗伯」 편 대종백大宗伯의 제사 대상에 따른 분류는 다음과 같다.

甲, 神, 天神, 大神 昊天, 上帝 ; 日, 月, 星辰 ; 司中, 司命, 風, 雨.

乙, 示, 地示, 大示 社, 稷, 五祀, 五嶽 ; 山, 川, 林, 澤 ; 四方, 百物.

丙, 鬼, 人鬼, 大鬼 先王

12) 동모東母는 日, 서모西母는 月의 별칭이다. (牟钟鉴, 张践 著, 『中国宗教通史(修订本)』(北京 : 社会科学文献出版社, 2003), 91쪽)

13) 陳夢家, 앞의 책, 562쪽~571쪽 참조.

14) 같은 책, 562쪽.

15) 같은 책, 562쪽.

16) 같은 책, 563쪽.

17) 같은 책, 565쪽.

18) 원호영, 「卜辭에 나타난 祈雨祭와 女性 犧牲物」(중국인문학회, 중국인문과학 44, 2010), 3쪽.

19) 杨天宇 撰, 『周礼译注』(上海 : 上海古籍出版社, 2004), 275쪽.

20) 司馬遷 撰, 裴駰 集解, 司馬貞 索隱, 張守節 正義, 『史記』(北京 : 中華書局, 1982), 1375쪽.

21) 같은 책, 6쪽.

22) 林家骊, 『楚辞』(北京 : 中华书局, 2009), 37쪽.

23) 일연 지음, 김원중 옮김, 앞의 책, 20~21쪽.

24) 일연 저, 崔南善 編, 앞의 책, 34쪽.

25) 司馬遷 撰, 裴駰 集解, 司馬貞 索隱, 張守節 正義, 앞의 책, 119쪽.

26) 『주역周易』과 『십익十翼』은 서로 다른 문헌이다. 『주역』은 주나라 초기의 문헌이고, 『십익十翼』은 공자(B.C.551~B.C.479)가 지은 것으로 알려진 문헌이다. 참고로 공자저작설에는 이론이 있다.

27) 정병석, 『주역(하권)』(을유문화사, 2010), 174쪽.

28) 같은 책, 272쪽.

29) 물론, 이외에도 『주역周易』 원문을 보면, '천'이 여러 번 나타난다. 그러나 이러한 '천'은 절대적 존재로서의 '천'이 아니라, 자연적 존재로서의 '천'으로 묘사되어 있다.

30) 정병석, 앞의 책, 292쪽,

31) 같은 책, 288~289쪽,

32) 같은 책, 417~418쪽.

33) 같은 책, 219쪽.

34) 같은 책, 590~591쪽.

35) 미르치아 엘리아데, 이재실 옮김, 『종교사 개론』(서울 : 까치, 1993).

36) 조법종, 「단군 연구사 검토 및 역사적 의미」(『민족문화논총』 52집, 2012).

37) 范曄 撰, 李賢 等注, 『後漢書』(北京 : 中華書局, 1987), 2811쪽; 2813쪽.

38) 윤내현 지음, 『고조선 연구』(서울 : 一志社, 1994), 711쪽 참조.

39) 중국의 포털사이트인 바이두 맵(map.baidu.com)를 통해 상문화의 중심지인 중국 하남성 안양시安阳市와 요하 지역 중의 하나인 요녕성 요양시遼陽市의 거리가 약 1180km이고, 안양시와 중국 월문화를 대표하는 절강성 소홍시紹興市의 거리가 약 1122km 정도의 거리임을 확인할 수 있다. 근래 새로이 주목받고 있는 홍산문화의 중심지인 내몽고 적봉시赤峰市와 하남성 안양시安阳市는 그 거리가 약 969km로 더 가깝다. 이를 통해, 지리적인 측면에서 상족 문화와 고조선족 문화가 서로 교류하는데 있어서 하등의 지리적 문제가 없음을 알 수 있다.

40) 천신天神 사상에 있어서 상 문화와 고조선 문화의 동일성을 찾을 수 있는 것에 비해, 한편으로 상문화는 천신天神 사상과 더불어 다양한 지신 사상과 인귀 사상을 보여주고 있기도 하다.

41) 陳夢家, 앞의 책, 561~603쪽 참조.

강화도江華島 참성단塹城壇의 제천의례

1) 李能和, 『朝鮮道教史』 第19章, 「摩利山壇祭天」. ; 서영대, 「강화도의 참성단에 대하여」, 『한국사론』 41 · 42합집(서울대 국사학과, 2003). ; 김철웅, 「조선전기의 塹城醮禮」, 『도교문화연구』 28(한국도교문화학회, 2008). ; 김철웅, 「강화도 참성 의례의 추이와 醮禮 靑詞의 분석」, 『동아시아고대학』 27(동아시아고대학회, 2012). ; 김성환, 「참성단 제천의례의 복원에 대한 시론」, 『동아시아고대학』 23(동아시아고대학회, 2010). ; 윤이흠 · 서영대 외, 『참성단과 개천대제』(경인문화사, 2009).

2) 元宗五年六月庚戌 移御妙智寺 又親醮于磨利山塹城.

3) 元宗五年 蒙古徵王入朝 (白)勝賢又因金俊 奏曰 若於摩利山塹城 親醮 又於三郎城神泥洞 造假闕 親設大佛頂五星道場 則未八月 必有應而可寢親朝 三韓變爲震旦 大國來朝矣 王信之 命勝賢及內侍大將軍趙文柱 國子祭主金坵 將軍宋松禮等 刱假闕.

4) 李丙燾, 「震檀辯」, 『震檀學報』 1, (震檀學會, 1934), 167~174쪽.

5) 『陽村集』 권29. 『陽村集』 卷1, 「陽村先生年譜」에 의하면 權近이 密直司 左代言을 歷任한 것은 1388년이다. 원문은 다음과 같다.

"切念摩利之山 檀君攸祀 自聖祖爲民立極 俾纘舊以垂休 曁後王避狄遷都 亦賴玆而保本 故我家守之不墜 而小子承之益虔."

6) 官至右代言 嘗受命醮摩利山塹城 聞空中若有呼 慶代言不幸短命者 再還謂友人曰 吾不久 於世矣 未幾果卒.

7) 辛禑五年三月辛未 遣使醮摩利山.

8) 『高麗史』 권35, 世家35, 忠肅王十一年四月戊寅, 以金仁沇爲知申事 慶斯萬 · 李揆爲右左代言.

9) 先是 行護軍崔灝元 以塹城醮行香使 往摩利山 還啓獻官加定 齋室移排 執事差校生 祭器用簠 · 簋 祭需加設等事 命示昭格署提調 禮曹及崔灝元議便否 第一條 江華府使爲獻官事 提調許琮議 "本署三界醮祭內外壇 幷三百五十一位 行香使 則內壇及外壇西偏 奠茶 · 湯 · 酒 獻官 則外壇東偏 奠茶 · 湯 · 酒 其來已久 塹城醮禮 亦依此例爲之 但塹城 臺上峻截 陞降爲難 且外壇 位數不多 下壇左右偏 竝令獻官奠之 則京外一例 且雖使其府使爲獻官 無有廢事" 禮曹判書李坡 · 參議朴崇質議: "塹城醮壇高峻 陞降之際 少有倦怠 便是不敬 行香使 若上壇奠訖 復奠下壇 登降之際 力不能支 江華治所 距壇不遠 簿書不繁 但致齋三日而已 差獻官 何弊之有" 從許琮議. … 第二條 … 李坡 · 朴崇質議 "塹城醮上帝四位 外壇九十一位 只排壇二人 設奠物 兼設茶 · 湯 · 酒 似乎簡易 擇品官衣服淨潔者 如京中齋郎 · 祝史例 行之何如" 從李坡等議.

10) (孔)瑞麟曰 "… 且昭格署摩尼山塹醮祭 其不得已可爲者乎 臣未知也".

11) 傳曰 "… 前日 昭格署及摩利山塹城醮祈雨祭 觀世爲之事 傳敎矣 近日內斯速爲之 辰巖焚薪事, 幷言于該曹."

다음 기록에는 의례의 장소가 참성단이란 말은 없지만, 이것 역시 참성단 의례에 관한 것이라 생각된다.

明宗 14年(1559) 7月 癸酉(4일) 禮曹啓曰 "… 摩利山則其祭儀式 異於他名山之祀 專委道家掌之 而令獻官代押"(『明宗實錄』 권25).

12) 『世宗實錄』 권55, 世宗 14年 3月 戊寅.

13) 『成宗實錄』 권172, 成宗 15年(1484) 11월 乙巳

14) 張澤洪, 『道敎齋醮科儀硏究』(巴蜀書舍, 1999), 12쪽.

15) 『고려사』 권63, 禮志 5, 吉禮小祀, 雜祀; "國家故事往往遍祭天地及境內山川于闕庭謂之醮"

16) 『中宗實錄』 권14, 中宗 6년(1511) 6월 癸未(5일).

17) 『中宗實錄』 권26, 中宗 11년(1516) 12월 庚申(14일).

18) 『成宗實錄』 권172, 成宗 15년(1484) 11월 乙巳(22일).

19) 李衡祥(1653~1733)이 강화도에 隱居하면서 1696년(肅宗 22)에 지은 『江都志』 卷上 「祠壇」.

20) 許潔, 「隋唐時期的道教星像研究」, 『宗教學研究』 2009-4(四川大學) 24~33쪽. ; 趙貞, 「中國古代的星官命名及其象徵意義」, 『石家庄學院學報』 14-5(2012), 5~12쪽.

21) 窪德忠; 『道教諸神』(四川人民出版社, 1989) 163~167쪽.

22) 『中宗實錄』 권13, 中宗 6년 5월 丙寅. ; 『明宗實錄』 권5, 明宗 2년 5월 丙子. ; 成俔의 『慵齋叢話』 권2(『大東野乘』 所收)에 의하면, 昭格署에서 冥府十王을 모셨다고 하는데, 冥府十王 중 5번째가 염라대왕이므로, 소격서에서 염라를 모셨음을 알 수 있다.

23) 李衡祥, 『江都志』 卷上 「祠壇」; "設帳於壇上 且無木主 只以紙榜書四上帝位號 下壇設星官九十餘位 祭畢焚之."

24) 成俔, 『慵齋叢話』 권2.

25) 『成宗實錄』 卷172, 成宗 15년(1484) 11월 乙巳(22일). ; 李衡祥, 『江都志』 권上 「祠壇」.

26) 『成宗實錄』 권172, 成宗 15년(1484) 11월 乙巳(22일); "行香使若上壇奠訖 復奠下壇 登降之際 力不能支."

27) 『牧隱詩稿』 권4, 「摩尼山紀行, 次韻齋宮」; "何似塹城修望秩, 坐令人享大平年"(어떻게 하면 그대로 참성에 제사를 하여, 앉아서 사람마다 태평세월을 누리게 할꼬).
『牧隱詩稿』 권4, 「摩尼山紀行, 曉發齋宮」; "歸鞍滿載長生福, 拜獻吾君作大平"(돌아가는 안장엔 장생복을 가득 실어서, 우리 님께 바치어 태평성대 이룩케 하리).

28) 『牧隱詩稿』 권4, 「摩尼山紀行, 次韻山上作」.

29) 『牧隱詩稿』 권4, 「摩尼山紀行, 曉發齋宮」.

30) 『牧隱詩稿』 권4, 「摩尼山紀行, 下山詠松明」 "殷勤山下人 候我登危巓 伍伍與什什 手把松明燃."

31) 乙亥九月 午飯後 各以肩輿上山 山路甚險峻 自齋室至塹城 幾十里許 如向層霄步步躋蹬 心懍然矣 到祭壇行祭 則夜已二更量矣 又乘肩輿 擧火而下 到齋室 則困苦無比 夜已半矣.

32) 丙子二月二十六日 四更行祭.

33) 『國朝五禮儀』에 수록된 吉禮들의 「行禮」 部分 참조.

34) 1018년(顯宗 9) 이래로 고려 일대를 통하여 醮祭가 빈번히 거행되었는데, 醮祭의 명칭이 三界神醮 · 三清醮 · 本名星宿醮 · 太一醮 등인 점으로 미루어, 고려에서도 醮는 도교의례를 가리켰다고 생각된다.

35) 『중종실록』 권14, 중종 6년 6월 계미(5일),

36) 『고려사』 권111, 열전, 慶復興.

37) 『新增東國輿地勝覽』 권12, 강화도호부, 祠壇.

38) 李衡祥, 『江都志』 卷上 「祠壇」; "春秋行祭時 昭格署官員 前期四十日下來 釀酒."

39) 昭格署에 대해서는 다음과 같은 연구가 있다. 李鍾殷, 「昭格署관계 역사자료 檢討」(한국도교사상연구회 編, 『도교와 한국문화』, 아세아문화사, 1988). ; 李秉烋, 「昭格署의 革罷論議와 士林派」(『嶠南史學』 1, 1985). ; 劉炳來, 「朝鮮朝 昭格殿의 淵源과 址에 관한 연구」, 『한국사상과 문화』 32, 한국사상문화학회, 2006.

40) 任宗權, 『道教章表符印文化硏究』(宗教文化出版社, 2006) 108~110쪽.

41) 高麗~朝鮮初까지 참성단의 祭官으로는 密直司 代言이 주로 派遣되었는데, 李穡이 代言이란

관직에 있었던 것은 1362년이다.

42) 『牧隱詩稿』 권4, 「摩尼山紀行, 曉發齋宮」.

43) 『陽村集』 권29. ; 『陽村集』 권1, 「陽村先生年譜」. 권근이 密直司 左代言을 역임한 것은 1388년이다.

44) 『栗谷先生全書』 권3, 「疏箚一, 辭命製摩尼山醮靑詞箚」.

45) 李衡祥, 『江都志』 卷上 「祠壇」; "以素饌行之 此涉於道家事 而非名山等例也."

46) 『成宗實錄』 권172, 成宗 15年 11월 乙巳.

47) 劉枝萬, 「醮祭釋義」, 『臺灣民間信仰論集』(聯經出版事業公司, 1983) 14~15쪽.

48) 『世宗實錄』 권7, 世宗 2년 正月 甲寅.

49) 현재 중국 도교의 도사들은 육식을 하지 않는다는 점이 참고가 될 수 있겠다.

50) 『成宗實錄』 권172, 成宗 15년(1484) 11월 乙巳(22일).

51) 我國家有昭格署磨尼山塹城醮之類 乃道家之一事也(『大東野乘』 권3).

52) 明宗 十四年七月癸酉, 禮曹啓曰 "… 摩利山則其祭儀式 異於他名山之祀 專委道家掌之"

53) 明宗 十四年七月甲戌, 政院啓曰 "… 但此祭(=摩利山祈雨祭)儀式 異於他名山之祭 專委道家掌之"

54) 『新增東國輿地勝覽』 권10, 「京畿, 通津縣」, 尼山聳碧雲端 知有三淸古石壇 頗識閑居塵事少 黃庭讀罷禮星官. ; 『四佳詩集』 補遺三, 詩類, 「通津梁誠之大補谷別墅八詠」에도 수록되어 있다.

55) 『高麗史』 권63, 禮志 5, 吉禮小祀, 雜祀; 國家故事 往往遍祭天地及境內山川于闕庭 謂之醮.

56) 서경전 · 양은용, 「고려 도교사상의 연구」, 『논문집』 19(원광대, 1985) 67~70쪽.

57) 張澤洪, 「論道教齋醮儀禮的祭壇」, 『中國道教』 2001-4(中國道教協會) 18~20쪽.

58) 『成宗實錄』 권172, 성종 15년 11월 을사(22일).

59) 『燕山君日記』 권36, 연산군 6년 2월 병신(12일).

60) 『世宗實錄』 권55, 세종 14년(1432) 3월 무인(19일).

61) 中宗 六年六月癸未, 御朝講 特進官柳崇祖曰 "人君學問 當辨邪正 … 臣奉命而祈雨於摩尼山 見設壇曰 '玉皇上帝' 又設雲馬樂 其虛誕無理甚矣 是欺天也 學聖賢之道 苟知其邪而不革 則是學問之功無益矣" 不答.

62) 御朝講 … 領事金應箕曰 國家大關事 則似無矣 然如昭格署摩利山之祭 皆是祭天 此甚僭禮 獻納趙漢弼曰 昭格署非徒僭禮 乃是左道 所不可爲也.

63) 中宗 十一年十月己巳, 御朝講 … (掌令 孔)瑞麟曰 … 且昭格署摩尼山塹醮祭 其不得已可爲者乎 臣未知也 如此等祭 無乃當革罷乎 (領事 申)用漑曰 昭格署果不干於事天 而只祭星辰老子祭 老子尤可笑也 不見其祈禱應驗 而外方上納之物甚多 弊則大矣 臺諫前亦論啓 不得蒙允 雖祖宗朝所爲 而如摩尼山之祭 非道甚矣 當快斷絶之 上曰 祀典在祖宗朝已參酌之 或存或去 今不可輕議.

64) 中宗 十一年十二月庚申 御晝講 … 領事金應箕曰 … 曩者臣三爲摩尼山香使 見祭之時 祀玉皇上帝配之以老子 又有二十八宿 書之于板 又以閻羅祀之 豈有星神降歆之理乎 昭格署亦如此 虛誕之事 皆速

革之.

65) 『禮記』「王制」의 "天子祭天地 諸侯祭社稷 大夫祭五祀 天子祭天下名山大川 五嶽視三公 四瀆視諸侯 諸侯祭名山大川之在其地者"라는 문장이 주요한 근거이다.

66) 『중종실록』 중종 13년 9월 경자(3일).

67) 필자의 능력으로는 우리말로 번역하는 것이 무리라고 판단하여, 원문을 그대로 제시했다.

68) 1696년(숙종 22) 11월~1698년 10월 사이에 江華留守.

69) 1721(경종 1) 강화유수.

70) 1782(정조 6) 강화유수.

71) 1839(헌종 5) 강화유수.

72) 朴興居(1386~1445)의 『二樂堂先生文集』에는 「摩尼山祈雨文」이란 제문이 있으나(박영호 역, 『國譯 二樂堂遺稿』, 밀양박씨경주부윤공파종중, 2013, 81~82쪽 및 원문 33~34쪽), 이 마니산은 강화도가 아니라, 충청북도 永同郡에 있는 마니산이다(『신증동국여지승람』 권16, 「충청도 永同縣, 산천」 참조).

73) 개천절 기념행사를 참성단에 거행한 것은 1946년이 처음이며, 1949년에는 국가의 공식적 개천절 행사가 참성단에서 치러졌다. 그리고 참성단에서의 성화 채화는 1955년 제36회 전국체육대회부터 시작되었다.

단군 인식의 확장과 단군자손의식

1) 채웅석(2002), 「고려시대 민족체 인식이 있었다」, 『역사비평』 58; 오수창(2002), 「조선시대 국가, 민족체의 허와 실」, 『역사비평』 58 참조.

2) 노명호(2009), 『고려국가와 집단의식』 참조.

3) 단군민족주의의 선행 연구에 대해서는 愼鏞廈(1980), 「申采浩의 愛國啓蒙思想」, 『한국학보』 20; 한영우(1980), 「1910年代의 民族主義的 歷史敍述」, 『한국문화』 1 참조. 이후 단군민족주의의 개념과 전개 양상에 대해서는 정영훈의 지속적인 연구가 진행되었다. 그는 단군민족주의를 "단군을 민족공동의 출발점으로 생각하고 단군 자손으로의 정체성에 입각하여 민족적 통합과 발전을 도모한 일련의 지적 흐름"으로 규정하였다. 鄭榮薰(1995), 「檀君과 近代 韓國民族運動」, 『한국의 정치와 경제』 8; (2012), 「삼일운동과 단군민족주의」, 『동양정치사상사』 11 참조. 필자가 생각하고 있는 단군민족주의에 대한 세부적인 내용에서 약간의 차이가 있을 수 있지만, 큰 범위에서는 대체로 동의할 수 있다.

4) "조선시대의 국가는 확정된 영토 위에서 단일한 종족, 단일한 언어를 바탕으로 전국토의 인민들에 대해 고도의 통합력을 행사하고 있었으며, 이것은 근대 이후 경험하고 지향하게 되는 '민족'과 '국가'의 절대적인 기반이 되었다"는 견해가 있다. 오수창, 위의 논문 참조.

5)『제왕운기』 권하, 동국군왕개국연대병서, 「漢四郡及列國紀」 참조.

6)『고려사』 권120, 열전25, 「白文寶」 참조.

7)『목은고』, 목은시고 권3, 「婆娑府」; 목은시고 권17, 「君子」; 목은문고 권9, 「送偰符寶使還詩序」 참조.

8) 위의 책, 목은시고 권3, 「西京」 참조.

9)『삼국유사』 권1, 기이2, 「고조선[왕검조선]」; 『쌍매당협장집』 권22, 잡저, 「단군조선」 참조.

10)『竹軒遺集』 권상, 서, 「答咸修撰書」 "…我國居天下之東 屬於木旺之運 元氣之所始 仁理之所會 是以自檀君開國 逮至我朝歷數千百歲 仁聖之君繼作 仁賢之士輩出 雖以中華鄒魯之域 莫此爲盛 是固天地運氣之所關 若其文物之彬郁…".

11)『양촌집』 권36, 비명류, 「有明諡康獻朝鮮國太祖至仁啓運聖文神武大王健元陵神道碑銘并序」의 元本 및 石刻本 참조.

12)『눌재집』 권2, 주의, 「便宜十二事[丁丑三月十五日 以判書雲觀事上]」 "…中國自唐堯至大明 凡二十三代 東國自檀君至今日 纔七代 此无他…".

13)『사가집』 문집5, 序, 「歷代年表序」 "…六十甲子循環無窮 則其紀事亦與之無窮矣 於是分中國東國爲上下 中國則始自帝嚳四十一載甲子 而終於皇明成化十四年戊戌 凡三千八百幾年 東國則始自檀君戊辰而終於我殿下九年戊戌 凡三千八百幾年 間有關於治體者 撮其大要…".

14) 위의 책, 문집보유2, 잡저류, 「進三國史節要箋」 "…惟我日出之邦 實是天作之地 檀君並堯立 肇建千載之基…".

15) 앞의 책, 문집보유2, 잡저류, 「進東國通鑑箋」 "…念我朝鮮有國 古稱文獻之邦 檀君並立於唐堯 民自淳而俗自朴…".

16)『三灘集』(李承召) 권11, 序, 「歷代年表序」 참조.

17)『양존집』 권1, 응제시 참소.

18) 김성환(2002), 『高麗時代 檀君傳承과 認識』 참조.

19)『浮査集』 권1, 칠언절구, 「西都遺跡」[12首] 중 "鴻荒朴略無君長 天遣神人作我王 遙想唐堯戊辰歲 晩生襄季意茫茫(右檀君廟 ○ 檀君降于太伯山檀木下 立於唐堯戊辰歲 是爲前朝鮮)" 및 "太伯山熊化女兒 天神仍嫁誕神姿 國人推戴爲君長 東土爲邦始此時(右太伯山 ○ 一名妙香山 有一熊常祝于神 願作人身 神遺靈藥 使食之 熊遂化爲女 生子 是爲檀君)".

20)『大隱實記』, 시, 「東國留居吟」 "奧余華姓自軒嚳 昭載帝王世乘傳 初命玄禽天降聖 更朝白馬國封賢 大夫名伯居周祖 公子字邊出宋先 東土三支分一本 泰川中葉氏綿綿 又在祈乾坤夙避地 大東自有小中華 唐堯并立傳檀木 周武所封繞槿花 島晩橫居風氣勁 海餘連蹈月輝斜 高山麗水吾先國 松茂承承祝永嘉".

21)『耳溪集』 권7, 시, 「自上院又轉而東百折千回到內院萬峰環擁奇巖競秀始得一山全面」 "金莖玉朶切雲間 積翠連空不可攀 滄海五更先見日 朔方千里更無山 神人降嶽開王業 老釋提戈救世艱 元氣儲停成福地 長留寶筏度塵寰".

22)『사가집』 시집보유2, 시류[皇華集], 「黃州近體詩十律承雅敎奉酬」 "(六) 檀王元不與周通 箕子封來履大東…".

23)『성호문집』 권7, 악부, 「大洞江」 "浿江何似一淸河 聖人來闢檀王都…".

24)『四名子詩集』, 시, 「送文叔關西之行」[2수] "(二) …檀王靈異跡 留得戊辰遊".

25)『秋齋集』 권3, 시, 「入香山」 "…中興參釋將 首出有檀王…"; 「送人遊香嶽」(三首) "(一) 檀王故宅荇人都 跨鶴金仙不可呼…".

26)『濡谿集』 권4, 칠언고풍, 「題金仲習所摹本國輿地圖」 "析木之分鴨綠水 一片靑山千萬里 天荒地老幾億年 阿達山中聖人起 衣冠禮樂浿江湄 東人復得殷太師…". 이 같은 이해는 李汝圭(1713~1772)에게도 확인된다. 『无悶堂文集』 권2, 시, 「次韻歷代詩」 "…神檀樹下聖人降 大堯年中傳統俱 朝周白馬條尒來 八敎靑丘民物熙 風移世變立三韓 郁郁文物非昔時…".

27)『三灘集』 권5, 시, 「送平壤李觀察使」 "…海東孔子尋遺宅 太上檀君訪舊蹤…".

28)『매월당집』 시집 권9, 「擬楚辭九歌四首[民俗好淫祀 取其有功德者歌之]」 "帝子降兮香峯 熊虎嘷兮毛髼茸 錫靈劑兮化人 蹇轉續兮相嬗 檀君來兮阿丘 臣妾走兮挾輈 靈續紛兮來遊 蹇揖讓兮慺慺 明酒兮犧尊 燔黍兮捭豚 擊缶鼓兮吹卷蘆 奠羞菲兮心愉愉 公尸喜兮顏酡 羌屢舞兮傞傞 靈降福兮穰穰 蹇歡樂兮無疆(右檀君)".

29)『篠叢遺稿』 권하, 시, 「題金剛山[金剛山一支蔓延於百許里 雪嶽山略如金剛 故曰小金剛 此則題於小金剛]」 "先生檀帝戊辰歲 眼及箕王號馬韓…".

30)『梧溪集』 권1, 시, 「箕子墓次天使韻」 "(二) 東土人遐矣 西京事杳然 天孫開國日 帝子降何年 俗盡民由禮 門唯犬自眠 有邱珠可築 欲報愧塵涓".

31)『月渚堂大師集』 권상, 칠언율, 「次權瑎西伯瑎遊妙香山[附原韻]」 "…檀帝昔年開鑿後 棠威此日指揮中…".

32)『雪巖雜著』 권3, 시문3, 「妙香山」 "…金皇駐蹕人皆仰 檀帝遺蹤鬼亦慳…".

33)『愚谷集』, 시, 「箕子廟」 "鳥獸東夷國 神君降自天 衣冠檀帝後 城郭衛王前".

34)『雲石遺稿』 권2, 시, 「藥山雜詩」 "(一) …地閱荇人餘戰伐 天開檀帝肇文明…".

35)『龜峯集』 권2, 詩, 「香山」 "山嶽威靈赫 田原雨露均 日星休往復 天地失昏晨 竇閉千年雪 花開五月春 康衢歌帝德 聞昔降神人".

36)『사명당대사집』 권4, 시, 「登香爐峰」 "山接白頭天杳杳 水連靑海路茫茫 大鵬飛盡西南闊 何處山河是帝鄕"; 『荷棲集』 권3, 시, 「箕子墓」 "東風吹雨入寒陵 井地荒荒草沒塍 祠下浮雲如白馬 帝鄕神馭尙殷乘".

37)『武陵雜稿』 원집 권3, 시, 「送宋汝溫相公出尹平壤」 "…山河檀主舊 井畝太師餘…".

38)『林塘遺稿』 권상, 응제록, 「西京圖」 "西京素稱佳麗地 檀下眞人始都此…".

39)『淸虛集』 권1, 시, 「登檀君臺」[史與堯並立云] "披雲登老石 遙想古皇王…".

40)『家州集』 권4, 칠언고시, 「平壤歌送李點馬之關西」 "…太白神人何處去 朝天麟馬更不歸…".

41) 『東州集』 시집 권2, 鐵城錄2, 「寧邊二十首」“(七) 檀氏從天日 堯氓擊壤年…”.

42) 『孤山集』 권2, 시, 「聞李晉叔(時善)將遊太白送天燈李居士邀我詩賦之」“太白何蒼蒼 上有仙人居…”.

43) 『石洲集』 권8, 잡체, 「述懷聯句」“…靈檀降仙聖[章] 寶曆偕伊唐[世]…”.

44) 한국의 仙家와 관련해서는 김성환(2011), 「韓國 仙道의 變轉과 再認識」, 『韓國史學史學報』 24 참조.

45) 『동주집』 시집 권7, 鐵城錄7, 「述懷一百韻」“…箕子殷墟麥 神君太白檀…”; 『愚谷集』, 시, 「箕子廟」 “鳥獸東夷國 神君降自天 衣冠檀帝後 城郭衛王前”; 『四名子詩集』, 시, 「二十五日到箕城」[2수] “(二) 戊辰之歲降神君 生并堯時後世間…”.

46) 『歸鹿集』 권2, 시, 「自峰頭陀庵回輿香爐 峻不可攀也」“…古殿停輿尋佛迹 荒臺吹篴問神君…”.

47) 神人의 용례는 休靜(1520~1604)에게서도 확인된다. 『淸虛集』, 補遺, 「娑婆教主釋迦世尊金骨舍利浮圖碑」“…且我東方 初無君長 不列諸侯 神人檀君 出興於太白山神檀樹下 爲始祖王 與堯并立也 然則太白 太白始胎于一國王 使朝鮮國民 永脫東夷之號…”.

48) 『息庵遺稿』 권19, 致祭文, 「箕子廟遣近臣致祭文」“維我東壤 奧在褊裔 古初荒僻 人文未晰 首出檀后 生並堯世 神徂靈邈 仁聖聿繼…”.

49) 『圃巖集』 권1, 시, 「檀君臺」“東壤無慚夏 檀君已並堯 聖神有生異 巖窟厥靈昭…”; 『屛溪集』 권2, 시, 「檀君窟」“首出君神聖 唐堯與並時 靈檀參瑞荚 虛广視茅茨 氣化仍初祖 人文又一箕 吾東賴比夏 感古起余衰”.

50) 유사한 용례로 宋明欽(1705~1768)에게서 ‘聖君’·‘眞君’도 확인된다. 『櫟泉集』 권1, 시, 「拈韻賦檀君臺」“(一) 香嶽山名天下聞 連峯八萬白頭分 氣蒸東海雄荒服 運應中州降聖君 檀木尙留千古月 梵宮惟見六時雲 登臨曠世還多感 況復吾行自浿濆 (二) 鴻荒異事古來聞 聞說神堯一氣分 八萬香峰呈瑞彩 億千世服戴眞君 檀臺舊跡空秋樹 浿國遺風但暮雲 華夏聖人今不作 願傾東海洗河濆”.

51) 『修山集』 권11, 동사[열전], 「濊貊沃沮沸流樂浪列傳」“濊貊之先 與扶餘同出 皆檀君氏子孫也…”.

52) 『설암잡저』 권1, 시문1, 「春帖」“(二) 震帝初廻萬彙春 芸芸庶物日維新 山僧亦是恩波裏 手把銅爐祝聖人”; 권3, 시문3, 「祖院庵上梁文」“…遂爲短篇 爰頌六偉 兒郞偉抛梁東 曉日玲瓏入牖紅 震帝承春來布惠 太平文物與民同 西建越眞丹路不迷 攝騰聲教隨方至 白馬時翻碧玉蹄…”.

53) 『守窩集』 권3, 記, 「遊太白山[丙辰]」“…稍西又踰一小脊數百步 拔起矗天石堆 上爲臺下爲窟 卽檀聖首出之地…”.

54) 『梧墅集』 책4, 시, 「箕子古蹟」“…檀聖開國一茫然 洪荒世界蚩蚩氓…”.

55) 『華棲集』 권2, 시, 「次香山上月菴韻」“…檀皇一千年君長 衆香妙香卽其一…”.

56) 『사가집』 문집5, 序, 「歷代年表序」“(居正)嘗讀史 病其簡帙浩穰 難於涉獵 仍用六十甲子 逐年紀事 六十甲子循環無窮 則其紀事亦與之無窮矣 於是分中國東國爲上下 中國則始自帝嚳四十一載甲子 而終於皇明成化十四年戊戌 凡三千八百幾年 東國則始自檀君戊辰 而終於我殿下九年戊戌 凡三千八百幾年…”.

57) 『休翁集』 권5, 부록, 「沈光世墓表」 및 『澤堂集』 권10, 묘표, 「沈舍人墓表」 "…君早習六藝諸子書 又善爲詩 皆不肯 竟獨喜看古今史志 自三代以迄于大明 自檀君以迄于我鮮 上下數千年間 治亂興喪得失成敗之變 兵民財用政敎風俗强弱虛實之別 山川道路都鄙險夷遠近之勢 與其君公將相謀臣策士英雄之略 忠義之節 莫不淹貫揣摩 參驗攷據 要以發之事業 施之當今而後已…".

58) 『袖香編』 권1, 「中國東國歷年」 "唐堯元年甲辰 至明洪武元年戊申 摠三千七百八十五年 檀君元年戊辰 至我太祖元年壬申 摠三千七百八十五年 東方歷年之數 大概中國相同 帝堯作而檀君興 周武立而箕子封 漢高祖定天下而衛滿來平壤 宋太祖將興而高麗太祖起 我太祖開國亦與大明太祖高皇帝同時".

59) 『雲養集』 속집 권14, 잡저, 「中國歷代數」 "自天皇氏至唐堯元年甲辰 四萬五千六百年 自唐堯元年甲辰至明太祖元年戊申 三千七百二十五年 自明太祖元年戊申至乾隆六十一年丙辰 四百二十九年" 및 「東方歷代數」 "檀君後唐堯二十五年而立 我太祖後明太祖二十五年而立 自檀君元年戊辰至我太祖元年壬申 三千七百二十五年".

60) 『曺氏五先生文集』 중 『退思軒遺集』 권1, 시[칠언고시], 「浿江懷古」[浿江在平壤卽大同江] "…厥初玄黃剖判日 震維地靈鍾此美 王君將相三千載 歷世檀箕句麗氏…".

61) 『사가집』 권6, 序, 「送郁上人遊妙香山序」 "…今又西遊 訪檀箕東明松讓之遺踪 涉浿江 津薩水 遂入妙香山…".

62) 『十清軒集』 권1, 오언고시, 「奉送權相公[鈞]出按關西」 및 「送李相公觀察關西」[五首] 참조.

63) 『星湖集』 권7, 악부, 「西鴨綠行」 및 권38, 논, 「三韓正統論」 참조.

64) 『老村集』 권3, 序, 「東史會綱序[辛卯]」 참조.

65) 『溪村集』 권5, 잡저, 「史總凡例」[壬申] 참조.

66) 『順菴集』 권10, 書, 「東史問答」 참조.

67) 『青莊館全書』 권25, 紀年兒覽, 「紀年兒覽序」 참조.

68) 『修山集』 권6, 史論, 「古史三國職方考論」 참조.

69) 『碩齋集』 권11, 序, 「東三攷序」 참조.

70) 『海石遺稿』 권8, 잡저, 「策題」 참조.

71) 『제왕운기』 권하, 동국군왕개국연대병서, 「漢四郡及列國紀」 "…臣嘗使於上國 至遼濱路傍有立墓 其人曰 扶餘駙馬大王墓也 又賈耽曰大原南ㅁ鴨綠 血扶餘舊地 則北扶餘者 宜在遼濱 其開國盖自後朝鮮 而至此幾矣…" 그의 사신 기록은 『動安居士集』에 일부 전하는데, 1273년의 것으로 짐작된다. 『動安居士集』 행록 권4, 「賓王錄」 참조.

72) 『수산집』 권11, 동사, 열전, 「濊貊沃沮沸流樂浪列傳」 "濊貊之先 與扶餘同出 皆檀君氏子孫也…東沃沮 亦檀君之裔也 國在盖馬山東…沸流王松讓 其先檀君之苗裔 國於沸流水上…又曰…余聞古史稱扶餘濊貊沸流沃沮皆出於檀君 立國傳世 或數千年不絶 此其所從來遠矣 無乃檀君之德 如姚姒湯姬耶 不然何如其久也".

73) 김성환(2011), 「星湖 李瀷의 檀君論」, 『星湖學報』 3, 성호학회 참조. 동국의 국호 중에서 '檀'과

'箕'가 국호이고 '조선'은 지명이라는 논설은 李圭景(1788~?)에게서 보인다. 『五洲衍文長箋散稿』 권34, 「檀箕爲國號辨證說」 참조. 한편 이에 앞서 許穆(1595~1682)은 동국의 역사를 단군에 앞선 神市로 설정하기도 하였다.

74) 『立齋遺稿』 권9, 잡저, 「東史評証」 참조.

75) 『대동지지』 권29, 방여총지, 「단군조선」 참조.

76) 『澹人集』 권16, 잡저, 「策題」[庚戌三月日 全羅右道 沃溝縣都會慶科 增廣文科 東堂初試 試官申佐模] "…夫自檀箕以前 其事荒矣 疆域年代 靡所攷證…".

77) 『冠巖全書』 책16, 記, 「箕子墓記」 "…蓋箕子之都 雖在於平壤 而疆域遠包於遼地 故漢書曰玄菟樂浪本箕子所封 唐書曰遼東本箕子國 盛京志瀋陽奉天府義州廣寧 皆云朝鮮界 遼地太半爲箕子提封 而又都平壤 凡都邑之地 多定國中 則吳氏澐所謂遼河以東漢水以北 皆箕氏地者然矣…". 遼瀋과 기자의 관련성에 대해서는 李命鍾(2015), 「1910 · 1920년대 조선 지식인들의 '만수=단군상역' 남론」, 『한국근현대사연구』 74 참조.

78) 『龍洲遺稿』 권3, 칠언율시, 「登百祥樓」 "高樓登睡信悠哉 檻外長風萬里來 香嶽北蟠天半出 江波西蹴海門開 檀君疆土輪雙眼 文德功名弱一咍 秋水大方非誕說 塵寰回首北心灰".

79) 『白湖集』 권1, 賦, 「弔箕子賦」 "…吾且爲之堂房太白蒼蒼兮 浿河湯湯揖遜之風兮 舜堯之光檀之墟儉之宅兮 居水之北處山之陽 布八條而遒百祿兮 民無爭而物無戕詠同明於嵩渾兮…".

80) 『斗室存稿』 권3, 시, 「妙香山同諸使君次東坡金山七古韻」 "…攘雲嚼雪上檀墟 始識廬山喜且慙…"; 같은 책, 「寄別妙香山東善之」 참조.

81) 『經山集』 권3, 시, 「追和楓皐斗室金竹里[履喬]三太史香山詩韻同藏山中之上院庵[附跋]」 "…眞靈窟宅神聖奧 檀墟石广多惚恍…".

82) 『梅月堂集』 시집 권9, 「檀君廟」 "檀君民鼻祖 太白有靈蹤 天眷立元首 神綏釐大東 千年入斯達 萬代判鴻濛 好古踟躕久 西山落照紅".

83) 『秋江集』 권3, 시(칠언절구), 「謁檀君廟庭」 "檀君生我青丘衆 教我彝倫浿水邊 採藥阿斯今萬世 至今人記戊辰年"

84) 『容齋集』 권8, 次皇華詩, 「次韻正使平壤勝蹟二十首」 "生與陶唐並 東邦爲始祖 保祐我蒸民 萬世享茲土[右檀君祠]".

85) 『潛谷遺稿』 권2, 오언율시, 「檀君殿」 "神聖爲民主 天人降紫霄 東方始君長 中國並唐堯 太白龍飛遠 阿斯鶴去遙 荒凉遺殿在 俎豆奠黃蕉".

86) 『恩庵遺稿』 권1, 시, 「檀君臺」 "無爲化蠢俗 萬古祖東氓 並立唐堯世 仍都王儉京".

87) 『淸虛集』, 보유, 「娑婆教主釋迦世尊金骨舍利浮圖碑」 "…且我東方 初無君長 不列諸侯 神人檀君 出興於太白山神檀樹下 爲始祖王 與堯并立也 然則太白 太白始胎于一國王 使朝鮮國民 永脫東夷之號…" 및 『海東金石苑補遺』 권6, 「明高麗釋迦金骨舍利浮圖碑」 참조.

88) 『初菴集』 권5, 西關錄 상, 「檀君臺」[古記云 東方初無君長 釋帝桓因庶子雄 降于太白山檀木下 生子

曰檀君 唐堯戊辰歲卽位 周武己卯 封箕子於朝鮮 檀君還隱於阿斯達山] "空桑巨迹儘傳疑 檀木神蹤此有之 東土生民思長上 西方大聖運慈悲 垂衣昔日齊唐帝 脫屣何年避父師 最是荒臺猶突兀 玆山留作古今奇".

89) 『文貞公遺稿』 권5, 제문, 「檀君東明王祠祈雨祭文」 "奧在邃古 天降異人 肇開東土 俾主生民 於赫檀君 起自太白 唐堯竝立 浿城爲宅…".

90) 『竹酬藁』(附夢窩集), 시, 「檀君」 "往迹微茫記戊辰 吾東從此有生民 祠庭肅肅松杉老 尙憶檀陰始降眞".

91) 『竹下集』 권2, 시, 「到妙香山」 "(其二) 生民草昧散玄風 檀木神人鎭我東 七十翁來秋色裏 五千年去夕陽中…".

92) 『樊巖集』 권12, 詩[關西錄], 「行祀仁賢祠恭賦一律」 "姬王世界欲何之 公馬東臨浿上遲 檀下有民猶可教 麥墟無主敢忘悲 神明眼力開平壤 朝暮心期遇仲尼 廟裏簪紳恭執事 至今應似日吁冠儀".

93) 『陽谷集』 속집 권2, 시, 「次華正使平壤勝蹟二十詠韻」 "精靈閟達山 千古嚴祠宇 香火禮不愆 永爲東方祖[右檀君祠]".

94) 『平壤誌』 권7, 시, 「檀君祠」[唐皐] "開國何茫然 朝鮮此鼻祖 荊棘非剪除 伊誰樂東土".

95) 『平壤誌』 권7, 시, 「檀君」[龔用卿] "檀君開國土 誅茅樹區宇 至今邦之人 稱爲朝鮮祖".

96) 『平壤誌』 권8, 시, 「檀君祠」[華察] "檀君昔分土 東方聿胥宇 永垂開國勳 百世稱宗祖".

97) 『平壤誌』 권8, 시, 「檀君祠」[薛廷寵] "檀君血食綿東土 松木森森蔭祠宇 三韓五都何紛紛 此是朝鮮第一祖".

98) 『凝川世寶』 권3 『義谷遺稿』, 附錄 「神道碑銘」 "吾東姓氏之耳於世最久 且顯者曰朴 蓋昔神人從天降爲羅鼻祖 自與太白檀君爲後先俱有徵焉 籍于密陽 多有聞人 在麗代有曰鉉 糾正三品…".

99) 『孤村集』 권수, 「檀君朝裵氏得姓由來」 "始祖裵天生 東方初無君長 神人降于太白山檀木下 國人立爲君 乃檀君也 君巡于海上 祀后土 有二赤龍見於海中 又有兩神女 降自青空 捧紫金櫝 遺之海岸 君驚異就而開視 中有緋衣男子 君顧謂臣民曰 此必皇天后土 感於誠敬 降此神兒 以示靈異之跡 使謹厚女養之年及十五 體貌壯大志氣雄建 君乃以所着緋衣 命緋字去糸 從衣以裵爲姓 名曰天生 乃拜相國 封南海長系代未詳 故八世孫垔精題次".

100) 『學圃遺集』 권4, 「弘文館校理贈吏曹參判學圃先生神道碑銘」 "檀君之時有三神人 降于瀛洲之漢拏山開國稱耽羅 中世渡海朝新羅 適有客星見賜號星主 改良氏爲梁 東國之梁皆本於耽羅…". 또 洪良浩의 다음 자료도 참고된다. 『耳溪集』 권14, 記, 「耽羅三姓記」 "耽羅在南海中 地方四百餘里 蓋九韓之一也 有大山峙焉 曰漢拏 謂其高可拏雲漢也 地誌曰 上古無人物 漢拏之北 忽有三神人湧地出 自言其名 長曰高乙那 次曰良乙那 三曰夫乙那 狀貌甚偉 皮衣肉食 以漁獵爲事…余觀三姓湧地之事 甚怪 君子所不語 然鴻荒之初 人物皆以氣化 如商之玄鳥 周之武敏 載於詩書 不可誣也 在東方則檀君之降 並唐堯之世 新羅朴昔金之起 當西漢宣帝時 在日本則天皇狹地野 生於周幽王之時 蓋風氣之闢 自有遠邇遲速之別 譬如陽春布和 百世奮榮 而深山陰谷 氷雪猶積 其理何以異此 然則今之世安知無氣化者 復生於窮海大荒之墟耶 是無足怪者…".

101) 李德懋는 徐氏의 출원을 단군으로 보았는데, 『靑莊館全書』의 '徐氏'는 '扶餘氏'의 약자인 '餘氏'의 오기로 보인다. 『靑莊館全書』 권58, 盎葉記5, 「一人祖加倍數」 "…又有出於虫獸 若熊[檀君熊之子 其後爲高朱蒙 徐氏亦出於百濟 扶餘氏卽檀君之後]".

102) 반면 金澤榮(1850~1927)은 '檀'을 성씨로 파악하여 "지금 조선의 종족에 檀氏는 한 사람도 없다"고 하였다. 金澤榮(1922), 『朝鮮歷代小史』 참조.

103) 『鶴陽集』 권5, 序, 「東姓考序」[癸巳] "古者因生以爲姓 姓之爲言生也 凡物之有生者 不移土則不繁 故虎豹出林而威 龍蛇離穴而變 木移而實多 稻移而苗豊 至於人亦然 必移而後 氏姓羡昌者 古今之明驗也 庖犧牲於南 黃帝生於北 舜生於東夷 禹生於西夷 而皆爲著姓於中國 舜之裔爲黑齒炎之胤 爲互人義之後爲巴族 禹之昆爲匈奴者 以華族而雄於外國者也 余嘗廣考中國傳記 援据我東書籍 而溯其氏姓源本 則今爲東國大姓者 皆華族也 中華顯姓亦多東種 蓋我東鴻荒之初 人民鮮小 檀君之子解扶婁 立國于伽葉源[今寧邊府]王 靑河以北數千餘里之地 至箕子東封 率五千餘人 而來都平壤 此樂浪氏姓之始也 至若秦韓一隅 初不與檀箕相通 而秦末亡人來居於此 則此又秦韓氏姓之始也 然則箕聖之後 及羅之三宗六部 大抵皆華姓也 檀君之後有帶素曷思子孫爲鮮卑別種 六朝時鮮卑之胡迭帝 中國慕容氏拓跋氏高氏宇文氏耶律氏 皆檀君之裔也 羅族金函普亡入女眞 爲完顔氏 完顔之後又有覺邪氏 蓋前金後金 亦閼智之裔也 其與華姓之東來者甚多 而或顯或晦 或存或絶 或未詳其來歷 或不見於檮乘者併闕焉 後之覽是書者 必以我爲迂誕不足信然證之 以東史華史傳之 以山經地誌參之 以姓譜野乘諸書沿其遠流 探其苗脈 庶知斯言之爲不誣也".

104) 『황성신문』 1905.04.01; 『대한매일신보』 1905.08.11; 『신한민보』 1905.09. 15 참조. 하지만 단군개국은 단독으로 사용된 것이 아니라 기자원년, 대한개국, 광무, 서기, 음력, 일본 명치, 중국 광서와 함께 병기되고 있다.

105) 한말 대종교와 민족운동의 관계에 대한 연구성과 및 제반 논의에 대해서는 서영대(2001), 「한말의 檀君運動과 大倧敎」, 『한국사연구』 114 참조.

106) 『雲養集』(金允植) 권13, 제문, 「祭大倧敎都司敎羅君[喆]」 참조.

107) 『雲養集』 권15, 잡문, 「檀君降世開極日慶祝詞」 및 「檀君御天日祝詞[辛亥]」; 속집 권4, 제문, 「祭大倧敎都司敎弘巖羅君[喆]文」; 「太白山祭天報本壇禱告文」 참조. 「檀君降世開極日慶祝詞」과 「祭大倧敎都司敎弘巖羅君[喆]文」에서는 '皇祖'의 용례도 보인다.

108) 『황성신문』 1909.11. 21, 「開極節紀念」; 1910.08.03, 「檀君敎에셔 與太極敎宗ㅁ」 참조.

109) 김성환(2009), 「단군교포명서의 단군인식」, 『국학연구』 13 참조. 특히 「단군교포명서」에서 단군을 혈연적인 측면에서 묶으려는 의도에서 '대황조'로 지칭하고 있음은 이미 지적된 바 있다.

110) 『권업신문』 1912.12.15, 「단군대황조어진촬영」 참조. 하지만 숭령전에 단군 영정이 모셔져 있었다는 『권업신문』의 보도가 사실인지 의문이다.

111) 『권업신문』 1913.01.05, 「단군 어진 발행 광고」; 1914.07.12, 「한반도와 큰 사람의 그림」 참

조. 단군영정의 개략에 대해서는 김성환(2015), 「남파 박찬익이 가슴에 품은 단군 영정」, 『어느 독립운동가 이야기』, 경기도박물관 참조.

112) 다음의 자료는 이런 분위기의 단적인 표현이다. 『권업신문』 1914.02.15, 「정성과 믿음으로(誠信)」 "…우리는 다 단군대황조의 자손으로 옛적부터 하늘에 제사하던 백성이요, 오늘까지 혈통이 같은 민족이라…"; 1914.05. 05, 「네게 비는 이야기」 "너는 네가 누구인줄 아느냐. 너는 곧 태극이 조완하자 조선나라를 처음부터 세우어 부여민족의 조상이 되는 단군대황조의 혈손으로…".

113) 『대한매일신보』 1908.01.01, 「新年頌祝」 참조.

114) 『황성신문』 1908.03.13, 논설, 「凡今之人은 莫如兄弟」 참조.

115) 『대한매일신보』 1908.09.19, 「教育界의 大鍾聲」 참조.

116) 『新韓民報』 1914.2.19, 「나의 사랑하는 신한민보에 부탁하야 합중국각지방에 잇는 동포에게 문안하노라」; 「대한독립단 경고문」(1919) 참조.

117) 『대한매일신보』 1908.6.17, 「역사에관한管見二則」(신채호) 참조.

118) 『황성신문』 1909.04.21, 논설, 「檀君聖祖由來紀念」 ; 1909.11.21, 논설, 「檀君聖祖祭日」 참조.

119) 『황성신문』 1909.03.27, 잡보, 「天壇觀測」 참조.

120) 佐佐充昭(2000), 「檀君ナミョナリズムの形成」, 『朝鮮學報』 174; (2000), 「韓末における檀君教の'重光'と檀君ナミョナリズム」, 『朝鮮學報』 180 참조.

121) 『황성신문』 1910.01.22, 논설, 「我抱樂觀的思想」(續) 참조.

122) 『皇城新聞』 1910.08.09, 논설, 「我檀君子孫의 氏族과 疆土와 教化의 歷史」 참조.

123) 위와 같음. 단군의 강역과 종족 계통은 「단군교포명서」에 그 대강이 제시되어 있다. 김성환(2006), 「대종교 관련 필사본 포명본교대지서(佈明本教大旨書)에 대하여」, 『단군학연구』 14 참조.

124) 『황성신문』 1910.08.10, 논설, 「我民族의 思想統一的機關」 참조.

125) 『신한국보』 1910.09.13, 「독사신론」(속) 참조. 신채호는 동국 인종을 선비족·부여족·지나족·말갈족·여진족·토족 등 6종으로 파악하였다.

126) 『황성신문』 1909.09.19, 논설, 「海外同胞의 書籍事業」 참조.

127) 『권업신문』 1912.09.08, 「태황제 만수절」 참조.

128) 『권업신문』 1912.06.23, 「국수주의와 해외동포」 참조.

129) 『황성신문』 1908.06.19, 논설, 「賀西間島自治社組織」 참조.

130) 권업신문에서 러시아화 10원을 기탁한 재러시아동포 강석봉을 단군후예로 아우르고 있음은 그 예이다. 『권업신문』 1912.06.02, 「강석붕 씨의 본 신문을 사랑하는 정」 참조.

131) 『독립신문』 1921.02.17, 「光韓團에서 발포한 檄文」 참조.

132) 『독립신문』 1919.09.13, 改造(5), 「밋블」(3) 참조.

133) 『권업신문』 1914.05.05, 「네게 비는 이야기」 참조.

134) 『독립신문』 1920.01.10, 「우리 國民이 斷定코 實行할 六大事」(二) 참조.

135) 『독립신문』 1919.11.11, 「警官의 罷業」 참조.

136) 『독립신문』 1919.12.25, 「信賴하라 容恕하라」 참조.

137) 『대한민국임시정부공보』 1920.01.26, 「國務院佈告 第1號」 참조.

138) 『독립신문』 1920.12.25, 「獨立新聞의 續刊을 歡迎함」; 1921.03.01, 「奮鬪와 努力」 참조.

139) 『독립신문』 1922.06.14, 「眞人의 出現을 歡迎하노라」 참조.

140) 『독립신문』 1922.09.2, 「光復軍總營 第二回定期大會」 참조.

141) 『독립신문』 1923.11.10, 「我에 對한 敵의 劃策」 참조.

142) 『단산시보』 1925.05.23, 「檀山 및 檀族의 소리」 참조.

143) 『단산시보』 1925.06.06, 「檀族아 團結하라」 참조.

144) 『腴齋文稿』 권2, 通牒, 「箕聖廟俎豆契創維持契員募集通函建[壬戌]」 "…箕子…在東國教八條化 檀邦於無窮禮義 我冠裳我人得…"

145) 『大溪集』 권3, 시(西遊錄), 「高麗門」 참조.

146) 『大溪集』 권3, 시(西遊錄), 「渡遼河」 "檀主神疆此水東 爾來分合代靡同[檀君降生太白山 實是白頭山 循之而南 其都在平壤 而其西界至遼河 幅員極大 箕鮮句麗之盛亦如之 後自契丹始分裂] 地氣常隨人事變 華夷元不界疆封[檀箕之世 朝鮮日就文明 與中華無異 句麗尙武 屢與中國交抗 羅麗以來 局處鴨左 而遼東遂淪於夷俗 明祚不長 分合無常 盖人事之變 非地界有限也]".

147) 『韶濩堂集』 借樹亭雜收 권2, 甲子文錄, 「檀氏朝鮮紀」 및 續 권5, 本紀, 「檀氏朝鮮紀」[檀君, 夫婁 ㅇ甲子] 참조.

148) 『동아일보』 1920.04.11, 社告, 「檀君影幀懸賞募集」; 1920.06.06, 社告, 「檀君影幀에 就하야」 참조.

149) 내종교에서는 "美伊他儉神 때 온나라 유신 箕子가 那羅團部에 봉해져 本教의 종지를 익혀 동화된 것으로 이해하고 있다. 「檀君教五代宗旨佈明書」 참조.

150) 물론 단군을 教化之主로서 이해하려는 가능성은 단군이 "教民編髮盖首"했다는 홍만종의 이해에서 단초를 엿볼 수 있다. 洪萬宗, 『海東異蹟』 참조.

151) 김성환(2009), 「한말 단군묘 인식과 능(陵)으로의 숭봉(崇封)」, 『朝鮮時代 檀君墓 認識』 참조.

152) 김성환(2009), 「단군릉수축운동의 전개」, 『대동문화연구』 67; 「단군릉수축운동과 기성회장 金商俊 일가」, 『백산학보』 83(김성환(2009), 『日帝强占期 檀君陵修築運動』, 경인문화사 재수록) 참조.

신라의 가량악加良岳 제사와 가야산 우두봉牛頭峰 유적

1) 이기백, 「신라오악의 성립과 그 의의」, 『진단학보』 33, 1972 : 이기백, 『신라정치사회사연구』

(일조각, 1974) ; 홍순창, 「신라 삼산 오악에 대하여」, 『신라문화』 4, 1983 ; 문경현, 「신라의 산악숭배와 산신」, 『신라문화제 학술논문집』 12, 1991 ; 최광식, 『고대한국의 국가와 제사』(한길사, 1994) ; 나희라, 『신라의 국가제사』(지식산업사, 2003) ; 허흥식, 『한국신령의 고향을 찾아서』(집문당, 2006) ; 최광식, 『한국고대의 토착신앙과 불교』(고려대학교 출판부, 2007) ; 채미하, 『신라 국가제사와 왕권』(혜안, 2008) ; 김춘실, 「팔공산 관봉 석조여래좌상의 양식 특징과 조성 배경」, 『팔공산 선본사』, 2013 ; 김병곤, 「신라의 왕경 오악과 (소)금강산」, 『신라문화』 43, 2014 ; 주보돈, 「신라 낭산의 역사성」, 『신라문화』 44, 2014 ; 정동락, 「신라의 중악과 팔공산 동봉유적」, 『한국고대사탐구』 17, 2014.

2) 목포대학교박물관 · 영암군, 『영암 월출산 제사유적』, 1996 ; 복천박물관, 『선사 · 고대의 제사-풍요와 안녕의 기원-』, 2006 ; 동진숙, 「고대 제사유구와 유물」, 『선사 · 고대의 제사-풍요와 안녕의 기원-』, 복천박물관, 2006 ; 충남발전연구원, 『계룡산 천황봉 문화유적 지표조사 보고서』, 2001 ; 국립나주박물관 · 영암군, 『월출산』, 2015 ; 송미진, 「구례 국수등 유적의 성격」, 『전남고고』 8, 전남문화재연구원, 2015.

3) 최광식, 「대가야의 신앙과 제의」, 『대가야연구』(경상북도, 1995) ; 김태식, 「대가야의 세계와 도설지」, 『진단학보』 81, 1996 : 김태식, 『사국시대의 사국관계사 연구』(서경문화사, 2014) ; 권주현, 『가야인의 삶과 문화』(혜안, 2004) ; 남재우, 「가야의 건국신화와 제의」, 『한국고대사연구』 39, 2005 ; 백승옥, 「건국신화의 세계」, 『대가야 들여다보기』(대가야박물관, 2006) ; 노중국, 「대가야의 정신세계에 대한 몇 가지 검토」, 『대가야의 정신세계』(대가야박물관 등, 2009).

4) 매일신문 가야산 특별취재팀, 『상생의 땅 가야산』(깊은솔, 2008) ; 권주현, 「'왕후사'와 가야의 불교전래 문제」, 『대구사학』 95, 2009 ; 이영식, 『이야기로 떠나는 가야 역사여행』(지식산업사, 2009) ; 지강이, 「신라하대 합천 치인리 마애불입상 연구」, 『미술사학연구』 274(한국미술사학회, 2012) ; 가야산국립공원사무소, 『가야산국립공원 폐사지 조사 자료집』, 2013 ; 이재연, 「가야산 지역 신라석탑에 대한 연구」, 『동악미술사학』 17(동악미술사학회, 2015).

5) 김종구, 「가야산 유산기에 나타난 작가의식과 유산문화의 유형」, 『어문논총』 59, 2013 ; 이구의, 「한시에 나타난 가야산의 형상」, 『한국사상과 문화』 70, 2013.

6) '우두봉 유적'의 조사는 신종환 관장(대가야박물관), 유물은 홍보식 선생(복천박물관)의 교시가 있었다. 감사드린다.

7) 『구당서』 권199, 열전 149, 동이 신라전.

8) 채미하, 「신라의 6村과 山嶽祭祀」, 『신라사학보』 23, 2011 ; 김병곤, 「신라의 왕경 오악과 (소)금강산」, 『신라문화』 43, 2014.

9) 『삼국사기』 권1, 신라본기1, 혁거세 거서간 즉위년.

10) 『삼국유사』 권1, 기이1, 「신라시조 혁거세왕」.

11) 노태돈, 「역사적 실체로서의 단군」, 『한국사시민강좌』 27, 2000, 17쪽 ; 김병곤, 「사로 6촌의 출자와 촌장의 사회적 성격」, 『한국고대사연구』 22, 2001, 132~135쪽 및 153쪽.

12) 首露王을 비롯한 가야의 시조들이 탄강한 곳도 龜旨峰 정상(峰巒)이었다.(『삼국유사』 권2, 기이2, 「가락국기」)

13) 채미하, 앞의 논문, 2011, 93쪽.

14) 서영대 외, 『단군-그 이해와 자료』(서울대출판부, 1994) ; 서영대, 「신화 속의 단군」, 『한국사시민강좌』 27, 2000.

15) 『삼국유사』 권1, 기이2, 「古朝鮮(王儉朝鮮)」 ; 『제왕운기』 권下, 「東國君王開國年代」 ; 서거정 · 최부 등, 『동국통감 외기』 「단군조선」.

16) 구월산 삼성사와 패엽사에 대해서는 허흥식, 「구월산 삼성사와 패엽사」, 『한국 신령의 고향을 찾아서』(집문당, 2006) 참조.

17) 『고려사』 권58, 지리3, 서해도, 儒州.

18) 『고려사』 권14, 예종 11년(1116) 4월 己巳.

19) 이승휴는 왕건의 선대인 聖骨將軍 虎景을 '九龍山天王'이라고 해, 고려 왕실과 연결시켜 이해한다.(『제왕운기』 권下, 「本朝君王世系年代」)

20) 『세조실록』 권3, 세조 2년(1456) 3월 丁酉.

21) 『세종실록』 40권, 세종 10년(1428) 6월 乙未.

22) 『성종실록』 권13, 성종 2년(1472) 11월 丙寅 ; 『성종실록』 권15, 성종 3년(1472) 2월 癸酉.

23) 허흥식, 앞의 책, 2006, 90쪽.

24) 『고려사』 권58, 북계, 안북도호부 청새진.

25) 『동국이상국집』 권19, 「丈六毘盧遮那塑像贊并序」.

26) 허흥식, 앞의 책, 2006, 64쪽.

27) 『세종실록』 권154, 지리지, 평안도, 명산.

28) 『세조실록』 권3, 세조 2년 3월(1456) 丁酉.

29) 『신증동국여지승람』 권54, 평안도 영변대도호부 ; 『선조실록』 권32, 선조 25년(1592) 11월 丙戌.

30) 『고종실록』 권43, 고종 40년(1903) 3월; 大韓 光武 7년.

31) 묘향산의 단군 신당과 유적은 허흥식, 「묘향산 보현사와 단군대」 및 「묘향산지의 단군탄생과 범토템」, 『한국 신령의 고향을 찾아서』(집문당, 2006) 참조.

32) 雪巖秋鵬, 『雪巖雜著』, 「妙香山誌」.

33) 허흥식, 앞의 책, 2006, 320쪽.

34) 허흥식, 앞의 책, 2006, 64~69쪽.

35) 『고려사』 권56, 지리1, 양광도 강화현 ; 『세종실록』 권148, 지리지, 강화도호부.

36) 이기백, 앞의 책, 1974, 195~207쪽.

37) 이기백, 1974, 앞의 책, 203쪽 ; 김태식, 2014, 앞의 책, 233~235쪽.

38) 정구복 등, 『역주 삼국사기』 4, 주석편(하)(한국정신문화연구원, 2001), 35쪽.

39) 『세종실록지리지』 경상도, 성주목 ; 『사가문집』 권2, 「가야산소리암중창기」 ; 『연경재전집』 권51, 산수기[하], 기령남산수, 가야산.

40) 김태식, 앞의 책, 2014, 233쪽 ; 노중국, 「대가야의 정치 · 사회구조」, 『가야사연구-대가야의 정치와 문화-』(경상북도, 1995), 162쪽.

41) 노중국, 앞의 논문, 1995, 158쪽 및 162쪽.

42) 노중국, 앞의 논문, 2009, 34~35쪽.

43) 김태식, 앞의 책, 2014, 226쪽 및 233쪽.

44) 『삼국유사』 권2, 기이2, 「駕洛國記」 ; 『고려사』 권57, 지11, 지리2, 경상도 金州.

45) 전덕재, 「삼국시대 황산진과 가야진에 대한 고찰」, 『한국고대사연구』 47, 2007, 35쪽.

46) 김창겸, 「신라 중사의 '사해'와 해양신앙」, 『한국고대사연구』 47, 2007, 165쪽.

47) 김태식, 앞의 책, 2004, 233쪽.

48) 『삼국사기』 권32, 잡지1, 제사.

49) 김태식은 정견모주를 모신 신사를 母主廟로 파악하고, 대가야 및 그를 중심으로 한 가야연맹 결속의 상징이었을 것이라고 한다.(김태식, 앞의 책, 2004, 234쪽)

50) 김태식, 앞의 책, 2014, 226~227쪽, 232쪽.

51) 권주현, 앞의 논문, 2009, 50 · 55쪽.

52) 이희준은 "대가야시대 지산동고분군과 주산 일대가 신성지역으로, 주산 정상부에서 천신제사와 시조제사 등 국가의 중요 제사를 거행했을 것으로 추정"한다.(이희준, 「고령 지산동 고분군의 입지와 분포로 본 특징과 그 의미」, 『영남고고학』 68, 2014, 63쪽)

53) 경북대학교박물관, 『전 대가야궁성지』, 2006, 106~121쪽.

54) 김태식은 해인사를 신라 소사인 가량악, 대가야읍내의 대가야왕궁터(현 고령향교터)를 중사인 추심의 제장으로 보고, 가량악의 주신은 가야산신 정견모주, 추심은 대가야 시조인 이진아시왕이라고 한다.(김태식, 앞의 책, 2014, 226~227쪽, 234쪽) 필자는 가량악의 제장은 가야산 정상의 '우두봉 유적', 추심은 미숭산 정상의 '美崇神祠'로 생각한다.

55) 『삼국사기』 권10, 신라본기10, 애장왕 3년.

56) 최치원, 「당대천복사법장화상전」 ; 『삼국유사』 권4, 의해5, 「의상전교」.

57) 이기백, 앞의 책, 1974, 211쪽 ; 김상현, 『신라화엄사상사연구』(민족사, 1991), 85쪽.

58) 이기백, 앞의 책, 1974, 215쪽.

59) 김상현, 앞의 책, 1991, 287~288쪽.

60) 김철웅, 「고려시대의 산천제」, 『한국중세사연구』 11, 2001, 127쪽 ; 한정수, 「고려 태조대

팔관회 설행과 그 의미」, 『동방학지』 86, 2014, 220쪽.

61) 『고려사』 권57, 지리2, 경산부.

62) 『고려사』 권63, 지17, 예5, 길례소사, 잡사.

63) 김철웅, 앞의 논문, 2001, 147쪽.

64) 『태종실록』 권31, 태종 15년(1416) 2월 己巳.

65) 『선조실록』 권174, 선조 37년(1604) 5월 丙子.

66) 『신증동국여지승람』 권22, 울산군 사묘.

67) 『신증동국여지승람』 권29, 문경현 사묘.

68) 『광해군일기』 권141, 광해군 11년(1619) 기미 6월 癸丑 ; 『광해군일기』 권148, 광해군 12년(1620) 경신 1월 甲申.

69) 『경상도읍지』(1832), 『영남읍지』(1895) 합천군 사묘, 正見天王祠.

70) 이중환, 『택리지』, 복거총론, 산수.

71) 가야산국립공원사무소, 앞의 자료집, 2013.

72) 『택리지』 팔도총론, 경상도.

73) 『택리지』 복거총론, 산수.

74) 『점필재집』 권2, 「유두류록」 ; 『속동문선』 권21, 「두류기행록」.

75) 정동락, 앞의 논문, 2014.

76) 최광식, 앞의 책, 1994, 303~309쪽.

77) 목포대학교박물관 · 영암군, 앞의 보고서, 1996.

78) 『세종실록』 권23, 세종 6년(1424) 2월 丁巳.

79) 『점필재집』 권2, 「유두류록」.

80) 『세종실록』 권76, 세종 19년 3월 계묘 ; 『연려실기술 별집』 권4, 사전전고, 「악해독산천」

81) 목포대학교박물관, 앞의 보고서, 1996, 34~39쪽.

82) 송미진, 앞의 논문, 2015, 79쪽.

83) 목포대학교박물관, 앞의 보고서, 1996, 186쪽.

'단군신화'에 나타난 미의식美意識

1) 이성희, 「'단군신화'의 한국어교재 수용양상 고찰 및 수록기준 모색」, 『정신문화연구』 33권 제4호(한국정신문화연구원, 2010), 266쪽 참조.

2) 최문형, 「檀君神話의 神개념과 弘益人間 사상」, 『정신문화연구』 27권 1호(한국정신문화연구원, 2004), 207-8쪽 참조.

3) 임채우, 「해방 후 단군 인식의 변화와 문제」, 『선도문화』 12권(선도문화연구원, 2012), 48-51

쪽 참조.

4) 기존의 단군 관련 연구사 정리에 대해서는 김성환, 「단군 연구사의 정리와 방향」, 『단군학연구』 18호(단군학회, 2008) 참조.

5) 박혜령, 「민족주의 전통담론과 단군의 수용」, 『실천민속학연구』 1집(실천민속학회, 1999) 참조. 이 논의에 따르면 오늘날 남아 있는 단군의 흔적은 크게 네 가지로 요약할 수 있다.

① 정부에 의해 수용된 단군

* 남한: 홍익인간 이념 ⇒ 헌법 전문과 교육이념으로 수용, 개천절의 국경일 제정

* 북한: 체제 이데올로기와 결합된 수용 ⇒ 단군릉 복원

② 성리학의 영향으로 인한 우파 사회단체의 수용 ⇒ 예禮를 중시하는 사회단체 결성

③ 민간에 의한 대종교의 창설 ⇒ 민족의 시조인 단군을 종교로 신봉

④ 정신수련 이론의 기반 ⇒ 단학이론

6) 張法 저, 유중하 외 역, 『동양과 서양, 그리고 미학』(푸른숲, 1999), 215쪽 참조.

7) 최문형, 앞의 글, 212-3쪽 참조.

8) 엄진성, 「단군연구의 철학사적 전개와 전망」, 『민족문화논총』 52집(영남대 민족문화연구소, 2012), 98쪽 참조.

9) 민족이라는 개념은 어떤 식으로든 혈연관계와 밀접하게 연결될 수밖에 없다. 그러나 혈연관계만을 지나치게 내세우다 보면 폐쇄적인 선민주의 내지는 극단적 민족주의로서 순혈주의에 빠지기 쉽다. 이는 다양한 가치를 인정하는 현대사회의 흐름과는 맞지 않으며, 자칫 폭력적 형태로 드러나기도 한다. 이러한 의미에서 필자는 민족이라는 개념을 혈연뿐만 아니라 문화공동체의 영역으로 확장하는 것이 필요하다고 본다.

10) 김성환, 앞의 글, 136쪽 참조.

11) 이성희 앞의 글, 271쪽 참조.

12) 이 외에도 주로 재야에서 많이 수용되어 전승되고 있는 『揆園史話』, 『桓檀古記』 등의 이본 자료들이 있으나 역사적 고증의 문제는 이 논문의 주제와 거리가 있으므로 일단 배제하기로 하고, 『삼국유사』에 기록된 내용을 기초로 그 속에 잠재되어 있는 미의식을 분석하는 데 초점을 맞추고자 한다.

13) 신용하, 「한(韓, 朝鮮)민족의 형성과 단군에 대한 사회사적 고찰」, 『남북 학자들이 함께 쓴 단군과 고조선 연구』(단군학회, 2005) 399-400쪽 참조.

14) 『三國遺事』 권1, 「紀異 · 古朝鮮[王儉朝鮮]」, "『魏書』云, '乃往二千載, 有壇君王儉, 立都阿斯達, 『經云無葉山 亦云白岳 在白州地 或云在開城東 今白岳宮是』 開國號朝鮮, 與高同時.' 『古記』云, '昔有桓因, 『謂帝釋也』 庶子桓雄, 數意天下, 貪求人世, 父知子意. 下視三危太伯, 可以弘益人間, 乃授天符印三箇, 遣往理之. 雄率徒三千, 降於太伯山頂, 『卽太伯今妙香山』 神壇樹下. 謂之神市, 是謂桓雄天王也. 將風伯雨師雲師, 而主穀主命主病主刑主善惡, 凡主人間三百六十餘事, 在世理化. 時有一熊一虎, 同穴而居,

常祈于神雄, 願化爲人. 時神遺靈艾一炷, 蒜二十枚, 曰, 爾輩食之, 不見日光百日, 便得人形. 熊虎得而食之忌三七日, 熊得女身, 虎不能忌, 而不得人身. 熊女者無與爲婚, 故每於壇樹下, 呪願有孕, 雄乃假化而婚之, 孕生子, 號曰壇君王儉. 以唐高卽位五十年庚寅, 『唐高卽位元年戊辰, 則五十年丁巳, 非庚寅也. 疑其未實』 都平壤城, 『今西京』 始稱朝鮮. 又移都於白岳山阿斯達, 又名弓 『一作方』忽山, 又今彌達. 御國一千五百年. 周虎(武)王卽位己卯, 封箕子於朝鮮. 壇君乃移於藏唐京, 後還隱於阿斯達爲山神, 壽一千九百八歲.'" 원문 및 번역은 一然 저, 김원중 역, 『삼국유사』(민음사, 2007) 참고. ①②③의 번호는 필자가 임의로 붙인 것임.

15) 이창식, 『전통문화와 문화콘텐츠』(역락출판사, 2008), 328-329쪽 참조.

16) W. 타타르키비츠 저, 손효주 역, 『미학의 기본 개념사』(미술문화사, 1999), 212쪽 참조.

17) 張法, 앞의 책, 202쪽 참조.

18) 같은 책, 203쪽 참조.

19) 『莊子』, 「天道」, "美則美矣, 而未大也."

20) 『孟子』, 「盡心下」, "充實之謂美, 充實而有光輝之謂大."

21) 신체가 거대하다고 해서 그것이 곧바로 위대함과 연결되지는 않지만, 최소한 강력한 물리적 힘을 보여줄 수 있다는 점에서 아름답거나 예쁜 것보다는 숭고미를 표현하는 데 더 적합한 외형적 묘사가 될 수 있다.

22) 이창식, 앞의 책, 327쪽 참조.

23) 윤경수는 이 동굴 모티브가 우리의 고소설 전반에 그대로 적용되고 있음을 지적하고, 다양한 작품에 어떻게 구체화되는지를 분석하고 있다. 윤경수, 『圖解 한국고소설의 동굴모티프 연구』(태학사, 1999) 참고.

24) 이성희, 앞의 글, 280쪽 참조.

25) 『천부경』에 따르면 1·2·3은 각각 천·지·인을 상징하는 수이다. 이 원리에 의해 수가 3배수로 늘어나게 되는데, 1,4,7,10…은 하늘을 상징하는 길상吉祥의 수이고, 2,5,8,11…은 대지를 상징하는 풍요의 수이며, 3,6,9,12…는 사람을 나타내는 조화의 수이다. 윤경수, 앞의 책, 627-9쪽 참조. 그리고 삼칠일은 단군신화 전반에 나타나는 3이라는 숫자와 연관되어 신화적인 신성성을 획득한다. 天符印 3개, 풍백·우사·운사의 3神, 3000의 무리, 360여개의 인간사 주관, 삼칠일 금기 등은 3이라는 수와 관련되어 나타나는 것이다. 이성희, 앞의 글, 281쪽 참조.

26) 이성희, 앞의 글, 266쪽 참조.

27) 최문형, 앞의 글, 210-211쪽 참조.

28) 윤경수, 앞의 책, 286-287쪽 참조.

29) 권상우, 「다문화시대의 단군연구」, 『민족문화논총』 52집(영남대 민족문화연구소, 2012), 14쪽 참조.

30) 엄진성, 앞의 글, 99-100쪽 참조.

31) 환웅은 환인의 명령이나 다른 어떤 외부적 요인에서가 아니라 오로지 자신의 의지만으로 인간세상에 내려오는 것으로 묘사되며, 환인은 자식의 뜻을 이해하고 도와주는 존재로 나타난다.

32) 최문형, 앞의 책, 227쪽 참조.

33) 민영현, 「단군학 개념의 철학적 고찰과 그 접근」, 『단군학연구』 9호(단군학회, 2003), 208-209쪽 참조.

34) 같은 글, 210-211쪽 参조.

35) 이성희, 앞의 글, 267쪽 참조.

36) 임채우, 앞의 글, 67-68쪽 참조.

단군신화에 관한 문학적 연구 현황과 전망

1) 연구자의 자료 수집 한계로 누락된 논문도 있을 수 있는 만큼 60여 편이 문학적 관점에서 이루어진 단군신화 연구의 모두라 말하기는 어렵다. 다만 60여 편은 통계적으로 전체의 경향을 보여줄 수 있는 유의미한 수라고는 할 수 있다.

2) 신태수, 『대칭적 세계관의 전통과 서사문학』, 새문사, 2007.

단군 영정의 표준화 문제에 대한 시론試論

1) 이는 불교적 역사해석의 성격을 지닌 일연의 『삼국유사』와 유교적 역사관에 기초해 쓰인 이승휴의 『제왕운기』에서 모두 단군이 언급했음을 통해 확인할 수 있다.

2) 임채우, 「대종교 단군 영정의 기원과 전수문제」, 『선도문화』 11권, 14~15쪽 참조

3) 전택부, 『토박이신앙산맥』 2, 대한기독교출판사, 1982, 97쪽

4) 전택부, 강하와 기독교

5) 정부표준영정政府標準影幀은 한국의 역사에 등장하는 인물 중에서 민족적으로 추앙받고 있는 선현들의 영정 난립을 방지하기 위해 대한민국 문화체육관광부 장관이 지정한 영정을 말한다. 모든 정부표준영정은 대한민국 문화체육관광부 훈령으로 지정된 영정·동상 심의 규정에 따른 심의 절차에 따라 지정되거나 해제된다. [영정·동상 심의 규정] (2012년 9월 1일 개정, 대한민국 문화체육관광부 훈령 제178호)

6) 1973년 월전 장우성의 작품을 충무공 이순신 표준영정으로 지정한 뒤 지금까지 79명의 선현에 대해 표준영정을 지정했다. 이 중 2000년 이후 지정된 표준영정은 맹사성 등 14점에 불과하다. 대부분 1970~80년대에 제작·지정된 것이다. 70년대에 지정된 21점의 표준영정

중 62%인 13점이 민족문제연구소의 『친일인명사전』에 친일 화가로 등재된 작가의 작품이다./「지폐 속 세종대왕은 진짜가 아니다?…표준영정을 둘러싼 논란들」 SBS 2017.04.11.

7) 「친일파의 세종대왕이 광화문에」, 『한겨레21』 2009.07.03. / 「세종대왕 · 이순신 장군 동상 그 자리가 최선입니까」 뉴스1 2018.04.15. /

8) 「충무공 이순신 장군의 초상화는 어디에」 경향신문 2018.09.16.

9) 국조 단군과 사직 및 선열을 숭봉하여 국민정신 순화 및 계발을 목적으로 1969년 6월 27일 설립된 대한민국 문화체육관광부 소관의 사단법인이다.

10) 『동아일보』 1920.4.11

11) 『동아일보』 1920.4.1. 창간사 참조.

12) 같은 내용의 社告가 이튿날인 4월 12일, 21일, 22일, 23일, 26일 등 모두 6차례에 걸쳐 3면에 실렸다. 『동아일보』 1920.4.12.~4.26. 참조.

13) 『동아일보』 1920.5.1. 참조

14) 동아일보는 조선일보와 함께 일제의 강한 언론탄압 책에 맞선 기사를 지속하다가 1920년 9월 25일에 「제사 문제를 재론하노라」라는 사설로 첫 정간을 당했다. 이 사설이 일본 황실의 神器를 비판했다는 구실이었다. 그리고 1921년 1월 10일 복간되었다.

15) 『동아일보』 1922.11.22. 참조.

16) 『동아일보』 1935.4.6. 참조.

17) 『대종교요감』 2쪽, 대종교총본사, 1992년

18) 『권업신문』 34호 1912.12.15. 「단군대황조 어진 발행」

19) 한국학중앙연구원, 『한국민족문화대백과사전, 숭령전 참조

20) 「영남대학교 민족문화연구소 2016년 추계학술대회 자료집」, 영남대민족문화연구소 84~101쪽 참조

21) 김준엽, 『石麟 閔弼鎬傳』, 나남출판 참조. 1995

22) 이에 대한 논의과정에서 조준희(국학연구소) 소장은 1917년 단군 영정 제작의 주체는 신규식으로 보이며, 서도본사(신규식 거처)가 서1도본사 제2지사(호강시교당)(사위 민필호 거처)로 간판만 바뀌고 신규식의 동생인 찬무 신건식을 통해 다시 딸인 신순호에게 전해진 것이 더욱 명확해 보인다는 의견을 제시하였다. 그는 또 서도본사 소속 임원이 아닌 박찬익이 이곳에서 영정을 받아갔다면, 함께 예배에 참석했던 백순과 북간도 총본사 김교헌의 지령을 받고 상해에 왔던 정신, 나철의 측근으로 총본사, 서도본사의 핵심 인물이었던 조완구, 나철의 시봉자 6인 중 한 사람이었던 김두봉 등도 이 단군 영정을 공유했을 것이라는 조언을 주었다. 즉 이 단군 영정은 서도본사가 주체가 되어 제작한 것으로 총본사 단군 영정과 다른 형태일 가능성을 제시하였다. 조준희 소장에게 감사드린다. 참고로 『아목루』에 실린 신규식의 시 중에서 「실내의 즉경」(연도 미상)에는 '위층에 단군의 신상을 봉안하

였다'라고 밝혀져 있다.

23) 草衣木裳은 임채우의 「대종교 단군 영정의 기원과 전수문제」, 『선도문화』 11권 30쪽)에서 그 용례를 살펴볼 수 있다.

24) 「초등 교과서, 유관순 열사 새 영정 왜 외면하나?」 오마이뉴스 2009.02.27.

『무당내력巫黨來歷』 소재 단군 기사의 검토

1)* "이 논문은 2007년도 정부재원(교육과학기술부 학술연구조성사업비)으로 한국연구재단의 지원을 받아 연구되었음(NRF-2007-361-AM0013)."

1) 정유재란 때 일본으로 끌려간 조선의 陶工들이 큐슈의 苗代川에 단군을 모시는 玉山宮을 건립했다고 한다. 조선시대 도공의 신분이 높지 않았음을 생각할 때, 이를 통해 단군 인식이 기층사회에까지 널리 퍼져있었다고 할 수 있다. 그러나 옥산궁의 祭神이 처음부터 단군이 아니었다는 견해가 있다.

原田一良, 「薩摩苗代川玉山宮における檀君祭祀の再検討」, 『한국 신을 모시는 일본의 신사』(한국학중앙연구원, 2002): 『일본신사에 모셔진 한국의 신』(민속원, 2014), 303~354쪽.

노성환, 「일본의 신이 된 조선의 단군 - 옥산신사의 제신이 단군이라는 인식의 재고」, 『일본사상』 26(일본사상사학회, 2014), 3~25쪽.

2) 泉靖一, 「『巫黨來歷』考」, 『東洋文化』 46 · 47(東京大學 東洋文化硏究所, 1969), 55~74쪽.

3) 관련 연구를 발표 연대순으로 제시하면 다음과 같다. 유동식, 『한국 무교의 역사와 구조』(연세대출판부, 1975) 224~226쪽. ; 최길성, 「무당의 역사」, 『한국의 무당』(열화당, 1981), 69~80쪽. ; 서울특별시 문화재위원회 편, 『서울민속대관』 2-서울무속(서울특별시, 1992), 79~83쪽. ; 白英子 · 柳孝順, 「무당내력을 중심으로 한 무속복식 연구」, 『한국방송통신대학논문집』 5(1986). ; 유효순, 『한국의 무속복식 연구』(숙명여대 박사학위논문, 1994), 83~101쪽. ; 李子淵. 「中部地方における巫服の變遷に關する硏究」, 『부산여자대학교 논문집(자연과학대학편)』 39(1995). ; 서대석, 「巫黨來歷의 性格과 意義」, 『구비문학연구』 4(한국구비문학회, 1997). ; 유효순, 「한국의 무속복식 연구-서울굿 무복을 중심으로」, 『복식』 32(한국복식학회, 1997). ; 조아란 · 조효순, 「조선시대 무속복식 연구-무당내력을 중심으로」, 『복식』 34(한국복식학회, 1997). ; 박미선, 『巫黨來歷과 서울 現代 巫俗 服飾의 비교』(명지대학교 석사학위논문, 2003). ; 방옥자, 「조선시대 무속에 나타난 색채상징 연구-무당내력을 중심으로」, 『종교문화연구』 9(한신인문학연구소, 2007). ; 홍태한, 「무당내력과 서울굿의 양상 비교」, 『남도민속연구』 26(남도민속학회, 2013). ; 변지선, 「무당내력류 별성거리의 성격과 의의」, 『세계문학비교연구』 2015-봄(한국세계문학비교학회, 2015).

4) 권태효, 「근대 여명기 문헌신화 자료의 현황과 성격」, 『근대 여명기 우리 신화 연구』(민속

원, 2008) 39~45쪽. ; 조보윤, 『巫黨來歷의 특징과 의의』(고려대학교 석사학위논문, 2013), 89~101쪽.

5) 최길성, 『한국의 무당』(열화당, 1981) 권두에 『무당내력』의 흑백 사진이 수록되어 있는데, 이것은 2종의 규장각 소장본과 그림과 글씨체가 다르다. 수록 과정에서 손질을 한 것이라 생각되지만, 확실한 것은 알 수 없다.

6) 유효순, 『한국의 무속복식 연구』(숙명여대 박사학위논문, 1994), 84 및 94쪽.

7) 서대석, 「무당내력 해제」, 『무당내력』(서울대학교 규장각, 1996), 3쪽.

8) 참고로 기왕에 사용되었던 명칭과 이 글에서 사용하는 명칭을 대비하면 다음과 같다.

고도서본	무당내력II	작은 책
가람본	무당내력 I	큰 책

9) 가람본의 10번째 그림의 오른쪽 하단에 '成造巨里? 古1430 18 see'란 펜글씨가 있다. 즉 이 그림은 성조거리추측되며, 그 근거로 古1430 18을 보라는 것이다. 古1430 18은 고도서본의 청구기호이다. 그러므로 이것은 고도서본에는 있고 가람본에는 없는 것이 성조거리이므로, 고도서본으로 미루어 이 그림은 성조거리일 것이란 말이다. 이후 이러한 설명에 따라 이 그림을 성조거리로 보는 견해가 많으며, 1996년 서울대 규장각에서 『무당내력』의 영인본을 간행하면서 그 45쪽의 목차에서 이를 성조거리라 했다. 그러나 이 그림의 무복은 성조거리의 그것과 다르다. 성조신은 남신이기 때문에, 무복도 이 그림처럼 여성의 원삼이 아니라 남성복이다. 그러므로 이 그림은 성주거리로 보기 어렵다. 덧붙이자면, 그림은 별지에 그려 11번째 「창부거리」 그림 위에 덧붙인 것이며(이 그림 밑으로 「창부거리」 무녀의 노란색 신발이 보인다), 화풍도 가람본의 다른 그림과 다를 뿐만 아니라 서양화풍을 도입한 후대적인 것이다. 그러므로 이 그림은 논외로 하는 것이 좋겠다.

10) 請陪: 무당굿에서, 신령이나 굿하는 집안의 조상의 혼령을 불러 모시는 일

11) 俗稱산바라기 致誠時 巫女望太白山 口呼聖靈憾應三遍 近日望豊德德物山崔將軍請陪云 失眞大矣

12) 致誠時 巫女手執白紙 望太白山 口呼聖靈咸應三遍 謂之檀君請陪 近日謂之崔將軍請陪 失眞大矣

13) 秋葉隆, 「三神山」, 『朝鮮民俗誌』(六三書院, 1954), 245~249쪽.

14) 檀君稱曰三神帝釋 高句麗山上王無子 禱于三神 果得貴子 故生子發願成俗耳.

15) 帝釋卽檀君聖祖 稱曰三神帝釋 小兒十歲之內 或有危險之地 三神必爲保護云 故高句麗上山王無子 禱于三神 見夢而生貴子 後生子發願 因爲成俗.

16) 檀君侍臣高矢禮 教民稼穡 故人民不忘其恩 近日巫女謂之崔將軍請陪時 思悼世子陪行云 尤極橫說竪說.

17) 檀君請陪時 侍臣高矢禮 始播百穀 教民稼穡 故百姓不忘其恩矣 近日謂之思悼世子云 尤極橫說竪說.

18) 俗稱崔將軍巨里 檀君請陪後 以聖意所願 使之成就云 舊時以檀祖服色用之 近日以崔將軍服色用之.

19) 又云崔將軍巨里 檀君奉陪後 以聖意所願 使之成就 近日謂之崔將軍下降云.

20)『續大典』禮典, 儀章(법제처 번역본, 1965, 145쪽).

김영숙 편저,「朱笠」,『한국복식사사전』(민문고, 1988), 442~443쪽.

21) 현행 무속의 굿거리에 대안주거리가 있다. 이것은 상산마누라(최영) 등의 장군 신격에게 안주로 소의 머리 · 갈비 · 우족 등을 바치는 거리인데, 대거리가 변형된 것으로 보인다. 김헌선,「서울굿「대안주거리」의 문화사적 의의 연구」,『서울굿, 거리거리 열두거리 연구』(민속원, 2011), 78~80쪽.

22) 檀君時 每歲十月 使巫女祝成造家之意 人民不忘其本 致誠時 依例擧行耳(俗稱셩쥬푸리).

23) 고도서본; 天然痘神 謂之戶口 家有未疫兒 致誠時祝其順痘 近日謂之崔將軍女 又云妾 妄發極矣.

가람본; 天然痘神 謂之戶口 家有未疫兒 祝其順痘 近日巫女輩 謂之崔將軍女云妾 妄發極矣.

※ 최영과 그의 딸(禑王의 妃인 寧妃)을 모신 또 다른 사례로는 成均館下輩들이 제사했던 碧松亭東邊 계곡의 府君堂이 있다(黃胤錫의『頤齋亂藁』권11, 戊子=1768, 영조 44, 七月十五日庚子).

24) 致誠時 祖上次第入來後 吉凶禍福豫報云 不過巫女討索 然可笑.

25) 致誠時 祖上入來後日吉凶禍福豫報云可笑.

26) 巫女擇其年少美妙者 一場遊戲 不過賽錢而已 六十以來 次次盛行耳.

27) 致誠時 擇其年少美妙之巫女 一場遊戲 六十年來盛行.

28)「朝鮮神敎源流考」1,『史林』7-3(京都大, 1922),「朝鮮巫俗考」,『啓明』19(계명구락부, 1927), 1쪽.

29)『揆園史話』「檀君記」에도 단군을 기리던 단군조선 시대의 풍습이 무격을 통해 개인의 禍福壽夭만을 조절하려는 풍습으로 변했으며, 이것은 "古俗末流之弊"라고 했다. 그러나『규원사화』의 문제점에 대해서는 후술하기로 하겠다.

30)『星湖僿說』「人事門, 巫」.

이익이 이러한 주장의 근거로 제시한『國語』「楚語」에도 긍정적이었던 무격이 少皞 이래로 타락했다는 기록이 있다(楚昭王과 觀射父의 대화). 그리고 巫官의 근거는『周禮』「春官, 司巫 · 男巫 · 女巫」로, 주나라 국가조직에 무관이 있었음을 전하는 것이다. 따라서 이익의 주장 역시 독창적인 것이라기보다 유교의 무속 인식에서 비롯된 것이라 할 수 있다.

31)『東賢號錄』(三星堂印刷所, 1927: 아세아문화사 1980),『韓國人名字號辭典』(계명문화사, 1988),『한국역대문집총서목록색인』(경인문화사, 2000) 등을 통해 난곡을 찾아본 결과 18인이 확인되며, 후술하는 바와 같이『무당내력』은 19세기 이후에 나온 것이 확실한 만큼 19세기 이후의 난곡도 5명 이상이 확인된다. 즉 宋熙馹(1837~1901), 蘇昇奎(1844~1908), 宋炳華(1852~1916), 李淵觀(1857~1935), 李建芳(1861~1939)이 그들이다. 그러나 이들 가운데『무당내력』의 저자가 있다고는 생각되지 않는다. 이들은 정통 유학자이기 때문에, 무속이나 단군을 중시했을 것 같지 않기 때문이다.

32) 고도서본의 경우, 서문(等壇→築壇, 百敝→百弊), 감응청배(憾應→感應), 만신말명(年淵→淵源), 逐鬼(?)(私鬼→邪鬼, 諸班→諸般)에 각각 오자가 있다. 그리고 가람본에서는 서문(唐唐→漢唐),

부정거리(不精→不淨), 제석거리(上山王→山上王), 감응청배(咸應→感應), 만신말명(年源→淵源)에 오자가 있다. 그리고 어색한 문장의 예로는 고도서본 창부거리에서 "巫女擇其年少美妙者"라 한 것을 들 수 있다.

33) 『무당내력』이 서울굿을 그렸다는 사실은 泉靖一이 주장한 이래 홍태한의 「무당내력과 서울굿의 양상 비교」, 『남도민속연구』 26(남도민속학회, 2013)에 의해 확정되었다. 나아가 서울굿 중에서도 서울 서쪽(서대문밖에서 구파발을 넘어 현재의 고양시까지 아우르는 지역)의 서댄밖제=구파발본으로 특정하는 견해까지 나왔다(조보윤, 『무당내력의 특징과 의의』 고려대 석사학위논문, 2012, 44~49쪽).

34) 최길성, 「서울지방의 무속」, 『한국의 무속』(열화당, 1981), 82쪽.

35) Winston L. King, *Introduction to Religion; a phenomenological approach*,(Haper&Row publishers, 1954), pp.1~8.

36) 『영조실록』 卷99, 38年 閏5月 癸未(21일); 思悼世子薨逝 ° 敎曰: "旣聞此報之後, 豈不思近卅載父子之恩乎? 顧世孫之心, 諒大臣之意, 只復其號, 而兼謚以名曰思悼世子 ° 服制月數雖存, 除成服, 以烏帽黲袍百官淺淡服終月 ° 世孫雖終三年, 進見時葬後則淡服 °" 又敎曰: "今旣處分, 嬪宮與孝純一也, 不可用舊印 ° 賜其號曰惠嬪, 一體賜玉印, 朝廷庭候 °"

37) 1825년으로 보는 견해도 있다. 李子淵. 「中部地方における巫服の變遷に關する硏究」, 『부산여자대학교 논문집(자연과학대학편)』 39(1995), 190쪽.

38) 서대석, 「무당내력 해제」, 『무당내력』(서울대 규장각, 1996), 4~5쪽.
서대석, 「巫黨來歷의 性格과 意義」, 『口碑文學硏究』 4(한국구비문학회, 1997), 342~344쪽.

39) 손태도, 「과거 급제자의 행사」, 『광대의 가창 문화』(집문당, 2003), 354~407쪽.

40) 『심리록』 권23, 「庚戌年 平安道德川郡李才京獄」(법제처본 하, 1968, 186쪽).

41) 박미선, 『무당내력과 서울 현내 무속 복식의 비교』(명지대 대학원 석사학위논문, 2002) 53, 63~64쪽.

42) 홍태한, 「巫黨來歷과 서울 굿의 양상 비교」, 『남도민속학연구』 26(남도민속학회, 2013), 439~464쪽.

43) 변지선, 「무당내력류 별성거리의 성격과 의의」, 『세계문학비교연구』 2015-봄(한국세계문학비교학회), 118~119쪽.

44) 김승무, 「景慕宮考」, 『향토서울』 23(서울시사편찬위원회, 1964), 15~19쪽.

45) 서영대, 「단군관계 문헌자료 연구」, 『단군-그 이해와 자료』(서울대출판부, 1994), 71~75쪽.

46) 柳承欽, 「本會의 原因說」, 『大韓學會月報』 1(1908년 2월 25일), 7쪽; "歲經隆熙二年 卽 我檀祖 開國四千二百四十一年 一月에 日本에 留學ᄒᆞᄂᆞᆫ 帝國靑年의 總體 大韓學會가 發起 成立ᄒᆞ다."
碧眉山人, 「詩歌」, 『大韓學會月報』 3(1908년 4월 25일), 35쪽; "檀祖有國 四千年에 半島日月 발갓더니 東海에 一點 妖雲이 獰風 부러 가리우니 아마도 씨러 업시기는 忠義高風."

『황성신문』 1908년 08월 19일, 「雜報」: "夫我韓之立國이 在於檀祖而時則無文獻之可徵ᄒᆞ고 箕子東渡에 始授支那之學ᄒᆞ야 以來三千餘年間其教化則仁義道德孝悌忠信之文治오 其淵源則堯舜禹湯文武周孔之心法이라."

47) 『황성신문』 1909년 4월 21일, 「論說, 檀君聖祖由來紀念」.

『황성신문』 1909년 11월 21일, 「論說, 檀君聖祖祭日」.

48) 「檀君教佈明書」, 『大倧教重光六十年史』(대종교총본사, 1971), 80~92쪽.

49) 『奉天通志』 49, 「大事」 光緒 33년(1907) 3월.

50) 『황성신문』 1909년 11월 21일, 「論說, 檀君聖祖祭日」.

51) 神教라는 말은 1906년에 처음 확인된다. 『대한매일신보』 1906년 2월 20일자 「春談」에서 "滾滾汩汩ᄒᆞᆫ 都城中에 儒教 佛教 天主教 耶蘇教 天道教 神教 各般宗教가 有ᄒᆞ야 門戶를 各峙ᄒᆞ니 畢竟은 同歸一轍ᄒᆞᆯ지니"란 것이 그것이다. 그러나 이 경우에 신교가 단군신교를 가리키는지는 확실하지 않다. 또 1907년에 나온 金成喜의 「教育宗旨續說」(『대한자강회월보』 12)에도 "有國則必有教하니 儒教 佛教 道教 神教 基督 等이 是也라" 하여 신교를 언급했지만, 이 경우 역시 마찬가지이다.

그리고 『대한매일신보』 1906년 8월 1일자 雜報에서는 「神教徒殺人」이란 기사명으로 神籬教會長이 살인한 사건을 보도하고 있는데, 이 경우 신교는 신리교를 가리키는 것이므로, 단군신교가 아님이 확실하다.

52) 『황성신문』 1910년 8월 9일자 論說 「我檀君子孫의 氏族과 疆土와 教化의 歷史」; "矧我始祖檀君은 神聖의 德으로 繼天立極ᄒᆞ셧스니 神道設教로 作君作師ᄒᆞ심을 歷史의 明證이오 神人의 后裔로 神教를 信仰ᄒᆞᆷ은 理想의 固然이라."

53) 『단조사고』 「내편」 6, 9, 10~11(『백암박은식전집』 4, 동방미디어, 2002에 수록).

『단조사고』의 저술 시기에 대해서는 김동환, 「해제; 단조사고에 대하여」, 『단조사고』(한뿌리, 2006), 195쪽 참조.

54) 『단조사고』 「立子扶婁爲太子」, 「又命高矢教稼穡 神誌掌書契」.

『신단실기』 「三神上帝」.

55) 정욱재, 「단조사고의 저술에 관한 검토」, 『한국사학사학보』 12(한국사학사학회, 2005) 132~138쪽.

56) 『삼국사기』 권16, 「高句麗本紀」4: 山上王七年, 春三月, 王以無子, 禱於山川, 是月十五夜夢, 天謂曰: "吾令汝少后生男, 勿憂." 十三年 秋九月, 酒桶女生男. 王喜曰: "此天賚予嗣胤也."

57) 이상은 『신단실기』 「神異徵驗」(ᄒᆞᆫ뿌리, 1987, 191~192쪽)에 나오는 내용이다.

58) 권태효, 「근대 여명기 문헌신화 자료의 현황과 성격」, 『근대 여명기 우리 신화 연구』(민속원, 2008) 39~45쪽. ; 조보윤, 『巫黨來歷의 특징과 의의』(고려대학교 석사학위논문, 2013) 89~101쪽.

59) 조인성, 「재야사서 위서론」, 『단군과 고조선사』(사계절, 2000)

60) 李桂林, 『吉林通志』 권10, 「沿革志 上, 吉林通部」; 顯州(현덕부의 중심지)距神州四百里 當在今吉林府西南境 三省圖說謂卽今那丹佛勒城 然城基甚狹 不足爲京 唯蘇密城 周七里餘 內有子城 方隅里到均屬相符 此當是也.

61) 川村純一, 『病いの克服-日本痘瘡史』(思文閣出版, 1999), 23쪽.

62) 신동원, 『호환 마마 천연두』(돌베개, 2013), 188~189쪽. 신동원은 그렇기 때문에 『무당내력』 고도서본의 을유년을 1945년이라 했다.

63) ○ 1895년(고종 32) 10월 7일, 內部令第八號 種痘規則 全文 19조 중, "第一條 種痘를要ᄒᆞᄂᆞᆫ事項이左와如홈. 一 凡小兒ᄂᆞᆫ生後七十日로滿一年以內에種痘를行호ᄃᆡ但天然痘를經ᄒᆞᆫ証明이有ᄒᆞᄂᆞᆫ者ᄂᆞᆫ此限에在치아니홈 二 成年男子及女子라도種痘아니ᄒᆞᆫ者에게行호ᄃᆡ但天然痘를經ᄒᆞᆫ証明이有ᄒᆞᄂᆞᆫ者ᄂᆞᆫ此限에在치아니홈 … 第五條 天然痘流行의兆가有ᄒᆞᄂᆞᆫ時ᄂᆞᆫ第一第三條期限에不拘ᄒᆞ고官吏의指定ᄒᆞᆫ期日內에種痘를行ᄒᆞ미可홈 … 第十三條 軍籍에入코져ᄒᆞᄂᆞᆫ者와警務에就코져ᄒᆞᄂᆞᆫ者ᄂᆞᆫ種痘証書의檢定을受ᄒᆞ미可호ᄃᆡ若或種痘를經치아니ᄒᆞᆫ者ᄂᆞᆫ種痘를施홈 但天然痘를經ᄒᆞᆫ証蹟이有ᄒᆞᆫ者ᄂᆞᆫ此限에在치아니홈 開國五百四年十月七日 內部大臣署理 兪吉濬(『관보』第一百八十四號 開國五百四年十月十日)

○ 1895년(고종 32) 11월 7일, 勅令 180號 種痘醫養成所 規程 全文 11조 중, "第一條 種痘醫養成所를漢城內에設立ᄒᆞ야種痘醫를養成ᄒᆞ야國內에種痘를廣施ᄒᆞ야天然痘預防ᄒᆞᆷ을主홈"(『官報』개국 504년 11월 9일)

김호, 「조선후기 痘疹'의 연구」, 『한국문화』 17(서울대 한국문화연구소, 1996), 143쪽 각주 33에서는 『한성순보』 1884년 3월, 4월자 「牛痘의 來歷을 논함」이란 글에 천연두란 말의 사용례가 처음 확인된다고 했다. 그러나 『한성순보』 19호(1884년 음력 4월 1일자) 「論牛痘來歷」에 大化는 있어도 천연두란 말은 없다.

64) 黃玹의 『梅泉野錄』 권1上, 「甲午以前」에 갑신정변이 일어났다는 소식을 들은 서울 사람들이 노하여 만나는 족족 倭逆黨들을 살해했으며, 일본영사관을 불태웠다고 하는 바(국사편찬위원회본, 1971, 81쪽), 이를 통해 당시 일본인에 대한 감정의 일단을 읽을 수 있다.

65) 『개화기 국어자료집성-성서문헌편』 1~10(박이정출판사, 1995), 『한국어학자료총서』 2(태학사, 1986), 『개화기교과서자료총서-국어편, 국사편』(아세아문화사, 1977), 『易言』(1883?), 『農政撮要』(1886), 『서유견문』(1895), 『텬로력정』(1895), 『한영ᄌᆞ뎐』(1897), 『독립신문』, 『황성신문』, 『대한매일신보』.

66) 예컨대 뉴욕을 설명하면서 "그西邊에흘으ᄂᆞᆫ(이스더)江對岸에(브로클닌)이라ᄒᆞᄂᆞᆫ府가잇서"라는 식이다.

『개화기교과서자료총서-국어편』 1(아세아문화사, 1977) 61쪽.

67) 『개화기교과서자료총서-국어편』 1(아세아문화사, 1977) 386쪽.

68) 『官報』 號外2(光武三年=1899 九月 二日) 「宮廷錄事」.

69) 『官報』 1454호(광무 3년 12월 26일) 「宮廷錄事」.

70) 『대한매일신보』 1907년 12월 15일 「雜報, 邪詭宜禁」, 1908년 1월 26일 「雜報, 負逃畵像」, 1908년 2월 6일 「雜報, 窃負而逃」.

『황성신문』 1907년 12월 17일 「雜報, 挪自何時」.

71) 기유년 중 1789년에는 윤5월, 1849년에는 윤4월이 있었다.

한보식, 『韓國年曆大典』(영남대 출판부, 1987) 1789, 1849, 1909쪽 참조.

72) 조보윤, 앞의 논문, 29~33쪽 참조.

73) 송정숙, 「조선시대 사본 연구」, 『서지학연구』 26(서지학회, 2003) 350~351쪽에 의하면, 사본의 선후를 가리는 방법의 하나가 轉寫가 거듭될수록 오류가 누적된다는 원칙에 비추어보는 것이다. 그러나 고도서본과 가람본의 오자의 수는 거의 비슷하여 이러한 원칙을 적용하기는 어렵다.

74) 가람본은 완성된 이후에도 부분적으로 추가가 있었던 것 같다. 부정거리의 설명문은 서문이나 다른 거리와 글씨체가 분명 다른 점, 별지에 서양화풍의 무녀 그림을 그려 첨부하여 둔 점으로 미루어 짐작할 수 있다.

75) 서영대, 「근대 한국의 단군 인식과 민족주의」, 『동북아역사논총』 20(동북아역사재단, 2008), 7~49쪽.

76) 서영대, 「조선 후기 仙家文獻에 보이는 상고사 인식」, 『한민족연구』 2(한민족학회, 2006), 1~24쪽.

77) 강만길, 「이조시대의 단군숭배」, 『이홍직박사 회갑기념 한국사학논총』(신구문화사, 1969), 259~272쪽.

78) 서영대, 「金先生廉白記에 대하여」, 『단군학연구』 9(단군학회, 2003), 221~237쪽.

79) 村山智順, 『朝鮮の類似宗教』(朝鮮總督府, 1935), 446쪽.

80) 「檀君敎佈明書」, 『大倧敎重光六十年史』(대종교총본사, 1971), 80~92쪽.

81) 『무당내력』에는 '明義學道' 이외에 '東陽後人申汝晳家藏'이란 낙관도 있다. 동양을 申櫶(1810~1884)의 號로 본 견해가 있지만(조보윤, 앞의 논문, 18쪽), 동양은 황해도 平山의 별호이므로(『高麗史』 권58, 「地理志3, 平州」), 이것은 '평산 신씨인 신여석의 집에서 소장'이란 의미의 장서인으로 해석해야 한다. 이 장서인이 고도서본과 가람본에 모두 찍혀있다는 것은 한때는 두 책이 함께 신여석이란 인물의 소장본이었음을 의미한다. 따라서 신여석은 『무당내력』의 所從來를 이해하는데 열쇠가 되는 인물이다. 그러나 필자의 능력 부족으로 그가 언제, 어떤 사람인지를 아직 확인하지 못했다.

82) 최길성, 「巫黨城主祈禱圖」, 『民學』 1(민학회, 1972), 96~98쪽에 소개된 바 있다.

83) 유물명은 「무속(당)12걸이도」이며, 유물번호는 민1360이다(『서울대학교박물관 인류민속도

록』, 1999, 100쪽).

84) 菊地孝, 「赤松智城論ノハオ」, 『人文學報』 94(京都大學人文科學硏究所, 2007), 4쪽을 통해 처음 그 존재가 알려졌다. 필자는 홍태한 선생의 호의로 사진파일을 볼 수 있었다. 이 자리를 빌려 홍태한 선생께 감사드린다.

85) 『서울대박물관 소장품목록』(1979) 210쪽에 '諸神像畵' 일괄이 있고, 소장 시기를 1927년이라 했다. 그러나 그 크기를 940×560이라 한 점으로 미루어 「무당성주기도도차서」를 가리키는 것은 아닌 것 같다.

86) 菊地孝, 위의 논문, 24~25쪽.

87) 배척과 탄압의 기준의 음사에서 미신으로 바뀐 것에 대해서는 다음 논문에서 시사받은 것이다. 이용범, 「무속에 대한 근대 한국사회의 부정적 시각에 대한 고찰」, 『한국무속학』 9(한국무속학회, 2005), 152쪽.

88) 『高宗實錄』 권33, 고종 33년 3월 初十日.

89) 『朝鮮總督府官報』 470호, 府令(明治 45년 3월 25일).

90) 『동아일보』 1933년 6월 10일, 「全朝鮮 萬八千巫黨 取締規則을 制定」.

91) 村山智順, 『朝鮮の類似宗教』(朝鮮總督府, 1935), 444~460쪽. ; 문혜진, 「일제식민지기 숭신단체의 양상과 변화」, 『민속학연구』 34(국립민속박물관, 2014) 89~105쪽.

92) 吉川文太郎, 『朝鮮の宗教』(朝鮮印刷株式會社, 1921), 371쪽.

93) 村山智順, 『朝鮮の類似宗教』(朝鮮總督府, 1935), 444~460쪽. 이에 의하면 대종교에서 분리되어 나온 鄭薰模의 단군교에서도 교세 확장과 재정 확충을 위해 무녀조합조직을 끌어드리려고 했다.

고려 원종의 마리산참성摩利山塹城 친초親醮와 단군檀君

1) 참성단에서의 초례는 이후 매년 봄가을로 조정에서 행향사가 파견되어 진행되었고, 그 전통은 조선전기까지 지속되었다. 김성환(1997), 「고려시대 강화지역의 단군숭배」, 『대학원논문집』 1 ; (김성환(2002), 『高麗時代의 檀君傳承과 認識』, 경인문화사 재수록); (2007), 「조선시대 강화도 단군전승 자료의 검토-문집자료를 중심으로-」, 『인천학연구』 3 ; (2012), 「강화도 단군전승의 성격」, 『역사민속학』 39 ; (2013), 「1358년(공민왕 7) 李穡의 摩尼山 紀行과 塹城壇醮禮」, 『역사민속학』 42 ; 서영대(2003), 「塹城壇과 단군숭배」, 『新編 江華史』 중—문화와 사상—, 강화군 군사편찬위원회; (2008), 「참성단의 역사와 의의」, 『단군학연구』 18 ; 김철웅(2008), 「조선전기의 塹城醮禮」, 『도교문화연구』 28 ; (2012), 「강화도 塹城 醮禮文의 분석」, 『동아시아古代學』 28 참조.

2) 참성단과 그곳에서의 제천에 대해서는 다음의 연구들도 참고할 수 있다. 서영대(1995), 「崔

錫恒의 「塹城壇改築記」에 대하여」, 『博物館紀要』 창간호 ; (1999), 「江華島의 塹城壇에 대하여」, 『한국사론』 41·42합집 ; (2009), 「한국의 제천의례」, 『강화도 참성단과 개천대제』 ; (2010), 「개천절과 강화도 참성단」, 『동아시아고대학』 23 ; 김성환(2009), 「국가제사에서의 단군과 참성단 제사」, 『강화도 참성단과 개천대제』 ; (2014), 「고려시대 氈城과 摩利山塹城의 제천단」, 『韓國史學史學報』 30 ; 이욱(2009), 「신종교의 단군제사」, 『강화도 참성단과 개천대제』 ; 장장식(2009), 「강화도 참성단 개천대제의 재활성화와 방향」, 『강화도 참성단과 개천대제』 ; 최종수(2009), 「개천대제의 현황과 과제」, 『강화도 참성단과 개천대제』 ; 이용범(2010), 「참성단에서 행해진 의례의 유형과 성격」, 『동아시아고대학』 23 ; 김도현(2010), 「太白山 天祭壇과 摩尼山 塹城壇의 儀禮 비교」, 『동아시아고대학』 23 참조.

3) 최남선(1927), 「壇君及其硏究」, 『別乾坤』 5 참조. 이 글에서는 최근에 이를 국역한 「단군급기연구壇君及其硏究」(전성곤·허용호 옮김(2013), 『단군론』[최남선 한국학 총서])를 함께 참고하였다.

4) 『고려사』 권26, 원종 5년 5월 경진 참조.

5) 몽고는 주변국에게 자신들이 만족할 정도의 확실한 복속을 요구했고, 국왕의 친조를 이에 대한 가장 중요한 징표로 여겼다. 몽고가 고종 26년(1239)부터 지속적으로 고려 국왕의 친조를 요구한 까닭 역시 마찬가지였다. 이것은 전통적으로 중국과의 관계에서 조공을 통한 형식적인 사대관계를 유지해왔던 고려의 입장과 큰 차이를 지닌 것이었다. 몽고의 입장에서 이를 이행하지 않은 국가에 대한 군사정벌은 당연한 것이었다고 한다. 몽고와 고려의 '복속'에 대한 인식 차이에 대해서는 고명수(2014), 「몽골의 '복속' 인식과 蒙麗 관계」, 『韓國史學報』 55, 43~79쪽.

6) 『고려사』 권26, 원종 5년 5월 신사 참조.

7) 위의 책, 기축 참조.

8) 『고려사』 권25, 원종 즉위년 참조.

9) 이 역시 고종의 친조가 어렵다는 현실인식에서 차기 군주위계승자의 입조를 그 대안으로 실행함으로써 완전한 복속을 받아 지배력을 강화하려는 몽고의 입장이 반영된 것이라고 한다. 고명수, 위의 논문, 56~57쪽.

10) 『고려사』 권25, 원종 1년 3월 정해 참조.

11) 위의 책, 원종 5년 5월 무술 "親設消災道場於內殿" 및 임인 "移御長峰宮".

12) 앞의 책, 계묘 "始設大佛頂五星道場於三郎城假闕 凡四月".

13) 『고려사』 권26, 원종 5년 6월 을사 참조.

14) 봉은사와 태조어진에 대해서는 노명호(2011), 『고려 태조 왕건의 동상-황제제도·고구려 문화 전통의 형상화』 참조.

15) 『고려사』 권26, 원종 5년 6월 경술 "移御妙智寺 又親醮于磨利山塹城".

16) 위의 책, 원종 5년 6월 을사·병오·경술·신해·임자·을묘 참조.
17) 앞의 책, 원종 5년 7월 계유 참조.
18) 앞의 책, 원종 5년 7월 계사 참조.
19) 앞의 책, 원종 5년 7월 기해·경자 참조.
20) 앞의 책, 원종 5년 8월 계축 참조.
21) 앞의 책, 원종 5년 8월 경오 참조.
22) 앞의 책, 원종 5년 9월 경자 참조.
23) 이때 원종의 여정과 몽고의 大都에 대한 풍경은 자세히 알 수 없으나, 원종 14년(1273) 원나라 황후와 태자의 책봉을 축하하는 賀進使의 서장관으로 선발되어 다녀온 李承休의 사행 관련 기록인 「賓王錄」에서 어느 정도 짐작이 가능하다. 『動安居士文集』 권4, 「賓王錄」 및 윤은숙(2013), 「大元 使行을 통해 본 李承休의 현실인식」, 『인문과학연구』 36 ; 이형우(2013), 「13세기 고려 지식인 이승휴의 對元 인식」, 『한국중세사연구』 34 참조.
24) 『고려사』 권26, 원종 5년 10월 기미 참조.
25) 위의 책, 원종 5년 12월 임술 참조.
26) 『고려사』 권56, 지10, 지리1, 양광도, 강화, "有摩利山【在府南 山頂有塹星壇 世傳 檀君祭天壇】傳燈山【一名三郎城 世傳 檀君使三子 築之】".
27) 『고려사』 권24, 세가24, 고종 46년 4월 "命營假闕於三郎城及神泥洞" 및 『고려사절요』 권17, 고종 46년 4월 참조.
28) 『고려사』 권123, 열전36, 嬖幸, 백승현 참조.
29) 『고려사』 권24, 세가24, 고종 46년 2월 갑오 "創離宮于摩利山南 先是 校書郎景瑜 請於是山創闕 則可延基業 從之".
30) 『고려사절요』 권18, 원종 5년 6월 참조.
31) 周 康王은 成王의 아들로, 이름은 釗이다. 주나라는 성왕과 강왕의 2대 40여년 동안 천하가 안정되고 죄수가 없는 태평성대를 이루었다고 한다.
32) 371년 백제 개로왕이 군사 3만을 이끌고 평양성을 공격해 오자 고국원왕이 이를 막다가 流矢에 맞아 죽은 사실을 말한다. 이때 개로왕은 위나라에 보낸 表文에서 "釗의 머리를 베어 매달았다"고 하였다. 『삼국사기』 권18, 고구려본기6, 고국원왕 41년 10월 23일 참조.
33) 이에 대해 安鼎福은 "이때 백승현은 도참설로 왕을 칭송하여 정상이 아닌 요망하고 허탄한 일을 못하는 것이 없었다"고 비판하였다. 『동사강목』 제11상, 갑자년 원종 5년 참조.
34) 『동국이상국전집』 권39, 佛道疏, 「天變祈禳五星道場文」 참조.
35) 『고려사』 권5, 세가5, 덕종 원년 4월 신유 참조.
36) 고려시대 국가에서 운영한 제천의례에 대해서는 김일권(2002), 「고려시대 국가 제천의례의 다원성 연구」, 『고려시대의 종교문화-그 역사적 상황과 복합성-』 참조.

37) 참성단 이외의 야외 제천단에서 고려 국왕이 親醮한 사례는 선종의 鹽州 氈城에서의 친초가 있었던 것으로 짐작되는데, 양자의 관계에 대해서는 김성환(2014), 위의 논문 참조.

38) 『고려사절요』 권18, 원종 5년 5월 참조.

39) 『고려사』 권127, 열전40, 반역, 묘청 참조.

40) 『고려사』 권24, 세가24, 고종 46년 2월 갑오 및 4월 정유 참조.

41) 이병도(1980), 『高麗時代의 硏究』 ; 김성환(2002), 『高麗時代의 檀君傳承과 認識』 참조. 이에 앞서 1234년(고종 21)에는 역시 圖讖僧에 의해 左蘇 阿思達로 비정되던 옛 楊州 땅에 궁궐을 조영하고 왕이 移御하면 國祚를 800년 연장할 수 있다는 주장이 고종에게 주청되었다. 『고려사』 권23, 세가23, 고종 21년 7월 갑자; 『고려사절요』 권16, 고종 21년 7월 참조.

42) 1259년 4월에 가궐이 건설된 神泥洞은 선원면의 神智洞으로 비정되고 있지만(고재형 저, 김형우·강신엽 역(2008), 『譯註 沁都紀行』, 「神智洞」, 인천학연구원, 32~33쪽), 이에 앞서 2개월 전 마리산에 조영된 摩利山離宮과 다른 가궐로 보는 것이 어떨까 한다. 즉 '神泥'는 '摩利'·'摩泥'·'摩尼'의 또 다른 이름으로 추측된다.

43) 이점은 인종 때 묘청이 서경의 林源驛을 大華勢로 파악하여 궁궐을 짓고 천도하면 천하를 아우르게 되어 금나라가 항복하고 36국이 모두 신하가 될 것이라 하여 그 연기업으로 八聖堂을 건설한 사실과 비교할 수 있음은 앞서 논의한 바와 같다. 『고려사』 권127, 열전40, 반역, 묘청 참조.

44) 「金德謙墓誌銘」 "銘曰 … 流沙惹嶺 震旦竺乾 於之往返 法子曰玄 …"(金龍善 編著(1993), 『高麗墓誌銘集成』, 116~118쪽).

45) 「修禪社形止案」 "… 禪那之學 源出於迦葉波 達磨得之 來化震旦 …"(盧明鎬 외(2000), 『韓國古代中世古文書硏究』(上), 373~403쪽).

46) 閔賢九(1989), 「高麗中期 三國復興運動의 歷史的 意味」, 『韓國史市民講座』 5 ; 이정신(2000), 「12·13세기의 삼국부흥운동」, 『한신인문학연구』 1 참조.

47) 김성환(2002), 위의 책 참조.

48) 『고려사』 권55, 지9, 오행3, 충렬왕 19년 4월 신해 참조.

49) 이에 대해 "石이란 산의 뼈와 같아 이것이 裂隕되면 산 또한 붕괴되는 것으로, 장차 나라가 危亡할 조짐을 보이는 것이어서 경계하지 않을 수 없다"는 權敬中의 이해를 참고할 수 있다. 『고려사』 권101, 열전14, 權敬中 참조.

50) 『고려사』 권82, 지16, 병2, 둔전, 우왕 3년 3월 참조.

51) 『고려사』 권63, 지17, 예5, 잡사, 신우 5년 3월 신미 및 권111, 열전24, 慶復興, "慶復興 初名千興 淸州人 父斯萬 性質素 娶明德太后姪女 以故昵侍禁掖 與宦寺無異 人譏之 官至右代言 嘗受命醮摩利山塹城 聞空中若有呼 慶代言不幸短命者再 還謂友人曰 吾不久於世矣 未幾果卒 …".

52) 『목은시고』 권2, 시, 「摩尼山紀行」 및 김성환(2013), 위의 논문 참조.

53) 『鐵城聯芳集』 권1, 「平齋詩集」, 「次摩尼山齋室板上韻」 및 「齋宮有作詩同齋諸僚」 참조.

54) 『세종실록』 권148, 지리지, 「江華都護府」 참조.

55) 이밖에 원종의 참성단 친초 이후 국왕을 대신하여 그 초례에 파견된 향사로는 韓宗愈(1287~1354)·金光轍(1289~1349)·權近(1352~1409) 등이 확인된다. 김성환(2012), 위의 논문 참조.

56) 『삼국유사』 권1, 기이1, 「고조선[왕검조선]」 참조.

57) 『고려사』 권1, 세가1, 태조 7년 참조.

58) 『고려사』 권8, 세가8, 문종 14년 1월 계축 참조.

59) 서윤길(1978), 「高麗의 帝釋神仰」, 『佛教學報』 15 ; 安智源(1997), 「高麗時代 帝釋神仰의 様相과 그 變化」, 『國史館論叢』 78 참조.

60) 『고려사』 권22, 세가22, 고종 14년 10월 경술 참조.

61) 『고려사』 권24, 세가24, 고종 38년 1월 갑신 참조.

62) 安啓賢(1982), 「佛教徒가 전해 준 檀君神話」, 『韓國佛教史硏究』, 1982 ; 최복홍(1986), 「『삼국유사』에 실려 있는 고조선과 가락국 건국신화의 불교관계자료에 대한 고찰」, 『력사과학』 1986년 4호(서영대 편(1995), 『북한학계의 단군신화연구』 재수록) ; 崔柄憲, 위의 논문 참조.

63) 민간에서 제석신앙의 천신적인 관념과 국가의 태평, 年豊, 兵息 등의 기능에 대해서는 잘 알려진 바와 같이 이규보의 다음 자료를 참고할 수 있다. 『동국이상국전집』 권2, 고율시, 「老巫篇」 "緣木爲龕僅五尺 信口自道天帝釋 釋王本在六天上 肯入汝屋處荒僻 丹青滿壁畵神像 七元九曜以標額 星官本在九霄中 安能從汝居汝壁"; 『고려사』 권114, 열전27, 李承老 附云牧 "… 有妖巫自提州來 自稱天帝釋 妄言人禍福 遠近奉之 猶恐不及 所至貨財山積 至天壽寺曰 吾入京年豊兵息 國家太平 若上不出迎 我必昇天 都人皆惑歸之如市 云牧率騎卒輿臺吏 執巫斷其髮 囚街衢獄 杖而逐之 …".

64) 『삼국유사』 권1, 기이1, 「고조선[왕검조선]」 참조.

65) 崔南善, 「壇君神典의 古義」, 『육당최남선전집』 2, 196~197쪽 참조. 이 글은 1928.1.1~2.28까지 39회에 걸쳐 『동아일보』에 연재되었다.

66) 崔南善, 「壇君神典에 들어 있는 歷史素」, 『육당최남선전집』 2, 237~241쪽 참조.

67) 최남선의 壇君論에 대해서는 이영화(2002), 「崔南善 壇君論의 전개와 그 변화—檀君에서 壇君으로, 壇君에서 檀君으로—」, 『한국사학사학보』 5 (이영화(2003), 『崔南善의 歷史學』, 재수록) ; (2005), 「최남선의 단군론과 민족주의」, 『한국 근현대의 상고사 담론과 민족주의』 ; 전성곤(2005), 「최남선연구-식민지기 조선내셔널리즘의 형성」, 大阪大學박사학위논문; (2008), 『근대 '조선'의 아이덴티티와 최남선』 ; 윤승준(2009), 「六堂 崔南善의 壇君論 硏究」, 『인문학연구』 37 ; 류시현(2011), 『최남선 연구-제국의 근대화와 식민지의 문화-』, 역사비평사 참조.

68) 崔柄憲(1994), 「高麗時代 檀君神話 傳承文獻의 檢討」, 『檀君-그 이해와 자료-』, 147~148쪽 참조.

69) 김성환(2002), 위의 책 참조.

70) 김성환(2008), 「단군전승과 檀君墓」, 『역사민속학』 24 ; (김성환(2009), 『朝鮮時代 檀君墓 認識』

재수록) 참조.

71) 『양촌집』 권36, 「有明諡康憲朝鮮國太祖至仁啓運聖文神武大王建元陵神道碑銘」(石刻本) 및 「有明諡康憲朝鮮國太祖至仁啓運聖文神武大王建元陵神道碑銘」 참조. 이것은 또 응제시에서 "龍孫이 운 다하면 仙李가 꽃핀다"는 것으로 표현되고 있다. 같은 책 권1, 응제시, 「嵩華詩幷序」 참조.

72) 禪月寺에 대한 李藏用의 詩作을 『동문선』에서 확인할 수 있다. 『동문선』권14, 칠언율시, 「禪月寺四涼亭次韻」, 「遊禪月寺」 참조.

73) 「麟角寺普覺國師碑」(http://gsm.nricp.go.kr) 참조.

74) 이런 사실은 원종 9년(1268)경 佛華寺에 머물고 있던 일연(見明)을 江都로 초청하여 시중인 慶源君 李藏用, 평장사 始寧君 柳璥, 간의 李松縉, 대사성 金坵 등이 唱和하였는데, 그곳 역시 神州, 즉 江都라는데서 보강될 수 있다. 이때 李承休 역시 말석에 참여하였다(『動安居士文集』, 행록 권2, 「次韻李柳兩令公唱和詩幷序」 참조).

75) 『신증동국여지승람』 권4, 개성부 상, 불우 참조.

76) 채상식은 禪月社를 강화의 禪源社로 파악하고 있다. 즉 '月'과 '源'은 혼용되었을 것이라고 한다. 蔡尙植(1991), 「一然의 생애와 檀越의 성격」, 『高麗後期佛敎史硏究』, 122쪽.

77) 채상식(1979), 「普覺國尊 一然에 대한 硏究」, 『한국사연구』 26 ; (1988), 「一然(1206~1289)의 사상적 경향」, 『한국민족문화』 1 참조.

78) 이때 『제왕운기』를 저술한 李承休 역시 강화에 있었다. 그는 원종 3년(1263)에 강화에 와서 좌주인 皇甫琣의 추천으로 同文院修製에 보임되었다가 다시 李藏用·柳璥·崔允愷 ·韓就 등의 천거와 兪千遇의 주선으로 1264년 7월에 慶興[江陵]都護府判官 兼掌書記에 임명되었다(『動安居士文集』, 행록 권1, 「次韻安集使金中書題竹軒幷序」 참조). 이것은 이승휴 역시 마리산참성에서의 국왕 친초에 대한 배경과 사실을 구체적으로 파악하고 있었음을 의미한다. 하지만 그는 후에 『제왕운기』를 저술하면서 『본기』 유형의 檀君傳承을 취하였다. 이승휴의 생애에 대해서는 변동명(2000), 「이승휴」, 『한국사시민강좌』 27, (2005), 「李承休의 生涯와 著述」, 『진단학보』 99 등 참조.

79) 『삼국유사』 권1, 「王曆」 참조.

80) 『고려사』 권63, 지17, 길례, 잡사, 현종 3년 7월 참조.

단군신화와 화랑도

1) 단재신채호전집 간행위원회 편, 『(개정판) 단재신채호전집』(상권)(파주: 형설출판사, 1982), 225쪽.

2) 단재신채호전집 간행위원회 편, 앞의 책, 386쪽.

3) 『삼국사기』 권4, 진흥왕 37년(576)조.

4)『삼국유사』 권3, 塔象 4, 彌勒先花 未尸郞 眞慈師.

5)『삼국사기』 열전, 사다함전.

6)『삼국사기』 열전, 사다함전.

7) 三品彰英 저, 이원호 역(1995),『신라화랑의 연구』, 집문당, 17-25쪽 참고.

8)『단군고기』,「단군세기」. 庚寅元年, 帝命五加 擇十二名山之最勝處, 設國仙蘇塗, 多環植檀樹, 擇最多樹, 封爲桓雄像, 而祭之名雄像

9)『삼국지』,「동이전」. 常以五月下種訖, 祭鬼神, 群聚歌舞, 飮酒晝夜無休. 其舞 數十人俱起相隨, 踏地低昻, 手足相應, 節奏有似鐸舞. 十月農功畢, 亦復如之. 信鬼神, 國邑各一人主祭天神, 名之天君. 又諸國各有別邑, 名之爲蘇塗. 立大木, 縣鈴鼓, 事鬼神. 諸亡逃至其中, 皆不還之, 好作賦 其立蘇塗之義有似浮屠, 而所行善惡有異.

10) 이능화(1927),「조선무속고」,『계명』 19호, 1쪽.

11) 신채호(1979),『丹齋申采浩全集』,「朝鮮史硏究草」,〈朝鮮歷史上一千年來 第一大事件〉, 丹齋申采浩先生 紀念社業會, 232쪽.

12) 이춘희 편(2005),『최문창후전집』,「지증대사숙조지탑비명」, 성균관대학교 대동문화연구원, 170쪽. ; 신운용(2013),「최치원 사상의 종착점과 풍류의 발현」,『선도문화』 14권, 국제뇌교육종합대학원대학교 국학연구원, 189쪽 재인용.

13) 김정배(1978),「소도의 정치사적 의미」,『역사학보』 79집, 역사학회, 14쪽.

14) 박승길(1989),「한문화 속에서 나타난 화랑문화의 의의」,『화랑문화의 재조명』, 신라문화선양회, 152쪽.

15) 박승길, 위의 책, 154쪽.

16)『삼국사기』, 卷4, 新羅本紀, 臣等以爲 新者德業日新, 羅者網羅四方之義, 則其爲國號宜矣.

17)『삼국유사』, 朴赫居世工朝.

18) 신운용(2013),「최치원 사상의 종착점과 풍류의 발현」,『선도문화』 14권, 국제뇌교육종합대학원대학교 국학연구원, 193쪽.

19) 조홍윤(1989),「화랑의 종교문화」,『화랑문화의 신연구』,『화랑문화의 재조명』, 신라문화선양회, 281쪽.

20)『삼국사기』, 권32 제사조.

21) 이능화, 이재곤 역(1991),『한국무속고』, 동문사, 78쪽.

22) 이도학(1990),「신라화랑도의 기원과 전개과정」,『정신문화연구』 13-1, 한국정신문화연구원, 15쪽.

23) 최광석(1983),「신라 신궁 설치에 대한 신고찰」,『한국사연구』(43), 한국사연구회 75-77쪽.

24)『삼국사기』, 권4, 진흥왕 37년(576)조. "國有玄妙之道, 曰風流, 設敎之源, 備詳仙史, 實乃包含三敎, 接化群生, 且如入則孝於家, 出則忠於國, 魯司寇之旨也 處無爲之事, 行不言之敎, 周柱史之宗也,

諸惡莫作, 諸善奉行, 竺乾太子之化也

25) 이춘희 편(2005), 『崔文昌候全集, 「眞監和尙碑銘」, 心法 玄之又玄 名不可名 說無可說…終類係風影難行補, 24쪽.

26) 金炯孝(1985), 『韓國思想散考』, 일지사, 199쪽.

27) 『삼국사기』, 권48. 열전. 검군.

28) 『삼국사기』, 권48. 열전. 미시랑.

29) 안호상(1985), 『환웅과 단군과 화랑』, 사림원, 180-181쪽.

30) 한국철학회 편(1987), 『한국철학사』, 동명사, 20쪽.

31) 권상우(2013), 「단군문화의 회귀」, 『민족문화논총』(55), 영남대학교 민족문화연구소. 14쪽.

32) 고운국제교류사업회 편찬(2010), 『고운 최치원의 철학. 종교사상』, 도서출판 문사철, 42쪽.

33) 신채호는 김춘추, 최치원, 김부식을 사대모화의 화신으로 비판하였다. (신채호(1995), 『조선상고사』; 『단재 신채호 전집』(개정판 상권, 형설출판사, 73) 신채호 자신도 화랑, 풍류는 모두 단군문화에서 전개되어진 문화임을 강조하고 있다. 하지만 신채호가 보기에 최치원이 풍류도에 근거해서 외래문화(유불도)를 수용하는 태도가 한민족의 혈종주의문화를 훼손하는 것으로 이해하고 있는 듯하다.

34) 김부식 지음. 이병도 역주, 『삼국사기』 상, 94.

35) 최영성(2009), 「고운최치원의 동인의식」, 『고운 최치원의 철학 종교사상』, 문사철, 42쪽.

36) 민영현(2011), 「풍류도와 고운 최치원의 동인의식」, 『선도문화』 10, 80쪽.

37) 『삼국유사』, 권3.

38) 한국철학회 편(1987), 『한국철학사』, 동명사, 145쪽.

39) 김영두(1979), 「한국정치사상사」, 『한국문화사대계 II: 정치경제사상사(상)』, 고려대학교민족문화연구소(편), 36-40쪽.

40) 김충렬, 「신라의 조화정신과 삼교회통」, 『화랑문화의 신연구』,한국향토사연구 전국협의회 편, 1995, 218쪽

41) 김충열, 앞의 책, 222쪽.

42) 이병도(1973), 『한국고대사회와 그 문화』(서문문고 11) (서울: 서문당, 1973), 20-43쪽.

43) 김충렬, 앞의 책, 223쪽.

44) 『삼국유사』 卷5, 月明師兜率歌

45) 『삼국유사』, 「권2」, 48, 경문대왕

46) 김범부, 「국민윤리특강」, 『화랑외사』(대구: 이문출판사, 1981), 232-233쪽.